はじめて受ける人から高得点をめざす人のための

TOEFL® テスト英単語

超 必須3500

山内 勇樹
Yamauchi　Yuuki

TOEFL iBT® テスト&TOEFL ITP® テスト両対応

Jリサーチ出版

CONTENTS

コラム

はじめに

この TOEFL 単語帳を手に取っていただいたあなたへ

　私は、TOEFL 指導の専門家として、長年にわたり TOEFL の教育に携わり、数え切れない数の生徒さんにスコアアップのお手伝いをしてきました。1 日の大半を TOEFL 指導のため、また私自身の英語鍛錬につぎ込んできました。

　TOEFL の情報は、莫大に保有しています。蓄積に蓄積を重ね、世界とは言わないまでも、日本では最も TOEFL の問題を分析してきた 1 人だと思います。量も質もです。昨年添削した TOEFL Speaking/Writing の数を数えてみたのですが、ざっと 6000 でした。年間 600 回 TOEFL の添削をする教師は極めてまれだと思います。私はその 10 倍こなしました。昨年だけではなく、毎年です。分析した TOEFL 問題は少なく見積もって 10 年分です。すべてのプールに手が届いたわけではありませんが、膨大なテスト問題分析を行ってきました。

　そのすべてを、この 1 冊に凝縮してあなたにお届けします。

　ぜひ最速で最大限のスコアアップを実現してください。私はあなたを全力で応援するためにこの本を編纂しました。TOEFL は、人生の岐路において、人生を切り開くときに受けることが多いテストです。この単語帳があなたの背中を強力にプッシュしますので、あなたも力強く前に進んでいってください！

　頑張れ！

単語力があなたのスコアを決める！

　その人の英語力はその人の単語力が決める、と言って過言ではありません。その人の単語力とその人の TOEFL スコアは正比例します。

　読んだ文章にわからない単語があればあるほど正確に読めませんし遅くなります。聞いた単語に知らない単語があればあるほど、聞き取りができなくなります。話すときに単語が限られるほど話せる内容にも制限がかかり、詰まりも多くなります。書くときに単語を知らないと、不自然で意味が伝わり切らない英文になります。

　Reading, Listening, Speaking, Writing すべてのセクションにおいて、単語力が不十分だと点数も制限を受けます。一方、単語力が充実してくるほど、すべてのセクションで点数が上がってきます。この単語帳をちゃんと進めたならば、あなたの TOEFL のスコアは、その分上昇するでしょう。

　I guarantee you!

覚え方にも正義がある

　ただ覚えればいいというものではありません。単語記憶大会に出場するわけではありませんので。

　あなたは、TOFELでスコアを最大化させるために励んでいます。だから、ただ単に英単語を覚えていけばいいということではなく、点数が上がるような覚え方をしていくことが求められます。覚え方にも正義があるのです。

　その正義とは、「使える英単語」にするということです。使えない武器を持っていても無意味です。だったら持たない方がましです。英単語は、使える英単語でなければいけません。

　知っている単語が増えているのに、自分がSpeakingやWritingで使える単語や表現が増えていなければ、根本的な大きなスコアアップは望めません。使えない単語がいくら頭の中だけにあっても点数アップには役立ちません。

　「使える英単語」を増やしていきましょう。TOEFLのスコアアップは突き詰めると単純で、一つの根源にたどり着きます。あなたが4技能で使える単語が増えれば増えるほど、あなたのスコアは上がっていきます。

　この本は、それができるように綿密に設計しています。だからこそ、この本で説明されている方法で進んでいってください。特に最初は我流にはしないように。信じて、安心して進んでください。使える単語を、これからどんどん増やしていきましょう！

この書籍にかける思い

　私は、「あなたのTOEFLの点数を伸ばす」という観点において、日本に存在するどのTOEFL単語帳をも超えた、文字通り最高の単語帳にしたいと、全身全霊をささげてこの単語帳を編纂しました。

　膨大なデータを集め、分析に分析を重ね、頻出単語の的中率が最大化されるよう、meticulousに単語を選定しました。TOEFLの本番の試験を受けられたならば、極めて多くの単語が、この単語帳に載っていることに納得いただけると思います。

　単語を選定するステップから、持てるすべてのエネルギーと時間を費やし、間違いなくベストであると自信を持って言える一覧をそろえました。文字通り、寝食を忘れて取り組んだ1冊になります。いえ、語弊がありますね。食べるの

は急いであれこれ食べましたが、寝る間は惜しんで研究し、編纂しました。ぜひスコア向上にお役立ていただければ幸いです。

この本は単なる英単語帳ではありません

　この本はTOEFLの英単語帳です。この本には、英語の単語がたくさん載っていますが、単なる英語の単語帳ではありません。この本は、TOEFLで最速で最大のスコアアップを成し遂げることを目的とした、TOEFL専用の単語帳です。

　TOEFLでは、学術的な英語が主軸となります。例えば、coinという単語。一般的には貨幣などの「コイン」という意味ですが、アカデミックな場では、coin a new word「新しい言葉を作る」というように、日常生活や一般英会話ではあまり聞かない意味があります。これはほんの一例で、TOEFLによく出てくる単語、独特な単語、というのはたくさんあります。

　そうした、TOEFLで頻出の、TOEFLで重要になる単語を集めました。

単語の意味と品詞について

　英単語は、一つの単語に複数の品詞がある、ということはよくあることです。この単語帳では、TOEFLでよく出てくる品詞を掲載しています。例えば、officialという単語は、形容詞で「公式の」という意味も、名詞で「公務員、役員」という意味もあります。そして、これら両方ともTOEFLには高い頻度で出てきますので、この単語帳にも両方記載しています。boringも、形容詞の「つまらない」はもちろんですが、TOEFLでは名詞で「(土壌調査の際の)ボーリング」という意味で時々出てきます。こうした単語を綿密にTOEFL用に精査し、並べてあります。

　一方で、品詞や意味としては存在はするが、TOEFLにおいては使用されず重要とは見なされない、というものは記載していません。digestという単語は、動詞で「消化する」と記載してあります。よく生物のトピックでは出てくる単語です。一方で、家でのテレビ鑑賞で時々耳にする、総集編という意味での「ダイジェスト」は、本項目には記載していません。TOEFLでは出ていないからです。

　このように、TOEFLにおいて、無駄を省き、極限まで効率よく最大のスコア向上を実現するための単語帳になっています。他の単語帳を使用してはいけないとは言いませんが、本書をすべてこなした後にしていただくのが、効率面ではベストかと思います。

この本の効果的な使い方

　単語の覚え方にはコツがあります。以下の手順で、効率よく単語を覚えていきましょう。

　まずは、1日○単語を進める、と明確な目標を数字で決めてください。この単語を、見るだけではなく、付属の音声を聞きながら覚えていってください。見て（読んで）覚える、聞いて覚える、の両方をやることが、定着を促進してくれます。

　また、その単語を発音する（話す）、書く、というのもできる人はしてみてください。やはり、Reading, Listening, Speaking, Writing すべての手法を用いた方が、一つだけ、例えば見る（Reading）だけ、よりも効率よくその単語を覚えられますし、また、その単語が実際に使える単語になります。すなわち、TOEFLへの実践性がある単語力がついていくということです。

　1日に覚える単語は、人にもよりますが、10単語から30単語ぐらいが適切ではないかと思います。締め切りまで時間がない人は、もっと増やしていただくことになりますが、現実的な設定をしましょう。

　月曜日から金曜日までは、その既定の単語数を着々と覚え、土曜日にその週に進めた単語を総復習、日曜日に、これまで進めてきたすべての単語を総復習、という具合に進めるのがお勧めです。

　総復習と聞くと大げさに聞こえるかもしれませんが、何回も繰り返して覚えているので、一瞬見ただけでパスする単語が大部分になってくるはずです。

　あなたの今のレベルにかかわらず、最初から進めてください。最初の方にゆとりがありすぎる人は、自分がその単語をさっと Speaking で使えるか、Writing で使えるか、という視点で取り組みましょう。「知っているけど使えない単語が蓄積されている」という状況を抜け出し、「知っているし余裕を持って使える単語が増えてきた」という状態にたどり着きましょう。

山内勇樹

なお、例文の日本語訳は総合性と簡潔性の双方を勘案し記述しています。逐語訳すぎる場合、日本語が長く不自然になるため、意訳を中心としています。そのため、英単語の品詞と例文和訳文中の見た目の品詞が異なる場合があります（例：Asbestos was used to insulate homes. アスベストは家の断熱材として使われた。insulate 他 断熱する、に対して、名 断熱材）。他にも、celestial の意味は「形 天体の」ですが、celestial bodies で「天体」と訳されるように、実際の品詞である形容詞と、日本語訳の見かけの品詞（天体だと名詞に見える）が一致しない場合があります。これは言語の特性上仕方がない部分があります。こうした表面上の形ではなく、単語の意味、文の意味を本質的に理解できることが大事です。

本書の使い方

①レベル

LEVEL 1からLEVEL 3と分野別単
語を表示します。

②音声トラック番号

音声ダウンロードの方法は
10ページをご覧ください。

③単語番号・チェック欄

索引から単語番号で検索できます。
チェック欄は理解度に応じて印を
変えるとよいでしょう。

④見出し語・発音記号

発音記号は米音で示しています。

⑤品詞・意味

TOEFLでよく使われる品詞と意味
を優先しています。赤シートを使用
すると意味が消えますので、確認が
可能です。

凡例	自 自動詞	他 他動詞
名 名詞	形 形容詞	副 副詞
接 接続詞	前 前置詞	間 間投詞

⑥例文

見出し語がTOEFLではどのように
用いられるかが理解できます。

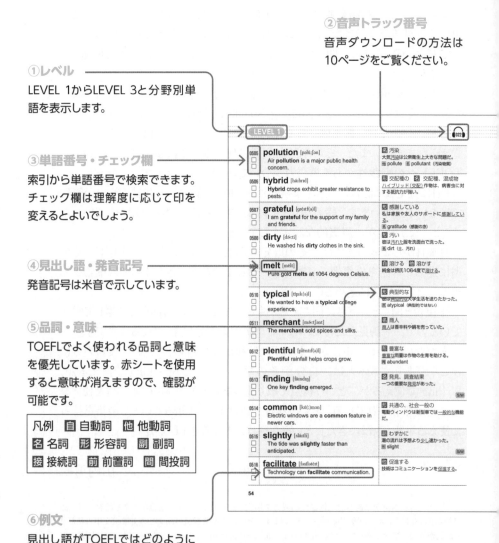

LEVEL 1 🎧 022

0505 **pollution** [pəlúːʃən]
Air **pollution** is a major public health concern.
名 汚染
大気汚染は公衆衛生上大きな問題だ。
動 pollute 名 pollutant (汚染物質)

0506 **hybrid** [háɪbrɪd]
Hybrid crops exhibit greater resistance to pests.
形 交配種の 名 交配種、混成物
ハイブリッド (交配) 作物は、病害虫に対する抵抗力が強い。

0507 **grateful** [ɡréɪtf(ə)l]
I am **grateful** for the support of my family and friends.
形 感謝している
私は家族や友人のサポートに感謝している。
名 gratitude (感謝の念)

0508 **dirty** [dɜ́ːti]
He washed his **dirty** clothes in the sink.
形 汚い
彼は汚れた服を洗面台で洗った。
名 dirt (土、汚れ)

0509 **melt** [mélt]
Pure gold **melts** at 1064 degrees Celsius.
自 溶ける 他 溶かす
純金は摂氏1064度で溶ける。

0510 **typical** [típɪk(ə)l]
He wanted to have a **typical** college experience.
形 典型的な
彼は典型的な大学生活を送りたかった。
形 atypical (典型的ではない)

0511 **merchant** [mɜ́ːtʃənt]
The **merchant** sold spices and silks.
名 商人
商人は香辛料や絹を売っていた。

0512 **plentiful** [pléntɪf(ə)l]
Plentiful rainfall helps crops grow.
形 豊富な
豊富な雨量は作物の生育を助ける。
形 abundant

0513 **finding** [fáɪndɪŋ]
One key **finding** emerged.
名 発見、調査結果
一つの重要な発見があった。
SW

0514 **common** [kɑ́(ː)mən]
Electric windows are a **common** feature in newer cars.
形 共通の、社会一般の
電動ウィンドウは新型車では一般的な機能だ。

0515 **slightly** [sláɪtli]
The tide was **slightly** faster than anticipated.
副 わずかに
潮の流れは予想より少し速かった。
形 slight
SW

0516 **facilitate** [fəsílətèɪt]
Technology can **facilitate** communication.
他 促進する
技術はコミュニケーションを促進する。

54

本書内の単語、語句の中には、地域、時代、分野、用途や個人
の趣向など、さまざまな理由で異なるニュアンス、用法がある場
合があります。本書においては、TOEFLで使用された際の意味
合い、使われ方を重視して記載しています。

⑪インジケーター

これまでどれだけの語が身についたのかがひと目でわかります。

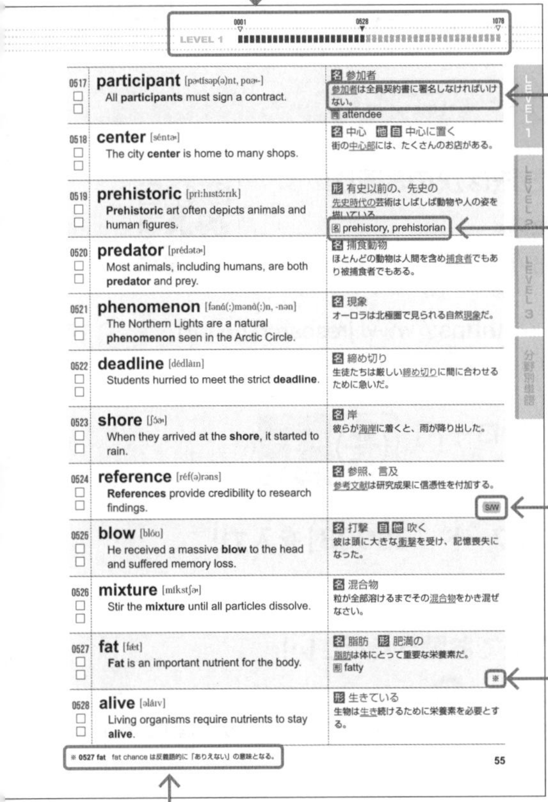

LEVEL 1　0001　0528　1078

0517	**participant** [pɚtísəp(ə)nt, pɑə-] All **participants** must sign a contract.	名 参加者 参加者は全員契約書に署名しなければいけない。 同 attendee
0518	**center** [séntɚ] The city **center** is home to many shops.	名 中心　他 自 中心に置く 街の中心部には、たくさんのお店がある。
0519	**prehistoric** [prìːhɪstɔ́ːrɪk] **Prehistoric** art often depicts animals and human figures.	形 有史以前の、先史の 先史時代の芸術はしばしば動物や人の姿を描いている。 名 prehistory, prehistorian
0520	**predator** [prédətɚ] Most animals, including humans, are both **predator** and prey.	名 捕食動物 ほとんどの動物は人間を含め捕食者でもあり被捕食者でもある。
0521	**phenomenon** [fənɑ́(ː)mənɑ̀(ː)n, -nən] The Northern Lights are a natural **phenomenon** seen in the Arctic Circle.	名 現象 オーロラは北極圏で見られる自然現象だ。
0522	**deadline** [dédlàɪn] Students hurried to meet the strict **deadline**.	名 締め切り 生徒たちは厳しい締め切りに間に合わせるために急いだ。
0523	**shore** [ʃɔ́ɚ] When they arrived at the **shore**, it started to rain.	名 岸 彼らが海岸に着くと、雨が降り出した。
0524	**reference** [réf(ə)rəns] **References** provide credibility to research findings.	名 参照、言及 参考文献は研究成果に信憑性を付加する。 S/W
0525	**blow** [blóʊ] He received a massive **blow** to the head and suffered memory loss.	名 打撃　自 他 吹く 彼は頭に大きな衝撃を受け、記憶喪失になった。
0526	**mixture** [míkstʃɚ] Stir the **mixture** until all particles dissolve.	名 混合物 粒が全部溶けるまでその混合物をかき混ぜなさい。
0527	**fat** [fǽt] **Fat** is an important nutrient for the body.	名 脂肪　形 肥満の 脂肪は体にとって重要な栄養素だ。 形 fatty ※
0528	**alive** [əláɪv] Living organisms require nutrients to stay **alive**.	形 生きている 生物は生き続けるために栄養素を必要とする。

※ 0527 fat　fat chance は反義語的に「ありえない」の意味となる。

55

LEVEL 1　LEVEL 2　LEVEL 3　分野別単語

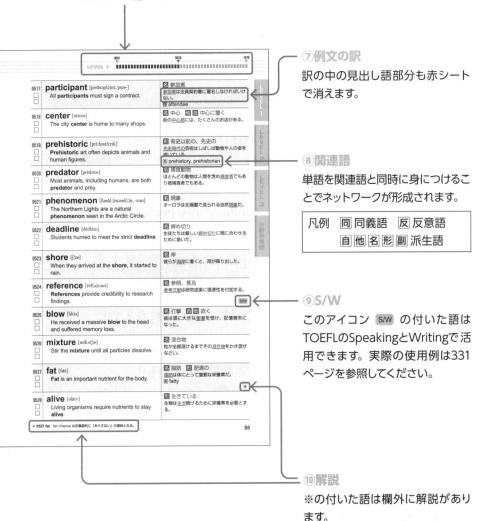

⑦例文の訳

訳の中の見出し語部分も赤シートで消えます。

⑧関連語

単語を関連語と同時に身につけることでネットワークが形成されます。

凡例	同 同義語　反 反意語
	自 他 名 形 副 派生語

⑨S/W

このアイコン S/W の付いた語はTOEFLのSpeakingとWritingで活用できます。実際の使用例は331ページを参照してください。

⑩解説

※の付いた語は欄外に解説があります。

本書の連動アプリについて

　本書は、Android と iPhone に対応したアプリと連動して、より効果的に学べるようになっています。アプリに関しては巻末の紹介ページをご覧ください。

スコア 110 をめざす受験生への特設ウェブサイトについて

　本書に収め切れなかった補助教材を以下のウェブサイトから提供しています。100 点を超えてさらに点数を伸ばしたい方向けのボーナス単語リストなど、さまざまな素材をこちらのサイトから入手いただくことができます。

https://3500plus.com

音声ダウンロードについて

STEP 1 商品ページにアクセス！　方法は次の3通り！

① QRコードを読み取ってアクセス。

② https://www.jresearch.co.jp/book/b624608.html を
　入力してアクセス。

③ Ｊリサーチ出版のホームページ（https://www.jresearch.co.jp/）
　にアクセスして、「キーワード」に書籍名を入れて検索。

STEP 2 ページ内にある「音声ダウンロード」
ボタンをクリック！

STEP 3 ユーザー名「1001」、パスワード「25908」を入力！

STEP 4 音声の利用方法は2通り！
学習スタイルに合わせた方法でお聴きください！

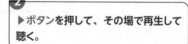

❶
「音声ファイル一括ダウンロード」より、
ファイルをダウンロードして聴く。

❷
▶ボタンを押して、その場で再生して
聴く。

※ダウンロードした音声ファイルは、パソコン・スマートフォンなどでお聴きいただくことができます。
　一括ダウンロードの音声ファイルは .zip 形式で圧縮してあります。解凍してご利用ください。ファイルの解凍がうまくできない場合は、直接の音声再生も可能です。

音声ダウンロードについてのお問合せ先：
toiawase@jresearch.co.jp （受付時間：平日9時～18時）

LEVEL 1

TOEFL iBT **スコア 60** をめざす
1078 語

0001 suggest [sə(g)dʒést]
His words **suggest** his deep understanding.

他 示唆する、提案する
彼の言葉は、彼の深い理解を<u>示唆している</u>。
名 suggestion

0002 appear [əpíəʳ]
The sun **appeared** on the horizon.

自 現れる
太陽が地平線に<u>現れた</u>。
反 disappear

0003 generate [dʒénərèɪt]
His theories **generated** interest among other scientists.

他 生じさせる
彼の理論は、他の科学者の間でも関心を<u>生じさせた</u>。

0004 equipment [ɪkwípmənt]
Doctors bought expensive medical **equipment** for the clinic.

名 機器、設備
医師らは診療所のために高価な医療<u>機器</u>を購入した。
同 apparatus

0005 surrounding [səráʊndɪŋ]
A noisy **surrounding** can negatively impact learning.

名 周囲　形 周囲の
<u>周囲</u>が騒がしいと、学習に悪影響が出る。

0006 awesome [ɔ́ːsəm]
The athlete's performance is truly **awesome**.

形 素晴らしい
その競技者のパフォーマンスは実に<u>素晴らしい</u>。

0007 orchestra [ɔ́ːʳkɪstrə, -kes-]
He plays violin in the school **orchestra**.

名 オーケストラ
彼は学校の<u>オーケストラ</u>でヴァイオリンを弾いている。

0008 bite [báɪt]
He was full and couldn't eat another **bite**.

名 一口　他 かむ
彼は満腹で、もう<u>一口</u>も食べられなかった。

0009 aspect [ǽspekt]
There are many **aspects** to studying abroad.

名 側面、観点
留学にはいろんな<u>側面</u>がある。

S/W

0010 honor [á(ː)nəʳ]
It is an **honor** to receive a medal for bravery.

名 名誉、光栄
他 尊敬する、名誉を与える
勇敢な行為に対して勲章を授与されることは<u>名誉</u>だ。　　　　　※

0011 explore [ɪksplɔ́ːʳ, eks-]
Researchers are **exploring** how language is acquired.

他 自 探検する
研究者は、言語習得について<u>探索している</u>。
名 exploration

0012 movement [múːvmənt]
Few political **movements** succeed without strong leadership.

名 動き、〈社会的な〉運動
強いリーダーシップがなければ、ほとんどの政治<u>運動</u>は成功しない。

※ **0010 honor** 動詞では、I'm honored.（光栄です）が頻出。

0013 ☐ ☐	**latter** [lǽtɚ] Among the two choices, I prefer the **latter**.	名 後者　形 後者の 二つの選択肢の中では、私は後者を選ぶ。
0014 ☐ ☐	**source** [sɔ́ɚs] Researchers discovered a new **source** of fuel.	名 源、情報源 研究者は新しい燃料の源を発見した。
0015 ☐ ☐	**primary** [práɪmeri, -məri] Education is the **primary** function of school.	形 第一の 教育の提供が学校の第一の役割だ。 同 primal（第一の、最初の）
0016 ☐ ☐	**last** [lǽst] He scored well on his **last** two exams.	形 前の、最後の　自 続く 彼は前の2回の試験で良い点を取った。
0017 ☐ ☐	**depict** [dɪpíkt] Angels are usually **depicted** with wings.	他 描写する 天使は通常、翼を持った姿で描写される。
0018 ☐ ☐	**cell** [sél] **Cells** are the building blocks of all living organisms.	名 細胞、電池 細胞はすべての生物を構成する要素だ。 ※
0019 ☐ ☐	**approach** [əpróʊtʃ] Our supervisor is easy to **approach**.	他 接近する　名 手法、接近 私たちの指導官は近よりやすい人だ。 形 approachable
0020 ☐ ☐	**complex** [形 kà(:)mpléks, kəmpléks 名 kɑ́(:)mpleks] The human brain is a **complex** organ.	形 複雑な　名 複合施設 人間の脳は複雑な器官である。
0021 ☐ ☐	**challenging** [tʃǽlɪndʒɪŋ] **Challenging** puzzles can improve problem-solving skills.	形 難しい、挑戦的な 難しいパズルは、問題解決能力の向上につながる。 同 demanding
0022 ☐ ☐	**erosion** [ɪróʊʒən, ər-] **Erosion** can cause damage to the environment.	名 浸食、侵食 浸食は環境にダメージを与える可能性がある。 他 erode（浸食する）
0023 ☐ ☐	**radioactive** [rèɪdioʊǽktɪv] **Radioactive** materials are dangerous if mishandled.	形 放射性の 放射性物質は取り扱いを誤ると危険だ。 名 radioactivity（放射能、放射性）
0024 ☐ ☐	**skin** [skín] The **skin** of the rhinoceros is 3-5 cm thick.	名 皮膚 サイの皮膚の厚みは3センチメートルから5センチメートルもある。

※ **0018 cell**　イメージ：一つの空間やかたまり。他にも、「個室、独房、気流の循環、蜂の巣の穴」など。

| 0025 | **nutrient** [n(j)úːtriənt] | 名 栄養素 |
| | **Nutrients** such as vitamins are essential for good health. | ビタミンなどの<u>栄養素</u>は健康維持に欠かせない。 |

| 0026 | **combine** [kəmbáɪn] | 自 他 結合する、合体する |
| | Two chemicals **combined** to form one compound. | 二つの化学物質が<u>結合して</u>、一つの化合物を形成した。 |

| 0027 | **puzzle** [pʌ́zl] | 他 当惑させる 名 パズル |
| | The cause of the disease **puzzled** the doctors. | その病気の原因が医師たちを<u>当惑させた</u>。 |

| 0028 | **kitchenware** [kítʃənwèər] | 名 台所用品 |
| | Pots, pans, and utensils are examples of **kitchenware**. | 鍋、フライパン、調理器具は<u>台所用品</u>の一例だ。 |

| 0029 | **steam engine** [stíːm èndʒɪn] | 名 蒸気機関 |
| | The **steam engine** revolutionized transportation. | <u>蒸気機関</u>は交通に革命をもたらした。 |

| 0030 | **solid** [sá(ː)lɪd] | 名 固体 形 確固たる、固体の |
| | Physical properties of **solids** and liquids are not the same. | <u>固体</u>と液体の性質は同一ではない。 S/W |

| 0031 | **priority** [praɪɔ́ːrəti] | 名 優先事項 |
| | Safety should always be a top **priority** in any workplace. | どんな職場でも、安全は常に最<u>優先事項</u>であるべきだ。 他 prioritize（優先させる） S/W |

| 0032 | **compose** [kəmpóʊz] | 他 作曲する、構成する |
| | The musician will **compose** a new symphony. | その音楽家は新しい交響曲を<u>作曲する</u>予定だ。 S/W |

| 0033 | **growth** [gróʊθ] | 名 成長 |
| | A student's college years are an opportunity for personal **growth**. | 大学時代は自分の<u>成長</u>を促す好機である。 |

| 0034 | **honeybee** [hʌ́nibìː] | 名 ミツバチ |
| | **Honeybee** swarms produce an electric charge. | <u>ミツバチ</u>の群れは電荷を発生させる。 |

| 0035 | **naturally** [nǽtʃ(ə)rəli] | 副 自然に |
| | Birds **naturally** migrate to warmer climates during the winter. | 鳥は冬になると、<u>自然に</u>暖かい気候の場所に移動する。 S/W |

| 0036 | **household** [háʊshòʊld] | 名 世帯 形 家庭の |
| | Many **households** had telephones before cellphones. | 多くの<u>世帯</u>では携帯電話の前に電話機を持っていた。 |

0037	**plate** [pléɪt]	名 プレート、皿、板
☐ ☐	The Earth's crust is divided into several **plates**.	地球の地殻はいくつかのプレートに分かれている。

0038	**wonder** [wʌ́ndɚ]	他 ～かなと思う　自 驚く　名 驚き
☐ ☐	She **wondered** what it would be like to travel to other planets.	彼女は他の惑星に旅行するのはどんな感じだろうかと考えた。 形 wonderful

0039	**heat** [híːt]	名 熱　他 加熱する　自 暖まる
☐ ☐	**Heat** causes water to evaporate.	熱によって水が蒸発する。

0040	**knit** [nít]	他 編む　自 編み物をする
☐ ☐	This machine can **knit** a more complex textile pattern.	この機械は、より複雑なパターンの織物を編むことができる。

0041	**warmth** [wɔ́ɚmθ]	名 温かさ
☐ ☐	I couldn't feel the **warmth** of the fire.	火のぬくもりを感じることができなかった。

0042	**aquarium** [əkwé(ə)riəm]	名 水族館
☐ ☐	An **aquarium** is a place where aquatic animals are kept.	水族館は、水生動物が飼育されている場所だ。

0043	**junior** [dʒúːnjɚ]	形 年下の 名 年下の人、大学３年生
☐ ☐	Senior members provided assistance to **junior** members.	年上のメンバーが年下のメンバーをサポートした。

0044	**secure** [sɪkjʊ́ɚ]	他 確保する　形 安全な
☐ ☐	She **secured** a ticket for the show.	彼女は舞台のチケットを確保した。

0045	**previously** [príːviəsli]	副 以前に、前もって
☐ ☐	He **previously** worked in the IT industry.	彼は以前はIT業界で働いていた。

0046	**interior** [ɪntí(ə)riɚ]	名 内陸部、内装　形 内側の
☐ ☐	They traveled deep into the **interior** of Australia.	彼らはオーストラリアの内陸部まで旅をした。

0047	**perhaps** [pɚhǽps, prǽps]	副 おそらく
☐ ☐	**Perhaps** the answer is in the textbook.	おそらく、答えは教科書の中にあるだろう。

0048	**state** [stéɪt]	名 州、状態　他 述べる
☐ ☐	New York is a **state** in the northeastern part of the US.	ニューヨークはアメリカの北東部にある州だ。

LEVEL 1
LEVEL 2
LEVEL 3
分野別単語

15

0049	**market** [mάɚkɪt] She wrote a reference guide for the educational **market**.	名 市場、マーケット 彼女は教育市場向けの参考書を書いた。 名 marketing
0050	**essential** [ɪsénʃəl, es-] A high SAT score is **essential** for getting into top universities.	形 不可欠な、必須の トップの大学に入るにはSATの高得点が不可欠だ。　S/W
0051	**boiling point** [bɔ́ɪlɪŋ pɔ̀ɪnt] She heated the water to its **boiling point**.	名 沸点 彼女は沸点まで水を温めた。
0052	**waste** [wéɪst] Reducing **waste** can help conserve resources.	名 廃棄物、浪費　他 自 無駄にする 廃棄物を減らすことは、資源の節約につながる。 形 wasteful（浪費的な）　S/W
0053	**mislead** [mìslíːd] I was **misled** by the confusing sign.	他 誤解させる 紛らわしい標識のせいで誤解してしまった。 形 misleading（誤解を招く）
0054	**chairman** [tʃéɚmən] The **chairman** of the board led the meeting.	名 議長、会長 議長が会議を主導した。
0055	**moment** [móʊmənt] Someone will come to assist you in a **moment**.	名 瞬間 すぐに誰かがサポートに来る予定だ。 副 momentarily（瞬間的に、すぐに）　S/W
0056	**slavery** [sléɪv(ə)ri] **Slavery** is a shameful part of human history.	名 奴隷制度 奴隷制度は人類の歴史の中で恥ずべきものだ。
0057	**extinction** [ɪkstíŋ(k)ʃən, eks-] The **extinction** of many species has been naturally occurring.	名 絶滅 多くの生物種の絶滅は、自然発生的に起こってきた。　S/W
0058	**enable** [ɪnéɪbl] They **enabled** the company to be successful.	他 可能にする この人たちが、会社の成功を可能にした。　S/W
0059	**accommodate** [əkά(ː)mədèɪt] The conference room can **accommodate** up to 100 attendees.	他 収容する、宿泊させる、融通してやる その会議室は最大100人の出席者を収容することができる。 名 accommodation（便宜、宿泊設備）　※
0060	**actress** [ǽktrəs] She was a talented **actress**.	名 女優 彼女は才能ある女優だった。

※ 0059 accommodate　イメージ：便宜をはかり、物事がうまくいくようにしてあげる様。

LEVEL 1
LEVEL 2
LEVEL 3
分野別単語

0061 **influential** [ìnflu:énʃəl]
☐
☐ There are many **influential** companies in this market.

形 影響力のある
この市場には、影響力のある会社がたくさんある。

0062 **worldwide** [wə́:ldwáid]
☐
☐ English is spoken **worldwide** as a second language.

副 世界中に 形 世界的な
英語は第2言語として世界中で話されている。

0063 **apparently** [əpǽrəntli, əpé(ə)r-]
☐
☐ The experiment **apparently** yielded unexpected results.

副 一見して、見た目では
一見したところ、実験では予想外の結果が出たようだ。

0064 **renewal** [rɪn(j)ú:əl]
☐
☐ The **renewal** of a contract requires negotiation.

名 更新
契約の更新には交渉が必要だ。

0065 **tundra** [tʌ́ndrə]
☐
☐ **Tundra** regions are known for their cold temperatures.

名 ツンドラ
ツンドラ地帯は、気温が低いことで知られている。

0066 **dorm** [dɔ́əm]
☐
☐ My son disliked living in a **dorm**.

名 寮
息子は寮生活を嫌がった。
同 dormitory

0067 **critical** [krítɪk(ə)l]
☐
☐ The chairman's attitude appeared **critical**.

形 批判的な、評論の、重大な
会長の態度は批判的に見えた。

0068 **pursue** [pəsú:]
☐
☐ Many students **pursue** higher education after high school.

他 追求する
多くの学生が高校卒業後、高等教育を追求する。
名 pursuit

0069 **entire** [ɪntáɪə, en-, éntaɪə]
☐
☐ The warmth of the pond affected the **entire** fish population.

形 全体の
池の暖かさは、魚の個体数全体に影響を与えた。
S/W

0070 **mansion** [mǽnʃən]
☐
☐ The actress will buy a big **mansion**.

名 邸宅
その女優は大邸宅を買う予定だ。

0071 **robber** [rɑ́(:)bəɹ]
☐
☐ With solid evidence, the police were able to arrest the **robber**.

名 強盗
確固たる証拠を得て、警察は強盗を逮捕することができた。

0072 **strategy** [strǽtədʒi]
☐
☐ Having a clear **strategy** helps you achieve your goals.

名 戦略
明確な戦略を持つことは、目標達成を後押しする。

🎧 004

0073 **secretary** [sékrətèri] ☐ ☐ He works as a legal **secretary** at the law firm.	名 秘書 彼は法律事務所で弁護士秘書として働いている。
0074 **define** [dɪfáɪn] ☐ ☐ Our priority is to **define** these technical terms.	他 定義する これらの専門用語を定義することが優先事項だ。 名 definition（定義）
0075 **competition** [kὰmpətíʃən] ☐ ☐ The **competition** was fierce.	名 競争 競争は激しかった。
0076 **brilliant** [bríljənt] ☐ ☐ She saw a **brilliant** star in the sky.	形 輝かしい、素晴らしい 彼女は空に輝く星を見た。
0077 **beast** [bíːst] ☐ ☐ Some fairytales depict evils as **beasts**.	名 野獣 物語では、悪を獣の姿で描写することがよくある。
0078 **underwater** [ὰndəˈwɔ́ːtəˈ, -wá(ː)təˈ] ☐ ☐ Many different types of fish can be found **underwater**.	副 水中で 形 水中の 水中では、さまざまな種類の魚を見ることができる。
0079 **structure** [strʌ́ktʃəˈ] ☐ ☐ The **structure** of water tanks in aquariums is highly complex.	名 構造 他 組織する 水族館の水槽の構造は、非常に複雑だ。 形 structural
0080 **union** [júːnjən] ☐ ☐ This **union** aims to secure peace and economic cooperation.	名 連合、結合 この連合は、平和と経済協力の確保を目的としている。 他 unify（統一する）
0081 **upstairs** [ʌ́pstéəˈz] ☐ ☐ He went **upstairs** to his room to study.	副 上の階に 彼は勉強するために上の階の自分の部屋に行った。 反 downstairs
0082 **determine** [dɪtə́ːmɪn] ☐ ☐ We believe personality is mostly **determined** by childhood.	他 決定する われわれは、人格はほぼ幼少期までに決定されると考えている。
0083 **refund** [名 ríːfʌnd 他 rìːfʌ́nd, rɪ-] ☐ ☐ The customer was given a **refund** for the defective product.	名 返金 他 払い戻す 顧客は不良品の返金を受けた。
0084 **kindness** [káɪn(d)nəs] ☐ ☐ **Kindness** is the key to one's personal growth.	名 親切心 優しさは、自分を成長させる鍵になる。

0085 **quote** [kwóʊt] ☐ ☐ Always **quote** your sources accurately.	他 自 引用する　名 引用 常に情報源を正確に引用しなさい。
0086 **substance** [sʌ́bstəns] ☐ ☐ Researchers discovered a new **substance**.	名 物質 研究者は新物質を発見した。
0087 **multiply** [mʌ́ltəplàɪ] ☐ ☐ Bacteria **multiply** rapidly in warm, moist conditions.	自 他 増殖する、掛け算する バクテリアは、暖かく湿った環境で急速に増殖する。
0088 **via** [váɪə, víːə] ☐ ☐ She flew to Tokyo **via** San Francisco.	前 〜経由で、〜を通じて 彼女はサンフランシスコを経由して東京へ飛んだ。
0089 **allergy** [ǽlədʒi] ☐ ☐ Apparently, the skin **allergy** was caused by metals.	名 アレルギー どうやら肌のアレルギーの原因は金属のようだ。
0090 **flat** [flǽt] ☐ ☐ The tundra is a frozen, **flat** land with few trees.	形 平らな　名 アパートメント ツンドラとは、樹木が少ない凍てついた平らな大地のことである。
0091 **asset** [ǽset, ǽsɪt] ☐ ☐ The company's most valuable **asset** is its employees.	名 資産 その会社の最も貴重な資産は従業員だ。
0092 **rural** [rʊ́(ə)rəl] ☐ ☐ Many people prefer living in **rural** areas.	形 地方の、田舎の 多くの人は地方に住むことを好む。
0093 **surgeon** [sə́ːdʒən] ☐ ☐ He is a **surgeon** who took care of children with heart issues.	名 外科医 彼は心臓に問題のある子どもたちを診ていた外科医だ。
0094 **physical** [fízɪk(ə)l] ☐ ☐ Exercise is important for **physical** health.	形 身体的な、物理的な 運動は身体の健康に重要だ。 反 mental
0095 **predict** [prɪdíkt] ☐ ☐ This equation **predicts** how much heat is needed to boil water.	他 予測する この式は、水を沸騰させるのに必要な熱量を予測する式だ。 形 predictable
0096 **individual** [ìndəvídʒuəl, -dʒʊl] ☐ ☐ Each **individual** has unique talents and abilities.	名 人、個人　形 個々の 人にはそれぞれユニークな才能と能力がある。 副 individually（個々に）　S/W

0097	**financial** [faɪnǽnʃəl, fɪ-]	形 財政の、金融の
☐ ☐	Despite **financial** trouble, she went back to college.	財政的な問題があったが、彼女は大学に戻った。 同 fiscal（財政の）

0098	**exhibit** [ɪgzíbɪt, eg-]	他 展示する　名 展示品
☐ ☐	She has many flowers **exhibited** at the flower show.	彼女はフラワーショーで花をたくさん展示している。

0099	**dam** [dǽm]	名 ダム
☐ ☐	The **dam** controls the water flow.	ダムは水流をコントロールしている。

0100	**announce** [ənáʊns]	他 発表する、告げる
☐ ☐	The company will **announce** its new product next month.	その会社は来月、新商品を発表する。

0101	**exchange** [ɪkstʃéɪndʒ, eks-]	名 交換　他 交換する
☐ ☐	Information **exchange** is important for group work.	グループワークでは、情報交換が重要だ。

0102	**palm** [pɑ́ːm, pɑ́ːlm]	名 手のひら、ヤシ
☐ ☐	His **palms** became sweaty as he waited for his turn.	自分の番を待つ間、彼の手のひらには汗がにじんできた。

0103	**ecological** [èkəlá(ː)dʒɪk(ə)l, ìːk-]	形 生態学の、環境に優しい
☐ ☐	Many **ecological** problems are challenging.	生態学の問題は難しいものが多い。

0104	**wooden** [wʊ́dn]	形 木製の
☐ ☐	It's a myth that George Washington had **wooden** teeth.	ジョージ・ワシントンが木製の入れ歯をしていたというのは俗説だ。

0105	**solar system** [sóʊləˈ sìstəm]	名 太陽系
☐ ☐	The **solar system** has eight planets.	太陽系は、八つの惑星で構成されている。

0106	**mineral** [mín(ə)rəl]	名 ミネラル、鉱物
☐ ☐	Vitamins and **minerals** are important nutrients for the human body.	ビタミンやミネラルは人体に大切な栄養素だ。

0107	**once** [wʌ́ns]	接 一度～したら　副 かつて、一度
☐ ☐	**Once** you break it, you can't fix it.	一度壊したら、もうそれは直せない。 S/W

0108	**obtain** [əbtéɪn]	他 得る
☐ ☐	People started knitting to **obtain** additional income.	人々は副収入を得るために編み物を始めた。 S/W

0109	**palace** [pǽləs] She was raised in a **palace**.	名 宮殿 彼女は宮殿で育てられた。

0110	**contain** [kəntéɪn] The bottle **contains** 500 milliliters of water.	他 含む このボトルは500ミリリットルの水を含んでいる。 名 container（容器）

0111	**link** [líŋk] He determined the **link** between pets and allergy.	名 関連、リンク　他 自 つなげる 彼はペットとアレルギーの関連を突き止めた。 名 linkage（つながり）

0112	**delayed** [dɪléɪd] Lack of water caused **delayed** plant growth.	形 遅れた 水不足で植物の生育が遅れた。

0113	**volume** [vá(:)ljʊm, -lju:m] A great **volume** of concrete is needed to build the mansion.	名 体積、音量 邸宅建設には、かなりの体積のコンクリートが必要だ。

0114	**compound** [名形 ká(:)mpaʊnd 他 kɑmpáʊnd] The chemist mixed two **compounds** to create a new substance.	名 化合物　形 複合の 他 混ぜ合わせる 化学者は、二つの化合物を混ぜて新しい物質を作った。

0115	**sibling** [síblɪŋ] Her **siblings** are all brilliant and filled with kindness.	名 兄弟姉妹 彼女のきょうだいはみんな優秀で、優しさに満ちている。

0116	**cycle** [sáɪkl] The carbon **cycle** is essential for life on Earth.	名 循環、周期 炭素循環は、地球上の生命にとって不可欠だ。

0117	**fair** [féɚ] Various products are being exhibited at the **fair**.	名 見本市、博覧会　形 公平な 見本市では、さまざまな製品が展示されている。 反 unfair

0118	**encourage** [ɪnkə́ːrɪdʒ, en-] He always **encourages** me to pursue my dreams.	他 励ます、促す 彼は私に夢を追い求めろといつも励ましてくれる。 反 discourage　S/W

0119	**master** [mǽstɚ] It takes years of practice to become a **master** musician.	形 卓越した　名 熟練者、主人 他 習得する 熟練した音楽家になるには、何年もの練習が必要だ。

0120	**medicine** [médəsn] There were many important advances in modern **medicine**.	名 医療、薬 現代医学には多くの重要な進歩があった。

LEVEL 1
LEVEL 2
LEVEL 3
分野別単語

21

0121 **confirm** [kənfə́ːm] Please **confirm** the time of the meeting.	他 確認する 会議の時間を<u>確認して</u>ください。
0122 **foundation** [faʊndéɪʃən] Once, slavery was the **foundation** of many states.	名 基礎、財団 かつて、奴隷制度が多くの州の<u>基盤</u>だった。
0123 **territory** [térətɔ̀ːri] The country expanded its **territory**.	名 領土 その国は<u>領土</u>を拡大した。
0124 **proof** [prúːf] This document is **proof** that her story is true.	名 証拠、証明 この文書は、彼女の話が真実であるという<u>証拠</u>だ。
0125 **laughter** [lǽftər] Their **laughter** made the surrounding people laugh.	名 笑い声 彼らの<u>笑い声</u>は、周りの人の笑いを誘った。
0126 **feature** [fíːtʃər] The new **feature** of the medical equipment is just awesome.	名 特徴 他 特集する その医療機器の新機能はとにかくすごい。 同 characteristic, trait
0127 **exceed** [ɪksíːd, ek-] All the students were able to **exceed** expectations.	他 超える すべての生徒が期待を<u>超えた</u>成果を出せた。
0128 **clue** [klúː] The detective found a **clue** to solve the mystery.	名 手がかり、ヒント 探偵は謎を解くための<u>手がかり</u>を見つけた。
0129 **riddle** [rídl] I wonder who can solve such a difficult **riddle**.	名 なぞなぞ こんな難しい<u>なぞなぞ</u>、誰が解けるんだろう。
0130 **notion** [nóʊʃən] **Notions** of right and wrong can be subjective.	名 概念 正誤の<u>概念</u>は主観的になることがある。 同 concept
0131 **elevated** [éləvèɪtɪd] Rice was grown on the slightly **elevated** land.	形 高くなった、高尚な その少し<u>高くなった</u>土地で稲が栽培されていた。
0132 **melting point** [méltɪŋ pɔ̀ɪnt] The **melting point** of ice is 0 degrees Celsius.	名 融点 氷の<u>融点</u>は摂氏0度である。

0133	**intellectual** [ìntəléktʃuəl, -tʃəl] His **intellectual** curiosity made him pursue higher education.	形 知的な　名 知識人 知的好奇心が強く、彼は進学を志した。
0134	**casual** [kǽʒuəl, kǽʒəl] **Casual** clothes are comfortable to wear.	形 何げない、くだけた カジュアルな服装は着心地が良い。
0135	**model** [má(:)dl] Chicks couldn't distinguish **model** beaks from real ones.	形 模型の　名 モデル、型 ひなはくちばしの模型と本物の区別がつかなかった。
0136	**quantity** [kwá(:)ntəti] This wine is made in small **quantities**.	名 量 このワインは少量しか作られていない。
0137	**display** [dɪspléɪ] New spring clothing was on **display** in the store window.	名 展示　他 展示する 新しい春服が店のウィンドウに展示されていた。
0138	**sweeping** [swíːpɪŋ] Every morning, she gives the steps a good **sweeping**.	名 掃除　形 広範囲の 彼女は毎朝、階段をきれいに掃除している。 他 sweep（掃除する） ※
0139	**dull** [dʌl] No one likes a **dull** presentation.	形 退屈な、鈍い 誰も退屈なプレゼンテーションは好まない。 反 sharp, keen
0140	**heart attack** [háɚt ətæk] **Heart attacks** are a serious medical emergency.	名 心臓発作 心臓発作は、重大な医療緊急事態だ。
0141	**right person** [ráɪt pɚːs(ə)n] Finding the **right person** is essential for a company's success.	名 適任者、適切な人 企業の成功には、適した人材を見つけることが必須だ。
0142	**immense** [ɪméns] Her family inherited an **immense** fortune.	形 巨大な 彼女の家族は莫大な財産を受け継いだ。
0143	**admire** [ədmáɪɚ] I **admire** the dedication of the volunteers.	他 賞賛する 私はボランティアの献身的な姿を賞賛する。 名 admirer（崇拝者）, admiration（崇拝）
0144	**bead** [bíːd] She wore a dress covered in sparkly **beads**.	名 ビーズ、ガラス玉 彼女はキラキラしたビーズがついたドレスを着ていた。

※ **0138 sweeping**　道路の清掃車を sweeping car と呼ぶ。

0145 **core** [kɔ́ə] The **core** of an apple has seeds.	名 中心　形 核心の リンゴの真ん中には種がある。
0146 **warehouse** [wéəˌhàʊs] **Warehouse** automation is becoming common.	名 倉庫 倉庫の自動管理は一般的なものになってきている。
0147 **tumor** [t(j)úːməɚ] The surgeon removed the entire **tumor** in an instant.	名 腫瘍 外科医は一瞬で腫瘍をすべて摘出した。
0148 **ironic** [aɪrɑ́(ː)nɪk] It is **ironic** that the fire station burned down.	形 皮肉な 消防署が燃えてしまったのは皮肉だ。 名 irony
0149 **Stone Age** [stóʊn èɪdʒ] During the **Stone Age**, people also used wooden tools.	名 石器時代 石器時代、人々は木製の道具も使用していた。
0150 **extra-curricular** [èkstrəkəríkjʊlɚ] **Extra-curricular** activities help you develop new skills.	形 学校の授業以外の、課外の 課外活動で新しいスキルを身につけることができる。
0151 **heighten** [háɪtn] The strong winds **heightened** the danger of wildfires.	自 高める 強風が山火事の危険性を高めた。
0152 **atmosphere** [ǽtməsfìɚ] The **atmosphere** of the classroom was calm.	名 雰囲気、大気 教室の雰囲気は穏やかだった。 S/W
0153 **assumption** [əsʌ́m(p)ʃən] His **assumption** is that the compound contains radioactive substances.	名 仮定 彼の仮定は、その化合物は放射性物質を含むというものだ。
0154 **part-time** [pɑ́ɚttáɪm] She works **part-time** at the grocery store.	副 非常勤で　形 非常勤の 彼女は非常勤で食料雑貨屋で働いている。
0155 **shift** [ʃíft] The company is undergoing a **shift** in its management structure.	名 変化、シフト制の勤務 他 変える　自 変わる 会社は経営体制の変化を図っている。
0156 **drop** [drɑ́p] Rain **drops** fell on the dry land.	名 しずく　自 落ちる　他 落とす 雨粒が乾いた大地に降り注いだ。

0157 **supply** [səplái]
Supply and demand determine market prices.

名 供給　他 供給する
供給と需要が市場価格を決定する。

0158 **cattle** [kǽtl]
Cattle farming is an important industry in many countries.

名 牛
牧畜は多くの国にとって重要な産業だ。

0159 **lumber** [lʌ́mbɚ]
Piles of lumber surrounded the tiny workspace.

名 木材
小さな仕事場は、山積みの材木に囲まれていた。
同 timber

0160 **rule** [rúːl]
As a rule, a receipt is required for refunds.

名 規則　他 自 支配する
規則として、払い戻しには領収書が必要だ。

0161 **object** [名 á(ː)bdʒɪkt 自他 əbdʒékt]
The object on the table is a vase made of glass.

名 物体　自 他 反対する
テーブルの上にある物は、ガラスでできた花瓶だ。
※

0162 **wildlife** [wáɪldlàɪf]
We are trying to keep rivers safe for wildlife.

名 野生生物
野生動物に安全な川を維持しようとしている。

0163 **massive** [mǽsɪv]
You can find a massive amount of information on the Internet.

形 巨大な
インターネットでは大量の情報を得ることができる。

0164 **irrigation** [ìrɪɡéɪʃən]
Irrigation is the process of providing water to crops.

名 灌漑
灌漑とは、作物に水を供給するプロセスだ。

0165 **full-time** [fúltáɪm]
This course is led by full-time instructors.

形 常勤の　副 常勤で　名 常勤
このコースは常勤の講師が率いていく。
反 part-time

0166 **stomach** [stʌ́mək]
Spicy food causes stomach aches.

名 胃、おなか
辛いものは胃痛の原因になる。

0167 **oppose** [əpóʊz]
Some people oppose the use of animals in research.

他 反対する
研究に動物を使うことに反対する人もいる。
S/W

0168 **freshwater** [fréʃwɔːtɚ, -wá(ː)tɚ]
Unlike seawater, freshwater contains little salt.

名 淡水　形 淡水の
海水と違い、淡水は塩分をほぼ含んでいない。

※ **0161 object**　objection は名詞で「反対（の意見）」。

25

0169 ☐☐ **promote** [prəmóʊt] Good soil **promotes** healthy plant growth.	他 促す、昇進させる 良い土壌は植物の健全な生育を促す。 名 promotion（促進、昇進） S/W
0170 ☐☐ **purchase** [pə́ːtʃəs] The chef **purchased** some new kitchenware.	他 購入する　名 購入 シェフは新しいキッチン用品を購入した。
0171 ☐☐ **withdraw** [wɪðdrɔ́ː, wɪθ-] She **withdrew** $200 from her checking account.	他 引き出す、引っ込める　自 撤退する 彼女は当座預金口座から200ドルを引き出した。 名 withdrawal（取り消し、撤退）
0172 ☐☐ **coral** [kɔ́ːrəl] **Coral** reefs are home to many species of marine life.	名 サンゴ　形 サンゴの サンゴ礁は、多くの種類の海洋生物の生息地だ。
0173 ☐☐ **funeral** [fjúːn(ə)rəl] **Funeral** procedures vary across cultures.	名 葬式 葬儀の作法は文化によって異なる。
0174 ☐☐ **nursery** [nə́ːs(ə)ri] Children learn social skills in this **nursery**.	名 託児所 子どもたちはこの保育園で社会スキルを学んでいる。
0175 ☐☐ **budget** [bʌ́dʒɪt] We will work out a **budget** to buy a new car.	名 予算 私たちは新しい車を買うために予算を工面する。
0176 ☐☐ **productivity** [pròʊdəktívəti, -dʌk-] Regular exercise can boost **productivity** in the workplace.	名 生産性 定期的な運動は、職場の生産性を高める。
0177 ☐☐ **width** [wídθ, wítθ] The **width** of the box is 50 cm.	名 幅 箱の幅は50センチメートルだ。
0178 ☐☐ **skeleton** [skélətn] Only the burnt **skeleton** of the house remained after the fire.	名 骨格 火災の後、家の骨組みだけが焼け残った。
0179 ☐☐ **western** [wéstəᵊn] Mexico's **western** coast is our favorite spot.	形 西の、西洋の メキシコの西海岸が、お気に入りの場所だ。
0180 ☐☐ **rectangular** [rektǽŋgjʊləᵊ] The desk is **rectangular** in shape.	形 長方形の 机は長方形の形をしている。

0181	**agenda** [ədʒéndə]	名 議題
	The **agenda** for the meeting was distributed.	会議の<u>議題</u>が配布された。

0182	**missing** [mísɪŋ]	形 見つからない、行方不明の
	That's the **missing** piece of the puzzle.	それが、パズルの<u>欠けていた</u>ピースだ。

0183	**moisture** [mɔ́ɪstʃər]	名 水分、湿気
	A lack of **moisture** in the air reduced the amount of rain.	空気中に<u>水分</u>が不足しているため、雨が減った。 形 moist

0184	**sidewalk** [sáɪdwɔːk]	名 歩道
	The children rode their bikes on the **sidewalk** to avoid traffic.	子どもらは交通を避けるために<u>歩道</u>を自転車で走った。

0185	**well-off** [wélɔːf, -ɑ́(ː)f]	形 裕福な
	Well-off families have better access to healthcare.	<u>裕福な</u>家庭は、より良い医療を受けやすい。

0186	**irregular** [ìrégjʊlər]	形 不規則な
	Irregular lifestyles elevate the risk of a heart attack.	<u>不規則な</u>生活習慣は、心筋梗塞のリスクを高める。

0187	**recreation** [rèkriéɪʃən]	名 レクリエーション、娯楽
	Sports are popular forms of **recreation**.	スポーツは、人気のある<u>レクリエーション</u>だ。 同 leisure

0188	**portable** [pɔ́ərtəbl]	形 持ち運び可能な
	Laptops are **portable** devices that can be taken anywhere.	ノートパソコンはどこにでも<u>持ち運べる</u>機器だ。

0189	**continent** [kɑ́(ː)ntənənt]	名 大陸
	Africa is the second-largest **continent** in the world.	アフリカは世界で2番目に大きな<u>大陸</u>だ。

0190	**rob** [rɑ́(ː)b]	他 奪う
	The thief was caught trying to **rob** a bank.	銀行に<u>強盗に入った</u>泥棒が捕まった。

0191	**loan** [lóʊn]	名 ローン（貸し付け）、融資
	To pay off the **loan**, he worked two jobs.	<u>ローン</u>を返済するために、彼は二つの仕事をしていた。

0192	**performer** [pərfɔ́ərmər]	名 演者
	My father used to be a **performer** on Broadway.	父親はかつてブロードウェイの<u>パフォーマー</u>だった。

LEVEL 1

LEVEL 2

LEVEL 3

分野別単語

0193	**rock** [rá(:)k] A swallow nested on a cliff **rock**.	名 岩石 崖の岩にツバメが巣を作った。
0194	**national** [nǽʃ(ə)nəl] His test scores were higher than the **national** average.	形 国民の、国家の 彼のテストの点数は<u>全国</u>平均より高かった。
0195	**landowner** [lǽndòʊnɚ] Becoming a farm **landowner** requires knowledge of agriculture.	名 土地所有者 農家の<u>地主</u>になるには、農業の知識が必要だ。
0196	**dim** [dím] The **dim** lighting made it difficult to read.	形 暗い <u>暗い</u>照明のもとで読むのに苦労した。
0197	**approved** [əprúːvd] Your report must be **approved** before it can be sent.	形 承認された 報告書を送るには、<u>承認</u>が必要だ。
0198	**festival** [féstəv(ə)l] The **festival** was held to celebrate the harvest.	名 祭り 収穫を祝うためその<u>祭り</u>は行われた。
0199	**skyscraper** [skáɪskrèɪpɚ] The height of the **skyscraper** exceeds 300 m.	名 超高層ビル その<u>超高層ビル</u>の高さは300メートルを超える。
0200	**weird** [wíɚd] I heard a **weird** sound from the engine.	形 奇妙な エンジンから<u>奇妙な</u>音が聞こえた。 同 strange, bizarre
0201	**farmer** [fáɚmɚ] His uncle is a **farmer** who grows rice.	名 農園主 彼の叔父は、米を栽培する<u>農家</u>だ。
0202	**glacier** [gléɪʃɚ] **Glaciers** are mostly made from freshwater.	名 氷河 <u>氷河</u>は大部分が淡水でできている。
0203	**rare** [réɚ] Many **rare** animals are protected in zoos.	形 珍しい 多くの<u>希少</u>動物が動物園で保護されている。 副 rarely（めったに〜ない）
0204	**soil** [sɔ́ɪl] **Soil** erosion reduces agricultural productivity.	名 土壌、土 <u>土壌</u>の浸食は農業生産性を低下させる。

| 0205 | **seek** [síːk] | 他 自 探し求める |
| | People **seek** happiness in different ways. | 人々はそれぞれの方法で幸せを<u>求める</u>。 |

| 0206 | **habitat** [hǽbətæt] | 名 生息地 |
| | More wetland **habitats** are needed for the wildlife. | 野生動物のために、湿地の<u>生息地</u>がもっと必要だ。 |

| 0207 | **policy** [pá(ː)ləsi] | 名 政策、方針 |
| | The company's **policy** is to promote a safe work environment. | その会社の<u>方策</u>は、安全な職場環境を推進することだ。 |

| 0208 | **hunting and gathering** [hʌ́ntɪŋ ənd gǽð(ə)rɪŋ] | 名 狩猟採集 |
| | Some modern societies still practice **hunting and gathering**. | 一部の現代社会では今でも<u>狩猟採集</u>を実践している。 同 foraging |

| 0209 | **irrelevant** [ɪréləv(ə)nt] | 形 関係のない |
| | The comment was **irrelevant** to the topic. | そのコメントは、トピックとは<u>無関係</u>だった。 反 relevant |

| 0210 | **conscious** [ká(ː)nʃəs] | 形 気付いている、意識的な |
| | I was **conscious** that something was missing. | 何かが足りないという<u>意識</u>はあった。 反 unconscious |

| 0211 | **boundary** [báʊndəri, -dri] | 名 境界 |
| | Some countries have natural **boundaries**, such as rivers. | 一部の国には、川など自然の<u>境界</u>がある。 |

| 0212 | **natural resource** [nǽtʃ(ə)rəl ríːsɔərs] | 名 天然資源 |
| | Oil is a valuable **natural resource**. | 石油は、貴重な<u>天然資源</u>だ。 |

| 0213 | **artistic** [aɚtístɪk] | 形 芸術的な |
| | He is an **artistic** director as well as a performer. | 彼は<u>芸術的な</u>ディレクターであり演者だ。 |

| 0214 | **donate** [dóʊneɪt, doʊnéɪt] | 他 自 寄付する |
| | It's easy to **donate** clothing. | 服を<u>寄付する</u>のは簡単だ。 |

| 0215 | **navy** [néɪvi] | 名 海軍 |
| | The sixth submarine joined the **navy**. | 6隻目の潜水艦が<u>海軍</u>に加わった。 |

| 0216 | **internal** [ɪntɚ́ːn(ə)l] | 形 内部の |
| | Samples of rock revealed the **internal** structure of the planet. | 岩石のサンプルで、惑星の<u>内部</u>構造が明らかになった。 反 external |

LEVEL 1

LEVEL 2

LEVEL 3

分野別単語

0217 sharp [ʃáɚp]
Be careful when handling **sharp** objects.

形 鋭い、鋭角な、はっきりした
鋭利な物を扱う際には注意してください。
反 dull　他 sharpen（鋭くする）

0218 digit [dídʒɪt]
Many people have trouble memorizing long strings of **digits**.

名 数字、数字の桁
多くの人は長い数字の羅列を記憶するのが苦手だ。
形 digital

0219 significance [sɪgnífɪk(ə)ns]
I failed to understand the **significance** of his remarks.

名 意味、重要性
私は彼の発言の重大さを理解できなかった。
形 significant

0220 light year [láɪt jìɚ]
Andromeda is located about 2.5 million **light years** away.

名 光年
アンドロメダは、約250万光年先にある。

0221 specifically [spɪsífɪkəli]
Specifically, the agenda was about national defense.

副 詳細に言うと
具体的には、議題は国家の防衛についてであった。
形 specific　S/W

0222 atom [ǽtəm]
Atoms are the basic unit of matter.

名 原子
原子は物質の基本単位である。

0223 subject [sʌ́bdʒɪkt]
Math is my favorite **subject** in school.

名 主題、科目　形 ～を受けやすい
学校では数学が私の一番好きな学科だ。
※

0224 ceiling [síːlɪŋ]
The **ceiling** of the room was painted white.

名 天井
部屋の天井は白く塗られていた。

0225 expand [ɪkspǽnd, eks-]
Plants need room to **expand** and grow.

自 広がる　他 広げる
植物は葉を広げ成長していくためのスペースが必要だ。
S/W

0226 skyline [skáɪlàɪn]
The **skyline** looked breathtaking at sunset.

名 スカイライン（山や建築物と空との境界線）
夕日のスカイラインは息をのむほど美しかった。

0227 shape [ʃéɪp]
Our past experiences **shape** our personalities.

他 形を作る　名 形
過去の経験が人格を形作る。

0228 ultraviolet [Àltrəváɪələt]
Sunscreen offers 40% **ultraviolet** protection.

形 紫外線の
日焼け止めは40パーセント紫外線をカットする。

※ **0223 subject** be subject to ～ で「～を受ける、～の影響がありえる」。

0229 vast [vǽst] The desert is a **vast** expanse of sand and rock.	形 広大な 砂漠は、砂と岩の<u>広大な</u>広がりのことだ。
0230 patrol [pətróʊl] The police conducted a neighborhood **patrol**.	名 巡回　他 巡回する 警察は近隣<u>巡回</u>を行った。
0231 dot [dá(:)t] At the end of a sentence, add a **dot**.	名 点 文の最後には、<u>点（ピリオド）</u>を追加してください。
0232 attorney [ətə́ːni] The **attorney** quoted a line from a law book.	名 弁護士 <u>弁護士</u>は法律書の一節を引用した。 同 lawyer
0233 seasonal [síːz(ə)nəl] Look for vegetables that are **seasonal**.	形 季節の <u>季節</u>にぴったりの野菜を探してください。
0234 equation [ɪkwéɪʒən, -ʃən] **Equations** can be used to model phenomena.	名 方程式、等式 <u>方程式</u>は現象をモデル化するために使用できる。
0235 sophomore [sá(:)fəmɔ̀ɚ, -fmɔ̀ɚ] She was a **sophomore** at the local college.	名 大学2年生 彼女は地元の<u>大学の2年生</u>であった。
0236 fortunately [fɔ́ɚtʃ(ʊ)nətli] **Fortunately**, no one was hurt in the car accident.	副 幸運にも <u>幸いにも</u>、交通事故では誰もけがをしなかった。 同 luckily　S/W
0237 revenue [révən(j)ùː] The company's **revenue** increased after the new product launch.	名 収益、歳入 新製品発売後、会社の<u>収益</u>は増加した。
0238 phase [féɪz] He opposed the plan and withdrew it in the last **phase** of the talk.	名 段階 彼はその計画に反対し、話の最終<u>段階</u>でそれを撤回した。
0239 experiment [名 ɪkspérəmənt, eks- 自 ɪkspérəmènt, eks-] Students carried out simple **experiments**.	名 実験　自 実験する、試みる 生徒たちは簡単な<u>実験</u>を行った。 S/W
0240 ultimately [ʌ́ltəmətli] **Ultimately**, it's an individual or household issue.	副 最終的に、結局は <u>最終的に</u>は、それは各個人や家庭の問題だ。 S/W

LEVEL 1
LEVEL 2
LEVEL 3
分野別単語

011

0241	**matter** [mǽtər]	名 問題、物　自 重要である
	Let's focus on the **matter** at hand.	目の前の問題に集中しよう。
☐ ☐		同 substance

0242	**division** [dɪvíʒən]	名 分裂、分割、部門
	Cell **division** of a human cell takes about 24 hours.	人間の細胞の細胞分裂は約24時間かかる。
☐ ☐		

0243	**somewhat** [sʌ́m(h)wà(:)t]	副 幾分は
	This project is **somewhat** more difficult than I thought it would be.	このプロジェクトは、私が思っていたよりもやや難しい。
☐ ☐		

0244	**accurate** [ǽkjʊrət]	形 正確な
	Accurate measurements are essential for scientific experiments.	科学的な実験には、正確な測定が不可欠である。
☐ ☐		同 precise

0245	**further** [fə́ːðər]	形 追加の、さらに遠くの
	Further research is necessary to confirm the results.	副 さらに遠くへ
☐ ☐		この結果を確認するためには、さらなる研究が必要だ。　　　　　　　　　　※

0246	**regarding** [rɪgáːədɪŋ]	前 ～に関して
	His professor talked to him in private **regarding** his essay.	教授は彼のエッセイに関して個人的に話をした。
☐ ☐		S/W

0247	**revolution** [rèvəlúːʃən]	名 革命
	The fourth industrial **revolution** is happening now.	今まさに第4次産業革命が起こっている。
☐ ☐		

0248	**tunnel** [tʌ́nl]	名 トンネル
	The **tunnel** had a rectangular shape with a flat ceiling.	そのトンネルは長方形で、天井は平らだった。
☐ ☐		

0249	**domestic** [dəméstɪk]	形 国内の、家庭的な
	Domestic students pay less than international students do.	国内の学生は、留学生より授業料の額が低い。
☐ ☐		

0250	**electric cable** [ɪléktrɪk kéɪbl]	名 電気ケーブル
	Harsh snowfall froze the **electric cables**.	厳しい降雪で電線が凍結した。
☐ ☐		

0251	**GPA** [dʒíːpìːéɪ]	名 総合成績平均（Grade Point Averageの略）
	It's unusual to ask for your high school **GPA**.	高校のGPAを尋ねるのは珍しいことだ。
☐ ☐		※

0252	**ancestor** [ǽnsestər, -səs-]	名 祖先
	Our **ancestors** have passed down their traditions for generations.	私たちの祖先は、何世代にも伝統を受け継いできた。
☐ ☐		反 descendant（子孫）

※ **0245 further**　far の比較級 farther は物理的距離が「さらに遠い」。further は程度や心理的な距離が「さらに遠い」。／ **0251 GPA**　オールA だと 4.0、オールB だと 3.0 など。

0253	**cover** [kʌ́vɚ] We **covered** hunting and gathering in the Stone Age.	他 扱う、覆う　名 表紙 授業では石器時代の狩猟採集を<u>広く学ん</u><u>だ</u>。 名 coverage（適用範囲、報道）
0254	**extreme** [ɪkstríːm, eks-] The plant is sensitive to **extreme** heat.	形 極端な この植物は<u>極端な</u>暑さにセンシティブだ。
0255	**farm** [fáɚm] They live on a **farm** with their two daughters.	名 農場　他 自 耕作する 彼らは2人の娘と<u>農場</u>で暮らしている。 同 cultivate（耕す）
0256	**permit** [pɚmít] Smoking is not **permitted** in this building.	他 自 許可する　名 許可 この建物内は喫煙は<u>許可されて</u>いない。 名 permission（許可）　S/W
0257	**aid** [éɪd] First **aid** can help treat minor injuries and illnesses.	名 援助　他 支援する 応急<u>処置</u>は、軽いけがや病気の治療に役立つ。
0258	**port** [pɔ́ɚt] A navy ship is heading to this **port**.	名 港 海軍の船がこの<u>港</u>に向かっている。
0259	**assume** [əsúːm] Let's **assume** that the universe is not expanding.	他 仮定する、想定する 宇宙は膨張していないと<u>仮定して</u>みよう。 名 assumption　S/W
0260	**mentor** [méntɚ, -tɔɚ] My son looked up to his teacher as a **mentor**.	名 指導者 息子は先生を<u>師</u>として尊敬していた。 同 advisor
0261	**plastic** [plǽstɪk] One feature of the brain is that it's highly **plastic**.	形 柔軟な　名 プラスチック 脳の一つの特徴は、とても<u>柔軟である</u>ということだ。
0262	**interpret** [ɪntɚ́ːprɪt] It is difficult to **interpret** the sentence structure of Old English.	他 解釈する 古英語の文構造を<u>解釈する</u>のは難しい。 名 interpretation
0263	**vital** [váɪtl] Science is a **vital** part of the school curriculum.	形 不可欠な 科学は学校のカリキュラムに<u>不可欠なもの</u>だ。
0264	**serve** [sɚ́ːv] The restaurant strives to **serve** quality food.	他 自 提供する、仕える そのレストランは品質の良い食事を<u>提供す</u><u>る</u>よう努めている。

LEVEL 1 / LEVEL 2 / LEVEL 3 / 分野別単語

012

0265 **neighborhood** [néɪbəˌhòd] I grew up in this **neighborhood**.	名 近所 私はこの<u>近所</u>で育った。
0266 **circumstance** [sə́ːkəmstæ̀ns, -stəns] Under certain **circumstances**, further exceptions may be made.	名 状況 <u>状況</u>によっては、さらに例外を設けることがある。 同 situation
0267 **inventory** [ínvəntɔ̀ːri] All the **inventory** in the warehouse will be cleared.	名 在庫 倉庫の<u>在庫</u>はすべて処分される。
0268 **archaeologist** [ὰəːkiá(ː)lədʒɪst] **Archaeologists** studied the irregularly shaped artifacts.	名 考古学者 <u>考古学者</u>は、不規則な形の遺物を研究した。
0269 **homeland** [hóʊmlæ̀nd] He dreamed of one day returning to his **homeland**.	名 故郷、自国 彼はいつか<u>故郷</u>に帰ることを夢見ていた。
0270 **signal** [síɡn(ə)l] That bird song is a **signal** of courtship behavior.	名 合図、信号 その鳥の歌声は求愛行動の<u>合図</u>だ。
0271 **permanent** [pə́ːmənənt] The company is seeking a **permanent** solution.	形 永久的な 企業は<u>永久的な</u>解決策を求めている。 副 permanently
0272 **remain** [rɪméɪn] She **remained** focused on achieving her goals.	自 ～であり続ける、残る、とどまる 彼女は目標達成に集中し<u>続けた</u>。 S/W
0273 **cooperate** [koʊá(ː)pərèɪt] If we **cooperate**, we can complete this project faster.	自 協力する <u>協力すれ</u>ば、この事業をより早く完成できる。 形 cooperative
0274 **obey** [oʊbéɪ, ə-] It is important to **obey** the laws and rules.	他 従う 法律やルールに<u>従う</u>ことは重要だ。
0275 **false** [fɔ́ːls] The theory that the Earth is flat is **false**.	形 誤った 地球が平らであるという説は<u>誤り</u>である。 反 true
0276 **mosque** [má(ː)sk] The skyline the **mosques** created was stunning.	名 モスク（イスラム教の礼拝所） <u>モスク</u>が作り出すスカイラインは見事だった。

0277	**availability** [əvèɪləbíləti] The **availability** of resources is limited.	名 使用できること 資源の<u>利用可能性</u>は限られている。 形 available
0278	**nervous** [nə́ːvəs] She was **nervous** before her presentation.	形 神経質な 彼女はプレゼンの前に<u>緊張していた</u>。
0279	**parallel** [pǽrəlèl] Connect these dots, and you'll see **parallel** lines.	形 平行の 名 並列 この点を結ぶと、<u>平行</u>線が見えてくる。
0280	**contamination** [kəntæ̀mənéɪʃən] Water **contamination** can cause illness.	名 汚染 水の<u>汚染</u>は、病気の原因となる。
0281	**whole** [hóʊl] Safety is crucial during the **whole** process.	形 全体的な 名 全体 <u>全体</u>のプロセスにおいて、安全性が重要だ。 反 partial
0282	**debate** [dɪbéɪt] The **debate** was about the sharp drop in revenue.	名 討論 他 自 議論する <u>討論</u>は収益の激減についてだった。
0283	**yawn** [jɔ́ːn] I was **yawning** many times unconsciously.	自 あくびをする 名 あくび 無意識に何度も<u>あくびをしていた</u>。
0284	**magnitude** [mǽgnət(j)ùːd] This equipment measures the **magnitude** of quakes accurately.	名 大きさ、巨大さ この装置は揺れの<u>規模</u>を正確に測定する。 ※
0285	**pool** [púːl] I picked questions from a **pool** of past exams.	名 〈資金や情報の〉集まり、 〈水泳〉プール、ビリヤード 過去問の<u>情報プール</u>から問題を選んだ。
0286	**alter** [ɔ́ːltər] Small changes can **alter** the taste of a meal.	他 変える 自 変わる 小さな変化が料理の味を<u>変える</u>ことがある。 同 modify
0287	**detergent** [dɪtə́ːdʒənt] The **detergent** helps to remove dirt and stains.	名 洗剤 <u>洗剤</u>は汚れや染みを落とすのに役立つ。
0288	**convert** [kənvə́ːt] An electrical grid **converts** electricity from one voltage to another.	他 自 転換する 電力供給網は、ある電圧から別の電圧に電気を<u>変換する</u>。

※ **0284 magnitude**　地震の規模を示す単位でもある。

LEVEL 1　LEVEL 2　LEVEL 3　分野別単語

0289 shorten [ʃɔ́ətn]
Research shows mental illness can **shorten** one's lifespan.

他 短くする　自 短くなる
精神疾患は寿命を<u>縮める</u>という研究結果もある。
形 shortened（短縮された）

0290 office hour [ɔ́:fɪs àʊəᵊ]
My **office hours** are from noon to two on Friday.

名 応接時間
私の<u>オフィスアワー</u>は、金曜日の正午から2時までだ。

0291 leaf [líːf]
Leaves on trees change color in the fall.

名 葉っぱ
秋になると、木の<u>葉</u>が色づく。

0292 theme [θíːm]
Adventure is a popular **theme** in children's books.

名 テーマ
冒険は子ども向けの本で人気のある<u>テーマ</u>だ。

0293 fur [fớː]
Bad weather caused the cat's **fur** to become wet.

名 毛皮
悪天候のため、猫の<u>毛</u>はぬれてしまった。

0294 vehicle [víː(h)ɪkl, víːəkl]
You need to take a driver's test if you want to drive a **vehicle**.

名 車両、乗り物
<u>車</u>を運転したいなら、運転免許試験を受けてください。

0295 concerning [kənsə́ːnɪŋ]
This document explains rules **concerning** waste disposal.

前 ～に関して
本書は廃棄物処理<u>に関して</u>ルールを説明するものだ。
S/W

0296 emit [ɪmít, iːm-]
The sun continues to **emit** light, including ultraviolet rays.

他 発する、放出する
太陽は、紫外線を含む光を<u>放ち</u>続けている。

0297 obvious [ɑ́(ː)bviəs]
It is **obvious** this information is false.

形 明らかな
この情報が虚偽であることは<u>明らか</u>だ。
S/W

0298 session [séʃən]
The **session** was led by graduate students.

名 会合、授業（特に補講）
<u>セッション</u>は、大学院生が統率していた。
※

0299 wool [wòl]
Wool is a fiber that comes from animals, while cotton comes from plants.

名 羊毛
<u>ウール</u>は動物、コットンは植物から取れる繊維だ。

0300 Fahrenheit [fǽrənhàɪt]
It was always about 70 degrees **Fahrenheit** outside.

名 華氏
外気温は常に<u>華氏</u>70度くらいだった。

　※ **0298 session**　教授による講義のあと、TA が率いる数グループに分かれた補講のことを指す。

0301	**civilization** [sìvəlɪzéɪʃən] Ancient **civilizations** had complex cultures.	名 文明 古代文明は、複雑な文化を持っていた。
0302	**awful** [ɔ́ːf(ə)l] The weather was simply **awful** that day.	形 ひどい その日の天気はただただひどかった。 同 terrible, horrible
0303	**recommendation letter** [rèkəməndéɪʃən lètə] Your GPA and **recommendation letters** are important.	名 推薦状 GPA（成績）と推薦状が重要だ。
0304	**planet** [plǽnɪt] Our study examined the atmospheric composition of **planets**.	名 惑星 われわれの研究では、惑星の大気組成を調査した。
0305	**historian** [hɪstɔ́ːriən] The **historian** focused on European modernism.	名 歴史家 その歴史家はヨーロッパの近代主義に焦点を当てた。
0306	**underground** [ʌ́ndəɡràʊnd] They found water **underground**.	副 地下に 形 地下の 彼らは地下に水を発見した。
0307	**entirely** [ɪntáɪəli, en-] They decided to close down the factory **entirely**.	副 完全に、まったく 彼らは工場を完全に閉鎖することにした。 S/W
0308	**evaluation** [ɪvæ̀ljuéɪʃən] The **evaluation** was not fair, he said.	名 評価 その評価は公平ではなかった、と彼は言った。
0309	**reception** [rɪsépʃən] They left for their honeymoon once the **reception** was over.	名 宴会、受付 2人は披露宴が終わるとハネムーンに出発した。
0310	**prince** [príns] The **prince** was known for his generosity.	名 王子 王子は寛容さで知られていた。
0311	**railroad** [réɪlròʊd] **Railroads** expanded as steam engines became available.	名 鉄道 蒸気機関が開発されたことで鉄道は拡大した。
0312	**humidity** [hjuːmídəti] High **humidity** enhances mold growth.	名 湿気 高い湿度はカビの繁殖を早める。 形 humid

0313 pale [péɪl]
形 青白い
She grew **pale** with fear.
彼女は恐怖で<u>青ざめた</u>。

0314 fellowship [félouʃɪp]
名 奨学金、仲間意識
She was awarded a research **fellowship**.
彼女は研究への<u>奨学金</u>を得ることができた。

0315 mammal [mǽm(ə)l]
名 哺乳動物
Mammals can convert energy into heat effectively.
哺乳類はエネルギーを効率よく熱に転換できる。

0316 particle [pάətɪkl]
名 粒子
The **particle** theory describes matter behavior.
<u>粒子</u>理論は物質の振る舞いを説明する。

0317 throughout [θru:άʊt]
前 ～の至る所に、～中　副 終始
English is spoken **throughout** the world as a lingua franca.
英語は国際共通語として世界<u>中</u>で話されている。
S/W

0318 harsh [hάəʃ]
形 厳しい
The teacher's criticism was **harsh**.
先生の批判は<u>厳しかった</u>。
同 severe

0319 population [pὰ(:)pjʊléɪʃən]
名 個体数、人口
There has been a reduction in the bat **population**.
コウモリの<u>生息数</u>が減ってきている。
名 populace（大衆、全住民）

0320 utensil [ju:téns(ə)l]
名 家庭用品
Forks, spoons, and knives are commonly used **utensils**.
フォーク、スプーン、ナイフはよく使われる<u>家庭用品</u>だ。

0321 fellow [félou]
名 研究員、仲間　形 同僚の
A senior **fellow** at the university received a national grant.
同大学の上席<u>研究員</u>は国の助成金を得ている。

0322 view [vjú:]
名 見解、景色　他 見る、見なす
In my **view**, the theme was too easy for sophomores.
私の<u>見解</u>では、2年生にはそのテーマは簡単すぎた。
S/W

0323 mechanism [mékənìzm]
名 機械、仕組み（メカニズム）
The Antikythera **mechanism** was used for star observation.
アンティキティラ<u>装置</u>は、星の観測に使われていた。

0324 realistic [rì:əlístɪk]
形 現実的な
Realistic goals can be achieved with hard work.
<u>現実的な</u>目標は、努力によって達成できる。
反 idealistic（理想主義の）
S/W

0325 duo [d(j)úːoʊ]
They watched a comedy **duo** perform on stage.

名 二人組
彼らはお笑いコンビのステージを鑑賞した。

0326 certificate [səˈ(ː)tífɪkət]
A **certificate** is proof of course completion.

名 証書
証書はコース修了の証となるものだ。

0327 register [rédʒɪstər]
Please **register** for the conference before the deadline.

自 他 登録する
会議の申し込みは期限までにしてください。
名 registration（登録）

0328 enhance [ɪnhǽns, en-]
The image has been digitally **enhanced**.

他 向上させる
画像はデジタル処理で補正されている。

0329 prevention [prɪvénʃən]
Prevention is key when it comes to health.

名 予防、防止
健康に関しては、予防が重要である。
他 prevent 形 preventable（防止可能な）

0330 Islamic [ɪzláːmɪk, ɪs-, -lǽm-]
Islamic art is known for its intricate geometric designs.

形 イスラム教の
イスラム美術は、複雑な幾何学模様で知られている。

0331 creature [kríːtʃər]
Few living **creatures** can survive without water.

名 生き物
水なしで生きられる生き物はほぼ存在しない。
同 organism

0332 hurt [hə́ːt]
I was **hurt** by the awful evaluation.

他 傷つける 自 痛む 名 痛み
ひどい評価で傷つけられた。

0333 amphibian [æmfíbiən]
Endangered **amphibians** are the subject of a recent study.

名 両生類 形 両生類の
絶滅に瀕した両生類が、近年の研究の対象だ。

0334 affect [əfékt]
We debated how smoking **affects** the brain.

他 影響する
喫煙が脳にどう影響するか討論した。
同 influence

0335 whereas [(h)wèəǽz]
Some people seek wealth, **whereas** others seek happiness.

接 一方で、～であるのに対して
富を求める人もいる一方で、幸福を求める人もいる。
S/W

0336 kingdom [kíŋdəm]
The animal **kingdom** includes many different species.

名〈生物分類上の〉界、王国
動物界には多くの異なる種がいる。

0337 □ □	**court** [kɔ́ət] The case will be heard in **court** next week.	名 法廷　他 裁判を行う その件は来週法廷で審理される。
0338 □ □	**power source** [páʊəˈ sɔ̀əs] Renewable energy is becoming a popular **power source**.	名 電源 再生可能エネルギーは一般的な電力源となってきた。
0339 □ □	**particularly** [pəˈtíkjʊləˈli] This species of amphibian is **particularly** rare.	副 特に この両生類の種は特に珍しい。 S/W
0340 □ □	**spice** [spáɪs] The chef added a variety of **spices** to the dish.	名 スパイス　他 香辛料を加える シェフはさまざまなスパイスを料理に加えた。
0341 □ □	**binder** [báɪndəˈ] Her **binder** was filled with papers from school.	名 バインダー 彼女のバインダーには学校の書類が詰まっていた。
0342 □ □	**vegetation** [vèdʒətéɪʃən] The desert has very little **vegetation**.	名 草木 砂漠は、草木がほとんど生えていない。
0343 □ □	**share** [ʃéəˈ] Their market **share** is 40%, whereas ours is 15%.	名 市場占有率、分け前 他 分配する、共有する 相手の市場占有率は40パーセントなのに対し、わが社は15パーセントだ。
0344 □ □	**leak** [líːk] Oil was **leaking** from the vehicle.	自 漏れる　他 漏らす　名 漏れ 車両からのオイルが漏れていた。 名 leakage（漏れ）
0345 □ □	**buzz** [bʌ́z] Bees **buzz** when they fly.	自 他 ブンブン鳴らす 名 ブンブンいう音 ミツバチは飛行中にブンブンと音を立てる。
0346 □ □	**height** [háɪt] The tallest building, the Burj Khalifa, stands at a **height** of 828.2 m.	名 高さ 最も高い建物であるブルジュ・ハリファの高さは828.2メートルである。
0347 □ □	**crystal** [krístl] Humidity affects the formation of snow **crystals.**	名 結晶　形 結晶の 湿度は雪の結晶の形成に影響を与える。
0348 □ □	**scold** [skóʊld] He softly **scolded** his son so as not to hurt him.	他 叱る 彼は息子を傷つけぬよう、やさしく叱った。

0349 plantation [plæntéɪʃən]
名 大規模農園
The soil of the **plantation** was contaminated.
農園の土壌は汚染されていた。

0350 multiple [mʌ́ltəpl]
形 複数の
She made **multiple** copies of the slide.
彼女はスライドのコピーを<u>複数枚</u>取った。

0351 edition [ɪdíʃən]
名 版
You have to register to get the latest **edition**.
最新<u>版</u>を入手するには登録が必要だ。

0352 submarine [sʌ́bməriːn, sʌ̀bməríːn]
名 潜水艦
The depth at which **submarines** navigate is about 400 m.
<u>潜水艦</u>が航行する水深は400メートル程度である。

0353 route [rúːt, ráʊt]
名 経路、ルート
We discovered the butterfly's migratory **route**.
われわれはチョウの移動<u>ルート</u>を発見した。

0354 tuition [t(j)uíʃən]
名 授業料
The fellowship helped me pay the **tuition**.
奨学金で、<u>授業料</u>の支払いが少し楽になった。

0355 grammatical [grəmǽtɪk(ə)l]
形 文法的な
Correct **grammatical** errors before submitting your essay.
エッセイを提出する前に、<u>文法的な</u>誤りを訂正してください。

0356 indeed [ɪndíːd]
副 実に、本当に
Indeed, the duo looked nervous and pale.
<u>確かに</u>、2人は緊張して顔色が悪かった。
S/W

0357 treatment [tríːtmənt]
名 治療、扱い、処理
He received approval for **treatment** of his illness.
彼は病気の<u>治療</u>について承認を受けた。

0358 enormous [ɪnɔ́əməs]
形 巨大な
Kingdom Protista includes an **enormous** number of creatures like amoebae.
原生生物界には、アメーバなど<u>膨大な</u>数の生物が存在する。
同 huge, immense, massive
S/W

0359 dust [dʌ́st]
名 ほこり
Dust particles in the air can hurt your lungs.
空気中の塵埃は肺を傷める。

0360 embarrass [ɪmbǽrəs, em-]
他 恥ずかしくさせる
He was **embarrassed** by his mistake.
彼は自分のミスで<u>恥ずかしく</u>なった。

41

0361 illusion [ɪlúːʒən]
Unfortunately, the idea of a perfect society is an **illusion**.

名 幻想、錯覚
残念ながら、完璧な社会というのは<u>幻想</u>だ。

0362 colony [kɑ́(ː)ləni]
Initially, the American **colonies** were under British rule.

名 植民地、コロニー（生物の群生）
当初、アメリカの<u>植民地</u>はイギリスの支配下にあった。

0363 empty [ém(p)ti]
Some animals act so foolishly that one wonders if their heads are **empty**.

形 空の　他 空にする
頭が<u>空っぽ</u>なのかと思うほど愚かな行動を取る動物もいる。

0364 expire [ɪkspáɪəɹ, eks-]
This certificate will **expire** next month.

自 期限が切れる
この証明書は来月で<u>期限切れとなる</u>。
形 expired　名 expiration

0365 anticipate [æntísəpèɪt]
Investors **anticipate** high returns from this investment.

他 予期する
投資家たちはこの案件からの高い収益を<u>期待している</u>。
同 expect

0366 remarkable [rɪmáɚkəbl]
It is **remarkable** that the elephant's gestation period is 650 days.

形 注目すべき
象の妊娠期間が650日に及ぶというのは<u>驚くべき</u>ことだ。

0367 widen [wáɪdn]
The construction project will **widen** the road.

他 広げる　自 広くなる
この建設プロジェクトで道路の幅を<u>広げる</u>。
同 broaden

0368 fireplace [fáɪəɹplèɪs]
The cabin has a cozy **fireplace**.

名 暖炉
小屋には居心地の良い<u>暖炉</u>がある。

0369 hub [hʌb]
The city is a **hub** for transportation and commerce.

名 中心部、ハブ
この街は交通と商業の<u>拠点</u>となっている。

0370 livestock [láɪvstɑ̀(ː)k]
The farmer raised **livestock** for milk production.

名 家畜
農夫はミルク生産のために<u>家畜</u>を育てた。

0371 glue [glúː]
Glue can be used to stick things together.

名 接着剤　他 接着する
接着剤は、物をくっつけるために使われる。

0372 gradually [grǽdʒuəli, -dʒəli]
Society is **gradually** shifting to renewable energy sources.

副 徐々に
社会は<u>徐々に</u>再生可能エネルギーに移行している。
形 gradual　S/W

42

| 0373 | **dairy** [dé(ə)ri] | 名 乳製品 |
| | Milk and cheese are examples of **dairy** products. | 乳製品としては、牛乳やチーズが挙げられる。 |

| 0374 | **quite** [kwáɪt] | 副 かなり、なかなか |
| | The cost of the new treatment was **quite** high. | 新しい治療の費用はかなり高額だった。 S/W |

| 0375 | **conserve** [kənsə́ːv] | 他 保存する |
| | According to thermodynamics, all energy is **conserved**. | 熱力学によれば、すべてのエネルギーは保存される。 名 conservation（保存、保護） |

| 0376 | **element** [éləmənt] | 名 元素、要素 |
| | The periodic table lists all known **elements**. | 周期表には既知のすべての元素が掲載されている。 |

| 0377 | **characteristic** [kæ̀rəktərístɪk, -rɪk-] | 名 特徴　形 特有の |
| | One **characteristic** of the species is its long lifespan. | その種の特徴の一つは、長寿であることだ。 |

| 0378 | **injury** [índʒ(ə)ri] | 名 けが |
| | The pain caused by the **injury** gradually faded. | けがによる痛みは徐々に薄れていった。 形 injured（けがした） |

| 0379 | **clarify** [klǽrəfàɪ] | 他 明確にする |
| | **Clarify** the research question before proceeding. | 研究問題を明確にしてから進めてください。 名 clarification（説明、明確化） |

| 0380 | **please** [plíːz] | 他 喜ばせる　副 どうぞ |
| | She tried to **please** her mentor professor. | 彼女は指導教官を喜ばせようとした。 形 pleasing（心地よい） |

| 0381 | **arise** [əráɪz] | 自 発生する、生じる |
| | Financial problems continued to **arise**. | 金銭的な問題が発生し続けた。 |

| 0382 | **freezing point** [fríːzɪŋ pɔ̀ɪnt] | 名 氷点 |
| | The **freezing point** of salt water can be as low as -21 degrees Celsius. | 塩水の氷点はマイナス21度にまでなる。 |

| 0383 | **offer** [ɔ́ːfəʳ, á(ː)fəʳ] | 名 申し出　他 提供する |
| | What a wonderful **offer**! | なんてすてきなオファーなんでしょう！ S/W |

| 0384 | **spread** [spréd] | 自 広がる　他 広げる　名 広がり |
| | Computer technology has **spread** into all fields of work. | コンピューター技術はあらゆる分野に広がっている。 |

LEVEL 1
LEVEL 2
LEVEL 3
分野別単語

43

0385 ☐ ☐	**clothing** [klóʊðɪŋ] The study analyzed the cultural significance of **clothing**.	名 衣服 研究は<u>衣服</u>の文化的意義を分析した。 ※
0386 ☐ ☐	**merge** [mɔ́ːdʒ] Three lanes of traffic all **merge** at this point.	自 他 合併する 三つの車線がこの地点で<u>合流する</u>。 名 merger
0387 ☐ ☐	**rotate** [róʊteɪt] The Earth **rotates** on its axis.	自 回転する 地球は自転軸を中心に<u>回転している</u>。 名 rotation
0388 ☐ ☐	**cage** [kéɪdʒ] He had three rattlesnakes in a **cage**.	名 鳥かご、おり 彼はガラガラヘビを3匹、<u>おり</u>に飼っていた。
0389 ☐ ☐	**hemisphere** [hémɪsfɪər] Many migratory birds travel between **hemispheres**.	名 半球 多くの渡り鳥が南北<u>半球</u>間を渡っている。
0390 ☐ ☐	**beneath** [bɪníːθ, bə-] **Beneath** the earth's crust is the mantle.	前 〜の下に 地殻<u>の下に</u>あるのはマントルである。
0391 ☐ ☐	**generation** [dʒènəréɪʃən] My grandparents' **generation** experienced the Great Depression.	名 世代、発生 私の祖父母の<u>世代</u>は世界恐慌を経験した。
0392 ☐ ☐	**rainfall** [réɪnfɔ̀ːl] The amount of **rainfall** affects plant growth.	名 降雨量 <u>降雨量</u>は植物の生育に影響する。
0393 ☐ ☐	**cave** [kéɪv] No vegetation was found in this **cave**.	名 洞窟 この<u>洞窟</u>には草木は発見されなかった。
0394 ☐ ☐	**harmful** [háərmf(ə)l] Pesticides are **harmful** to humans, too.	形 有害な 農薬は人間にも<u>有害である</u>。 同 toxic（有毒な）
0395 ☐ ☐	**reputation** [rèpjʊtéɪʃən] It takes years to repair a damaged **reputation**.	名 評判、信用 傷ついた<u>評判</u>を修復するには、何年もかかる。
0396 ☐ ☐	**property** [prá(ː)pərti] One of the **properties** of helium is its lightness.	名 特性、財産 ヘリウムの<u>特性</u>の一つに、その軽さがある。

※ **0385 clothing** clothing はアクセサリーを含む衣類全般、clothes は主に衣服、cloth は布生地（テーブルクロスなど）。

0397 innovation [ìnəvéɪʃən]
This remarkable **innovation** is a game-changer.

名 革新、革新的なもの
このイノベーションが世界を変える。
自 他 innovate　形 innovative

0398 continuous [kəntínjuəs]
Continuous effort is what makes a difference.

形 継続的な
継続的な努力こそが、違いを生むのである。
S/W

0399 radiation [rèɪdiéɪʃən]
Madame Curie was exposed to high levels of **radiation**.

名 放射線
キュリー夫人は高濃度の放射線を浴びていた。

0400 chimp [tʃímp]
Animals like **chimps** have complex social structures.

名 チンパンジー
チンパンジーのような動物は複雑な社会構造を持っている。

0401 round-trip [ráʊndtríp]
I bought a **round-trip** ticket to Paris.

形 往復旅行の　名 往復旅行
パリへの往復切符を買った。
反 one-way (trip)

0402 examine [ɪgzǽmɪn, eg-]
It is important to **examine** all evidence.

他 調べる
すべての証拠を調べることが重要だ。

0403 field [fíːld]
Working in his chosen **field** gave him confidence.

名 分野、実地、野原
自分の選んだ分野で働くことが、彼の自信につながった。

0404 identify [aɪdéntəfàɪ]
It is important to **identify** potential hazards.

他 自 特定する、見分ける
潜在的な危険を特定することは重要だ。
名 identification
S/W

0405 retain [rɪtéɪn]
A certain study has shown that goldfish can **retain** memory for up to three months.

他 保持する、維持する
ある研究によると、金魚は3カ月間記憶を保持できるそうだ。
名 retention（維持）

0406 offend [əfénd]
The comedian's jokes **offended** some people.

他 自 怒らせる、罪を犯す
コメディアンのジョークは、人々の気分を害した。
名 offender（違反者）, offense（違反、侮辱）

0407 tiny [táɪni]
Tiny insects can be found everywhere.

形 とても小さい
小さな昆虫は、どこにでもいる。

0408 plus [plʌ́s]
Plus, we are offering a discount!

接 前 そしてまた　形 プラスの
名 利点
さらに、割引も適応されます！

0409	**lizard** [lízɚd] Many **lizards** can regrow their tails.	名 トカゲ 多くの<u>トカゲ</u>は、尾を再生することができる。
0410	**totally** [tóʊtəli] The experiment was **totally** successful.	副 完全に 実験は<u>完全に</u>成功した。 S/W
0411	**reddish** [rédɪʃ] The moon had a **reddish** hue in the dark sky.	形 赤みがかった 暗い空で、月は<u>赤みがかった</u>色をしていた。
0412	**vendor** [véndɚ] We have multiple **vendors** who supply goods.	名 販売業者、売り手 当社は商品供給においては複数の<u>業者</u>と付き合いがある。 反 buyer
0413	**cultivation** [kʌltəvéɪʃən] Mayans were skilled in agriculture and **cultivation**.	名 栽培、育成 マヤ人は農業や<u>耕作</u>にたけていた。 他 cultivate
0414	**fertilizer** [fɚ́ːtəlàɪzɚ] **Fertilizer** is used to enrich the soil.	名 肥料 <u>肥料</u>は土壌を豊かにする。
0415	**cough** [kɔ́ːf] A **cough** is a common symptom of a cold.	名 せき　自 せきをする <u>せき</u>は風邪によくある症状の一つだ。
0416	**silly** [síli] The clown made the children laugh with his **silly** antics.	形 ばかげた ピエロは、<u>おどけた</u>態度で子どもたちを笑わせた。 同 absurd, ridiculous
0417	**droplet** [drá(ː)plət] With a single **droplet** of red colored dye, the water turned pink.	名 小さなしずく <u>一滴</u>の赤の染料で、水はピンク色に染まった。
0418	**food source** [fúːd sɔ̀ɚs] Fish are an important **food source** for many people.	名 食料源 魚は多くの人々にとって重要な<u>食料源</u>だ。
0419	**sufficient** [səfíʃənt] The food was **sufficient** for the guests at the party.	形 十分な パーティーの客には<u>十分な</u>量の食事があった。 反 insufficient　S/W
0420	**Arctic** [áɚktɪk] The **Arctic** is home to many unique animal species.	名 北極　形 北極の <u>北極</u>は珍しい動物種が多く生息する場所だ。

0421	**period** [píː(ə)riəd] We have had two power failures in a four-month **period**.	名 期間、ピリオド 4カ月の<u>間</u>に2回、停電があった。
0422	**stranger** [stréɪndʒɚ] A **stranger** approached me on the street.	名 見知らぬ人 <u>見知らぬ人</u>が道で声をかけてきた。
0423	**aisle** [áɪl] I prefer an **aisle** seat.	名 通路 <u>通路</u>側の席が望ましい。
0424	**figure** [fígjɚ, -gjʊɚ] They saw **figures** moving in the dark off in the distance.	名 形、数字　他 思う (=think) 遠くで暗闇の中を動く<u>人影</u>が見えた。
0425	**Neanderthal** [niændɚθɔ̀ːl, -tɑ̀ːl] **Neanderthals** may have suffered from starvation during times of food scarcity.	名 ネアンデルタール人 <u>ネアンデルタール人</u>は食糧難の時代に飢餓に苦しんだのかもしれない。
0426	**humor** [hjúːmɚ, júː-] **Humor** is an important aspect of a happy life.	名 ユーモア <u>ユーモア</u>は幸せな人生にとって重要な要素だ。 形 humorous
0427	**evolve** [ɪvá(ː)lv] Plants and animals **evolve** over time.	自 進化する　他 発展させる 植物や動物は、時間をかけて<u>進化する</u>。 名 evolution（進化）
0428	**elderly** [éldɚli] Many **elderly** people suffer from loneliness.	形 高齢の　名 高齢者 孤独に悩む<u>高齢</u>者は多い。 同 senior
0429	**passenger** [pǽsəndʒɚ] All the **passengers** boarded the train.	名 乗客 <u>乗客</u>は全員列車に乗った。
0430	**verify** [vérəfàɪ] **Verify** your email address to create a new account.	他 確認する、認証する アカウント作成のため、メールを<u>確認して</u>ください。
0431	**nail** [néɪl] Some **nail** polishes contain harmful chemicals.	名 くぎ、爪 他 くぎを打ち込む 一部の<u>ネイル</u>ポリッシュには有害な化学物質が含まれる。
0432	**settle** [sétl] We always thought about leaving the city and **settling** in the country.	自 住み着く　他 解決する 都会を離れて田舎に<u>住み着く</u>ことをずっと考えていた。 名 settlement（定住、植民）

0433	**stock** [stá(:)k] I invested in the **stock** market.	名 株式、在庫 私は株式市場に投資した。
0434	**remote** [rɪmóʊt] New species were found in a **remote**, isolated region.	形 遠い、遠隔の、人里離れた 遠く隔絶された地域で新種が発見された。 同 distant
0435	**semester** [seméstəɹ] The fall **semester** begins in September.	名 学期 秋学期は9月に始まる。
0436	**pleasant** [pléz(ə)nt] His personality is **pleasant** and welcoming.	形 快活な、快適な 彼の性格は快活で友好的だ。 反 unpleasant
0437	**recruit** [rɪkrúːt] The company is looking to **recruit** new employees.	他 募集する　名 新入社員、新兵 その会社は、新しい従業員を募集している。
0438	**contract** [名 ká(:)ntrækt 他自 kəntrækt] The **contract** was signed by both parties.	名 契約　他 自 縮小する 契約は両者によって署名された。 同 agreement
0439	**flower** [fláʊəɹ] Her intelligence **flowered** while she was in college.	自 花を咲かせる　名 花 彼女の知性は大学時代に開花した。
0440	**crucial** [krúːʃəl] Proper nutrition is **crucial** for maintaining good health.	形 重大な 健康を維持するためには、適切な栄養摂取が重要だ。 S/W
0441	**geographic** [dʒìːəgrǽfɪk] **Geographic** barriers have limited the spread of Arctic plants.	形 地理的な 地理的な障壁により、北極圏の植物の広がりは限定的である。
0442	**bulletin** [bólətn, -tən] The **bulletin** board displayed important announcements.	名 掲示、公報 掲示板には重要なお知らせが表示されていた。
0443	**candidate** [kǽndɪdèɪt, -dət] A **candidate** must possess certain qualifications.	名 候補者 候補者は一定の資格を保有していなければならない。
0444	**flexible** [fléksəbl] Artificial limbs are made with a **flexible** material.	形 柔軟な 義肢は柔軟な素材で作られている。 名 flexibility（柔軟性）

0445 altogether [ɔ̀ːltʊɡéðɚ]

There were 15 participants **altogether**.

副 全体で、完全に
合計15人の参加者がいた。

0446 bend [bénd]

Don't **bend** the envelope.

他 曲げる　自 曲がる　名 曲がり
その封筒を折り曲げてはいけない。

0447 countryside [kʌ́ntrisàɪd]

The group settled in the **countryside**.

名 田舎、地方
そのグループは田舎に住み着いた。

0448 treasure [tréʒɚ]

The pirates buried their **treasure** on the island.

名 宝物
海賊たちは島に宝を埋めた。
名 treasury（宝庫、公庫、基金）

0449 proposal [prəpóʊz(ə)l]

No one cared about the **proposal**.

名 提案
誰もその提案を気にかけなかった。

0450 hunger [hʌ́ŋɡɚ]

Hunger serves as the source of motivation.

名 飢え、飢餓
空腹がモチベーションの源になる。

0451 credit [krédɪt]

She has excellent **credit** and was approved for a loan.

名 信用、〈クラスの〉履修単位
彼女には経済的な信用があり、ローンが承認された。
形 credible（信用できる）

0452 descendant [dɪséndənt]

Lizards are **descendants** of dinosaurs.

名 子孫
トカゲは恐竜の子孫である。
反 ancestor（祖先）

0453 disaster [dɪzǽstɚ]

The **disaster** could have been prevented.

名 災害
その災害は防ぐことができたかもしれない。
形 disastrous

0454 maximize [mǽksəmàɪz]

Companies try to **maximize** their profits.

他 最大化する
企業は利益を最大化しようとする。
反 minimize

S/W

0455 hunter-gatherer [hʌ́ntɚɡǽðərɚ]

In the beginning, the **hunter-gatherer** diet was vegan.

名 狩猟採集民
狩猟採集民の食生活は、最初は菜食主義だった。

0456 reject [rɪdʒékt]

The committee **rejected** the proposal.

他 拒否する
委員会は、提案を拒否した。

S/W

020

0457 resource [rí:sɔɚs, -zɔɚs, rɪsɔ́ɚs, -zɔ́ɚs]

☐ ☐ Renewable energy is a valuable **resource** for the future.

名 資源
再生可能エネルギーは、未来のための貴重な資源だ。
※

0458 civilian [səvíljən]

☐ ☐ It's hard to identify **civilians** in a guerrilla war.

名 民間人、市民　形 民間の
ゲリラ戦で民間人を特定するのは困難だ。

0459 jaw [dʒɔ́:]

☐ ☐ Part of a Neanderthal's **jaw** was found.

名 顎
ネアンデルタール人の顎の一部が見つかった。

0460 shipping [ʃípɪŋ]

☐ ☐ The **shipping** of the clothing items took a month.

名 運送
衣料品の運送には1カ月かかった。

0461 treat [trí:t]

☐ ☐ Teachers must **treat** all students equally.

他 扱う、治療する
教師には全生徒を平等に扱うことが求められる。

0462 groundwater [gráʊndwɔ̀:tɚ, -wɑ́(:)tɚ]

☐ ☐ The properties of soil affect **groundwater** movement.

名 地下水
土壌の性質は地下水の移動に影響する。

0463 embarrassed [ɪmbǽrəst, -em-]

☐ ☐ She was **embarrassed** when she realized she had made a mistake.

形 恥ずかしい
彼女は自分の間違いに気づいて、恥ずかしくなった。

0464 introduce [ìntrəd(j)úːs]

☐ ☐ Please **introduce** yourself in English.

他 紹介する、導入する
英語で自己紹介してください。
名 introduction

0465 skull [skʌ́l]

☐ ☐ Helmets protect the **skull** from severe head damage.

名 頭蓋骨
ヘルメットは、頭蓋骨を深刻なダメージから守る。

0466 spin [spín]

☐ ☐ It is known that the sun is also **spinning**.

自 回転する　他 回転させる
名 紡ぎ物
太陽も自転していることが知られている。

0467 prohibit [proʊhíbɪt, prə-]

☐ ☐ Smoking is **prohibited** in many public places.

他 禁止する
多くの公共の場では喫煙が禁止されている。
名 prohibition

0468 ceremony [sérəmòʊni]

☐ ☐ **Ceremonies** can be used to mark important occasions.

名 式典
式典は、重要な行事を記念するために行われる。

0001　　　　　　　0480　　　　　　　1078
LEVEL 1 ▮▮▮

LEVEL 1
LEVEL 2
LEVEL 3
分野別単語

0469 literature [lítərətʃòɚ, -trə-, -tʃɚ]
She loved **literature** and classic English poetry.

名 文学、文献
彼女は<u>文学</u>と古典的な英語の詩が好きだった。

0470 profitable [prá(:)fɪtəbl]
Not all stock investments are **profitable**.

形 利益性のある
株投資が<u>もうかる</u>とは限らない。

0471 appearance [əpí(ə)rəns]
The two skulls are similar in **appearance**.

名 外見
その二つの頭蓋骨の<u>外見</u>は似ている。

0472 dealer [díːlɚ]
The drug **dealer** was arrested and charged with multiple offenses.

名 販売業者
麻薬<u>ディーラー</u>は逮捕され、複数の罪で起訴された。

0473 revolutionary [rèvəlúːʃənèri]
Wells are a **revolutionary** invention to utilize groundwater.

形 革命的な
井戸は地下水を活用する<u>革命的な</u>発明だ。

0474 inevitable [ɪnévətəbl]
Rejection from the partner was **inevitable**.

形 不可避の
パートナーからの拒絶は<u>不可避</u>だった。

0475 penalty [pén(ə)lti]
Penalties will be imposed for prohibited actions.

名 罰
禁止された行為には<u>罰則</u>が科される。
同 punishment　他 penalize（罰する）

0476 solo [sóʊloʊ]
She performed a **solo** piece on the piano.

形 1人での　名 ソロ
彼女はピアノで<u>ソロ</u>演奏を行った。

0477 circular [sɚ́ːkjʊlɚ]
Her home had a **circular** staircase.

形 円形の
彼女の家には、<u>円形</u>階段があった。

0478 commence [kəméns]
The ceremony will **commence** at 2 PM sharp.

自 他 始める
式典は午後2時ちょうどに<u>開始される</u>。
同 begin, start
名 commencement（開始）

0479 sample [sǽmpl]
Rock **sampled** from the cave was examined.

他 見本を取る　名 試料、サンプル
洞窟から<u>採取した</u>岩石が調査された。
名 sampling（サンプルの収集）

0480 patent [pǽtənt, -tnt]
Unfortunately, our **patent** application was rejected.

名 特許　他 特許を取る
残念ながら、<u>特許</u>申請は却下されてしまった。

0481 **automatic** [ɔ̀:təmǽtɪk]
This software can perform **automatic** updates.

形 自動の
このソフトウェアは、自動更新を行うことができる。
名 automation

0482 **flood** [flʌ́d]
Reddish soil covered the entire flat field after the **flood**.

名 洪水
他 水浸しにする　自 水没する
洪水後、平地一面は赤土に覆われていた。

0483 **assert** [əsə́ːt]
The head lion **asserted** his dominance over the rest of the pride.

他 主張する、断言する
ライオンの長は、他の群れに対し自分の優位性を主張した。
S/W

0484 **hypothesis** [haɪpɑ́(:)θəsɪs]
Further research is needed to prove his **hypothesis**.

名 仮説
彼の仮説の実証にはさらなる研究が必要だ。

0485 **questionnaire** [kwèstʃənéəɪ]
We designed a **questionnaire** to collect data for our research.

名 アンケート
私たちは研究のデータを集めるためにアンケートを作成した。

0486 **advantage** [ədvǽntɪdʒ]
There is no **advantage** in sleeping more than necessary.

名 有利、好都合
必要以上に寝る利点は何もない。
形 advantageous（有利な）

0487 **symptom** [sím(p)təm]
A runny nose is a **symptom** of a cold.

名 症状
鼻水は風邪の症状だ。
形 symptomatic（徴候となる）

0488 **navigation** [næ̀vəɡéɪʃən]
Navigation in the open ocean was difficult.

名 航行
外洋での航行は困難だった。

0489 **tail** [téɪl]
The dog wagged its **tail** happily.

名 尻尾、尾
犬はうれしそうに尻尾を振っていた。

0490 **strength** [stréŋ(k)θ]
Working on a farm requires a lot of physical **strength**.

名 強さ、力
農場で働くにはかなりの体力が必要だ。
他 strengthen（強化する）

0491 **brick** [brík]
Part of the mosque was made of **bricks**.

名 れんが
モスクの一部はれんがでできていた。

0492 **Celsius** [sélsiəs]
Death Valley holds the world record for the highest air temperature of 57 degrees **Celsius**.

名 摂氏
デスバレーは、世界最高気温摂氏57度の記録を保持している。

0493 **suppose** [səpóʊz] ☐ ☐ **Suppose** that you are on a deserted island.	他 仮定する、想定する、思う あなたが無人島にいると仮定してみてください。 同 think, imagine, assume　S/W
0494 **double helix** [dʌ́bl híːlɪks] ☐ ☐ Watson and Crick discovered the **double helix**.	名 二重らせん ワトソンとクリックは二重らせんを発見した。
0495 **tide** [táɪd] ☐ ☐ The **tide** changes the depth by 12 feet.	名 潮流 潮の満ち引きで深さが12フィート変わる。
0496 **dozen** [dʌ́zn] ☐ ☐ The average price of a **dozen** eggs today is $4.	名 ダース（12個） 本日の卵1ダースの平均価格は4ドルだ。 ※
0497 **transport** [trænspɔ́ət] ☐ ☐ He was caught **transporting** prohibited items.	他 輸送する 彼は禁止されている品を運搬していて捕まった。
0498 **rapidly** [rǽpɪdli] ☐ ☐ The company expanded **rapidly** to new markets.	副 急速に、速く その会社は急速に新しい市場に進出した。
0499 **custom** [kʌ́stəm] ☐ ☐ We went through **customs** without any difficulty.	名 税関 (-s)、習慣 私たちは税関を難なく通過した。 同 tradition
0500 **galaxy** [ɡǽləksi] ☐ ☐ Our solar system is part of the Milky Way **galaxy**.	名 銀河 私たちの太陽系は、天の川銀河の一部だ。
0501 **ease** [íːz] ☐ ☐ Taking deep breaths helps **ease** stress.	他 楽にする　自 和らぐ　名 容易さ 深呼吸をすると、ストレスを和らげることができる。 形 easy
0502 **rewrite** [rìːráɪt] ☐ ☐ Please **rewrite** the essay to improve clarity.	他 書き直す エッセイをわかりやすく書き直してください。
0503 **oval** [óʊv(ə)l] ☐ ☐ In the middle of the room was an **oval**-shaped table.	名 楕円形　形 卵形の 部屋の真ん中には楕円形のテーブルがあった。
0504 **similarity** [sìməlǽrəti] ☐ ☐ These fossils have some **similarity** to modern-day birds.	名 類似 この化石は、現代の鳥と類似点がある。 反 difference

※ **0496 dozen**　dozens of ~ で「数十もの~」。

0505	**pollution** [pəlúːʃən] Air **pollution** is a major public health concern.	名 汚染 大気汚染は公衆衛生上大きな問題だ。 他 pollute 名 pollutant（汚染物質）
0506	**hybrid** [háɪbrɪd] **Hybrid** crops exhibit greater resistance to pests.	形 交配種の 名 交配種、混成物 ハイブリッド（交配）作物は、病害虫に対する抵抗力が強い。
0507	**grateful** [gréɪtf(ə)l] I am **grateful** for the support of my family and friends.	形 感謝している 私は家族や友人のサポートに感謝している。 名 gratitude（感謝の念）
0508	**dirty** [dɚ́ːti] He washed his **dirty** clothes in the sink.	形 汚い 彼は汚れた服を洗面台で洗った。 名 dirt（土、汚れ）
0509	**melt** [mélt] Pure gold **melts** at 1064 degrees Celsius.	自 溶ける 他 溶かす 純金は摂氏1064度で溶ける。
0510	**typical** [típɪk(ə)l] He wanted to have a **typical** college experience.	形 典型的な 彼は典型的な大学生活を送りたかった。 反 atypical（典型的ではない）
0511	**merchant** [mɚ́ːtʃənt] The **merchant** sold spices and silks.	名 商人 商人は香辛料や絹を売っていた。
0512	**plentiful** [pléntɪf(ə)l] **Plentiful** rainfall helps crops grow.	形 豊富な 豊富な雨量は作物の生育を助ける。 同 abundant
0513	**finding** [fáɪndɪŋ] One key **finding** emerged.	名 発見、調査結果 一つの重要な発見があった。 S/W
0514	**common** [ká(ː)mən] Electric windows are a **common** feature in newer cars.	形 共通の、社会一般の 電動ウィンドウは新型車では一般的な機能だ。
0515	**slightly** [sláɪtli] The tide was **slightly** faster than anticipated.	副 わずかに 潮の流れは予想より少し速かった。 形 slight S/W
0516	**facilitate** [fəsílətèɪt] Technology can **facilitate** communication.	他 促進する 技術はコミュニケーションを促進する。

0517 ☐ ☐	**participant** [pɚtísəp(ə)nt, pɑɚ-] All **participants** must sign a contract.	名 参加者 参加者は全員契約書に署名しなければいけない。 圓 attendee
0518 ☐ ☐	**center** [séntɚ] The city **center** is home to many shops.	名 中心　他 自 中心に置く 街の中心部には、たくさんのお店がある。
0519 ☐ ☐	**prehistoric** [prìːhɪstɔ́ːrɪk] **Prehistoric** art often depicts animals and human figures.	形 有史以前の、先史の 先史時代の芸術はしばしば動物や人の姿を描いている。 名 prehistory, prehistorian
0520 ☐ ☐	**predator** [prédətɚ] Most animals, including humans, are both **predator** and prey.	名 捕食動物 ほとんどの動物は人間を含め捕食者でもあり被捕食者でもある。
0521 ☐ ☐	**phenomenon** [fənɑ́(ː)mənɑ̀(ː)n, -nən] The Northern Lights are a natural **phenomenon** seen in the Arctic Circle.	名 現象 オーロラは北極圏で見られる自然現象だ。
0522 ☐ ☐	**deadline** [dédlàɪn] Students hurried to meet the strict **deadline**.	名 締め切り 生徒たちは厳しい締め切りに間に合わせるために急いだ。
0523 ☐ ☐	**shore** [ʃɔ́ɚ] When they arrived at the **shore**, it started to rain.	名 岸 彼らが海岸に着くと、雨が降り出した。
0524 ☐ ☐	**reference** [réf(ə)rəns] **References** provide credibility to research findings.	名 参照、言及 参考文献は研究成果に信憑性を付加する。 S/W
0525 ☐ ☐	**blow** [blóʊ] He received a massive **blow** to the head and suffered memory loss.	名 打撃　自 他 吹く 彼は頭に大きな衝撃を受け、記憶喪失になった。
0526 ☐ ☐	**mixture** [míkstʃɚ] Stir the **mixture** until all particles dissolve.	名 混合物 粒が全部溶けるまでその混合物をかき混ぜなさい。
0527 ☐ ☐	**fat** [fæt] **Fat** is an important nutrient for the body.	名 脂肪　形 肥満の 脂肪は体にとって重要な栄養素だ。 形 fatty ※
0528 ☐ ☐	**alive** [əláɪv] Living organisms require nutrients to stay **alive**.	形 生きている 生物は生き続けるために栄養素を必要とする。

※ **0527 fat**　fat chance は反義語的に「ありえない」の意味となる。

023

0529 central [séntrəl]
The double helical structure of DNA is the **central** theme.

形 中心の、中央の
DNAの二重らせん構造が<u>中心</u>テーマだ。
反 peripheral（周辺の）

0530 temporary [témpərèri]
The victims lived in a **temporary** shelter.

形 一時的な
被災者は<u>一時的な</u>保護施設で生活してた。
副 temporarily（一時的に）

0531 monitor [má(:)nətər]
Zoologists **monitor** the behavior of wild animals.

他 監視する　名 モニター
動物学者は、野生動物の行動を<u>監視している</u>。

0532 ancient [éɪnʃənt]
Ancient Greeks made significant contributions to philosophy.

形 古代の
<u>古代</u>ギリシャ人は哲学に大きな貢献をした。

0533 timely [táɪmli]
Taking **timely** action is crucial during times of disasters.

形 適時の
災害時には、<u>素早い</u>行動を取ることが重要だ。

0534 hence [héns]
The introduction is unclear; **hence**, it needs to be rewritten.

副 それゆえに
イントロは不明瞭<u>なので</u>書き直しが必要だ。
S/W

0535 wheat [(h)wíːt]
Some say **wheat** allergies are caused by pesticides.

名 小麦
<u>小麦</u>アレルギーは農薬が原因という人もいる。

0536 emerge [ɪmə́ːdʒ]
A new species of bird has **emerged** in the rainforest.

自 現れる
熱帯雨林に新種の鳥が<u>出現した</u>。

0537 differ [dífər]
Her parents **differ** in their approach to discipline.

自 異なる
彼女の両親は、しつけに対する考え方が<u>違う</u>。

0538 landscape [lǽn(d)skèɪp]
Wind can change the **landscape** dramatically.

名 風景、景観
風の影響で、<u>風景</u>が大きく変わることはある。

0539 influence [ínfluːəns]
Great leaders have the power to **influence** others.

他 影響を与える　名 影響
偉大なリーダーには、他者に<u>影響</u>を与える力がある。
形 influential（影響力がある）
S/W

0540 mountain range [máʊntn rèɪndʒ]
It is quite rare to see snowfall on the desert **mountain range**.

名 山脈
砂漠の<u>山脈</u>に雪が降るのはめったにないことだ。

0541	**race** [réɪs] Genetic differences among **races** are tiny.	名 民族、競争　自 他 競走する 人種間の遺伝子の違いは極めて小さい。
0542	**victim** [víktɪm] Support systems for **victims** need improvement.	名 犠牲者 犠牲者のための支援システムの改善が必要だ。
0543	**coastal** [kóʊstl] Many **coastal** communities rely on fishing.	形 沿岸の 多くの沿岸地域は漁業に依存している。
0544	**scale** [skéɪl] Fish **scales** are the result of hardened skin.	名 うろこ、規模、天秤 (-s) 他 測定する 魚のうろこは皮膚が固くなってできたものだ。
0545	**facility** [fəsíləti] This **facility** has a swimming pool and a gym.	名 施設、設備 この施設にはプールやジムがある。
0546	**manufacturer** [mæn(j)ʊfæktʃ(ə)rɚ] Automation technology benefits many **manufacturers**.	名 製造業者 自動化技術は多くの製造業者に利益をもたらす。
0547	**advanced** [ədvǽnst] **Advanced** driver-assistance technology was developed.	形 高度な 高度な運転支援技術が開発された。 自／他 advance（前進する・させる）
0548	**double** [dʌ́bl] Fat has **double** the energy of carbohydrates.	形 ２倍の　名 ダブル 自 他 倍増する 脂質は炭水化物の2倍のエネルギーを生む。
0549	**saltwater** [sɔ́:ltwɔ́:tɚ, -wɑ́(:)tɚ] **Saltwater** fish cannot live in freshwater.	名 塩水 海水魚は淡水では生きられない。
0550	**plankton** [plǽŋ(k)tən] **Plankton** is a source of food for marine animals.	名 プランクトン プランクトンは、海洋動物の食料源だ。
0551	**spray** [spréɪ] A mixture of fertilizer was **sprayed** on the lawn.	他 まき散らす　名 スプレー 複数の肥料の混合剤が芝生に散布された。
0552	**preference** [préf(ə)rəns] One's **preferences** are mostly determined by heredity, with little intervention by free will.	名 好み 人の嗜好は遺伝でほぼ決まり、自由意志の介在はほぼない。 他 prefer（好む）

0553 sneeze [sníːz]
One **sneeze** releases two million viruses.

名 くしゃみ　自 くしゃみする
1回の<u>くしゃみ</u>で200万個のウィルスが放出される。

0554 wealth [wélθ]
Wealth inequality is a growing issue in many countries.

名 富
<u>富</u>の不平等が多くの国で問題になってきている。
形 wealthy

0555 excited [ɪksáɪtɪd, ek-]
Are you **excited** about Valentine's Day?

形 興奮した
バレンタインデーは<u>楽しみ</u>ですか。

0556 neighbor [néɪbɚ]
My **neighbor** is friendly and helpful.

名 隣人、近所の人
自 隣り合っている
私の<u>隣人</u>は気さくで親切だ。
名 neighborhood

0557 rate [réɪt]
High crime **rates** negatively impact communities.

名 割合　他 評価する
高い犯罪<u>率</u>は地域に悪影響を与える。
S/W

0558 crop [krɑ́p]
Crop rotation enhances soil fertility.

名 作物
<u>作物</u>の輪作は土壌の肥沃さを向上させる。

0559 attract [ətrǽkt]
Peacock feathers **attract** females, but they also **attract** predators.

他 引きつける
孔雀の羽はメスも<u>引きつける</u>が、捕食者も<u>引きつける</u>。

0560 reminder [rɪmáɪndɚ]
This is a **reminder** that the deadline is approaching.

名 思い出させるもの
締め切りが迫っているため、<u>お知らせ</u>します。

0561 broad [brɔ́ːd]
She had a **broad** view of the city from the top floor.

形 広い
彼女は最上階から街を<u>広く</u>見渡すことができた。
副 broadly

0562 reasonable [ríːz(ə)nəbl]
Establishing **reasonable** goals promotes success.

形 理にかなった、〈価格が〉手ごろな
<u>合理的な</u>目標設定は成功を後押しする。
S/W

0563 ethnic [éθnɪk]
New York is known for its diverse **ethnic** population.

形 民族の
ニューヨークは多様な<u>民族の</u>共存で知られている。
名 ethnicity（民族性）

0564 branch [brǽntʃ]
Some companies have multiple **branch** offices worldwide.

名 枝　自 枝分かれする
一部の企業は世界中に複数の<u>支店</u>を持っている。
※

※ 0564 branch　イメージ：分かれ出たもの。名詞では他に「支社、支流、分家、一部門」。

0565	**invoice** [ínvɔɪs] She sent the **invoice** to the vendor yesterday.	名 請求書 彼女は昨日、業者に<u>請求書</u>を送った。
0566	**audience** [ɔ́:diəns] The target **audience** affects marketing strategies.	名 観客 ターゲットとなる<u>聴講者</u>によりマーケティング戦略は変わる。
0567	**violent** [váɪələnt] Usually, he is not a **violent** person.	形 暴力的な 彼は普段は<u>暴力的な</u>人ではない。 名 violence
0568	**crater** [kréɪtɚ] The largest **crater** on the Moon is over 200 km in diameter.	名 クレーター 月で最大の<u>クレーター</u>は直径200キロメートルを超える。
0569	**setting** [sétɪŋ] Literature often explores historical **settings**.	名 設定、環境 文学は歴史的な<u>背景</u>を探求することが多い。
0570	**final** [fáɪn(ə)l] **Final** exams evaluate students' comprehension.	形 最終の　名 最終試験 <u>期末</u>試験は学生の理解度を評価するものだ。
0571	**motivate** [móʊtəvèɪt] Rewards can **motivate** employees.	他 やる気にさせる 報酬は時として従業員を<u>やる気にさせる</u>。
0572	**foolish** [fú:lɪʃ] It was **foolish** of me to use such violent words.	形 愚かな そんな乱暴な言葉を使うとは私も<u>愚か</u>だった。 名 fool
0573	**submit** [səbmít] Please **submit** this form with your picture identification.	他 提出する この様式に写真付き身分証明書を添えて<u>提出して</u>ください。 名 submission（提出、服従）
0574	**insert** [ɪnsɚ́:t] You must **insert** a space between paragraphs.	他 挿入する 段落と段落の間には必ずスペースを<u>入れなさい</u>。
0575	**incredible** [ɪnkrédəbl] The wealth he has built is **incredible**.	形 信じられない 彼が築いた富は<u>信じられない</u>ほどだ。
0576	**quiz** [kwíz] Your final grade is determined by the **quizzes** and the final.	名 クイズ（小テスト）　他 質問する 最終成績は、<u>小テスト</u>と期末テストで決まる。

LEVEL 1
LEVEL 2
LEVEL 3
分野別単語

0577 □ □	**conduct** [他 kəndʌ́kt 名 kɑ́(:)ndʌkt, -dəkt] Scientists must **conduct** experiments carefully and accurately.	他 行う 名 行動 科学者は実験を注意深く、正確に行わなければならない。
0578 □ □	**millennium** [mɪléniəm] People celebrated the beginning of the new **millennium**.	名 千年 人々は新しいミレニアムの始まりを祝った。
0579 □ □	**judge** [dʒʌ́dʒ] He was trying to **judge** the amount of time he needed.	他 自 判断する 名 裁判官 彼は必要な時間を判断しようとしていた。
0580 □ □	**dictator** [díkteɪtɚ, dɪktéɪ-] **Dictators** eventually face popular resistance.	名 独裁者 独裁者は最終的に民衆の抵抗に直面する。 名 dictatorship（独裁政治）
0581 □ □	**sink** [síŋk] The lake's water level is slowly **sinking**.	自 沈む、下がる 他 沈める 名〈台所の〉流し 湖の水位は徐々に下がっている。 反 float
0582 □ □	**guarantee** [gæ̀rəntí:] No strategy **guarantees** business success.	他 保証する 名 保証 どんな戦略もビジネスの成功を保証してくれない。
0583 □ □	**nest** [nést] We observed a bird building a **nest**.	名 巣 自 巣を作る 私たちは鳥が巣を作るのを観察した。
0584 □ □	**magma** [mǽgmə] **Magma** is molten rock found beneath the Earth's surface.	名 マグマ マグマは、地表の下にある溶けた岩石だ。
0585 □ □	**signature** [sígnətʃɚ, -tʃʊ̀ɚ] Remember to add your **signature** to the invoice.	名 署名 請求書に署名をするのを忘れないように。
0586 □ □	**diameter** [daɪǽmətɚ] The **diameter** of the Earth is 12,742 km.	名 直径 地球の直径は1万2742キロメートルだ。
0587 □ □	**geological** [dʒì:əlɑ́(:)dʒɪk(ə)l] **Geological** processes shape the landscape over millions of years.	形 地質学的な 地質学的なプロセスが、何百万年かけて景観を形成する。
0588 □ □	**death** [déθ] **Death** is a natural part of the life cycle.	名 死 死はライフサイクルの一部だ。

0589	**swallow** [swɑ́(:)loʊ] She **swallowed** the medicine.	他 飲み込む 彼女は薬を飲み込んだ。
0590	**venture** [véntʃər] Starting a new **venture** is exciting.	名 ベンチャー事業 他 自 思い切って試みる 新しいベンチャー事業を始めることは楽しい。
0591	**empire** [émpaɪər] The territory of the Roman **Empire** stretched throughout Europe.	名 帝国 ローマ帝国の領地は欧州中に広がっていた。
0592	**combination** [kà(:)mbənéɪʃən] Set a password using a **combination** of eight-digit numbers.	名 組み合わせ 8桁の数字の組み合わせでパスワードを設定してください。
0593	**crust** [krʌst] The **crust** of the Earth is made up of solid rock.	名 地殻 地殻は固い岩でできている。
0594	**app** [ǽp] I used an **app** to track my daily exercise routine.	名 アプリ 私はアプリを使って、毎日の運動習慣を記録した。　※
0595	**deserve** [dɪzə́:v] You **deserve** the scholarship.	他 値する、～の価値がある あなたは奨学金を受け取るに値する。　S/W
0596	**gender** [dʒéndər] Education is crucial to promote **gender** equality.	名 ジェンダー、性別 ジェンダー平等性を推進するためには、教育が重要だ。
0597	**overcome** [òʊvərkʌ́m] **Overcoming** difficulties promotes personal growth.	他 克服する 困難を乗り越えることが、自己の成長を促す。　S/W
0598	**age** [éɪdʒ] The **age** of the universe is estimated to be billions of years old.	名 年齢、時代　自 年を取る 宇宙の年齢は数十億年と推定されている。　S/W
0599	**superior** [sʊpí(ə)riər, sə-] **Superior** technology can increase work efficiency.	形 優れた 優れた技術は、仕事効率を向上させる。 反 inferior　名 superiority（優位性）
0600	**workforce** [wə́:kfɔ̀əs] In the age of AI, a skilled **workforce** is what is needed.	名 労働力 AIの時代、必要とされるのは熟練した労働力だ。

※ **0594 app**　app (application) は可算名詞、software は不可算名詞。「アプリ」は和製表現。

61

| 0601 | **fossilized** [fά(:)səlàɪzd] | 形 化石化した |
| | Many **fossilized** eggs were found in the nest. | 巣からは化石化した卵が多く見つかった。
名 fossil, fossilization |

| 0602 | **trade** [tréɪd] | 名 貿易　自他 取引する |
| | International **trade** affects the global economy. | 国際貿易は国際経済に影響を与える。 |

| 0603 | **current** [kə́ːrənt] | 名 流れ　形 現在の |
| | Salmon swim against heavy **currents** to lay eggs. | サケは卵を産むために、激しい流れに逆らって上っていく。 |

| 0604 | **universal** [jùːnəvə́ːrs(ə)l] | 形 普遍的な |
| | Mathematics is a **universal** language used worldwide. | 数学は世界中で使われている世界共通言語だ。 |

| 0605 | **drought** [dráʊt] | 名 干ばつ |
| | **Drought** management requires water conservation. | 干ばつ対策には水の節約が必要だ。 |

| 0606 | **boldly** [bóʊldli] | 副 大胆に、ずうずうしく |
| | Colonists **boldly** explored unknown land. | 開拓者は果敢に未知の土地を探求していった。 |

| 0607 | **buyer** [báɪəɪ] | 名 購入者 |
| | **Buyers** consider multiple aspects of products. | 買い手は製品の複数の側面を考慮している。 |

| 0608 | **commercial** [kəmə́ːʃəl] | 形 商業的な　名 CM |
| | **Commercial** success depends on consumer demand. | 商業的成功は消費者の需要による。 |

| 0609 | **vivid** [vívɪd] | 形 鮮やかな |
| | He gave a **vivid** description of his vacation. | 彼は休暇の様子を鮮明に描写した。 |

| 0610 | **replace** [rɪpléɪs] | 他 取って代わる |
| | Paper bags have been largely **replaced** by plastic bags. | 紙袋はほとんどビニール袋に取って代わられた。
名 replacement |

| 0611 | **spring break** [spríŋ bréɪk] | 名 春休み |
| | Many students rest during **spring break**. | 多くの学生が春休みには休んでいる。 |

| 0612 | **consume** [kənsúːm] | 他 消費する、使い尽くす |
| | Before **consuming** food, check the expiration date. | 食品を消費する前に、消費期限を確認してください。
名 consumption（消費） |

0613	**experience** [ɪkspí(ə)riəns, eks-]	他 経験する　名 経験
☐ ☐	Our ancestors **experienced** an ice age.	われわれの祖先は氷河期を<u>経験した</u>。 形 experienced S/W

0614	**toe** [tóʊ]	名 つま先
☐ ☐	I stubbed my **toe** on the corner of the table and it hurt.	私はテーブルの角に<u>つま先</u>をぶつけて痛かった。

0615	**laundry** [lɔ́:ndri]	名 洗濯
☐ ☐	Do not mix **laundry** detergents.	<u>洗濯</u>用洗剤は混ぜてはいけない。

0616	**density** [dénsəti]	名 密度
☐ ☐	Japan's population **density** is 340 persons/km².	日本の人口<u>密度</u>は1平方キロメートル当たり340人だ。

0617	**nurture** [nɚ́ːtʃɚ]	名 養育　他 育てる
☐ ☐	Both nature and **nurture** play crucial roles.	環境と<u>教育</u>、両方が重要な役割を担っている。

0618	**dawn** [dɔ́:n]	名 夜明け
☐ ☐	The end of the millennium was the **dawn** of a new age.	ミレニアムの終わりは、新時代の<u>夜明け</u>となった。

0619	**attendance** [əténd(ə)ns]	名 出席
☐ ☐	**Attendance** matters to your grade.	<u>出席</u>は成績に影響する。 他 attend（出席する、付き添う）

0620	**spring** [spríŋ]	自 とっさに生じる、跳ねる 名 ばね、春
☐ ☐	Weeds **sprang** up after the rain.	雨の後、草が<u>芽を出してきた</u>。

0621	**poet** [póʊɪt]	名 詩人
☐ ☐	Emily Dickinson is an American **poet**, who wrote about nature and death.	エミリー・ディキンソンは、自然や死について書いたアメリカの<u>詩人</u>だ。

0622	**encounter** [ɪnkáʊntɚ, en-]	他 出会う　名 遭遇
☐ ☐	Our pilot said we might **encounter** turbulence during the flight.	パイロットは、飛行中に乱気流に<u>遭遇する</u>かもしれないと言った。

0623	**daydream** [déɪdrì:m]	自 空想する　名 空想
☐ ☐	Sometimes it's nice to **daydream** and let your mind wander.	時には、<u>空想にふけり</u>、心を遊ばせるのもいいものだ。

0624	**bill** [bíl]	名 請求書、法案　他 請求する
☐ ☐	Taking time to review a **bill** can prevent overcharges.	<u>請求書</u>を見直す時間を取ることで、過大請求を防ぐことができる。

0625 solution [səlúːʃən]
☐
☐
Spray the **solution** onto the weed.

名 溶液、解決策
その溶液を雑草に吹きかけてください。

S/W

0626 preserve [prɪzə́ːv]
☐
☐
State laws help **preserve** our natural resources.

他 保存する
州法は天然資源の保護に役立っている。
名 preservation

0627 Muslim [mʌ́zlɪm, mós-, móz-]
☐
☐
Muslims celebrate the festival of Eid al-Fitr at the end of Ramadan.

名 イスラム教徒　形 イスラム教の
イスラム教徒はラマダン明けにイード・アル・フィトルという祭りを祝う。

0628 tableware [téɪblwèəɪ]
☐
☐
This **tableware** was used only on special occasions.

名 食器類
この食器類は特別な日にしか使われなかった。

0629 duty [d(j)úːti]
☐
☐
It's my **duty** to keep conducting research.

名 義務
研究を続けることが私の義務だ。

0630 compete [kəmpíːt]
☐
☐
Athletes **compete** against each other to win the game.

自 競争する、競う
アスリートは試合に勝つために互いに競い合う。

S/W

0631 widespread [wáɪdspréd]
☐
☐
The app is **widespread** globally.

形 広範囲にわたる
そのアプリは世界的に普及している。

0632 lid [líd]
☐
☐
Leaving a water bottle with a loose **lid** in a bag can be catastrophic.

名 ふた
水筒のふたが緩いままかばんに入れておくと大惨事になる。

0633 theater [θíːətəɪ]
☐
☐
This **theater** can accommodate 500 people.

名 劇場
この劇場は500名収容可能だ。

0634 travel [trǽv(ə)l]
☐
☐
The birds are **traveling** south for the winter.

自 他 移動する、旅する　名 旅行
鳥たちは冬に向け南へ渡っている。

0635 unlimited [ʌnlímɪtɪd]
☐
☐
Membership gives you **unlimited** access to the facilities.

形 無制限の
会員には施設への無制限のアクセス権限が与えられる。

0636 sponsor [spá(ː)nsəɪ]
☐
☐
British archaeologists secured new **sponsors**.

名 スポンサー　他 後援する
イギリスの考古学者たちは新しいスポンサーを確保した。

0637 pray [préɪ]
Some people **pray** for rain.

自 他 祈る
雨乞いをする人もいる。

0638 presence [préz(ə)ns]
The **presence** of predators maintains ecological balance.

名 存在、〈その場所に〉いること
捕食者の存在は生態バランスを維持する。

0639 mystery [místəri, -tri]
How the pyramids were built remains a **mystery**.

名 謎
ピラミッドの建設法は謎のままだ。

0640 writing [ráɪtɪŋ]
Sumerians invented **writing** 5,500 years ago.

名 書くこと、筆記
シュメール人が文字を発明したのは5500年前だ。

0641 otherwise [ʌ́ðərwàɪz]
If you can tell the difference, drink expensive wine; **otherwise**, drink cheap wine.

副 さもなければ、別の方法で
違いがわかるなら高いワインを飲んでもいいが、さもなければ安い方のワインを飲みなさい。　S/W

0642 pattern [pǽtərn]
Scientists are studying behavior **patterns** among children.

名 パターン、模様
科学者たちは子どもの行動パターンを研究している。

0643 measure [méʒər, méɪʒər]
We need to take safety **measures** during typhoons to protect ourselves.

名 対策 (-s) 他 自 測定する
台風のとき、私たちは自分の身を守るために対策を講じる必要がある。　S/W

0644 space [spéɪs]
The nests were **spaced** evenly.

他 スペースを空ける
名 宇宙、空間
巣は等間隔で並んでいた。

0645 waist [wéɪst]
He wore a belt around his **waist**.

名 腰
彼は腰にベルトを巻いていた。

0646 diary [dáɪəri]
She writes about her day in her **diary** every night.

名 日記
彼女は毎晩日記にその日のことを書いている。

0647 nuclear [n(j)úːkliər]
Nuclear waste disposal remains a challenge.

形 原子力の、核の
核廃棄物処理は依然として課題だ。

0648 exception [ɪksépʃən, ek-, ək-]
There will be no **exceptions** to this rule.

名 例外
このルールに例外はない。

LEVEL 1
LEVEL 2
LEVEL 3
分野別単語

0649 ☐ ☐	**grain** [gréɪn] We have sufficient **grain** storage for drought seasons.	名 穀物、ひと粒 干ばつに備えて、十分な穀物の貯蔵がある。
0650 ☐ ☐	**astronomer** [əstrá(:)nəmɚ] **Astronomers** study various phenomena in the universe.	名 天文学者 天文学者は、宇宙のさまざまな現象を研究している。
0651 ☐ ☐	**astronaut** [ǽstrənɔ̀:t] The **astronaut** experiences weightlessness in space.	名 宇宙飛行士 宇宙飛行士は、宇宙で無重力状態を体験する。
0652 ☐ ☐	**lack** [lǽk] He simply **lacks** experience.	他 不足する　名 不足 彼は単に経験が不足している。 <div align="right">S/W</div>
0653 ☐ ☐	**buddy** [bʌ́di] His best friend is also his workout **buddy** at the gym.	名 仲間、相棒 彼の親友は、ジムでのトレーニング仲間でもある。 <div align="right">※</div>
0654 ☐ ☐	**logical** [lá(:)dʒɪk(ə)l] The widespread belief doesn't seem **logical**.	形 論理的な 広く浸透したその考えは論理的とは思えない。
0655 ☐ ☐	**seller** [sélɚ] A skilled **seller** maximizes customer satisfaction.	名 売り手 熟練した販売者は顧客満足度を最大化できる。 同 vendor
0656 ☐ ☐	**village** [vílɪdʒ] The **village** held a festival to celebrate a plentiful harvest.	名 村 村は豊かな収穫を祝う祭りを行った。 名 villager
0657 ☐ ☐	**satellite** [sǽtəlàɪt] Beautiful images of the planet were sent by **satellite**.	名 衛星 惑星の美しい映像は、衛星から送られてきた。
0658 ☐ ☐	**soap** [sóʊp] Please avoid using too much laundry **soap**.	名 石鹸 洗濯石鹸の使いすぎは避けてください。
0659 ☐ ☐	**migrate** [máɪɡreɪt, maɪɡréɪt] Birds **migrate** south for the winter.	自 移動する、渡る 鳥は冬に備え、南へ移動する。 名 migration
0660 ☐ ☐	**delivery** [dɪlív(ə)ri] I need to work on my **delivery** before I give the speech.	名 話し方、配達 スピーチを行う前に、話し方を改善する必要がある。 他 deliver (配達する、述べる)

　※ **0653 buddy**　親しい友達へのあいさつで What's up, buddy? などと言う。

0661 infrastructure [ínfrəstrʌktʃər]
Urban **infrastructure** is being developed.

名 インフラ、基盤
都市インフラの整備が進められている。

0662 blade [bléɪd]
Be careful when you replace the razor **blade**.

名 刃
カミソリの刃を交換するときは注意してください。

0663 mention [ménʃən]
Please **mention** if you prefer a window or aisle seat.

他 言及する、述べる
窓際か通路側か、希望する方を言ってください。　S/W

0664 attempt [ətém(p)t]
I made an **attempt** to measure the density of mercury.

名 試み　他 試みる
水銀の密度を測る試みを行った。

0665 particular [pərtíkjʊlər]
The poet is **particular** about grammar.

形 綿密な、特定の
その詩人は文法に関してはこだわりがある。　S/W

0666 upset [ʌpsét]
She was **upset** when she heard the bad news.

形 動揺した　他 動揺させる
悪い知らせを聞いたとき、彼女は動揺した。

0667 ruler [rúːlər]
Romulus Augustus was the last **ruler** of the Roman Empire.

名 支配者、定規
ロムルス・アウグストゥルスが、ローマ帝国最後の統治者である。

0668 follow [fáloʊ]
To some extent, we must **follow** what our sponsors say.

他 自 ついていく、従う
ある程度はスポンサーの意に従わなければいけない。

0669 fishery [fíʃ(ə)ri]
The current **fishery** will change the distribution patterns of fish.

名 漁業
現在の漁業は、魚の分布パターンを変えてしまう。

0670 upgrade [名 ʌ́pgreɪd 他 ʌ́pgreɪd, ʌ̀pgréɪd]
My PC needs an **upgrade** to run the latest software.

名 アップグレード　他 等級を上げる
私のパソコンは最新のソフトを動かすためにアップグレードが必要だった。
反 downgrade　※

0671 ingredient [ɪngríːdiənt]
The **ingredients** for the pudding are milk, sugar, and eggs.

名 材料、成分
プリンの材料は牛乳、砂糖、卵だ。

0672 handmade [hændméɪd]
She sent a **handmade** gift to her friend.

形 手作りの
彼女は友達に手作りのプレゼントを送った。
同 handcrafted

※ 0670 upgrade 「グレードアップ」「バージョンアップ」などは和製表現。

67

0673 distribution [dìstrəbjúːʃən]
☐ ☐ The **distribution** of wealth is the focus of the conversation.

名 分配、配布
富の<u>分配</u>が話の焦点だ。
名 distributor（分配者、配達者）

0674 native [néɪtɪv]
☐ ☐ These flowers are not **native** to this island.

形 その土地固有の、自国の
名 その土地生まれの人
この花々は<u>この土地固有の</u>ものではない。

0675 chest [tʃést]
☐ ☐ **Chest** X-rays help examine patients' conditions.

名 胸
<u>胸部</u>エックス線は、疾患の診断に役立つ。

0676 cabinet [kǽb(ə)nɪt]
☐ ☐ The **cabinet** approved the bill.

名 内閣、飾りだんす
<u>内閣</u>は法案を閣議決定した。

0677 sequence [síːkwəns]
☐ ☐ This **sequence** of events happens in the brain before emotion arises.

名 連続、順序
感情が生じる前に、この<u>一連</u>の事象が脳内で起こる。
同 order, arrangement

0678 handle [hǽndl]
☐ ☐ I can **handle** it by myself.

他 扱う 名 取っ手
自分一人で<u>対処</u>できる。

S/W

0679 flame [fléɪm]
☐ ☐ The firefighters struggled to contain the **flames**.

名 火炎 自 燃え上がる
消防隊員は<u>炎</u>を抑えるのに必死だった。

0680 gulf [ɡʌ́lf]
☐ ☐ The **Gulf** of Mexico is vast.

名 湾
メキシコ<u>湾</u>は広大である。

0681 sail [séɪl]
☐ ☐ Boats use **sails** to catch the wind and move forward.

名 帆 自 航行する
ボートは<u>帆</u>を使って風を受け、前進する。

0682 contradictory [kɑ̀(ː)ntrədíktəri, -tri]
☐ ☐ The **contradictory** evidence made it difficult to draw a conclusion.

形 矛盾する
<u>矛盾した</u>証拠が結論を出すのを難しくしていた。

0683 surface [sə́ːfəs]
☐ ☐ Be careful of icy **surfaces** on the roads.

名 表面 形 表面の
道路の凍結<u>面</u>に注意してください。

0684 rapid [rǽpɪd]
☐ ☐ We are concerned about the **rapid** disappearance of coral reefs.

形 急速な、速い
珊瑚礁の<u>急速な</u>消滅を懸念している。

0685 act [ǽkt]

The Navigation **Acts** increased tension between Britain and colonies.

名 法令、行為　自他 演じる
航海法はイギリスと植民地の間の緊張を高めた。

0686 liquid [líkwɪd]

Mercury exists as a **liquid** at room temperature.

名 液体　形 液体の
水銀は常温では液体として存在する。

0687 evolutionary [èvəlúːʃənèri, ìːv-]

The loss of body hair is an **evolutionary** adaptation.

形 進化的な
体毛の消失は進化的な適応である。
名 evolution

0688 leverage [lév(ə)rɪdʒ]

The company **leveraged** all the resources it had.

他 活用する　名 てこの作用、効力
同社は、持てるすべてのリソースを活用した。

0689 literally [lítərəli, -trə-]

He is **literally** the ruler of the organization.

副 文字通り
彼は、文字通り組織の支配者である。

0690 inner [ínəɹ]

Physicists refer to earth's density to determine its **inner** structure.

形 内側の
物理学者は、地球の密度を参照してその内部構造を予想している。

0691 unsafe [ʌnséɪf]

Unsafe playgrounds pose a threat to children's safety.

形 危険な
安全でない遊び場では、子どもがけがをしかねない。

0692 TA [tíːéɪ]

Your **TA** will provide guidance during the session.

名 教員補助の学生（Teaching Assistant の略）
セッションでは、TAが指導を行う。
　　　　　　　　　　　　　　　　※

0693 warning [wɔ́əɹnɪŋ]

The label included a **warning** about allergens.

名 警告
ラベルにはアレルギー物質についての注意書きがあった。
他 warn（警告する）

0694 aim [éɪm]

My **aim** is to motivate the audience.

名 目標　自他 めざす
私の目的は、観客の士気を高めることだ。

0695 marine [məríːn]

Marine life is diverse and fascinating.

形 海の、海洋の　名 海兵隊員
海洋生物は多様で魅力的である。

0696 fire [fáɪəɹ]

The engineers **fired** the rocket engine.

自他 火をつける　名 火
技術者がロケットエンジンに点火した。

※ **0692 TA** Research Assistant とともに、TA/RA と表記される。

69

030

0697	**operation** [à(:)pəréɪʃən] She needed an **operation** to remove her appendix.	名 手術、操作 彼女は盲腸を切除する<u>手術</u>が必要だった。
0698	**pretend** [prɪténd] The merchant **pretended** that he lacked knowledge of trading.	他 自 ふりをする 商人は、貿易の知識がない<u>ふりをした</u>。
0699	**collection** [kəlékʃən] The museum has an impressive art **collection**.	名 収集物、採集 その美術館には印象的な芸術品の<u>コレクション</u>がある。
0700	**comet** [kɑ́(:)mɪt] **Comets** travel around the sun in oval orbits.	名 彗星 <u>彗星</u>は、楕円形の軌道で太陽を周回している。
0701	**former** [fɔ́ɚmɚ] Our coach is a **former** professional baseball player.	形 元の、前の　名 前者 私たちのコーチは、<u>元</u>プロ野球選手だ。
0702	**similarly** [símələ˞li] **Similarly**, levers are used to lift heavy objects.	副 同様に <u>同様に</u>、レバーは重いものを持ち上げるために使われる。
0703	**generous** [dʒén(ə)rəs] The TA was **generous**, always willing to help students.	形 寛大な TAは<u>寛大</u>で、常に生徒を助けようとしていた。 名 generosity（寛大さ）
0704	**vaccine** [væksíːn] **Vaccines** can be unsafe to some individuals.	名 ワクチン <u>ワクチン</u>は、人によっては安全でない場合もある。 他 vaccinate　名 vaccination
0705	**judgment** [dʒʌ́dʒmənt] Don't rush to **judgment** without seeing the evidence.	名 判断 証拠も見ずに<u>判断</u>を急いではいけない。
0706	**operate** [ɑ́pərèɪt] My new camera is light and **operates** underwater.	自 他 働く、作用する、手術する 私の新しいカメラは軽くて、水中でも<u>使える</u>。
0707	**evaluate** [ɪvǽljuèɪt] Undergraduates **evaluated** their TA.	他 評価する 学部生がTAを<u>評価した</u>。 同 assess
0708	**explosion** [ɪksplóʊʒən] The Cambrian period saw an **explosion** of new species.	名 爆発 カンブリア紀には新種が<u>爆発</u>的に増えた。 形／名 explosive

0709 ☐ ☐	**cellphone** [sélfòʊn] **Cellphones** are not allowed here.	名 携帯電話 ここでは携帯電話は禁止です。
0710 ☐ ☐	**neuron** [n(j)ó(ə)rɑ(:)n] **Neurons** relay signals with neurotransmitters.	名 神経細胞（ニューロン） ニューロンは、神経伝達物質を使い信号を伝えている。
0711 ☐ ☐	**component** [kəmpóʊnənt] Plankton are a key **component** of marine ecosystems.	名 構成要素 プランクトンは、海洋生態系の重要な構成要素だ。
0712 ☐ ☐	**spiral** [spáɪ(ə)rəl] My scores have been in a downward **spiral**.	名 らせん　形 らせん状の 自 らせん状に動く 私のスコアは下降曲線をたどっている。
0713 ☐ ☐	**bravery** [bréɪv(ə)ri] The firefighter showed **bravery** in rescuing the child.	名 勇敢さ 消防士は子どもを救出するために勇気を出した。 同 courage
0714 ☐ ☐	**sharply** [ʃɑ́ɚpli] As predicted, oil prices rose **sharply**.	副 急激に 予想通り、石油価格は急激に上昇した。
0715 ☐ ☐	**immediate** [ɪmí:diət] **Immediate** action is required to address the issue.	形 即座の、すぐ隣の 問題に対処すべく即座の行動が求められる。
0716 ☐ ☐	**shooting star** [ʃú:tɪŋ stɑ́ɚ] **Shooting stars** are meteoroids entering the atmosphere.	名 流れ星 流れ星は、大気圏に突入した宇宙の岩石だ。
0717 ☐ ☐	**release** [rɪlí:s] First, I can **release** stress by talking with someone.	他 解放する 名 解放、〈商品などの〉公開 まず、誰かと話すことでストレスを発散できる。 S/W
0718 ☐ ☐	**advisor** [ədváɪzɚ] He served as an **advisor** to the stock exchange.	名 アドバイザー、顧問 彼は証券取引所のアドバイザーを務めた。
0719 ☐ ☐	**balloon** [bəlú:n] The universe expands like a **balloon**.	名 風船 風船が膨らむように宇宙も膨張している。
0720 ☐ ☐	**fog** [fá(:)g, fɔ́:g] If you can see further than 1,000 m, it's called mist; otherwise, it's **fog**.	名 霧 1000メートル以上先が見える場合はもや、見えない場合は霧と呼ぶ。 ※

※ **0720 fog**　further の代わりに farther でも可。further は程度、farther は距離を強調。

0721 telescope [téləskòʊp]
□
□ Using a **telescope**, the shooting stars were seen more vividly.

名 望遠鏡
望遠鏡を使うと、流れ星がより鮮明に見えた。

0722 rubber [rʌ́bɚ]
□
□ **Rubber** is made from the sap of **rubber** trees.

名 ゴム
ゴムの原料はゴムの木の樹液だ。

0723 nearby [nìɚbáɪ]
□
□ There was a fire in a **nearby** building.

形 近くの　副 近くに
近くのビルで火災があった。

0724 nomadic [noʊmǽdɪk]
□
□ **Nomadic** tribes traveled from place to place to find food and shelter.

形 遊牧の
遊牧民族は、食料とすみかを求めてあちこちに移動した。
名 nomad（遊牧民）

0725 editing [édɪtɪŋ]
□
□ **Editing** is what makes the scene attractive.

名 編集
編集がシーンを魅力的なものにする。

0726 length [léŋ(k)θ]
□
□ Your essay should be no more than 250 words in **length**.

名 長さ、期間
エッセイの長さは250語以内にしてください。

0727 vision [víʒən]
□
□ With excellent **vision**, birds can literally see ultraviolet light.

名 視覚、将来像
優れた視力で、鳥は文字通り紫外線を見ることができる。

0728 marble [mɑ́ɚbl]
□
□ **Marble** is used in some parts of this cabinet.

名 大理石、ビー玉
この飾り棚の一部には大理石が使われている。

0729 thickness [θíknəs]
□
□ The cost is determined by the length and **thickness** of the wood.

名 厚さ
コストは木材の長さと厚みで決まる。

0730 occasionally [əkéɪʒ(ə)nəli]
□
□ People **occasionally** prefer digital communication.

副 時々
人々は時々デジタルコミュニケーションを好む。
形 occasional　S/W

0731 outcome [áʊtkʌ̀m]
□
□ We are still awaiting the final **outcome** of the trial.

名 結果
私たちはまだ裁判の最終結果を待っている。
同 result

0732 specify [spésəfàɪ]
□
□ **Specify** the term, as it has a broad meaning.

他 明示する、指定する
その単語は広い意味を持つので、明示してください。
名 specification（明細、仕様）　S/W

0733 shrine [ʃráɪn]

Most cabinet members prayed at the **shrine**.

名 神社
ほとんどの閣僚が神社に参拝した。

0734 sue [súː]

The doctor who performed an unnecessary operation was **sued**.

他 自 告訴する
不必要な手術をした医者は訴えられた。

0735 interaction [ìntərǽkʃən]

Interactions with livestock can cause disease.

名 やりとり、相互作用
家畜との接触は病気の原因となる。

0736 silent [sáɪlənt]

The viewers remained **silent** during the show.

形 静かな、無言の
本番中、視聴者は静かなままだった。
名 silence

0737 steady [stédi]

Some cosmologists insisted the universe was **steady**.

形 不変の、ぐらつかない
宇宙は不変だと主張する宇宙学者もいた。
副 steadily

0738 drawing [drɔ́ːɪŋ]

The **drawing** was not produced by Hokusai.

名 絵画、図面
その絵画は北斎が描いたものではない。
同 sketch

0739 diverse [dɪvə́ːs, daɪ-]

The city is home to a **diverse** range of races.

形 多様な
この街は多様な民族が集う場所だ。

0740 interview [íntərvjùː]

Bring your resume to the **interview**.

名 面接、聞き取り　他 自 面接する
面接には履歴書を持っていきなさい
名 interviewer (面接官) , interviewee (被面接者)

0741 continental [kà(ː)ntənéntl]

Continental drift is one of the key aspects of plate tectonics.

形 大陸の
大陸移動はプレートテクトニクスの重要な側面の一つだ。

0742 participation [pərtìsəpéɪʃən, paər-]

Class **participation** is important.

名 参加
授業への参加は大事だ。

0743 workshop [wə́ːkʃà(ː)p]

Many **workshops** were found along the river.

名 仕事場（特に工房）、研究集会
川沿いには多くの工房があった。

0744 suitable [súːtəbl]

Pick a **suitable** topic for your research.

形 適した
研究に適切なテーマを選びなさい。

S/W

0745	**bold** [bóʊld] It was a **bold** move.	形 大胆な それは<u>大胆</u>な行動だった。
0746	**drawer** [drɔ́ɚ] Inside the **drawer** was the key for the safe.	名 引き出し <u>引き出し</u>の中にあったのは金庫の鍵だ。
0747	**dramatically** [drəmǽtɪkəli] Attending the workshop improved my skills **dramatically**.	副 劇的に ワークショップに参加することで、私のスキルは<u>劇的に</u>向上した。
0748	**reef** [ríːf] Coral **reefs** are dying out.	名 礁 サンゴ<u>礁</u>が死に絶えている。 <div align="right">S/W</div>
0749	**childhood** [tʃáɪldhʊd] Interviewers asked about my **childhood**.	名 幼少期 面接官は、私の<u>幼少期</u>について聞いてきた。 <div align="right">S/W</div>
0750	**wheel** [(h)wíːl] The **wheel** revolutionized transportation.	名 車輪 <u>車輪</u>は交通手段に革命をもたらした。
0751	**possess** [pəzés] She **possesses** a unique talent for songwriting.	他 所有する 彼女は作詞作曲に独特の才能を<u>持っている</u>。 名 possession（所有、所有物）
0752	**interestingly** [íntərèstɪŋli, -trəst-] **Interestingly**, many dogs cannot distinguish between red and green.	副 興味深いことに <u>興味深いことに</u>、多くの犬は赤と緑が区別できない。 <div align="right">S/W</div>
0753	**beg** [bég] We should never have to **beg** for respect.	自 他 懇願する 決して尊敬を<u>嘆願する</u>ものではない。
0754	**dizzy** [dízi] She felt **dizzy** and sat down.	形 めまいがする 彼女は<u>めまい</u>を感じ座った。
0755	**demonstrate** [démənstrèɪt] Researchers must **demonstrate** the validity of their results.	他 自 実際にやってみせる 研究者は結果の妥当性を<u>示さ</u>なければならない。 <div align="right">S/W</div>
0756	**invasion** [ɪnvéɪʒən] The country was under **invasion**.	名 侵略 その国は<u>侵略</u>を受けていた。 他 invade

0757	**code** [kóʊd]	名 コード、符号
	☐ ☐ Some **codes** are open source and free.	他 コーディングする
		一部のコードはオープンソースで無料だ。

| 0758 | **weapon** [wép(ə)n] | 名 武器 |
| | ☐ ☐ Sadly, selling **weapons** is a profitable business. | 悲しいが、武器販売は利益性が出るビジネスだ。 |

0759	**sustain** [səstéɪn]	他 維持する
	☐ ☐ A healthy diet helps you **sustain** physical health.	身体の健康を維持するのに健康的な食事は大事だ。
		形 sustainable 名 sustainability

0760	**chemical** [kémɪk(ə)l]	形 化学の 名 化学物質
	☐ ☐ The **chemical** reaction resulted in an explosion.	化学反応により、爆発が起こった。
		副 chemically

| 0761 | **appeal** [əpíːl] | 他 訴える 名 懇願、魅力 |
| | ☐ ☐ It is important to **appeal** to consumers' emotions. | 消費者の感情に訴えることが重要だ。 |

| 0762 | **verification** [vèrəfɪkéɪʃən] | 名 確認、認証 |
| | ☐ ☐ **Verification** of your identity is necessary for security reasons. | セキュリティ上の理由で本人確認が必要です。 |

| 0763 | **poverty** [pá(:)vəti] | 名 貧困 |
| | ☐ ☐ **Poverty** has been a significant social problem. | 貧困は、重大な社会問題だ。 |

| 0764 | **viewer** [vjúːɚ] | 名 視聴者 |
| | ☐ ☐ Every year, the awards show attracts millions of **viewers**. | 毎年、この授賞式は何百万人もの視聴者を魅了する。 |

| 0765 | **angle** [æŋgl] | 名 角度 |
| | ☐ ☐ Analyze the data from multiple **angles**. | データを複数の角度から分析しなさい。 |

0766	**meanwhile** [míːn(h)wàɪl]	副 その間に
	☐ ☐ **Meanwhile**, the battalion crossed the Rubicon River.	その間に、大隊はルビコン川を渡った。
		S/W

| 0767 | **reaction** [riækʃən] | 名 反応 |
| | ☐ ☐ The **reaction** between the two compounds was unexpected. | 二つの化合物間の反応は予期されていなかった。 |

| 0768 | **new moon** [n(j)úː múːn] | 名 新月 |
| | ☐ ☐ The **new moon** phase occurs roughly every 29 days. | 新月は、およそ29日置きに起こる。 |

LEVEL 1

LEVEL 2

LEVEL 3

分野別単語

75

0769	**clever** [klévɚ] After a while, the **clever** detective solved the mystery.	形 賢い、巧妙な 長くかからぬうちに、明敏な探偵は謎を解いた。
0770	**inferior** [ɪnfí(ə)riɚ] **Inferior** products may not last as long.	形 劣った 名 下位のもの 劣悪な製品は、長持ちしない。 反 superior
0771	**skip** [skíp] Attendance counts, so don't **skip** the class.	他〈取り扱わず〉飛ばす、授業を休む 出席も考慮されるので、授業を休むことがないように。
0772	**forestry** [fɔ́:rəstri] **Forestry** provides continuous economic benefits.	名 林業、山林管理 林業は、継続的な経済利益をもたらす。
0773	**slope** [slóʊp] The **slope** is too steep and not suitable for agriculture.	名 斜面 その斜面は急すぎて農業には適さない。
0774	**fit** [fít] His appeal failed to **fit** the legal criteria.	自 他 適合する 形 適切な 彼の嘆願書は、法的な基準に適合しなかった。
0775	**motion** [móʊʃən] The **motion** of planets can be calculated.	名 動き 惑星の動きは計算することができる。
0776	**ensure** [ɪnʃʊ́ɚ, en-, -ʃɔ́:] The Energy Act does not **ensure** sustainable development.	他 保証する エネルギー法は、持続可能な開発を保証するものではない。
0777	**stage** [stéɪdʒ] People in the past enjoyed the **stage** as people today watch TV.	名 舞台、段階 現代人がテレビを見るように、昔の人は舞台を楽しんだ。
0778	**iceberg** [áɪsbɚ:g] Only 10% of an **iceberg** is visible.	名 氷山 氷山はわずか10パーセントしか見えていない。
0779	**celebrate** [séləbrèɪt] The team **celebrated** their victory.	他 祝う チームは勝利を祝った。
0780	**industrial revolution** [ɪndʌ́striəl rèvəlúːʃən] The steam engine drove the **industrial revolution**.	名 産業革命 蒸気機関が産業革命を牽引した。

0781	**gradual** [grǽdʒuəl] The change in temperature was **gradual**.	形 段階的な 温度の変化は<u>段階的な</u>ものだった。

0782	**sudden** [sʌ́dn] In AD 79, a **sudden** volcanic eruption covered Pompeii in ash.	形 突然の 西暦79年、<u>突然</u>起こった噴火でポンペイの町は灰に覆われた。 副 suddenly

0783	**cliff** [klíf] The climbers carefully navigated the narrow ledge along the **cliff**.	名 崖 登山者たちは、<u>崖</u>沿いの狭い岩棚を注意深く進んだ。

0784	**eliminate** [ɪlímənèɪt, əl-] The NGO's vision is to **eliminate** poverty.	他 排除する そのNGOのビジョンは「貧困を<u>なくすこと</u>」だ。

0785	**freshman** [fréʃmən] Only **freshmen** can take this course.	名 新入生、大学1年生 このコースは<u>新入生</u>のみ受講可能だ。

0786	**variation** [vè(ə)riéɪʃən] **Variation** in temperature affects plant growth.	名 変動、変種 気温の<u>変動</u>は植物の生育に影響を与える。

0787	**envy** [énvi] The queen felt **envy** towards her friend's success.	名 ねたみ　他 うらやむ 女王は友人の成功に<u>ねたみ</u>を覚えた。

0788	**eventually** [ɪvéntʃuəli, əv-] With repetition, **eventually** you can memorize all these words.	副 最終的に 反復で、<u>いずれは</u>単語は全部覚えられる。 S/W

0789	**external** [ɪkstə́ːn(ə)l, eks-] The **external** hard drive allows for more storage space.	形 外部の <u>外付け</u>ハードディスクで、追加の記憶容量を確保できる。 反 internal（内部の）

0790	**claim** [kléɪm] The author made a **claim** in the research paper.	名 主張　他 主張する 著者は研究論文で<u>主張</u>をした。 S/W

0791	**occupy** [ákjʊpàɪ] The protestors **occupied** the building.	他 占める 抗議者たちは建物を<u>占拠した</u>。

0792	**statue** [stǽtʃuː] Weird **statues** were found on the island nearby.	名 像 近くの島で奇妙な<u>像</u>が発見された。

LEVEL 1

LEVEL 2

LEVEL 3

分野別単語

0793 ☐ ☐	**capacity** [kəpǽsəti] The **capacity** of the stadium is 60,000.	名 収容能力、能力 スタジアムの収容能力は6万人だ。	
0794 ☐ ☐	**cheerfully** [tʃíəf(ə)li] The children were playing **cheerfully** in the park.	副 快活に、元気よく 子どもたちは公園で元気に遊んでいた。 名 cheer 形 cheerful	
0795 ☐ ☐	**therapy** [θérəpi] Music **therapy** helped patients release stress.	名 療法 音楽療法は、患者のストレス発散に寄与した。	
0796 ☐ ☐	**extinct** [ɪkstíŋ(k)t, eks-] Inferior species became **extinct** first.	形 絶滅した 劣等種が先に絶滅した。 名 extinction（絶滅）	
0797 ☐ ☐	**detect** [dɪtékt] This sensor **detects** any motion immediately.	他 検知する このセンサーは、動きを即座に検知する。	
0798 ☐ ☐	**blame** [bléɪm] Don't **blame** others for your mistakes.	他 非難する　名 非難 自分の失敗を他人のせいにしてはいけない。	
0799 ☐ ☐	**absolute** [ǽbsəlúːt, ǽbsəlùːt] No one can predict the weather with **absolute** certainty.	形 絶対的な 天気を絶対的な確実性で予測することはできない。 副 absolutely	
0800 ☐ ☐	**block** [blá(ː)k] Remove the mental **block** that is limiting your capacity!	名 遮断、建築用ブロック　他 遮る 君の能力を制限しているメンタルブロックを取り除け！	
0801 ☐ ☐	**intelligence** [ɪntélɪdʒəns] Emotional **intelligence** is an essential quality for leaders.	名 知能 感情的な知性は、リーダーに不可欠な資質だ。 名 intelligent（知的な）	
0802 ☐ ☐	**ecosystem** [ékoʊsìstəm] Proper forestry practices can prevent damage to **ecosystems**.	名 生態系 適切な林業運営は、生態系へのダメージを防止する。	
0803 ☐ ☐	**mankind** [mǽnkáɪnd] AI is shifting the habits of **mankind**.	名 人類 AIは人類の習慣を変えつつある。 同 human being	
0804 ☐ ☐	**exactly** [ɪgzǽk(t)li, eg-] That's **exactly** what the author claimed.	副 厳密に、正確に それはまさに著者が主張したことだ。	

0805 senior [síːnjɚ]

☐
☐
The attorney was promoted to **senior** partner.

形 上級の　名 年長者、大学４年生
その弁護士は<u>シニア</u>パートナー（<u>上級弁護</u><u>士</u>）に昇格した。
名 seniority（年功序列）

0806 arrival [əráɪv(ə)l]

☐
☐
The guests were greeted by the host upon their **arrival**.

名 到着
<u>到着</u>すると、ゲストはホストから挨拶を受けた。
反 departure（出発）

0807 rough [rʌf]

☐
☐
The statue had a **rough** surface.

形 粗い
像の表面は<u>粗く</u>ざらざらしていた。

0808 temple [témpl]

☐
☐
The oldest **temple**, Asukadera, was built in 596 in Nara.

名 寺院
最古の<u>寺院</u>である飛鳥寺は、596年に奈良に建立された。

0809 overall [òʊvɚrɔ́ːl]

☐
☐
I made a few mistakes but did well **overall**.

副 全体的に　形 全般的な
いくつかミスをしたが、<u>全体的に</u>はうまくやった。
S/W

0810 chat [tʃæt]

☐
☐
Do you prefer to **chat** with a human or a bot?

自 チャットする　名 おしゃべり
人間とボット、どちらと<u>チャットする</u>のがいい？

0811 boom [búːm]

☐
☐
Global air traffic will **boom** this year.

自 景気づく　名 好況
今年は世界の航空輸送量は<u>景気づく</u>だろう。

0812 concern [kənsɔ́ːn]

☐
☐
Pollution is a major **concern** for environmentalists.

名 懸念、心配
他 関係する、気にする
環境保護主義者にとって、汚染は大きな<u>関心事</u>だ。

0813 illustrate [íləstrèɪt, ɪlʌ́streɪt]

☐
☐
This book **illustrates** the mechanism of the new and full moon.

他 〈例や図で〉説明する
この本は新月と満月の仕組みを<u>図解している</u>。
S/W

0814 council [káʊns(ə)l]

☐
☐
Our city **council** is considering a ban on pesticides.

名 議会
私たちの市<u>議会</u>では、農薬の禁止を検討している。

0815 depth [dépθ]

☐
☐
The angle and the **depth** of the seafloor changed suddenly.

名 深さ
海底の角度や<u>深さ</u>が急に変わった。

0816 oversleep [òʊvɚslíːp]

☐
☐
I **overslept** this morning.

自 寝過ごす
私は今朝<u>寝坊した</u>。

0817 scenario [səné(ə)riòʊ]
Worst-case **scenario**, you'll be blamed.

名 シナリオ
最悪の場合、あなたは非難されることになる。

0818 failure [féɪljəˌ]
Failure is a natural part of the learning process.

名 失敗
失敗は、学習プロセスの自然な一部だ。
反 success（成功）

0819 viral [váɪ(ə)rəl]
Ostriches recover quickly from most **viral** infections.

形 ウイルス性の、急速に広まる
ダチョウは大抵のウイルス感染からはすぐに回復してしまう。
名 virus

0820 bubble [bʌbl]
My mother blew **bubbles** for me at the park.

名 泡
母親は公園でシャボン玉を吹いてくれた。
同 foam

0821 chance [tʃæns]
Which cards you're given is a matter of **chance**.

名 偶然、好機、見込み
どのカードが配られるかは、時の運だ。
同 opportunity

S/W

0822 mainland [méɪnlæ̀nd, -lənd]
Once every two days, the boat returns to the **mainland**.

名 本土
2日に1度、船は本土に戻る。

0823 competitor [kəmpétətəˌ]
Identify your hidden **competitors**.

名 競争相手
隠れた競合相手を特定しなさい。
名 competition（競争）

0824 correctly [kəréktli]
For data verification, evaluate external factors **correctly**.

副 正しく
データ検証では、外的要因を正しく評価しなさい。
反 incorrectly

0825 numerous [n(j)úːm(ə)rəs]
Birds are more **numerous** in this area in the spring.

形 数多くの
春になると、この辺りでは鳥の数が多くなる。

0826 housing [háʊzɪŋ]
The college will accommodate **housing** for all freshmen.

名 住宅
大学側が、全新入生に住宅を用意する。

0827 separate [他 sépərèɪt 形 sép(ə)rət]
Attendees were **separated** into two groups.

他 分ける　形 別々の
参加者は二つのグループに分けられた。
名 separation

0828 party [páˌti]
Both **parties** reached an agreement in the lawsuit.

名 側、団体、政党
訴訟の当事者たちは合意に達した。

0001 0840 1078

LEVEL 1

LEVEL 1

LEVEL 2

LEVEL 3

分野別単語

0829	**segment** [ségmənt] ☐ ☐ The insect's body is divided into three **segments**.	名 部分、区切り、区分 昆虫の体は三つの部分に分かれている。
0830	**square** [skwéəʳ] ☐ ☐ Many gathered in the **square** to celebrate the end of the war.	名 広場、正方形　形 公平な 多くの人が終戦を祝うために広場に集まった。
0831	**document** [他 dá(:)kjʊmènt 名 dá(:)kjʊmənt] ☐ ☐ The effectiveness of pet therapy is well-**documented**.	他 文書で証明する　名 文書 ペット療法の有効性は文書に残されている。
0832	**cube** [kjú:b] ☐ ☐ The solution was poured into the **cube**-shaped vessel.	名 立方体 溶液は立方体の器に注がれた。
0833	**initially** [ɪníʃəli] ☐ ☐ **Initially**, marine mammals occupied this gulf area.	副 最初に、最初は 当初は、海洋哺乳類がこの湾岸地域を占有していた。 形 initial　S/W
0834	**weathering** [wéð(ə)rɪŋ] ☐ ☐ Rocks can be broken down into pieces through **weathering**.	名 風化 岩石は風化によって粉々になっていく。
0835	**minute** [形 maɪn(j)ú:t 名 mínɪt] ☐ ☐ Plankton is **minute** but has enormous variations.	形 極めて小さい　名 分 プランクトンは微小だが、種類は豊富だ。
0836	**large-sized** [láəʳdʒsáɪzd] ☐ ☐ **Large-sized** dogs are strictly prohibited here.	形 大型の ここでは、大型犬は厳禁だ。
0837	**military** [mílətèri] ☐ ☐ He has had a long **military** career in the army.	形 軍事の　名 軍隊 彼は陸軍で長い軍歴を積んできた。
0838	**roughly** [rʌ́fli] ☐ ☐ **Roughly** one-third of the Earth's surface is covered by land.	副 おおよそ 地球の表面のおよそ3分の1が陸地で覆われている。
0839	**diet** [dáɪət] ☐ ☐ Eating a balanced **diet** improves overall health.	名 食事、国会 バランスのとれた食事は、総合的な健康増進につながる。
0840	**highlight** [háɪlàɪt] ☐ ☐ Our findings **highlight** the importance of early childhood education.	他 強調する われわれの調査結果は、幼児教育の重要性を強調するものだ。 同 stress, emphasize, accentuate

0841 **additionally** [ədíʃ(ə)nəli] ☐ ☐ Additionally, the lecturer referred to an example of gazelles.	副 さらに、加えて さらに、講演者はガゼルの例にも言及した。 S/W
0842 **danger** [déɪndʒəɪ] ☐ ☐ Military tactics are designed to minimize **danger** to civilians.	名 危険 軍事戦術は、民間人への危険を最小限に抑えるよう設計されている。 形 dangerous
0843 **duration** [d(j)ʊréɪʃən] ☐ ☐ The **duration** of the flight was exactly five hours.	名 期間 飛行時間はちょうど5時間だった。
0844 **rehearsal** [rɪhə́ːs(ə)l] ☐ ☐ The actors had one final **rehearsal** before opening night.	名 リハーサル 俳優たちは、初日の前にいま一度リハーサルを行った。
0845 **tremendously** [trɪméndəsli] ☐ ☐ Technology has improved our lives **tremendously**.	副 非常に 技術は、私たちの生活を飛躍的に向上させた。
0846 **architecture** [áɪkətèktʃəɪ] ☐ ☐ Housing in disaster-prone regions requires unique **architecture**.	名 建築 災害の多い地域の住宅には、独自の建築が必要だ。 名 architect（建築家）
0847 **practitioner** [præktíʃ(ə)nəɪ] ☐ ☐ She went from being a lawyer to a medical **practitioner**.	名 開業医、実践者 彼女は弁護士から医療従事者になった。
0848 **decorate** [dékərèɪt] ☐ ☐ I **decorated** my apartment with blue furniture.	他 装飾する 私はアパートを青い家具で飾った。
0849 **fold** [fòʊld] ☐ ☐ Some plants **fold** their leaves.	他 自 折り畳む 名 折り目 葉を折り畳む植物も存在する。
0850 **export** [他 ɪkspóɪt, eks-, ékspɔɪt 名 ékspɔɪt] ☐ ☐ The country **exports** numerous items.	他 輸出する 名 輸出 その国は多くの品を輸出している。 反 import（輸入する）
0851 **average** [ǽv(ə)rɪdʒ] ☐ ☐ The **average** GMAT score is roughly 565.	形 平均の 名 平均 GMATの平均点はおよそ565点だ。
0852 **continuously** [kəntínjuəsli] ☐ ☐ I plan to study **continuously** and take advantage of all opportunities.	副 連続して 継続的に勉強し、あらゆるチャンスをつかむつもりだ。

0853 divide [dɪváɪd]
The chamber could be **divided** into four segments.

他 分ける、分割する
部屋は四つの仕切りに分けることができる。
同 separate

0854 conclude [kənklúːd]
The lecturer **concluded** that the author's claim is groundless.

他 結論付ける
講演者は「著者の主張には根拠がない」と結論付けた。
名 conclusion　　　S/W

0855 regulate [régjʊlèɪt]
Insulin **regulates** blood glucose levels.

他 規制する
インスリンは血糖値を調整している。
名 regulation

0856 mature [mətʃʊ́ɚ, -t(j)ʊ́ɚ]
Students **matured** into scholars.

自 成熟する　形 熟成した
学生は学者へと成長した。
反 immature　名 maturation

0857 button [bʌ́tn]
Press the **button** to start the experiment.

名 ボタン
実験を開始するにはボタンを押してください。

0858 North Pole [nɔ́ɚθ póʊl]
During summer, the **North Pole** is tilted toward the sun.

名 北極
夏場は北極が太陽に向かって傾いている。

0859 layer [léɪɚ]
The depth of rock **layers** tells us when they were formed.

名 層
岩石の層の深さで、それがいつできたかがわかる。

0860 feed [fíːd]
She **feeds** the plants with a special fertilizer.

他 食物を与える、養う
彼女は特別な肥料を植物に与えている。
　　　　　　　　　　　　※

0861 volcanic [vɑ(ː)lkǽnɪk]
Volcanic ash is known to be harmful to one's health.

形 火山の
火山灰は人体に有害であることが知られている。
名 volcano

0862 reptile [réptaɪl, -tl]
Dinosaurs are large-sized **reptiles**.

名 爬虫類
恐竜は大型の爬虫類だ。

0863 observer [əbzɚ́ːvɚ]
The presence of an **observer** influences the experiment.

名 観察者
観察者の存在が実験に影響を与える。

0864 entrepreneur [àːntrəprənɚ́ː, -n(j)ʊ́ɚː]
The **entrepreneur** is running three businesses.

名 起業家
その起業家は、三つの事業を運営している。

※ **0860 feed**　feed は「食べさせる」、feed on は「食べる」。

83

0865 tube [t(j)úːb] The patient was breathing oxygen through a **tube**.	名 管、チューブ 患者は<u>チューブ</u>を通して酸素を吸っていた。
0866 persuade [pɚswéɪd] Council members **persuaded** the chairman to think twice.	他 説得する、納得させる 評議員たちは会長に考え直すよう<u>説得した</u>。 形 persuasive（説得力のある）
0867 garbage [gáɚbɪdʒ] Please throw your **garbage** in the trash can.	名 ごみ <u>ごみ</u>はごみ箱に捨ててください。
0868 extra [ékstrə] Leave **extra** time to reach your destination.	形 余分の、追加の　副 追加で 目的地までは<u>余裕</u>を持って行動してください。 同 additional
0869 studio [st(j)úːdiòʊ] Renting a **studio** is costly.	名 スタジオ、ワンルーム <u>スタジオ</u>を借りるとコストがかかる。
0870 disappear [dìsəpíɚ] Ice on lakes will continue to **disappear**.	自 消える、姿を消す 湖の氷は<u>消え</u>続けるだろう。 反 appear ⬚S/W
0871 monsoon [mà(ː)nsúːn] The **monsoon** caused flooding and landslides.	名 モンスーン <u>モンスーン</u>が洪水や地滑りを引き起こした。
0872 minimize [mínəmàɪz] Workers use robots to **minimize** labor.	他 最小限にする 労働者はロボットを使って労働を<u>最小化して</u>いる。 反 maximize ⬚S/W
0873 justice [dʒʌ́stɪs] The court system is there to ensure **justice** for all.	名 正義、司法 裁判制度は、すべての人に<u>正義</u>を保障するためにある。 反 injustice（不正義）
0874 inappropriate [ìnəpróʊpriət] His behavior during the meeting was **inappropriate**.	形 不適切な 会議中の彼の行動は<u>不適切</u>であった。 反 appropriate
0875 silk [sílk] Morning dew dotted the **silk** of a spider's web.	名〈クモの〉糸、絹 朝露がクモの巣の<u>絹</u>に点々とついている。
0876 whisper [(h)wíspɚ] He **whispered** the hint to me.	他 自 ささやく　名 ささやき 彼は私にヒントを<u>ささやいた</u>。

0877	**barrier** [bǽriəʳ] Regulations should not be viewed as **barriers** to progress.	名 障壁 規制を進歩の障害と見なすべきではない。
0878	**doubt** [dáʊt] Some **doubt** the safety of self-driving cars.	他 疑う　名 疑問 自動運転車の安全性を疑う人もいる。 形 doubtful（疑っている、疑わしい）　S/W
0879	**potential** [pəténʃəl] His company has a lot of **potential** for future growth.	名 可能性　形 潜在的な 彼の会社は将来的に大きく成長する可能性を秘めている。
0880	**nationality** [næ̀ʃənǽləti] Japan does not allow dual **nationality**.	名 国籍 日本は二重国籍を認めていない。
0881	**grass** [grǽs] The **grass** here is brown while it's green elsewhere.	名 芝生、草 他の場所では緑色なのに、ここの芝生は茶色だ。
0882	**renew** [rɪn(j)úː] I decided to **renew** my membership at the gym.	他 更新する ジムのメンバーシップを更新することにした。 名 renewal
0883	**corn** [kɔ́ɚn] **Corn** oil can be used to produce biodiesel.	名 トウモロコシ コーン油は、バイオディーゼルの製造に利用できる。
0884	**anxious** [ǽŋ(k)ʃəs] We are **anxious** about the volcanic activity.	形 不安な 火山活動が不安だ。
0885	**excess** [eksés] The party had an **excess** of food.	名 過剰　形 過剰な パーティーでは食べ物が余っていた。 同 surplus（余剰）　反 shortage（不足）
0886	**tutor** [t(j)úːtəʳ] The **tutor** gave extra time to the learners.	名〈学生の〉家庭教師 家庭教師は学習者に追加の時間を与えた。
0887	**claw** [klɔ́ː] A large hawk carried a mouse in its sharp **claws**.	名 かぎ爪 大きなタカがその鋭い爪でネズミを連れ去った。
0888	**transportation** [træ̀nspəʳtéɪʃən] Public **transportation** is a convenient way to travel.	名 交通機関 移動には公共交通機関が便利だ。

85

| 0889 | **radius** [réɪdiəs] | 名 半径 |
| | The **radius** of our solar system is 1.6 light years and that of our galaxy is 58,000. | 太陽系の半径は1.6光年、銀河系の半径は5万8000光年である。 |

0890	**practice** [prǽktɪs]	名 実践、練習　他 自 実行する
	Theory and **practice** are like two sides of the same coin.	理論と実践はコインの裏表のようなものだ。
		名 practitioner（実践者、専門家）

0891	**guilty** [gílti]	形 有罪の
	The defendant was found **guilty** of the crime.	被告は有罪であることが判明した。
		名 guilt（有罪、罪の意識）

| 0892 | **ink** [ɪŋk] | 名 インク |
| | Carbon black **ink** is widely used in printing. | カーボンブラックインクは印刷に広く使用されている。 |

| 0893 | **personnel** [pə̀ːsənél] | 名 人員 |
| | The **personnel** department handles hiring and benefits. | 人事部が採用や福利厚生を担当している。 |

| 0894 | **full moon** [fól múːn] | 名 満月 |
| | Under the **full moon**, the sailboat safely navigated back to land. | 満月の下、ヨットは無事に陸地へ戻ってきた。 |

0895	**expect** [ɪkspékt, eks-]	他 予期する、期待する
	Rehearsals are **expected** to be postponed.	リハーサルは延期される見込みだ。
		名 expectation
		S/W

| 0896 | **chick** [tʃík] | 名 ひよこ |
| | The **chick** hatched from the egg and began to chirp. | ひよこが卵からかえって、ピーピーと鳴き始めた。 |

| 0897 | **secondary** [sékəndèri] | 形 中等の、二次的な |
| | High school is considered **secondary** education. | 高校は中等教育と位置付られている。 |

0898	**storage** [stɔ́ːrɪdʒ]	名 貯蔵
	Much larger data can be stored with external **storage** devices.	外付け記録装置を使えば、もっと大きなデータを保存できる。
		他 store（蓄える）

| 0899 | **AI** [éɪáɪ] | 名 人工知能 |
| | **AI** technology is becoming increasingly common in many industries. | AI技術は多くの産業でますます一般的になってきている。 |

| 0900 | **fantasy** [fǽntəsi] | 名 空想 |
| | The pelican, with its **fantasy** of being the strongest, even tries to swallow a giraffe. | 自分が最強という空想を抱くペリカンは、キリンを飲み込もうとすることさえある。 |

0901	**species** [spíːʃiːz, -siːz] On Earth, there are millions of different **species**.	名 種 地球上には、何百万という異なる種がいる。
0902	**handwriting** [hǽndràɪtɪŋ] Your **handwriting** looks like chicken scratch.	名 手書き あなたの手書きはほぼ読めない。 形 handwritten（手書きの）
0903	**force** [fɔ́ərs] Magnetic **force** is stronger than gravitational **force**.	名 力　他 強制する 磁力は重力よりも強い。 他 enforce（強める、強要する）
0904	**sweat** [swét] Horses **sweat**; rabbits don't.	自 汗をかく　名 汗 馬は汗をかくがウサギはかかない。
0905	**statistical** [stətístɪk(ə)l] **Statistical** data shows the birth rate is higher during a full moon.	形 統計的な 統計データによると満月になると出生率が高くなる。
0906	**observation** [à(ː)bzəɹvéɪʃən, -sɚ-] **Observation** is essential to the practice of science.	名 観察 科学の実践には観測が必須だ。
0907	**bookstore** [bókstɔ̀əɹ] This **bookstore** sells a variety of textbooks.	名 本屋 この本屋はいろいろな教科書を売っている。
0908	**erase** [ɪréɪs] Several important files were accidentally **erased**.	他 消す いくつかの重要なファイルが誤って消去された。
0909	**admission** [ədmíʃən] **Admission** to the museum is free with a student ID.	名 入場、入学 学生証の提示で美術館の入場料は無料になる。 他 admit（入学させる、認める）
0910	**subscribe** [səbskráɪb] For more information, **subscribe** to our newsletter.	自他 定期購読する 詳しくは、ニュースレターを定期購読してください。 名 subscription
0911	**beverage** [bév(ə)rɪdʒ] The negative effects of excess **beverages** are well-documented.	名 飲み物 飲料の過剰摂取の悪影響はよく指摘されている。
0912	**debt** [dét] Some people feel guilty about their **debts**.	名 借金、借り 借金に罪の意識を感じる人もいる。

0913 ☐ ☐	**pesticide** [péstəsàɪd] Organic farming avoids the use of synthetic **pesticides**.	名 農薬 有機農業は合成農薬の使用を避けている。 同 insecticide
0914 ☐ ☐	**disk** [dísk] From a distance, the galaxy looks like a **disk**.	名 ディスク、円盤 遠くからは、銀河系は<u>ディスク</u>のように見える。
0915 ☐ ☐	**convey** [kənvéɪ] Facial expressions **convey** emotions.	他 伝える 顔の表情は感情を<u>伝える</u>。
0916 ☐ ☐	**probability** [prà(:)bəbíləti] The **probability** of a person being killed by an asteroid impact is one in two million.	名 確率 人が小惑星の衝突で命を落とす<u>確率</u>は200万分の1だそうだ。
0917 ☐ ☐	**editor** [édɪtəɾ] The **editor** used red ink for corrections.	名 編集者 編集者は校正箇所には赤いインクを使った。 形 editorial（編集の）
0918 ☐ ☐	**major** [méɪdʒəɾ] She played a **major** role in the negotiations.	形 主要な　名 専攻　自 専攻する 彼女は交渉で<u>大きな</u>役割を果たした。 <div align="right">※</div>
0919 ☐ ☐	**bat** [bǽt] **Bats** use their claws to hang from the ceiling in caves.	名 コウモリ、〈野球の〉バット <u>コウモリ</u>は、爪を使って洞窟の中で天井からぶら下がっている。
0920 ☐ ☐	**cool** [kúːl] The fan **cools** the engine to prevent overheating.	他 冷やす　形 冷静な オーバーヒートを防ぐため、ファンがエンジンを<u>冷却する</u>。
0921 ☐ ☐	**laboratory** [lǽb(ə)rətɔ̀ːri] Any **laboratory** equipment must be handled carefully.	名 実験室 実験室の機器は注意深く取り扱わなければならない。 同（省略形で）lab
0922 ☐ ☐	**worsen** [wə́ːs(ə)n] The language barrier **worsened** their relationship.	他 悪化させる　自 悪化する 言葉の壁が2人の関係を<u>悪化させた</u>。 <div align="right">S/W</div>
0923 ☐ ☐	**fundamental** [fÀndəméntl] Responsibility is **fundamental** to being a good parent.	形 根本的な、基本的な 良い親になるためには、責任を持つことが<u>基本</u>だ。
0924 ☐ ☐	**rise** [ráɪz] Food costs are expected to **rise** this year.	自 上昇する　名 上昇、増加 今年は食費が<u>高騰する</u>ことが予想される。

　※ **0918 major**　major は専攻、minor は副専攻、double major は二重専攻。

LEVEL
1

LEVEL
2

LEVEL
3

分野別単語

0925 mud [mʌ́d]

A teaspoon of **mud** contains one billion bacteria.

名 泥
ティースプーン1杯の泥には10億個の菌が含まれている。

0926 sense [séns]

When the truck approached, I **sensed** danger.

他 感じる　名 感覚、意味
トラックが近づいてきたとき、私は危険を感じた。
S/W

0927 outer [áʊtər]

The **outer** layer of the Earth is called the crust.

形 外側の
地球の外層は地殻と呼ばれる。
反 inner

0928 spell [spél]

She **spelled** difficult words perfectly in the spelling bee.

他 つづる
彼女はスペリング大会で、難しい単語を完璧につづった。
※

0929 nutrition [n(j)u:tríʃən]

Good **nutrition** is important for maintaining good health.

名 栄養摂取、栄養
健康維持のためには、適切な栄養摂取が大切だ。
形 nutritious（栄養価が高い）

0930 wage [wéɪdʒ]

The union successfully negotiated a **wage** increase.

名 賃金　他〈戦争を〉行う
労働組合は賃上げ交渉で成功した。
類 salary

0931 decline [dɪkláɪn]

The population of many amphibians is in **decline**.

名 減少　自 減少する
多くの両生類の生息数が減少している。
類 decrease
S/W

0932 manage [mǽnɪdʒ]

The tech-savvy entrepreneur **manages** his team using AI.

他 自 管理する、処理する
技術に精通した起業家は、AIを使ってチームを管理している。
名 management（経営、経営陣）
S/W

0933 RA [áəréɪ]

I may be able to secure the **RA** position.

名 リサーチアシスタント
おそらく、リサーチアシスタントのポジションは確保できる。

0934 firmly [fɔ́ːrmli]

Thus, I **firmly** believe that cooperation is more important.

副 堅く
ゆえに、私は「協調性」がより重要だと確信しています。

0935 indicate [índɪkèɪt]

The data **indicate** that the theory is fundamentally wrong.

他 示す、指し示す
データは、理論が根本的に間違っていることを示している。
名 indication（兆候）
S/W

0936 ignore [ɪgnɔ́ər]

It is not wise to **ignore** warning signs of danger.

他 無視する
危険の警告サインを無視するのは賢明ではない。
類 disregard, neglect

※ **0928 spell** 「呪文」という名詞もある。Anthroporogy で出る可能性あり。

0937 screen [skríːn]
Some digital **screens** emit harmful light.

名 画面　他 遮断する
デジタルスクリーンには有害な光を放出するものもある。

0938 stimulate [stímjʊlèɪt]
Exercise can **stimulate** the brain.

他 刺激する
運動は脳を刺激することができる。

0939 paper [péɪpəʴ]
As an RA, I help students write their **papers**.

名 論文、レポート、提出物
RAとして、学生のレポート作成をサポートしている。

0940 likely [láɪkli]
It is **likely** that the minimum wage will be raised.

形 ありそうな　副 おそらく
最低賃金が引き上げられることになりそうだ。

※　S/W

0941 interpretation [ɪntə̀ːprətéɪʃən]
The **interpretation** the author provided does not make sense.

名 解釈
著者が提示した解釈は意味を成さない。

0942 organism [ɔ́ːʴgənìzm]
Bacteria are single-celled **organisms**.

名 生物
バクテリアは単細胞生物である。
同 creature, living thing

0943 naked eye [néɪkɪd áɪ]
Venus and Jupiter were visible to the **naked eye** last month.

名 肉眼
金星と木星は先月、私たちの肉眼で見ることができた。

0944 drift [dríft]
My boat began to **drift** aimlessly.

自 他 漂う
ボートは当てもなく漂い始めた。

0945 extra credit [ékstrə krédɪt]
I wrote an essay for **extra credit** to bump up my grade.

名 追加クレジット
成績を上げるために、追加クレジットのためのエッセイを書いた。

※

0946 inhabit [ɪnhǽbɪt]
Many species of animals **inhabit** the rainforest.

他 住む、居住する
熱帯雨林には多くの種類の動物が生息している。

0947 betray [bɪtréɪ, bə-]
In the end, the dictator was **betrayed** and stabbed.

他 裏切る
結局、独裁者は裏切られ、刺されるに至った。

0948 path [pǽθ]
Walk the **path** you have decided upon.

名 小道、方向
自分で歩くと決めた道を歩きなさい。
名 pathway（小道）

※ **0940 likely**　副詞の場合は、most likely（おそらく）の使い方が特にリスニングで頻出。／ **0945 extra credit**　授業で既定のポイント以外で付与される追加ポイント（生徒が群がる）。

0949	**allow** [əláʊ]	他 許す、可能にする
	Farmers there are not **allowed** to use pesticide.	そこの農家には農薬の使用が<u>許されて</u>いない。
		S/W

| 0950 | **defend** [dɪfénd] | 他 自 防御する |
| | The military forces **defended** coastal cities. | 軍隊は沿岸部の都市を<u>防衛した</u>。 |

| 0951 | **landslide** [lǽn(d)slàɪd] | 名 地滑り |
| | Excessive rain caused sudden **landslides**. | 過剰な雨は突然の<u>地滑り</u>を引き起こした。 |

| 0952 | **shade** [ʃéɪd] | 他 影をつくる 名 日陰 |
| | Use an umbrella to **shade** yourself from the sun. | 傘で日差しを<u>遮る</u>ようにしなさい。
同 shadow |

| 0953 | **adult** [ədʌ́lt, ǽdʌlt] | 名 大人 形 大人の |
| | Becoming an **adult** comes with many responsibilities. | <u>大人</u>になることは、多くの責任を負うことだ。 |

| 0954 | **pain** [péɪn] | 名 痛み、苦労 |
| | Do not touch the wound to avoid further **pain**. | <u>痛み</u>が激しくならぬよう、傷口に触れないように。
形 painful（痛い） |

| 0955 | **chain** [tʃéɪn] | 名 一続き、鎖 他 つなぐ |
| | The **chain** of events that led to the accident is still unclear. | 事故に至った<u>一連</u>の経緯は、まだ明らかになっていない。
形 chained（つながれた） |

| 0956 | **headline** [hédlàɪn] | 名 見出し |
| | The scandal made **headlines** everywhere. | そのスキャンダルは、あちこちで<u>見出し</u>になった。 |

| 0957 | **modify** [mɑ́(:)dəfàɪ] | 他 修正する |
| | All three subscription plans will be **modified**. | 三つの契約プランのすべてが<u>変更される</u>。
名 modification |

| 0958 | **stable** [stéɪbl] | 形 安定した |
| | Make sure the ladder is **stable** before you climb it. | 登る前に、はしごが<u>安定している</u>ことを確認しなさい。
反 unstable 名 stability |

| 0959 | **sea level** [síː lèv(ə)l] | 名 海水面 |
| | The **sea level** is rising 3 mm every year. | <u>海面</u>は毎年3ミリメートルずつ上昇している。 |

| 0960 | **ongoing** [ɑ́(:)ngòʊɪŋ, ɔ́ːn-] | 形 進行中の |
| | **Ongoing** research seeks potential treatments for depression. | <u>進行中の</u>研究はうつ病の治療法を見いだそうとするものだ。 |

LEVEL 1
LEVEL 2
LEVEL 3
分野別単語

| 0961 | **beam** [bíːm] | 名 はり、光線 |
| | The **beams** allow the building to withstand loads from above. | はりのおかげで建物は上からの荷重に耐えられる。 |

| 0962 | **conflict** [名 ká(ː)nflɪkt 自 kənflíkt] | 名 争い 自 闘争する |
| | **Conflicts** among the elites worsened the situation. | エリート層の対立が事態を悪化させた。 |

0963	**quarrel** [kwɔ́ːrəl]	自 口論する 名 口論
	They are always **quarreling** about money.	彼らは、いつもお金のことで口論している。
		同 argument

| 0964 | **meteorite** [míːtiəràɪt] | 名 隕石 |
| | There is always a chance that a **meteorite** will hit the Earth. | 隕石が地球に衝突する可能性は常にある。 |

0965	**valuable** [vǽljuəbl, -ljʊbl]	形 価値のある
	Clean air is a **valuable** natural resource.	きれいな空気は貴重な天然資源である。
		形 invaluable（非常に価値の高い）

0966	**accept** [əksépt, æk-]	他 受け入れる、受領する
	I hope to get **accepted** to a top school.	トップスクールへ合格することが目標だ。
		形 acceptable（容認できる）
		名 acceptance（受け入れ） S/W

| 0967 | **brain** [bréɪn] | 名 脳、知的指導者 |
| | The ostrich's **brain** weighs only 40 g, which is smaller than its eyeball. | ダチョウの脳はわずか40グラムで、自身の眼球より小さい。 |

| 0968 | **march** [máəɪtʃ] | 名 デモ行進、行進 自 行進する |
| | During the **march**, protestors demanded justice. | デモ行進で抗議者たちは正義を要求した。 |

| 0969 | **shell** [ʃél] | 名 貝殻 |
| | The presence of numerous **shells** indicates that a settlement once existed there. | 出土した多数の貝殻は、かつて集落があったことを示唆している。 |

| 0970 | **seaweed** [síːwìːd] | 名 海藻 |
| | **Seaweed** is a source of food in some cultures. | 海藻は、ある文化圏では食料源だ。 |

| 0971 | **site** [sáɪt] | 名 場所 |
| | The construction **site** is closed for the weekend. | 建設現場は週末は閉鎖されている。 |

| 0972 | **underneath** [ʌndəɪníːθ] | 前 ～の下に |
| | Grass and twigs were laid **underneath** the nest. | 巣の下には草と小枝が敷かれていた。 |

0973	**instant** [ínstənt] ☐ ☐　Instant feedback enhances learning.	形 即座の　名 瞬間 即座のフィードバックは学習を向上させる。 副 instantly
0974	**photosynthesis** [fòʊtoʊsínθəsɪs] ☐ ☐　A salamander capable of **photosynthesis** exists in North America!	名 光合成 光合成ができるサンショウウオが北米に存在する！
0975	**sanitation** [sæ̀nətéɪʃən] ☐ ☐　Proper **sanitation** is important to prevent the spread of diseases.	名 衛生 病気の蔓延を防ぐには、適切な衛生管理が重要だ。 形 sanitary（衛生の）
0976	**twisted** [twístɪd] ☐ ☐　**Twisted** nanofibers have tremendous applications.	形 ねじれた 編み込まれたナノファイバーには大きな応用性がある。
0977	**steam** [stí:m] ☐ ☐　**Steam** rose from the test tube.	名 蒸気　自他 蒸す 試験管から蒸気が立ち上った。
0978	**toward** [t(w)ɔ́əd, tʊwɔ́əd] ☐ ☐　Efforts **toward** peace have been largely unsuccessful.	前 ～に向かって 平和に向けた努力は、ほとんど成功していない。 S/W
0979	**official** [əfíʃəl] ☐ ☐　A company **official** responded to our request.	名 職員、公務員　形 公式の 会社の職員がわれわれの要求に応えた。
0980	**copy** [kά(:)pi] ☐ ☐　Chicks try to **copy** their parents' songs.	他 まねする、写す　名 コピー ひなは親の歌をまねしようとする。
0981	**keen** [kí:n] ☐ ☐　The RA demonstrated her **keen** observation skills.	形 鋭い、強烈な RAは鋭い観察力を見せた。 反 dull
0982	**pearl** [pə́:l] ☐ ☐　For the wedding, she wore her mother's **pearls**.	名 真珠 結婚式では、彼女は母親の真珠を身につけた。
0983	**grasshopper** [grǽshɑ̀pəɪ] ☐ ☐　**Grasshoppers** prefer plants in the Poaceae family.	名 バッタ バッタはイネ科の植物を好む。
0984	**recipient** [rɪsípiənt] ☐ ☐　The organ **recipient** is gradually recovering.	名 受取人 臓器移植を受けた人は、徐々に回復している。 反 donor, sender

0985	**per** [pə‹] The land available was 100 acres **per** person.	前 ～当たりの 使える土地は、1人当たり100エーカーだった。 S/W
0986	**seed** [síːd] They raked the grass **seed** into the soil.	名 種　他 種をまく 彼らは芝生の種を土に混ぜ込んだ。
0987	**infectious** [ɪnfékʃəs] **Infectious** diseases were rare among nomads.	形 伝染性の 感染症は遊牧民の間ではまれだった。 他 infect　名 infection
0988	**miserable** [míz(ə)rəbl] My score was **miserable** so I need some extra credit.	形 惨めな スコアが悲惨だったので、エクストラクレジットが必要だ。
0989	**investor** [ɪnvéstə‹] **Investors** are different from business owners.	名 投資家 投資家はビジネスオーナとは異なる。
0990	**crack** [krǽk] Water came in through a tiny **crack**.	名 ひび　自他 ひびが入る 小さなひびから水が入りこんだ。
0991	**shallow** [ʃǽloʊ] His breathing became very **shallow** when he was sick.	形 浅い 彼は病気のとき、呼吸が非常に浅くなった。 反 deep
0992	**jellyfish** [dʒélifiʃ] **Jellyfish** are in the same classification as corals.	名 クラゲ クラゲはサンゴと同じ分類である。
0993	**interval** [íntə‹v(ə)l] The **intervals** between quakes are becoming shorter.	名 間隔 揺れの間隔が短くなってきている。
0994	**capture** [kǽptʃə‹] Ancient people also used a net to **capture** fish.	他 捕らえる　名 捕獲 古代の人々も魚を捕獲するために網を使った。
0995	**brainstorming** [bréɪnstɔ‹mɪŋ] After **brainstorming**, they modified their defense strategies.	名 ブレーンストーミング ブレーンストーミングの後、彼らは防衛策を修正した。
0996	**agricultural** [æɡrɪkʌltʃ(ə)rəl] **Agricultural** innovations improve crop yields.	形 農業の 農業革新は、作物の収量を向上させる。

0997 commodity [kəmɑ́(ː)dəti]
At times, **commodity** prices can rise sharply.

名 商品
時には、商品価格が急激に上昇することがある。
同 product, goods, merchandise

0998 file [fáɪl]
Researchers **filed** patents to protect their intellectual property.

他 提出する、整理保存する
名 ファイル
研究者は、知的財産を守るために特許を申請した。

0999 racism [réɪsɪzm]
People who spread **racism** are no better than monkeys.

名 人種差別
人種差別を広げる人間はサルにも及ばない。

1000 lower [lóʊɚ]
This medicine **lowers** blood pressure.

他 下げる　形 より低い
この薬は、血圧を下げる効果がある。

1001 president [prézədənt, -dnt]
A new university **president** has been elected.

名 総長、大統領
新しい大学総長が選出された。

1002 ant [ǽnt]
Ants exhibit group intelligence.

名 アリ
アリは集団知能を発揮する。

1003 altitude [ǽltət(j)ùːd]
El Alto in Bolivia is a city located at an **altitude** of 4,150 m.

名 標高
ボリビアにあるエル・アルトは標高4150メートルにある都市だ。
同 height（高さ）

1004 billion [bíljən]
The world population exceeds seven **billion**.

名 10億
世界の人口は70億人を超える。

1005 isolated [áɪsəlèɪtɪd]
The workshop was in an **isolated** area of the woods.

形 隔離された
その仕事場は森の中の隔離された場所にあった。
名 isolation

1006 earth [ɚ́ːθ]
Lots of shells were found deep in the **earth**.

名 地上、地球
地中深くから多くの貝殻が発見された。

1007 limit [límɪt]
The word **limit** is 300 words.

名 制限、限界　他 制限する
字数制限は300単語です。
名 limitation

1008 regional [ríːdʒ(ə)nəl]
The **regional** microclimate here is suitable for this tree.

形 地域の
この地域の微気候は、この木に適している。
同 local

95

1009	**South Pole** [sáʊθ póʊl] Belgica antarctica is the only insect that inhabits the **South Pole**.	名 南極 ベルギカ・アンタークティカは、南極に生息する唯一の昆虫である。
1010	**independently** [ìndɪpéndəntli] Their laboratory worked **independently** on the research.	副 独立して 彼らの研究室は独自に研究に取り組んだ。 形 independent 名 independence
1011	**prey** [préɪ] Monkeys eat fruit and vegetables, but also **prey** on bird eggs.	自 捕食する 名 獲物 サルは果物や野菜を食べるが、鳥の卵も捕食する。
1012	**deepen** [díːp(ə)n] Officials **deepened** their relationships through communication.	他 深める 自 深まる 関係者はコミュニケーションを通じて関係を深めていった。 S/W
1013	**favorable** [féɪv(ə)rəbl] **Favorable** conditions are needed for plant growth.	形 望ましい 植物の成長には好条件が必要だ。 反 unfavorable S/W
1014	**factor** [fǽktər] In decision-making, many **factors** must be considered.	名 要因、要素 意思決定では、多くの要素を考慮する必要がある。
1015	**identical** [aɪdéntɪk(ə)l] These two jellyfish appear **identical**, but they are different.	形 まったく同じ この二つのクラゲはまったく同じに見えるが実際は違う。
1016	**generally** [dʒén(ə)rəli] **Generally**, students are required to attend all classes.	副 一般的には、大抵は 一般的に、学生はすべての授業に出席しなければいけない。 S/W
1017	**contribution** [kɑ̀(ː)ntrəbjúːʃən] Fire made a great **contribution** to the nutritional intake of mankind.	名 貢献 火は人類の栄養摂取に大きな貢献をした。 他 contribute
1018	**asteroid** [ǽstərɔ̀ɪd] An **asteroid** is a small rocky object that orbits the sun.	名 小惑星 小惑星は、太陽を周回する小さな岩石質の物体だ。
1019	**ethics** [éθɪks] A code of **ethics** is important in school.	名 倫理 学校では、倫理規定が重要だ。
1020	**portfolio** [pɔɚtfóʊliòʊ] My firm was asked to evaluate the investment **portfolio**.	名 〈書類や作品などの〉一覧、書類かばん 当社は、投資ポートフォリオ（投資案件一覧）の評価を依頼された。

1021 sculpture [skʌ́lptʃɚ]

☐
☐　The artist created a beautiful **sculpture** from clay.

名 彫刻
その芸術家は粘土から美しい<u>彫刻</u>を作り上げた。

1022 fluid [flúːɪd]

☐
☐　Resin, tar, and pitch are all sticky **fluids**.

名 流体　形 流動性のある
樹脂、タール、ピッチは粘着性のある<u>液体</u>だ。
同 liquid

1023 tribe [tráɪb]

☐
☐　There are about 300 **tribes** in Brazil.

名 部族
ブラジルには約300の<u>部族</u>がある。

1024 import [他 ɪmpɔ́ɚt, ímpɔɚt　名 ímpɔɚt]

☐
☐　The jewelers **imported** rare pearls.

他 輸入する　名 輸入品
宝石商は希少なパールを<u>輸入した</u>。

1025 evident [évədənt, -dnt, -dènt]

☐
☐　It's **evident** that they had only shallow knowledge.

形 明らかな
彼らに浅い知識しかなかったのは<u>明らか</u>だ。
同 apparent, clear　　　S/W

1026 dig [díg]

☐
☐　Squirrels **dig** holes here and there.

他 自 掘る
リスはあちらこちらに穴を<u>掘る</u>。

1027 hectic [héktɪk]

☐
☐　The professor had a **hectic** schedule throughout the semester.

形 大忙しの
教授は学期中、<u>多忙な</u>スケジュールをこなした。

1028 survey [名 sɚ́ːveɪ, sɚ(ː)véɪ]

☐
☐　Five hundred people responded to this **survey**.

名 調査
500人がこの<u>調査</u>に回答してくれた。

1029 occur [əkɚ́ː]

☐
☐　Accidents can **occur** at any time and without warning.

自 起こる
事故はいつ何時、何の前触れもなく<u>起こる</u>可能性がある。
名 occurrence（発生、出来事）

1030 tackle [tǽkl]

☐
☐　The UN is **tackling** the issue of racism.

他 取り組む
国連は人種差別の問題に<u>取り組ん</u>でいる。
S/W

1031 poorly [pɔ́ɚli, pɔ́ɚ-]

☐
☐　The experiment was **poorly** designed.

副 不十分に、下手に
その実験の設計は<u>十分とは言えない</u>ものだった。

1032 nerve [nɚ́ːv]

☐
☐　Usually **nerve** cells don't divide.

名 神経
通常、<u>神経</u>細胞は分裂しない。

1033	**farming** [fáə·mɪŋ]	名 農業
☐ ☐	Drones are increasingly being used in **farming**.	ドローンが農業に活用される機会が増えている。
1034	**genetic** [dʒənétɪk]	形 遺伝的な
☐ ☐	**Genetic** traits are passed down from parents to their children.	遺伝的特徴は、親から子へと受け継がれる。
1035	**single** [síŋgl]	形 1人の、単一の
☐ ☐	A **single** case study cannot prove causation.	一つの事例研究では因果関係を証明できない。
1036	**monster** [má(:)nstər]	名 怪物
☐ ☐	Some view AI as a digital **monster** and fear its potential impact.	AIをデジタルモンスターと捉え、その潜在的な影響を危惧する人もいる。
1037	**gear** [gíər]	名 装置、装備
☐ ☐	Make sure to wear protective **gear** during an experiment.	実験中は必ず保護具を着用してください。
1038	**common sense** [ká(:)mən séns]	名 常識
☐ ☐	It's **common sense** to wear a seatbelt while driving.	運転中にシートベルトを着用するのは常識だ。
1039	**clerk** [klə́ːk]	名 事務員、店員
☐ ☐	The **clerk** helped the customer find what they needed.	事務員は顧客の問題解決を手伝った。
1040	**eligible** [élɪdʒəbl]	形 資格のある
☐ ☐	At age 65, people become **eligible** for a pension.	65歳から年金の受給資格がある。 反 ineligible
1041	**mist** [míst]	名 もや
☐ ☐	**Mist** acts as a natural protective curtain.	もやは時として天然の防御カーテンとなる。
1042	**dean** [díːn]	名 学部長
☐ ☐	The **dean** is in charge of the academic affairs of the school.	学部長は学校の学務を担当している。
1043	**throat** [θróʊt]	名 喉
☐ ☐	Multiple nerves run around the **throat**.	喉の周りには複数神経が走っている。
1044	**zip code** [zíp kòʊd]	名 郵便番号
☐ ☐	The **zip code** here is a seven-digit number.	この辺りの郵便番号は7桁の数字です。 同 postal code

1045	**goose bump** [gúːs bʌ̀mp] ☐ ☐ **Goose bumps** form as the skin tries to minimize heat radiation.	名 鳥肌 肌が熱放射を最小化しようとして<u>鳥肌</u>ができる。
1046	**veteran** [vétərən, -trən] ☐ ☐ A **veteran** is a person who has served in the military.	名 退役軍人、ベテラン <u>退役軍人</u>とは、軍隊に所属していた人のことだ。 ※
1047	**greenhouse gas** [gríːnhàʊs gæ̀s] ☐ ☐ **Greenhouse gas** emissions contribute to climate change.	名 温室効果ガス <u>温室効果ガス</u>の排出は、気候変動の原因となる。
1048	**raise** [réɪz] ☐ ☐ The company will **raise** their prices next quarter.	他 上げる その会社は来四半期に価格を<u>引き上げる</u>だろう。
1049	**shrink** [ʃríŋk] ☐ ☐ As ice melts, glaciers **shrink** in size.	自 縮む、減少する 氷が解けるにつれ、氷河は<u>減少して</u>いく。 反 expand
1050	**illegal** [ì(l)líːgəl] ☐ ☐ It is **illegal** to drive under the influence of alcohol.	形 違法の アルコールを飲んだ状態で運転することは<u>違法だ</u>。
1051	**communist** [ká(ː)mjʊnɪst] ☐ ☐ In **communist** ideology, the state owns everything.	名 共産主義者 形 共産主義的な <u>共産主義者</u>のイデオロギーでは、国家がすべてを所有する。 名 communism（共産主義）
1052	**protein** [próʊtiːn, -tiɪn] ☐ ☐ Structures of **proteins** are based on the sequence of RNAs.	名 タンパク質 <u>タンパク質</u>の構造は、RNAの塩基配列に基づいている。
1053	**utilize** [júːtəlàɪz] ☐ ☐ Genetic engineering is **utilized** in medicine.	他 活用する 遺伝子工学は医療で<u>活用されて</u>いる。 名 utility（有用性）
1054	**expenditure** [ɪkspéndɪtʃəɾ, eks-] ☐ ☐ The Vikings used the silver coins for their **expenditures**.	名 支出 ヴァイキングはこの銀貨を<u>支出</u>に充てた。
1055	**visible** [vízəbl] ☐ ☐ The dean brought **visible** changes to school.	形 目に見える 学長は、<u>目に見える</u>変化を学校にもたらした。 反 invisible
1056	**distant** [dístənt] ☐ ☐ In the **distant** past, the earth was covered with ice.	形 遠い <u>遠い</u>昔、地球は氷に覆われていた。

※ **1046 veteran** 日本語の「ベテラン」は経験豊富な熟練者という意味だが、英語では老兵の意味が強い。

1057 diagram [dáɪəɡræm] He drew a **diagram** in his lecture.	名 図表 彼は講義で図を描いて説明した。 同 chart
1058 record [他 rɪkɔ́əd 名 rékəd, -kɔəd] Historical events are **recorded** in the soil.	他 記録する　名 記録 歴史上起きたことはこの土の中に記録されている。
1059 fascinating [fǽsənèɪtɪŋ] The astronomical show was just **fascinating**.	形 魅力的な 天体ショーがとにかく魅力的だった。 他 fascinate（魅了する）
1060 abroad [əbrɔ́:d] She hopes to study **abroad** next year.	副 海外で、外国へ 彼女は来年の海外留学を希望している。
1061 quarter [kwɔ́ətəɪ] Add a **quarter** of a cup of water to the solution.	名 4 分の 1 、〈4 学期制学校の〉 1 学期、25 セント、四半期 溶液に4分の1カップの水を加えてください。
1062 schedule [skédʒu:l] I will **schedule** another appointment with my TA.	他 予定を立てる 名 スケジュール、予定 TAに別の予約を入れるつもりだ。
1063 found [fáʊnd] The University of Bologna was **founded** in Italy in 1088.	他 設立する ボローニャ大学は、1088年イタリアに設立された。 同 establish
1064 flour [fláʊəɪ] **Flour** is a common ingredient in many baked goods.	名 小麦粉 小麦粉は、多くの焼き菓子に使われる一般的な材料だ。
1065 trial [tráɪəl] The witness was asked to testify at the **trial**.	名 裁判、試み 目撃者は裁判で証言するよう求められた。
1066 committee [kəmíti] The **committee** was formed to investigate the matter.	名 委員会 委員会はその問題を調査するために結成された。
1067 priest [prí:st] The **priest** counseled the family.	名 聖職者 神父は家族に助言を与えた。
1068 image [ímɪdʒ] Narcissists have a self-**image** that exceeds reality.	名 イメージ、映像 ナルシストは実態を上回る自己イメージを描く。

1069	**dislike** [dɪsláɪk, dìs-]	他 嫌う
	Some people **dislike** the taste of mint chocolate.	ミントチョコレートの味が嫌いな人もいる。
1070	**crime** [kráɪm]	名 犯罪
	Crime rates have decreased over the past year.	この1年間で、犯罪率は減少している。 名／形 criminal（犯罪者／犯罪の）
1071	**gas** [gǽs]	名 気体、ガス
	Gas emissions from factories are strictly regulated.	工場からのガス排出は厳しく規制されている。
1072	**consider** [kənsídɚ]	他 自 考察する、熟慮する
	Consider the consequences of your actions.	自分の行動の結果を熟考してみなさい。
1073	**application** [æ̀pləkéɪʃən]	名 申請、応用
	Application forms must be received before the deadline.	応募書類は締切日までに必着だ。 形 applicable（当てはまる）
1074	**tropical** [trá(:)pɪk(ə)l]	形 熱帯の
	Many species of birds are found in **tropical** regions.	多くの鳥の種類が熱帯地域に存在する。
1075	**loose** [lú:s]	形 緩い 他 緩める
	The screws are **loose** and need to be tightened.	ねじが緩んでいるので締める必要がある。 反 tight
1076	**study group** [stʌ́di grùːp]	名 勉強グループ
	Our **study group** is mostly made up of women.	私たちの勉強会の参加者はほとんど女性だ。※
1077	**technological** [tèknəlá(:)dʒɪk(ə)l]	形 技術的な
	Technological progress is what makes us human.	技術の進歩が、人間を人間たらしめているものだ。
1078	**flow** [flóʊ]	自 流れる 名 流れ
	Like water **flowing** downstream with great force, we'll move on to the next level.	水が勢いよく川下に流れるように、私たちは次のレベルに進んでいこう。

※ **1076 study group** 授業外で自主的に勉強するための生徒同士の集まりのこと。

「イメージミーニング」で捉える

　単語帳には、一つの英単語に対して複数の日本語訳が載っているということがよくあります。例えば、transparentを辞書で調べると、以下のような対訳がずらっと並びます。

　　　transparent = 透明な、透き通った、透けて見える、薄い、明白な、見え透いた、
　　　平明な、明快な、わかりやすい、包み隠しのない、率直な、気取らない、透けた

　これらの意味をすべて覚えるのかと思うとうんざりしてしまいます。単語帳においては、これら山のような訳語から選抜して載せていますから、辞書ほどには訳の数は多くはないのですが、それでも複数覚えるのは難儀です。

　ここで大事になるのが「イメージミーニング」です。

　transparentというこの単語が本質的に持っているイメージはどんなイメージでしょうか。「色や濁りがなく、向こう側にあるものが透けて見えてしまうイメージ」、これがtransparentに本来あるイメージミーニングです。

　このイメージミーニングを頭に入れていくことが、単語覚えにおいて本質的です。日本語で当てるなら、どの日本語訳がベストなのかと考える必要はありません。

　　　transparent glass → 材質に色や濁りがなく transparent だと「透明な」

　　　transparent explanation → 説明がわかりやすく、コンセプトが見えれば「明白
　　　　　　　　　　　　　　　　な」

　　　transparent lie → うその背景が露骨に見える状況であれば「見え透いた」

　　　transparent opinion → その意見に不純な気持ちがなければ「率直な」

　　　transparent cotton → 薄くて向こう側が透けて見える素材なら「透けた」

　「透明な、明白な、見え透いた、率直な、透けた」という日本語をすべて覚えることが大事なのではありません。日本語はどうでもいいし、どれでもいいのです。transparentが持っている、コアにある「イメージミーニング」が頭に入っていれば、状況に合わせて適切に解釈できるようになっていきます。

LEVEL 2

TOEFL iBT **スコア 80** をめざす
1475 語

1079 ☐ ☐	**evenly** [íːv(ə)nli] Eggs in the nest were **evenly** spaced.	副 均等に 巣の中の卵は<u>均等に</u>間隔が空いていた。
1080 ☐ ☐	**troop** [trúːp] The illegal activities of some **troop** members surfaced.	名 部隊、軍隊 一部の<u>部隊</u>員の違法活動が表面化した。 同 squad
1081 ☐ ☐	**ambiguous** [æmbíɡjuəs] At first, the company's goal was **ambiguous**.	形 両義に取れる 最初、会社の目標は<u>曖昧だった</u>。 反 unambiguous 名 ambiguity
1082 ☐ ☐	**shroud** [ʃráʊd] Mist **shrouded** the tropical island.	名 包むもの 他 覆い隠す 南国の島はもやに<u>包まれて</u>いた。
1083 ☐ ☐	**livelihood** [láɪvlihὸd] Expenditure on education improved his **livelihood**.	名 暮らし、生計 教育への出資は彼の<u>暮らし</u>を向上させた。
1084 ☐ ☐	**intriguing** [ɪntríːɡɪŋ] The record revealed **intriguing** facts about communism.	形 好奇心をそそる この記録から、共産主義に関する<u>興味深い</u>事実が見えてきた。
1085 ☐ ☐	**indigenous** [ɪndíːdʒənəs] **Indigenous** people depended on agricultural commodities for livelihood.	形 その土地原産・固有の 先住民の暮らしは農業製品に依存していた。
1086 ☐ ☐	**comprise** [kəmpráɪz] The committee members are **comprised** of individuals with diverse backgrounds.	他 構成する 委員会は、多様な背景を持つメンバーで<u>構成されている</u>。 S/W
1087 ☐ ☐	**entitled** [ɪntáɪtld, en-] The students were **entitled** to a refund.	形 権利のある、～と題された 学生たちは払い戻しを受ける<u>資格があっ</u>た。
1088 ☐ ☐	**intervene** [ɪntəvíːn] The teacher **intervened** to stop the argument.	自 介入する 先生は口論を止めるために<u>介入した</u>。 名 intervention
1089 ☐ ☐	**imply** [ɪmpláɪ] Never-ending racism **implies** deep-rooted historical issues.	他 暗示する、ほのめかす 終わらぬ人種差別は、歴史問題の根深さを<u>暗示している</u>。
1090 ☐ ☐	**observable** [əbzɚːvəbl] Even animals far off in the distance are **observable** through binoculars.	形 観察できる 遠く離れた動物も、双眼鏡で<u>観察できる</u>。

1091	**optimism** [á(:)ptəmìzm] The speaker expressed **optimism** about the future of the economy.	名 楽観主義 講演者は経済の将来について<u>楽観的な見方</u>を示した。
1092	**short-lived** [ʃɔ̀ətláɪvd, -lívd] Some shallow water jellyfish are **short-lived**.	形 短命の 浅瀬のクラゲには<u>短命な</u>ものもある。
1093	**inhale** [ɪnhéɪl] Ants **inhale** air through spiracles.	他 吸い込む アリは気門を通じて空気を<u>吸い込む</u>。 反 exhale
1094	**consequence** [ká(:)nsɪkwèns, -kwəns] As a **consequence**, students' understanding was deepened.	名 結果 その<u>結果</u>、生徒の理解は深まった。
1095	**skim** [skím] She **skimmed** through the new textbook.	自 他 ざっと目を通す 彼女は新しい教科書を<u>ざっと読んだ</u>。
1096	**nature** [néɪtʃər] The study aimed to investigate the **nature** of human memory.	名 本質、性質、本性、自然 この研究は、人間の記憶の<u>本質</u>を調査することを目的とした。
1097	**specialized** [spéʃəlàɪzd] The surgeon had **specialized** knowledge of the heart.	形 特化した、専門的な 外科医は心臓に関する<u>専門的な</u>知識を持っていた。 名 specialization
1098	**gloom** [glú:m] A crime was committed in the evening **gloom**.	名 暗闇、陰気さ 夕<u>闇</u>の中、ある事件が起きた。 形 gloomy（陰うつな）
1099	**decelerate** [dɪsélərèɪt, dì:-] Technological progress will never **decelerate**.	自 減速する 技術の進歩は決して<u>減速する</u>ことはない。 反 accelerate
1100	**underline** [他 ʌ́ndərlàɪn, ʌ̀ndərláɪn 名 ʌ́ndərlàɪn] The results **underline** the importance of early intervention.	他 下線を引く、強調する　名 下線 その結果は早期介入の重要性を<u>強調している</u>。
1101	**hypothesize** [haɪpá(:)θəsàɪz] The priests **hypothesized** about geocentrism.	自 他 仮説を立てる 司祭たちは、天動説について<u>仮説を立てた</u>。 S/W
1102	**prompt** [prá(:)m(p)t] The stimulus **prompts** the neurons to fire.	他 駆り立てる　形 迅速な 刺激によって、神経細胞の発火が<u>促される</u>。

LEVEL 1
LEVEL 2
LEVEL 3
分野別単語

1103 insightful [ínsàɪtf(ə)l]

Although **insightful**, the lecturer failed to clarify his main points.

形 洞察力のある
洞察力はあるが、講師は自分の要点を明確にしていない。

1104 eligibility [èlɪdʒəbíləti]

Eligibility for financial aid is determined individually.

名 資格、適格性
学費援助の受給資格は個別に判断される。

1105 deter [dɪtɚ́ː]

The warning sign was meant to **deter** people from trespassing.

他 思いとどまらせる
警告の標識は、不法侵入を阻止するためのものだった。
名 deterrent（抑止力、妨げ）

1106 endure [ɪnd(j)ʊ́ɚ, en-]

These ancient ruins have **endured** for centuries.

自 持続する　他 耐える
これらの古代遺跡は、何世紀にもわたり存続してきた。
同 withstand, tolerate　S/W

1107 gross [ɡróʊs]

Gross profit has been shrinking.

形 総計の
総利益は下がり続けている。
同 total

1108 formation [fɔɚméɪʃən]

There are many theories about the **formation** process of asteroids.

名 形成、構造
小惑星の形成プロセスには諸説ある。

1109 supervision [sùːpɚvíʒən]

Plato studied philosophy under the **supervision** of Socrates.

名 指導、監督
プラトンは、ソクラテスの指導のもとで哲学を学んだ。
他 supervise（監督する）

1110 inquiry [ɪnkwáɪ(ə)ri, ínkwəri]

I made an **inquiry** concerning the portfolio I have to submit.

名 問い合わせ、探究
提出するポートフォリオについて問い合わせをした。

1111 confine [kənfáɪn]

The prisoner was **confined** to a cell.

他 閉じ込める、制限する
囚人は独房に監禁された。
名 confinement（幽閉、拘束）

1112 hardly [hɑ́ɚdli]

The tribe **hardly** has contact with outside cultures.

副 ほとんど～ない
その部族は外部文化とほとんど接触しない。

1113 symmetry [símətri]

Symmetry is observed between the left and right brains.

名 対称
左脳と右脳には左右対称性が見られる。
反 asymmetry　形 symmetrical

1114 bay [béɪ]

The ship anchored in the **bay**.

名 湾
船は湾にいかりを下ろした。

1115	**guise** [gáɪz] The research continued under the **guise** of innovation.	名 外観、見せかけ イノベーションという名目で、研究は続けられた。
1116	**address** [他 ədrés 名 ǽdres, ədrés] In the talk, she **addressed** sanitation issues.	他 取り組む、演説する 名 あいさつの言葉 講演では、彼女は衛生問題を取り上げた。
1117	**formally** [fɔ́ɚməli] The agreement was **formally** signed by both parties.	副 正式に、形式的に 合意は双方によって正式に署名された。
1118	**large-scale** [lɑ́ɚdʒskéɪl] A **large-scale** production line can fill orders immediately upon request.	形 大規模な 大規模な生産ラインは、注文を受けたらすぐに生産できる。
1119	**adulthood** [ədʌ́lthʊ̀d, ǽdʌlt-] In most countries, the legal age of **adulthood** is from 18 to 21.	名 成人期 多くの国では、法律上の成人年齢は18歳から21歳である。 反 childhood
1120	**domestication** [dəmèstɪkéɪʃən] **Domestication** of animals was a turning point in human history.	名 家畜化 動物の家畜化は、人類史の転換点であった。
1121	**prestige** [prestíːʒ] Universities strive to enhance their **prestige**.	名 名声 大学は自らの名声を高めようと努めるものだ。
1122	**snack** [snǽk] You can't eat **snacks** during class.	名 スナック、おやつ 授業中にお菓子を食べてはいけない。
1123	**classification** [klæ̀səfɪkéɪʃən] Latin names are used for the **classification** of animals and plants.	名 分類 動物や植物の分類にはラテン語の名前が使われる。
1124	**match** [mǽtʃ] These two fingerprints **match**.	自 一致する　名 試合 この二つの指紋は一致する。
1125	**atone** [ətóʊn] The traitors did not **atone** for the damage they caused.	自 償う 裏切り者たちは、引き起こした損失を償うことはしなかった。
1126	**portion** [pɔ́ɚʃən] After the auction, a **portion** of the proceeds went to a charity.	名 一部、分け前 オークション終了後、収益の一部は慈善団体に寄付された。

1127	**bulk** [bʌ́lk] Buying in **bulk** can save money in the long run.	名 大部分 <u>まとめ買い</u>は、長い目で見ればお金の節約になる。 形 bulky（かさばる） ※
1128	**populous** [pɑ́(ː)pjələs] Singapore is one of the most **populous** countries.	形 人口密度の高い、人口の多い シンガポールは、最も<u>人口密度が高い</u>国の一つだ。
1129	**expansion** [ɪkspǽnʃən, eks-] Continued land **expansion** has forced many wildlife out of their natural habitat.	名 拡大、拡張 続く土地<u>開拓</u>により、多くの野生動物が生息地を追われた。
1130	**flush** [flʌ́ʃ] Her skin **flushed** to her ears.	自 赤面する　他 流す　名 赤面 彼女は耳まで<u>赤くなった</u>。
1131	**proton** [próʊtɑn] A **proton** is a positively charged subatomic particle.	名 陽子 <u>陽子</u>とは、正電荷を帯びた素粒子だ。
1132	**pupa** [pjúːpə] The **pupa** will soon become an adult.	名 さなぎ <u>さなぎ</u>はすぐに成虫になる。
1133	**absorption** [əbsɔ́əpʃən, -zɔ́əp-] **Absorption** of the alcohol consumed begins immediately in the stomach.	名 吸収 飲んだアルコールの<u>吸収</u>は即座に胃で始まる。
1134	**ascend** [əsénd] Demoiselles **ascend** to 8,000 m in the sky and cross the Himalayas.	自 他 上昇する アネハヅルは上空8000メートルまで<u>上昇</u>し、ヒマラヤ山脈を越えていく。 反 descend
1135	**discerning** [dɪsə́ːnɪŋ, -zə́ːn-] The art collector has a **discerning** taste for rare gems.	形 識別力のある その美術品収集家には、稀少な宝石を見分ける<u>識別力がある</u>。 他 discern（見分ける）
1136	**consecutive** [kənsékjʊtɪv] The temperature in Japan has been breaking records for three **consecutive** years.	形 連続した 3年<u>連続</u>で日本の気温は記録を更新している。 同 successive
1137	**adamant** [ǽdəmənt] The attorney was **adamant** that his client was innocent.	形 断固とした 弁護士は、依頼人の無実を<u>断固</u>主張した。
1138	**partial** [pɑ́əʃəl] The figure provided only a **partial** explanation.	形 部分的な 図は<u>部分的な</u>説明しかしていない。

1139 bizarre [bɪzάɚ]

☐
☐ Many **bizarre** creatures deep underwater are waiting to be discovered.

形 奇妙な、風変わりな
多くの<u>奇妙な</u>海底生き物の発見が待たれる。

1140 graceful [ɡréɪsf(ə)l]

☐
☐ **Graceful** and elegant, the ballet dancer finished her solo performance.

形 優雅な
<u>優雅で</u>気品のあるバレエダンサーは、ソロのパフォーマンスを終えた。
名 grace（優雅）

1141 greedy [ɡríːdi]

☐
☐ Those communists were **greedy** for social reform.

形 貪欲な
その共産主義者たちは、社会改革に<u>貪欲</u>だった。

1142 unaided eye [ʌnéɪdɪd άɪ]

☐
☐ The star can be seen with the **unaided eye** on a clear night.

名 裸眼
その星は、晴れた夜には<u>肉眼</u>で見ることができる。

1143 armed [άɚmd]

☐
☐ The **armed** forces are protecting the border.

形 武装した
<u>武装</u>勢力が国境を守っている。

1144 relatively [rélətɪvli]

☐
☐ This week is **relatively** less hectic than last week.

副 比較的
今週は先週よりも<u>比較的</u>慌ただしくない。
反 absolutely（絶対的に）
S/W

1145 firsthand [fɚːsthǽnd]

☐
☐ The witness had **firsthand** information of the traffic accident.

形 直接的な　副 じかに
目撃者は、交通事故について<u>直接の</u>情報を持っていた。

1146 profound [prəfάʊnd]

☐
☐ The loss of tropical forests is a **profound** problem.

形 深い、意味深い
熱帯林の消失は<u>深い</u>問題だ。

1147 breadth [brédθ, brétθ]

☐
☐ This magazine covers a **breadth** of social problems.

名 幅
本誌では<u>幅広い</u>社会問題を取り上げている。

1148 activate [ǽktəvèɪt]

☐
☐ Three codes are required to **activate** this machine.

他 起動する、活性化する
本機を<u>起動する</u>には三つのコードが必要だ。
反 deactivate（非活性化する）

1149 inflate [ɪnfléɪt]

☐
☐ The gas was heated to **inflate** the balloon.

他 膨らます　自 膨張する
ガスを熱して気球を<u>膨らませた</u>。
名 inflation（膨張、インフレ）

1150 loved one [lʌ́vd wʌ́n]

☐
☐ Losing a **loved one** is a difficult life-changing event.

名 愛する人、家族
<u>愛する人</u>を失うことは、人生を変えうるほどの困難だ。

1151 inference [ínf(ə)rəns]
An **inference** was made on the basis of the latest data.

名 推論
最新のデータを基に推論が行われた。

1152 microscopic [màɪkrəská(:)pɪk]
Microscopic organisms are too small to be seen with the naked eye.

形 微小な
微生物は、肉眼では見ることができないほど小さい。
反 macroscopic

1153 arousal [əráʊz(ə)l]
People become more alert when they are in a state of **arousal**.

名 覚醒、覚醒状態
人は覚醒状態にあると注意力が高まる。
自 arouse（起こす、覚醒させる）

1154 appraise [əpréɪz]
Real estate agents **appraised** the value of the property.

他 評価する
不動産業者は、物件の価値を評価した。
名 appraisal（評価）

1155 documentation [dà(:)kjʊməntéɪʃən, -men-]
All **documentation** must be submitted by the deadline.

名 文書、文書化、書類による証明
書類はすべて期限までに提出する必要がある。

1156 conversion [kənvɚ́ːʒən]
When answering the problem, **conversion** from miles to meters is required.

名 転換
その問題に答えるときは、マイルからメートルへの変換が必要だ。

1157 sensation [senséɪʃən]
The **sensation** of heat is delivered to the brain through the nerves.

名 感覚
熱の感覚は神経を伝って脳に届けられる。

1158 deception [dɪsépʃən]
The defendant used **deception** to conceal the truth.

名 だます行為、ごまかし
被告は真実を隠すために欺瞞を用いた。
形 deceptive（だますような）

1159 escalate [éskəlèɪt]
A peaceful protest **escalated** as the crowd increased.

自 エスカレートする
他 エスカレートさせる
群衆が増えるにつれ、平和的抗議活動はエスカレートした。

1160 representation [rèprɪzentéɪʃən, -zən-]
Starry Night was a great **representation** of Van Gogh's emotional state.

名 表現、描写
『星降る夜』はゴッホの感情を見事に表現していた。

1161 simulation [sìmjʊléɪʃən]
Better weather predictions can be made thanks to computer **simulations**.

名 模擬実験、シミュレーション
コンピューターの計算により、天気予報の精度が上がる。

1162 tightly [táɪtli]
A **tightly** woven fabric was used for the ship's sail.

副 堅く
帆船の帆には、堅く織り込まれた布が使われた。
反 loosely（緩く）

1163 chronic [krá(ː)nɪk]
Chronic stress can lead to various health problems.

形 慢性の、長期にわたる
慢性的なストレスは、健康上の問題につながりかねない。

1164 intake [íntèɪk]
Doctors recommend a daily intake of vitamin C.

名 摂取、取り込むこと
医師は、日々のビタミンC摂取を推奨している。

1165 pronounced [prənáʊnst]
There was a pronounced difference in scores among the groups.

形 明白な、はっきりした
グループ間でスコアに顕著な差があった。
同 distinct

1166 field research [fíːld rìːsəːtʃ]
Through field research, scholars collect data.

名 野外調査
野外調査を通じて学者はデータを収集する。

1167 relinquish [rɪlíŋkwɪʃ]
After relinquishing power, the king also lost his prestige.

他 放棄する
権力を放棄した後、王は名声も失った。

1168 adverse [ædvə́ːs, ǽdvəːs]
The treatment had adverse side effects on some patients.

形 反対の、不利な
この治療法は、一定の患者に有害な副作用を示した。
S/W

1169 cruel [krúːəl]
He mentioned that he wants to atone for his cruel actions.

形 残酷な
彼は自分の残酷な行為を償いたいと発言した。

1170 anxiety [æŋ(g)záɪəti]
Anxiety can lead to a range of health problems.

名 不安
不安は、さまざまな健康問題を引き起こす可能性がある。
S/W

1171 encompass [ɪnkʌ́mpəs, en-]
Our discussion encompasses all ambiguous interpretations of the literary work.

他 包含する、取り囲む
ここでは、文学作品の曖昧な解釈を包含的に議論していく。

1172 traumatic [trɔːmǽtɪk, traʊ-]
One traumatic event can damage one's entire life.

形 心的外傷の、トラウマの
一つのトラウマ的な出来事が、その人の人生全体に害をなすこともある。

1173 beloved [bəlʌ́vɪd, bɪ-]
The monk was beloved by everyone.

形 最愛の
彼は皆に愛された僧侶だった。

1174 equator [ɪkwéɪtər]
The temperature is hottest at the Earth's equator all year round.

名 赤道
地球の赤道付近が、一年中最も気温が高い。

1175 ☐ ☐ **plenary** [plíːnəri] A **plenary** was held in the House of Representatives.	名 本会議　形 全員出席の、絶対の 下院で本会議が開かれた。
1176 ☐ ☐ **fault** [fɔːlt] No one was at **fault** for the machine's malfunction earlier.	名 落ち度、欠陥、断層 さっきの機械の誤作動は、誰の落ち度でもない。　　　　　　　　　　　　　※
1177 ☐ ☐ **folk** [fóʊk] **Folk** tales are stories passed down through generations.	形 民俗の　名 人々 民話は、世代を超えて受け継がれる物語だ。
1178 ☐ ☐ **thorn** [θɔ́ɚn] A **thorn** is a form of outer protection in many plant species.	名 とげ とげは、多くの植物が外から身を守るためのものだ。 形 thorny
1179 ☐ ☐ **velocity** [vəlá(ː)səti] The **velocity** of the vehicle was measured using a radar gun.	名 速度 車の速度はレーダーガンで測定された。
1180 ☐ ☐ **transparent** [trænspǽrənt, -pé(ə)r-] Our company is **transparent** in regards to its remuneration.	形 透明な 当社は報酬に関しては透明性がある。
1181 ☐ ☐ **norm** [nɔ́ɚm] Social **norms** are the representation of people's sense of common sense at that time.	名 規範 社会規範とは、その時々の人々の常識感の表れである。
1182 ☐ ☐ **classical** [klǽsɪk(ə)l] The study explored **classical** music's effect on one's mood.	形 古典的な 研究はクラシック音楽が気分に与える影響を調査した。
1183 ☐ ☐ **swift** [swíft] **Swift** action is needed in times of adversity.	形 迅速な 逆境のときこそ迅速な行動が必要だ。
1184 ☐ ☐ **speculate** [spékjʊlèɪt] Scientists continue to **speculate** about the nature of dark matter.	自 推測する 科学者たちは、暗黒物質の性質について推測を続けている。　　　　　　　　S/W
1185 ☐ ☐ **fine-grained** [fáɪngréɪnd] With a **fine-grained** approach, we can reveal subtle differences.	形 きめ細かな きめ細かいアプローチで、微妙な違いを明らかにできる。 反 coarse（粗い）
1186 ☐ ☐ **grave** [gréɪv] Our survey confined its focus to **grave** concerns.	形 〈責任などが〉重大な　名 墓 調査は、重大な懸念事項のみに焦点を絞ったものだった。

※ **1176 fault** It's my fault. で「ごめんなさい」の意。

1187	**ban** [bǽn] The **ban** on the export of certain metals affected our gross sales.	名 禁止　他 禁止する 一部の金属の輸出禁止により、総売り上げに影響が出た。 S/W
1188	**unsuitable** [ʌ̀nsúːtəbl] Your attire is **unsuitable** for field research.	形 不適当な その服装は野外調査にふさわしくない。 反 suitable
1189	**bestow** [bɪstóʊ] Knighthood is a distinguished honor that only the queen can **bestow**.	他 授ける 騎士の称号は、女王だけが与えることのできる名誉だ。
1190	**luxury** [lʌ́gʒ(ə)ri, lʌ́kʃ(ə)-] **Luxury** hotels offer a variety of amenities.	形 ぜいたくな　名 ぜいたく品 高級ホテルはさまざまなアメニティーを提供している。 形 luxurious（ぜいたくな、豪華な）
1191	**well-being** [wélbíːɪŋ] Supervision is essential to the **well-being** of children.	名 幸福 子どもたちの幸福のために適切な監督が必要だ。
1192	**aerial** [é(ə)riəl] **Aerial** infection tends to spread quickly in populous areas.	形 空中の 空気感染は人口密集エリアで広がりやすい。
1193	**nocturnal** [nɑ(ː)ktə́ːn(ə)l] Owls are **nocturnal** animals that hunt at night.	形 夜行性の フクロウは夜間に狩りをする夜行性動物である。 反 diurnal（昼行性の）
1194	**morality** [mərǽləti] Social norms are shaped by people's **morality**.	名 道徳 社会的規範は人々の道徳により形成される。
1195	**phobia** [fóʊbiə] A **phobia** is an intense fear of something that is not necessarily dangerous.	名 恐怖症 恐怖症は、必ずしも危険でないものに対する強い恐怖だ。
1196	**usage** [júːsɪdʒ, júːz-] The **usage** of proper grammar is important in academic writing.	名 使うこと、使用法 学術的なライティングでは正しい文法の使用が大切だ。
1197	**combustion** [kəmbʌ́stʃən] **Combustion** is a chemical process also known as an oxidation reaction.	名 燃焼 燃焼は化学的なプロセスで、酸化反応とも呼ばれる。
1198	**ideal** [àɪdíː(ə)l, áɪdiːəl] The situation was not **ideal** for the nomads.	形 理想的な　名 理想 遊牧民にとって、この状況は理想的なものではなかった。

LEVEL 1
LEVEL 2
LEVEL 3
分野別単語

113

1199	**domesticated** [dəméstɪkèɪtɪd] Dogs and cats are examples of **domesticated** animals.	形 家畜化された 犬や猫は家畜化された動物の一例である。
1200	**dean's list** [díːnz lìst] The top-performing students are recognized on the **dean's list**.	名 優等生名簿 学業が優秀な学生は、優等生名簿に記名される。
1201	**onset** [ánsèt] As forecasted, the **onset** of winter came earlier than in previous years.	名 始まり、発症 予報通り、今年の冬の始まりは例年より早かった。
1202	**extinguish** [ɪkstíŋgwɪʃ, eks-] Firefighters worked tirelessly to **extinguish** the flames from wild fires.	他 消す 消防士たちは、野火の炎を消すために不眠不休で働いた。
1203	**extension** [ɪksténʃən, eks-] No **extensions** will be granted for homework.	名 延長、拡張 宿題については、延長は認められない。
1204	**implication** [ìmpləkéɪʃən] Addressing one social issue has **implications** for other social issues.	名 密接な関係、含み、裏の意味 一つの社会問題への取り組みは、他の社会問題にも影響を及ぼす。
1205	**arithmetic** [əríθmətìk] The boy struggled with basic **arithmetic** calculations.	名 算数、算術 その子は、基本的な算数の計算に苦労していた。
1206	**revolve** [rɪválv] People once believed that all planets **revolved** around the Earth.	自 回転する かつてすべての惑星は地球の周りを回っていると信じられていた。 同 rotate　名 revolver（レボルバー）
1207	**coarse** [kɔ́əs] The texture of the paper was rough and **coarse**.	形 粗い、きめの粗い 紙の質感はざらざらしていて、粗いものだった。
1208	**prime** [práɪm] Of **prime** importance for them was the expansion of territory.	形 最も重要な、極上の 彼らにとって最も重要なのは、領土の拡大だった。
1209	**degree** [dɪgríː] Tell me to what **degree** I should intervene.	名 程度、学位、角度 どの程度介入すべきか教えてください。
1210	**muscular** [mʌ́skjʊlə] Chronic disease leads to the deterioration of **muscular** tissue.	形 筋肉質の 慢性疾患は筋組織の衰えにつながる。

1211	**proportion** [prəpɔ́ərʃən] The **proportion** of international students has been increasing.	名 比率、割合　他 つり合わせる 留学生の<u>比率</u>は高まり続けている。
1212	**mound** [máʊnd] A rare artifact was discovered in an Egyptian burial **mound**.	名 土手、土砂の山 エジプトの埋葬<u>塚</u>から珍しい遺物が発見さ れた。
1213	**photon** [fóʊtɑn] Light behaves both as a particle called a **photon** and as a wave.	名 光子 光は、<u>光子</u>と呼ばれる粒子としても、波と しても振る舞う。
1214	**dissatisfied** [dìs(s)ǽtɪsfàɪd] The new appliance left many **dissatisfied**.	形 不満な 新しい家電モデルには多くの人が<u>不満</u>だっ た。
1215	**uniform** [júːnəfɔ̀əm] These ants display **uniform** lifestyles.	形 均一な　名 制服 これらのアリの生活様式は<u>画一的</u>だ。 名 uniformity
1216	**fragile** [frǽdʒəl] **Fragile** glassware requires careful handling.	形 壊れやすい <u>壊れやすい</u>ガラス製品は、取り扱いに注意 が必要だ。
1217	**unchangeable** [ʌ̀ntʃéɪndʒəbl] Physical principles, such as gravity, are **unchangeable**.	形 不変の 重力のような物理法則は<u>不変のもの</u>であ る。
1218	**dispute** [名 díspjuːt, díspjuːt　他 dɪspjúːt] We were unable to resolve the **dispute** through negotiation.	名 紛争、論争　他 論争する 交渉によって<u>紛争</u>を解決することはできな かった。
1219	**suspend** [səspénd] Students voted to **suspend** the dress code policy at school.	他 保留する、一時中断する、吊る す 学校の服装規定を<u>保留する</u>よう学生たちは 投票した。
1220	**molten** [móʊltn] **Molten** lava covered the island.	形 溶けた <u>溶けた</u>溶岩が島を覆った。
1221	**assertion** [əsə́ːʃən] You shall not make bold **assertions** without evidence.	名 主張 根拠なく大胆な<u>主張</u>をしてはならない。
1222	**divine** [dɪváɪn] Some believe in **divine** beings that control the universe.	形 神聖な、神の 宇宙を支配する<u>神聖な</u>存在を信じる者もい る。 名 divinity（神性）

LEVEL 1
LEVEL 2
LEVEL 3
分野別単語

| 1223 | **tyranny** [tírəni] | 名 専制政治、圧政 |
| | ☐ ☐ The concentration of political power in a single ruler is called **tyranny**. | 1人の支配者に政治権力が集中する状態を<u>専制政治</u>と呼ぶ。 |

| 1224 | **vacuum** [vækjʊm, -kjuəm] | 名 真空 |
| | ☐ ☐ **Vacuum** technology can be applied to large-scale manufacturing. | <u>真空</u>技術は、大規模製造に応用できる。 |

| 1225 | **resistance** [rɪzístəns, -tns] | 名 抵抗 |
| | ☐ ☐ Bacteria can develop **resistance** to antibiotics. | 細菌は抗生物質への<u>耐性</u>を獲得することがある。 |

| 1226 | **starve** [stáəv] | 自 飢える、餓死する |
| | ☐ ☐ Some koalas **starve** to death even if there is bamboo grass in front of them. | 目の前に笹があっても食べず<u>餓死してしま</u>うコアラもいる。
名 starvation |

| 1227 | **dye** [dái] | 名 色素、染料 他 染める |
| | ☐ ☐ Iodine **dye** is used for better imagery during a CT scan. | CTスキャンの画像向上のため、ヨウ素の<u>色素</u>が使われる。 |

| 1228 | **corrupt** [kərʌ́pt] | 形 堕落した 他 堕落させる |
| | ☐ ☐ According to a survey, Denmark is the least **corrupt** country. | ある調査によると、デンマークは最も<u>汚職</u><u>の少ない</u>国だ。
名 corruption（汚職、腐敗） |

| 1229 | **fiber** [fáɪbər] | 名 繊維 |
| | ☐ ☐ Intake of dietary **fiber** contributes to digestive health. | 食物<u>繊維</u>の摂取は、消化器系の健康維持に寄与する。 |

| 1230 | **seemingly** [síːmɪŋli] | 副 一見したところでは |
| | ☐ ☐ Results of the study were **seemingly** positive. | 研究の結果は、<u>一見</u>ポジティブなものだった。 |

| 1231 | **mediator** [míːdièɪtər] | 名 調停者、仲裁人 |
| | ☐ ☐ With his rich experience, the **mediator** facilitated conflict resolution. | 豊富な経験を生かし、<u>調停者</u>は紛争解決を促した。 |

| 1232 | **humanity** [hjuːmǽnəti] | 名 人間性、人間らしさ |
| | ☐ ☐ Our very **humanity** is being tested. | われわれの<u>人間性</u>そのものが試されているのだ。 |

| 1233 | **craft** [krǽft] | 名 工芸、技術、船舶
他 手作りする |
| | ☐ ☐ The **craft** of cooking involves both science and art. | 料理の<u>技法</u>には科学と芸術、両方が含まれる。 |

| 1234 | **vibrant** [váɪbrənt] | 形 活気にあふれる |
| | ☐ ☐ The **vibrant** colors of the flowers attracted bees. | <u>鮮やかな</u>花の色に、ミツバチが集まってきた。
同 lively |

| 1235 | **infantry** [ínfəntri] | 名 歩兵 |
| | Many **infantries** were mobilized for ground combat. | 多くの<u>歩兵</u>が地上戦に動員された。 ※ |

| 1236 | **district** [dístrɪkt] | 名 地区 |
| | The **district**'s school system aims to provide an ideal academic environment. | 同区の学校制度は、理想的な学校環境の提供をめざしている。 |

| 1237 | **arguably** [áɚgjuəbli] | 副 ほぼ間違いなく、議論の余地はあるにせよ |
| | **Arguably**, the greatest invention in history is the human language. | <u>間違いなく</u>、歴史上最も偉大な発明は「言語」だ。 |

| 1238 | **carpentry** [káɚpəntri] | 名 大工仕事 |
| | **Carpentry** techniques vary by region and culture. | <u>大工仕事</u>の技法は地域や文化によって異なる。 |

| 1239 | **golden age** [góʊldn èɪdʒ] | 名 黄金時代 |
| | Some say the 19th century was the **golden age** of classical music. | 19世紀がクラシック音楽の<u>黄金時代</u>だったという人もいる。 |

| 1240 | **irritate** [írətèɪt] | 他 いら立たせる |
| | Many residents were **irritated** by the noise. | 多くの住民が騒音に<u>いら立っ</u>ていた。 |

| 1241 | **modulate** [má(ː)dʒʊlèɪt] | 他 調整する |
| | The frequency of the sound wave was **modulated**. | 音波の周波数が<u>調整された</u>。 同 adjust |

| 1242 | **versatile** [vɚ́ːsətl] | 形 多才な |
| | **Versatile** tools can be used for a variety of different tasks. | <u>汎用性の高い</u>道具は、さまざまな作業に使用できる。 |

| 1243 | **frost** [frɔ́ːst, frɑ́(ː)st] | 名 霜 他 霜で覆う |
| | **Frost** is crystallized water vapor, while snow is crystals plus dust. | <u>霜</u>は水蒸気が結晶化したもの、雪はその結晶に塵が加わったものだ。 |

| 1244 | **intensify** [ɪnténsəfàɪ] | 他 強める 自 強まる |
| | The misuse of technology can **intensify** social inequality. | 技術の誤用は、社会的不平等を<u>強める</u>ことにつながる。 |

| 1245 | **determination** [dɪtɚ̀ːmənéɪʃən] | 名 決意 |
| | A strong **determination** is a prerequisite for success. | 強い<u>決意</u>は成功の必須条件である。 |

| 1246 | **navigate** [nǽvɪgèɪt] | 他 航行する、案内する |
| | GPSes help drivers **navigate** unfamiliar roads. | GPSは、運転手が慣れない道を<u>走行する</u>際に役立つ。 |

※ **1235 infantry** infant（幼児）との混同に要注意。「話せない／発言権がない若年層」という意味で語源は同じ。

117

1247	**aptitude** [ǽptət(j)ùːd]	名 適性
☐ ☐	The student's **aptitude** for math was outstanding.	その生徒の数学に対する<u>適性</u>は抜群だった。

1248	**trivial** [tríviəl]	形 ささいな
☐ ☐	All three judges found the case to be **trivial**.	3人の裁判官は全員、この事件を<u>ささいな</u>ことだと判断した。

1249	**insight** [ínsàit]	名 洞察力
☐ ☐	The field trip provided us with firsthand **insight** into ancient farming.	実地見学で、古代の農業への直接的な<u>洞察</u>が得られた。

1250	**pessimistic** [pèsəmístik]	形 悲観的な
☐ ☐	A **pessimistic** attitude causes grave problems in your life.	<u>悲観的な</u>態度は、あなたの暮らしに重大な問題をもたらす。 反 optimistic（楽観的な）

1251	**frequently** [fríːkwəntli]	副 頻繁に
☐ ☐	He **frequently** visits here to appraise the current condition.	彼は<u>頻繁に</u>ここに来て、現状を評価している。

1252	**compress** [kəmprés]	他 圧縮する　名 湿布
☐ ☐	**Compress** the file to five megabytes or less.	ファイルを5メガバイト以下に<u>圧縮して</u>ください。

1253	**obstruct** [əbstrʌ́kt]	他 妨害する、遮断する
☐ ☐	The landslide **obstructed** the road.	土砂崩れが道路を<u>ふさいで</u>しまった。 同 prevent, hamper, hinder, impede, thwart

1254	**precede** [prɪsíːd]	他 先行する
☐ ☐	Voting on new bills will **precede** the presidential address.	新しい法案の投票が大統領演説の<u>前に行われる</u>。

1255	**fission** [fíʃən]	名 核分裂
☐ ☐	**Fission** releases large amounts of energy.	<u>核分裂</u>は、大量のエネルギーを放出する。 反 fusion（核融合）

1256	**deficiency** [dɪfíʃənsi]	名 欠乏、不足
☐ ☐	Vitamin C **deficiency** causes scurvy.	ビタミンCの<u>欠乏</u>は壊血病を引き起こす。 形 deficient

1257	**subtle** [sʌ́tl]	形 微妙な
☐ ☐	The **subtle** differences between the two paintings were not discernible.	2枚の絵の<u>微妙な</u>違いは見分けられないものだった。

1258	**equivalent** [ɪkwívələnt]	形 同等の、同量の
☐ ☐	The two groups were given **equivalent** tasks.	二つのグループには<u>同等の</u>タスクが与えられた。

1079 1270 2553

LEVEL 2 ■■■

LEVEL 1

LEVEL 2

LEVEL 3

分野別単語

| 1259 | **coin** [kɔ́ɪn] | 他〈言葉を〉作り出す　名 硬貨 |
| | Thus, a new term was **coined**. | こうして、新たな用語が<u>生まれた</u>。 |

| 1260 | **domesticate** [dəméstɪkèɪt] | 他 家畜化する |
| | Humans have **domesticated** animals for thousands of years. | 人間は何千年もの間、動物を<u>家畜化してき</u>た。 |

| 1261 | **extract** [他 ɪkstrǽkt, eks- 名 ékstrækt] | 他 抽出する　名 抽出物 |
| | I **extracted** the compound from the mixture. | その混合物から化合物を<u>抽出した</u>。 |

| 1262 | **freight** [fréɪt] | 名 貨物、積み荷 |
| | A **freight** train derailed, but no casualties were reported. | <u>貨物</u>列車が脱線したが、死傷者の報告はない。 |

| 1263 | **string** [strɪ́ŋ] | 名 ひも、弦 |
| | A **string** was wrapped around the sphere. | <u>ひも</u>が球体の周りに巻かれていた。 |

| 1264 | **outline** [áʊtlàɪn] | 名 概要、輪郭　他 概説する |
| | Presenters first gave an **outline** of their endeavor. | 発表者はまず取り組みの<u>概要</u>を説明した。 |

| 1265 | **laterally** [lǽtərəli] | 副 横に、横向きに |
| | The fault shifted **laterally** during the earthquake. | 地震の際に断層が<u>横向きに</u>ずれた。
反 vertically（垂直に） |

| 1266 | **fleet** [flíːt] | 名 艦隊 |
| | The naval **fleet** is protecting the homeland. | 海軍の<u>艦隊</u>は国土を守っている。 |

| 1267 | **hierarchical** [haɪ(ə)rɑ́ɚkɪk(ə)l] | 形 階層的な |
| | **Hierarchical** governments are no longer the norm in today's society. | <u>階層的な</u>政治は、現代社会ではもはや標準ではない。 |

| 1268 | **controversial** [kɑ̀(:)ntrəvɚ́ːʃ(ə)l] | 形 物議を醸す |
| | Immigration has been a **controversial** issue. | 移民問題は<u>議論を呼んでいる</u>問題だ。
S/W |

| 1269 | **subsidy** [sʌ́bsədi] | 名 補助金 |
| | Expectant mothers are qualified to receive a childbirth **subsidy**. | 出産を控えた母親には、出産<u>助成金</u>を受ける資格がある。
他 subsidize |

| 1270 | **passive** [pǽsɪv] | 形 受動的な |
| | **Passive** voice is used to emphasize the action rather than the individual. | <u>受動</u>は、動作主よりも行動を強調するときに使う。
反 active（能動的な） |

1271	**transaction** [trænzǽkʃən, -sǽk-]	名 取引、取引処理
☐ ☐	An online **transaction** entails a certain degree of risk.	オンライン<u>取引</u>は、ある程度のリスクを伴う。

1272	**continuity** [kà(ː)ntɪn(j)úːəti]	名 連続性
☐ ☐	The freezing of the earth temporarily halted the **continuity** of evolution.	地球の凍結により進化の<u>連続性</u>が一時ストップした。

1273	**disperse** [dɪspə́ːs]	自 他 分散する
☐ ☐	Methane gas **dispersed** throughout the room.	メタンガスは部屋中に<u>分散した</u>。 同 scatter

1274	**impede** [ɪmpíːd]	他 妨げる
☐ ☐	Heavy traffic **impedes** the flow of commerce.	過度の交通量は、商業の流れを<u>妨げる</u>ものだ。

1275	**manifestation** [mæ̀nəfəstéɪʃən]	名 現れ
☐ ☐	Art can be a **manifestation** of the artist's anxiety.	芸術は、アーティストの不安の<u>現れ</u>であることもある。 形 ／他 manifest（明白な／明らかにする）

1276	**bud** [bʌ́d]	名 芽 自 芽を出す
☐ ☐	The **bud** on the tree will eventually grow into a large branch.	木の小さな<u>芽</u>は、やがて大きな枝に成長する。

1277	**forbid** [fəˈbíd, fɔɚ-]	他 禁止する
☐ ☐	The use of stimulants is strictly **forbidden**.	興奮剤の使用は固く<u>禁じ</u>られている。 形 forbidden（禁じられた）

1278	**magnify** [mǽgnəfàɪ]	他 拡大する
☐ ☐	Microscopes allow lab technicians to **magnify** test samples.	顕微鏡によって、研究員は試料を<u>拡大する</u>ことができる。 名 magnification

1279	**column** [ká(ː)ləm]	名 欄、柱
☐ ☐	The newspaper **column** addressed the issue of racism.	新聞の<u>コラム</u>では、人種差別の問題を取り上げていた。

1280	**sandstone** [sǽndstòʊn]	名 砂岩
☐ ☐	**Sandstone** has a variety of uses including glass making.	<u>砂岩</u>は、ガラス製造など、さまざまな用途に使用されている。

1281	**opposition** [à(ː)pəzíʃən]	名 反対
☐ ☐	The **opposition** to the new law sparked heated debates.	新法への<u>反対</u>運動は、激しい議論を引き起こした。

1282	**appealing** [əpíːlɪŋ]	形 魅力的な
☐ ☐	The product released last month was quite **appealing**.	先月発売された商品は、かなり<u>魅力的</u>だった。

1283	**abundance** [əbʌ́ndəns]	名 豊富さ
☐ ☐	The region's **abundance** of resources supports its well-being.	資源の豊かさがこの地域の幸せな生活を支えている。 反 scarcity（不足）

1284	**outward** [áʊtwəd]	形 外向きの　　副 外向きに
☐ ☐	The aerial view showed the **outward** expansion of the city.	空中からの映像で、都市が外側に広がっていく様が見えた。 反 inward

1285	**carved** [káɚvd]	形 彫刻された
☐ ☐	The historian analyzed the **carved** inscriptions on the stone.	歴史家は石に刻まれた碑文を分析した。

1286	**succinct** [sʌksíŋ(k)t]	形 簡潔な
☐ ☐	The thesis included a **succinct** summary of the results.	論文には、結果の簡潔な要約が記載されていた。 同 concise, terse

1287	**peasant** [péz(ə)nt]	名 小作農
☐ ☐	In medieval times, **peasants** were required to work the fields continuously.	中世の農民は畑を耕し続けなければならなかった。　　　　　　　　　　　　　　　　　※

1288	**physiological** [fìziəlá(ː)dʒɪk(ə)l]	形 生理学的な
☐ ☐	Long-term stress has permanent **physiological** effects on the body.	長期的なストレスは、身体に永続的な生理的影響を及ぼす。

1289	**sorghum** [sɔ́ɚgəm]	名 モロコシ（穀物）
☐ ☐	**Sorghum** is the primary source of calorie intake for many Africans.	モロコシは、多くのアフリカ人の主なカロリー源だ。

1290	**origin** [ɔ́ːrədʒɪn, á(ː)r-]	名 起源、原点
☐ ☐	Determining the **origin** of a species takes years of research.	種の起源を特定するためには、何年もの調査が必要だ。

1291	**exotic** [ɪgzá(ː)tɪk, eg-]	形 異国風の
☐ ☐	**Exotic** designs were used for the columns of that castle.	その城の支柱には異国風のデザインが用いられていた。

1292	**excessive** [ɪksésɪv, ek-, ək-]	形 過度の
☐ ☐	**Excessive** use of antibiotics should be avoided.	過度の抗生物質の使用は避けるべきだ。 名 excess（過剰）

1293	**radically** [rǽdɪkəli]	副 根本的に
☐ ☐	The Internet **radically** changed communication methods.	インターネットは、コミュニケーションの方法を根本的に変えた。

1294	**obedient** [oʊbíːdiənt, əb-]	形 従順な
☐ ☐	The dog was **obedient** and easy to train.	その犬はおとなしく、しつけがしやすかった。

※ **1287 peasant**　発音注意。

1295	**repetitive** [rɪpétətɪv]	形 反復的な
	Some tasks were **repetitive** and monotonous.	いくつかの作業は、<u>反復的</u>で単調だった。

1296	**derive** [dɪráɪv]	他 導き出す
	Use this formula to **derive** the correct number.	自 由来する、派生する この計算式を使って正しい数値を<u>導き出し</u>なさい。

1297	**restricted** [rɪstríktɪd]	形 制限された
	This room is **restricted** to authorized personnel only.	この部屋は、許可された人だけに<u>制限され</u><u>ている</u>。

1298	**underrate** [ʌ̀ndərréɪt]	他 過小評価する
	Before, the scholar had **underrated** the work of Mark Twain.	以前、その学者はマーク・トウェインの作品を<u>過小評価していた</u>。 反 overrate

1299	**perfect** [形 pə́ːfɪkt 他 pər(:)fékt]	形 完全な　他 完成させる
	Receiving **perfect** marks on all exams is no easy feat.	すべての試験で満点を取るのは簡単なことではない。 反 imperfect

1300	**function** [fʌ́ŋ(k)ʃən]	名 機能、関数　自 機能する
	An important **function** of the Senate is to reject biased bills.	上院の重要な機能の一つは、偏った法案を却下することだ。 形 functional

1301	**lipid** [lípɪd]	名 脂質
	Lipids are important for storing energy.	<u>脂質</u>はエネルギーを蓄えるために重要だ。

1302	**concentration** [kà(:)ns(ə)ntréɪʃən, -sen-]	名 濃度、集中力
	The **concentration** of the solution can be modulated.	溶液の<u>濃度</u>は調節することができる。

1303	**sacrifice** [sǽkrəfàɪs]	名 いけにえ、犠牲　他 犠牲にする 自 犠牲になる
	Sheep were used as **sacrifices**.	ヒツジは<u>いけにえ</u>として使われていた。

1304	**flaw** [flɔ́ː]	名 欠陥
	The study's methodology had a major **flaw**.	この研究の方法論には大きな<u>欠陥</u>があった。

1305	**portray** [pɔərtréɪ]	他 描く
	Picasso **portrayed** the indiscriminate bombing by the Germans in *Guernica*.	ピカソはドイツ軍による無差別爆撃を『ゲルニカ』に<u>描いた</u>。

1306	**eloquent** [éləkwənt]	形 雄弁な
	The orator gave an **eloquent** speech.	演説者は<u>雄弁な</u>演説をした。

1307	**vapor** [véɪpɚ] The **vapor** cooled and turned into liquid.	名 蒸気 蒸気は冷やされて液体になった。
1308	**abnormal** [æbnɔ́əm(ə)l, əb-] **Abnormal** heart rhythms are a sign of a serious medical condition.	形 異常な 異常な心臓のリズムは、深刻な病状のサインだ。 反 normal
1309	**noticeable** [nóʊtɪsəbl] A **noticeable** temperature fluctuation was observed.	形 目立つ 顕著な温度変動が観察された。
1310	**inject** [ɪndʒékt] The anesthesiologist **injected** the patient with anesthesia.	他 注入する、注射する 麻酔士は患者に麻酔を注入した。
1311	**hospitable** [há(:)spɪtəbl, hɑ(:)spít-] Much of the archipelago has a **hospitable** environment.	形 快適な、もてなしのよい 群島のあちこちに快適な自然環境が見られる。 反 inhospitable
1312	**rigid** [rídʒɪd] Rust built up, and the gears became **rigid**.	形 硬直した、厳格な サビがたまって、歯車は硬くなった。
1313	**pioneering** [pàɪəní(ə)rɪŋ] The group achieved a **pioneering** breakthrough.	形 先駆的な そのグループは、先駆的な大発見をした。
1314	**temper** [témpɚ] Our teacher was in a **temper**.	名 機嫌、気質 先生はご機嫌斜めだった。
1315	**faction** [fǽkʃən] The rivalry between **factions** of the Roman Senate was fierce.	名 派閥 ローマ元老院の派閥間の対立は熾烈を極めた。 同 bloc, sect
1316	**mechanical** [mɪkǽnɪk(ə)l] New **mechanical** devices were introduced to the production line.	形 機械的な 生産ラインに、新しい機械装置が導入された。
1317	**neutral** [n(j)úːtrəl] We remained **neutral**.	形 中立の 私たちは中立を貫いた。 同 impartial
1318	**oversee** [òʊvɚsíː] The manager **oversees** the project at the construction site.	他 監督する 建設現場では、管理者がプロジェクトを監督している。 同 supervise

LEVEL 1
LEVEL 2
LEVEL 3
分野別単語

1319	**discipline** [dísəplɪn] Spartan soldiers lived by rigid **discipline**.	名 規律、訓練　他 訓練する スパルタの兵士は、厳格な<u>規律</u>に従って生活していた。
1320	**persist** [pəʳsíst, -zíst] Despite the obstacles, she **persisted** in pursuing her dreams.	自 頑張る、持続する 困難に負けず、彼女は<u>粘り強く</u>夢を追いかけ<u>続けた</u>。 形 persistent（根気強い）
1321	**script** [skrípt] All the story outlines are included in the **script**.	名 台本、文字 物語のアウトラインはすべて<u>台本</u>にある。
1322	**frequency** [fríːkwənsi] As the sound source approached, the **frequency** also changed.	名 周波数、頻度 音源が近づくにつれ<u>周波数</u>も変化した。
1323	**two-way** [túːwéɪ] The collision occurred on a **two-way** road.	形 両方向の <u>両面</u>交通道路で衝突は起きた。
1324	**nevertheless** [nèvəʳðəlés] **Nevertheless**, some scientists remain skeptical about the theory.	副 それにもかかわらず <u>とはいえ</u>、科学者の中には、この理論に懐疑的な人もいる。 S/W
1325	**persistence** [pəʳsístəns, -tns] Her **persistence** led to success in many fields.	名 粘り強さ 彼女の<u>粘り強さ</u>は、多様な分野での成功につながった。 形 persistent（粘り強い）　動 persist（粘り強く続ける）
1326	**tilt** [tílt] The **tilt** of the Earth affects seasonal changes.	名 傾き　他 傾ける 地球の<u>傾き</u>は、季節の変化に影響を与えている。 形 tilted（傾いた）
1327	**valley** [væli] The **valley** was dotted with small farms and villages.	名 谷、盆地 その<u>谷</u>には小さな農園や村が点在していた。
1328	**gut** [gʌt] I have a **gut** feeling that everything will be all right.	形 本能的な　名 腸 きっと大丈夫だと<u>本能的</u>に感じている。
1329	**obstacle** [ábstəkl] Opposition from neighboring residents was an **obstacle** to the construction.	名 障害、障害物 近隣住民の反対が建設の<u>障害</u>となった。
1330	**problem-solving** [prá(ː)bləmsà(ː)lvɪŋ] Without **problem-solving** skills, promotion is unlikely.	形 問題解決の　名 問題解決 <u>問題解決</u>能力なくして昇進は見込めない。

1331	**topple** [tá(:)pl] Strong winds caused the tree to **topple** over.	他 倒れる　自 倒す 強風のため、木が倒れた。
1332	**alongside** [əlɔ́:ŋsáɪd] The bike lane runs **alongside** the road.	前 ～と並んで、～と一緒に 道路に沿って自転車レーンが設けられている。
1333	**stem** [stém] The **stem** of the plant is edible.	名 茎 自 生じる　他 くい止める その植物の茎は食用になる。
1334	**accessory** [əksés(ə)ri, æk-] The **accessory** pigments in the cells accentuate the dark green color.	形 付属の　名 付属品 細胞内の付属色素が濃い緑色を際立たせている。
1335	**incompetent** [ɪnká(:)mpətənt, -tnt] The **incompetent** management impeded the success of the company.	形 能力不足の 能力不足の経営陣が会社の成功を阻害していた。
1336	**excavate** [ékskəvèɪt] Archaeologists **excavated** the site laterally.	他 発掘する 考古学者たちは、遺跡を横方向に発掘していった。
1337	**elusive** [ɪlú:sɪv, əl-] Those that are **elusive** and hard to find are the fittest species.	形 捕らえにくい、理解しにくい 捕まえづらく、見つけにくい生き物こそ「適性種」だ。 他 elude (逃れる)
1338	**signify** [sígnəfàɪ] The number and shape of the buds **signifies** the health of the plant.	他 意味する つぼみの数と形が、その植物の健康状態を示している。
1339	**astronomical** [æstrənɑ(:)mɪk(ə)l] It will take an **astronomical** number of years for this rock to weather completely.	形 天文学的な、莫大な この岩が完全に風化されるには天文学的な年数がかかる。
1340	**vary** [vé(ə)ri] Although the same method was used, the results **varied** drastically.	自 異なる　他 変わる 同じ方法で実験したが、その結果は大きく異なった。 名 variability (変動性)
1341	**advent** [ǽdvent] Without the **advent** of the Internet, society wouldn't have advanced this fast.	名 到来 インターネットの出現なく、これほど速い社会進歩はなかったであろう。
1342	**ritual** [rítʃuəl] Many sacrifices were used in ancient Egyptian **rituals**.	名 儀式 多くのいけにえが古代エジプトの儀式で使われていた。

1343	**dubious** [d(j)úːbiəs]	形 疑わしい
	The **dubious** claim was immediately rejected.	疑わしい主張は即座に否定された。
		同 suspicious
		S/W

| 1344 | **excerpt** [éksɚːpt, égz-] | 名 抜粋、引用 |
| | The professor read an **excerpt** from the book. | 教授は本の抜粋を読み上げた。 |

| 1345 | **aggregate** [形 名 ǽɡrɪɡət 他 ǽɡrɪɡèıt] | 形 集合した 名 集まり 他 集まる |
| | After the experiment, the **aggregate** data was submitted. | 実験終了後、集計データが提出された。 |

| 1346 | **infrared rays** [ìnfrəréd rèız] | 名 赤外線 |
| | **Infrared rays** are invisible to the naked eye. | 赤外線は肉眼では見えない。 |

| 1347 | **hail** [héıl] | 名 ひょう 他 歓呼して迎える |
| | The storm brought **hail** the size of golf balls. | 嵐によりゴルフボールほどの大きさのひょうが降った。 |

| 1348 | **aristocratic** [ərìstəkrǽtık, ӕrıs-] | 形 貴族の |
| | The **aristocratic** government fell apart because of conflicts among factions. | その貴族政権は、派閥間の対立により空中分解した。 |

| 1349 | **full-length** [fòlléŋ(k)θ] | 形 全長の |
| | Take a **full-length** test rather than a half-length test. | 半分ではなく、全長のテストを受けてください。 |

1350	**certainly** [sɚːtnli]	副 確かに
	Certainly, tardigrades are the strongest creatures.	確かに、クマムシは最強の生き物だ。
		S/W

| 1351 | **medieval** [mìːdíːv(ə)l, mèd-] | 形 中世の |
| | Movies often romanticize the **medieval** era. | 中世時代は映画でロマンチックに描かれることが多い。 |

| 1352 | **prerequisite** [prìːrékwəzıt] | 名 必要条件 |
| | Trigonometry is a **prerequisite** for calculus. | 微積分の受講には、三角関数が必要条件である。 |

| 1353 | **alternatively** [ɔːltɚːnətıvli] | 副 あるいは、代わりに |
| | **Alternatively**, we can install gender-neutral toilets. | あるいは、男女兼用トイレを設置してもいい。 |

1354	**synthetic** [sınθétık]	形 合成の、人工の
	Synthetic materials are made from chemical compounds.	合成物質は化学化合物から作られる。
		名 synthesis（合成）

1355	**bottleneck** [bá(:)tlnèk]	名 ボトルネック（進捗の障害となっている箇所）	
	The **bottleneck** is the small number of samples.	サンプル数が少ないのがボトルネックだ。	

1356	**tectonic** [tektá(:)nɪk]	形 地殻変動の、地質構造の
	The **tectonic** plates are constantly shifting beneath the Earth's surface.	地殻変動プレートは、地球の表面下で常に移動している。

1357	**substantial** [səbstǽnʃəl]	形 相当な、実質的な
	One alumnus made a **substantial** donation to the university.	1人の卒業生が大学に多額の寄付をしてくれた。

1358	**aesthetic** [esθétɪk]	形 美的な
	Designer bags are known for their **aesthetic** designs.	デザイナーズバッグは、その美しいデザインで知られている。

1359	**notable** [nóʊtəbl]	形 注目に値する
	The movie had a **notable** cast.	その映画には注目すべきキャストが出演していた。
		S/W

1360	**dissertation** [dìsətéɪʃən]	名 学位論文
	After completing his **dissertation** on rivers, he studied fisheries.	彼は川に関する博士論文を完成させた後、漁業を研究した。

1361	**honeycomb** [hʌ́nikòʊm]	名 蜂の巣、格子状のもの
	Beekeepers never remove **honeycomb** when collecting honey.	養蜂家は蜂蜜を採取する際、蜂の巣を取り除くことはない。

1362	**device** [dɪváɪs]	名 装置
	A glucometer is an important medical **device** for diabetic patients.	グルコメーターは、糖尿病患者にとって重要な医療機器だ。

1363	**bucket** [bʌ́kɪt]	名 バケツ
	Tinplate is often used as a raw material for **buckets**.	ブリキはバケツの原材料としてよく使われる。

1364	**mean** [míːn]	名 平均　他 意味する　形 意地悪な
	The **mean** was smaller than initially expected.	平均値は当初の予想よりも小さかった。

1365	**incubate** [íŋkjʊbèɪt]	他 孵化させる、培養する
	The mother bird **incubated** a clutch of eggs until they hatched.	母鳥は、孵化するまでいくつかの卵を温め続けた。

1366	**voluntary** [vá(:)ləntèri]	形 自発的な
	Voluntary blood donations have saved countless lives.	自発的な献血は、数え切れないほどの命を救ってきた。
		副 voluntarily (自発的に)　名 volunteer (志願者)

1367	**extensive** [ɪksténsɪv, eks-] More **extensive** research is needed before penetrating the market.	形 広範囲にわたる 市場に参入する前に、より<u>広範</u>な調査が必要だ。
1368	**curved** [kə́ːvd] Along the river there is a **curved** path paved in stone.	形 曲がった 川沿いに、石畳で舗装された<u>曲がりくねった</u>小道がある。
1369	**outlook** [áʊtlòk] The **outlook** for our future is worrisome.	名 見通し、展望 私たちの将来の<u>見通し</u>は大変そうだ。 同 prospect, perspective
1370	**endorse** [ɪndɔ́ɚs, en-] Getting a public figure to **endorse** your product is a wise strategy.	他 推薦する、承認する 公人に製品を<u>推薦して</u>もらうのは、賢い戦略だ。 名 endorsement（承認）
1371	**periphery** [pərɪ́f(ə)ri] The **periphery** of the city is often associated with higher crime rates.	名 周囲、周辺 都市の<u>周縁部</u>では犯罪率が高いようだ。
1372	**agent** [éɪdʒənt] The publicity **agent** showed us extensive survey results.	名 代理人、代理店 広告<u>代理業者</u>は、広範囲にわたる調査結果を見せてくれた。
1373	**metabolic** [mètəbá(ː)lɪk] The **metabolic** rate of the patient was abnormal.	形 代謝の 患者の<u>代謝</u>には異常が見られた。 名 metabolism（代謝）
1374	**clay** [kléɪ] **Clay** has been used for modeling since ancient times.	名 粘土 <u>粘土</u>は古くから造形に用いられてきた。
1375	**carve** [kɑ́ɚv] A chisel was used to **carve** David, the famous marble sculpture.	他 切り分ける、刻む、彫刻する 有名な大理石の彫刻、ダビデを<u>彫る</u>のにもノミが使われた。
1376	**unwise** [ʌnwáɪz] It is **unwise** to keep working with incompetent coders.	形 賢明でない 競争力のないコーダーと仕事を続けるのは<u>賢明ではない</u>。
1377	**expedition** [èkspədíʃən] Lewis and Clark led an **expedition** in an uncharted part of America.	名 探検隊、遠征 ルイスとクラークは、アメリカの未開の地で<u>探検隊</u>を率いた。 他 expedite（促進する）
1378	**immune** [ɪmjúːn] Vaccines can help make people **immune** to certain diseases.	形 免疫のある ワクチンは、特定の病気に対する<u>免疫力</u>をつけるのに役立つ。 名 immunity（免疫）

1379	**arch** [ɑ́ɚtʃ] An **arch** can provide strong support when building a bridge.	名 アーチ <u>アーチ</u>は、橋を架けるときに強い支えとなる。
1380	**chuckle** [tʃʌ́kl] She couldn't help but **chuckle** at his joke.	自 くすくす笑う　名 くすくす笑い 彼女は彼の冗談に思わず<u>くすっと笑った</u>。
1381	**group** [grúːp] They **grouped** the animals on the basis of size.	他 グループ分けする、分類する 名 集団 彼らは、大きさを基準に動物の<u>グループ分けをした</u>。
1382	**medium** [míːdiəm] Ethanol was used as the **medium** since it's the most suitable solvent.	名 媒介、中間　形 中間の エタノールは最適な溶媒であるため、<u>媒体</u>として使用された。
1383	**affair** [əféɚ] Don't let personal **affairs** disturb your work.	名 事、出来事 私的な<u>こと</u>で仕事に支障をきたさないようにしなさい。
1384	**wartime** [wɔ́ɚtàɪm] Numerous propaganda spread during **wartime**.	名 戦時 <u>戦時</u>中に多くのプロパガンダが広がった。
1385	**accuse** [əkjúːz] The suspect was **accused** of stealing the jewelry.	他 告訴する、非難する 容疑者は宝石を盗んだとして<u>告発された</u>。
1386	**restoration** [rèstəréɪʃən] This **restoration** project aims to preserve historical continuity.	名 修復、復元、復興、復活 この<u>修復</u>事業は、歴史の連続性を保全することを目的としている。
1387	**tomb** [túːm] The **tomb** of Tutankhamun was discovered in 1922.	名 墓 ツタンカーメンの<u>墓</u>は、1922年に発見された。
1388	**craftsman** [krǽftsmən] As trade grew, so did the demand for skilled **craftsmen**.	名 職人 貿易が盛んになるにつれ、腕利きの<u>職人</u>の需要も高まった。 同 artisan
1389	**harvest** [hɑ́ɚvɪst] Farmers will **harvest** their crops in the fall.	他 収穫する　名 収穫 農家は、秋に作物を<u>収穫する</u>。
1390	**sandy** [sǽndi] Bermuda is known for its beautiful waves and its **sandy** beaches.	形 砂の多い バミューダは美しい波と<u>砂浜</u>のビーチで知られている。

LEVEL 1

LEVEL 2

LEVEL 3

分野別単語

| 1391 | **hoax** [hóʊks] | 名 でっち上げ |
| | ☐ ☐ The news on the election was found out to be a **hoax**. | 他 かついで〜させる
選挙に関するニュースは<u>デマ</u>であると判明した。 |

| 1392 | **distinctive** [dɪstíŋ(k)tɪv] | 形 独特の |
| | ☐ ☐ Each snow crystal has a **distinctive** structural pattern. | 雪の結晶は、それぞれ<u>独特な</u>構造パターンを持っている。 |

| 1393 | **remnant** [rémnənt] | 名 残り、残遺物 |
| | ☐ ☐ The Colosseum remains as a **remnant** of Rome's past. | コロッセオは、ローマの過去の<u>名残</u>として残っている。
同 leftover, vestige, residue |

| 1394 | **self-sufficiency** [sélfsəfíʃənsi] | 名 自給自足 |
| | ☐ ☐ **Self-sufficiency** is an important survival trait needed for a species survival. | <u>自給自足</u>は、種の存続に必要な重要な生存特性だ。 |

| 1395 | **parental** [pəréntl] | 形 親の、親としての |
| | ☐ ☐ Tigers have strong **parental** instincts to protect their young. | トラには子どもを守ろうとする強い<u>親</u>心がある。 |

| 1396 | **artificial** [ɑ̀ətəfíʃəl] | 形 人工の |
| | ☐ ☐ Some **artificial** additives increase the shelf life of food. | <u>人工</u>添加物には、食品の賞味期限を延ばすものもある。 |

| 1397 | **malleable** [mǽliəbl] | 形 可鍛性の、順応性のある |
| | ☐ ☐ Gold is a **malleable** metal that can be shaped into different forms. | 金は<u>可鍛性のある</u>金属で、形を変えられる。 |

| 1398 | **transplant** [他 trænsplǽnt 名 trǽnsplænt] | 他 移植する　名 移植 |
| | ☐ ☐ The botanist **transplanted** the seedlings into the garden. | 植物学者はその苗を庭に<u>移植した</u>。
名 transplantation（移植） |

| 1399 | **intimidate** [ɪntímədèɪt] | 他 怖がらせる |
| | ☐ ☐ The bright body color **intimidates** the predator. | その鮮やかな体色は、捕食者を<u>威嚇する</u>ものだ。
同 frighten, terrify |

| 1400 | **unwilling** [ʌnwílɪŋ] | 形 気が進まない |
| | ☐ ☐ Obviously, you looked **unwilling** to participate. | あなたは、明らかに参加するのは<u>気が進まない</u>ように見えた。 |

| 1401 | **incidence** [ínsədəns, -dns] | 名 発生率 |
| | ☐ ☐ The local district has reported an increased **incidence** of measles cases. | 地元で麻疹の<u>発生率</u>の上昇が報告されている。
形 incidental（付随的な、偶発的な） |

| 1402 | **disprove** [dìsprúːv] | 他 反証する、誤っていることを示す |
| | ☐ ☐ To **disprove** the fraud allegations, we hired a lawyer. | 不正疑惑を<u>否定する</u>ため、弁護士を雇った。 |

1403	**terrain** [təréın, te-]	名 地形
☐ ☐	Mount Everest is known for its deadly **terrain** and large death count.	エベレスト山は、その危険な<u>地形</u>と多くの死者で知られている。

1404	**ingenious** [ındʒí:njəs]	形 創意工夫に富む、巧妙な
☐ ☐	An **ingenious** solution to the drought was quickly found.	干ばつに対する<u>独創的な</u>解決策はすぐに見つかった。 同 creative

1405	**pest** [pést]	名 害虫、有害生物
☐ ☐	**Pest** control is costly.	<u>害虫</u>駆除はコストがかかる。

1406	**unacceptable** [ʌnəkséptəbl, -æk-]	形 受け入れがたい
☐ ☐	Plagiarism is an **unacceptable** form of academic dishonesty.	盗作は、<u>容認できない</u>学問的不正行為だ。

1407	**mitigate** [mítəgèıt]	他 緩和する
☐ ☐	Lawyers were required to **mitigate** the contract dispute.	契約紛争を<u>緩和する</u>ために、弁護士が必要だった。

1408	**orchestrate** [ɔ́ɚkıstrèıt, -kes-]	他 組織的に行う
☐ ☐	We **orchestrated** our efforts to achieve a shared goal.	共通の目標を達成するために、<u>組織的に</u>努力を<u>行った</u>。

1409	**framework** [fréımwə̀ːk]	名 枠組み
☐ ☐	A new **framework** for the building was approved.	新しい建物の<u>枠組み</u>は承認された。

1410	**namely** [néımli]	副 すなわち
☐ ☐	Japan is known around the world for its seafood, **namely** sushi.	日本は魚介類、<u>つまり</u>すしで世界中に知られている。

1411	**scheme** [skí:m]	名 計画、たくらみ
☐ ☐	With this **scheme**, financial resources can be distributed more equally.	この<u>仕組み</u>により、より平等に財源を配分することができる。 形 schematic (概要の、図式の)

1412	**burden** [bə́ːdn]	名 重荷　他 負わせる
☐ ☐	The mandatory meeting is a **burden** for everyone.	強制参加の会議が皆にとって<u>負担</u>になっている。 形 burdensome (厄介な)　S/W

1413	**logging** [lɔ́:gıŋ, lɑ́(:)g-]	名 木材伐採
☐ ☐	A major contributor of deforestation is industrial **logging**.	森林破壊の主な原因は工業的<u>伐採</u>にある。

1414	**pressing** [présıŋ]	形 差し迫った
☐ ☐	Avoiding a major war is a **pressing** global issue.	大規模戦争の回避は、世界の<u>喫緊の</u>課題である。 同 urgent

LEVEL 1
LEVEL 2
LEVEL 3
分野別単語

1415	**affirm** [əfə́ːm]	他 肯定する、断言する
☐ ☐	The court's decision **affirmed** the plaintiff's claim.	裁判所の判断は、原告側の主張を<u>肯定する</u>ものだった。 名 affirmation　形 affirmative

1416	**breakthrough** [bréɪkθrùː]	名 飛躍的進歩
☐ ☐	A new drug trial may lead to a **breakthrough** in cancer treatment.	新薬の臨床試験が、がん治療の<u>飛躍的進歩</u>につながるかもしれない。

1417	**pole** [póʊl]	名 極地
☐ ☐	No permanent settlements can be found in the North **Pole**.	北<u>極点</u>には永住の地はない。

1418	**pulse** [pʌ́ls]	名 脈拍
☐ ☐	Individuals with a higher **pulse** rate should closely monitor their health.	<u>脈拍</u>数が高い人は、自分の健康状態をよく観察する必要がある。

1419	**heal** [híːl]	自 癒える　他 治す
☐ ☐	Wounds can **heal** faster when medication is taken correctly.	正確に薬を服用すれば、傷も早く<u>癒える</u>。 同 cure

1420	**intensive** [ɪnténsɪv]	形 集中的な、徹底的な
☐ ☐	Injuries of this size usually require a long stay in **intensive** care.	この程度のけがの場合、<u>集中</u>治療室での長期入院が必要だ。

1421	**trap** [trǽp]	他 わなで捕らえる　名 わな
☐ ☐	Insectivores use **traps** to attract prey.	食虫植物は、<u>わな</u>を使って獲物を引き寄せる。

1422	**organic** [ɔəɡǽnɪk]	形 有機的な、化学肥料不使用の
☐ ☐	Synthetic pesticides are not permitted in the production of **organic** vegetables.	<u>有機</u>野菜の生産には、合成農薬は使用されない。 反 inorganic

1423	**footage** [fótɪdʒ]	名 (一連の) 映像
☐ ☐	Shocking **footage** of the crime scene was aired on TV.	犯行の衝撃的な<u>映像</u>が、テレビで放映された。

1424	**slaughter** [slɔ́ːtəɚ]	名 虐殺　他 虐殺する
☐ ☐	The **slaughter** of animals for food has long been a controversial issue.	食料のための動物の<u>屠殺</u>は、長く議論の的となっている。

1425	**junction** [dʒʌ́ŋ(k)ʃən]	名 接合点、交差点
☐ ☐	Be careful, especially when approaching a three-way **junction**.	特に<u>三叉路</u>に差し掛かったときは注意しなさい。

1426	**congregate** [ká(ː)ŋɡrɪgèɪt]	自 集まる　他 集める
☐ ☐	The students **congregated** in the library for their study group.	学生は勉強会をするのに図書館に<u>集まった</u>。

1427 **rewarding** [rɪwɔ́ɚdɪŋ] Completing a challenging task can be very **rewarding**.	形 やりがいのある 難しい課題をクリアするのは、とてもやりがいがある。
1428 **rebound** [rìːbáʊnd] The economy **rebounded** after substantial policy modifications.	自 はね返る 名 はね返り 大幅な政策変更後、経済は回復した。
1429 **grind** [gráɪnd] This machine **grinds** wheat into flour.	他 すり潰す、研磨する これは小麦をひいて小麦粉にする機械だ。 同 crush
1430 **dormant** [dɔ́ɚmənt] The volcano has been **dormant** for over a century.	形 休眠中の その火山は100年以上休火山だった。 同 inactive
1431 **reluctant** [rɪlʌ́ktənt] The student was **reluctant** to participate in the dissection.	形 気が進まない その生徒は、解剖に参加するのに気が進まなかった。 副 reluctantly
1432 **herd** [hɚ́ːd] Most livestock are raised in **herds**.	名 群れ ほとんどの家畜は群れで飼育されている。 同 flock, swarm
1433 **explicit** [ɪksplísɪt, eks-] He gave **explicit** instructions on how to combat one's laziness.	形 明示的な、はっきりした 彼は、怠け心に打ち勝つ方法について明確な指導をした。 反 implicit（暗示的な、暗黙の）
1434 **dock** [dá(ː)k] The ship will **dock** at the port to unload its cargo.	自 埠頭に着く 名 波止場、桟橋 船は港に停泊し、貨物を降ろす。
1435 **systematic** [sìstəmǽtɪk] A **systematic** approach must be used to collect data.	形 体系的な、系統的な データの収集には、体系的なアプローチが必要だ。 同 methodical
1436 **conciliation** [kənsìliéɪʃən] **Conciliation** is important to settle disputes.	名 和解、調停 和解は、論争を解決するのに重要だ。 同 reconciliation 動 reconcile（仲直りさせる）
1437 **republic** [rɪpʌ́blɪk] The United States is a federal **republic** with a democratic system.	名 共和国 米国は民主主義体制の連邦共和国だ。
1438 **alteration** [ɔ̀ːltəréɪʃən] **Alterations** can only be made after consulting with the chief of staff.	名 変更 変更は、首席スタッフとの協議後にのみ可能だ。

133

1439	**delicate** [délɪkət] Pollution has destroyed many **delicate** ecosystems.	形 繊細な、微妙な 汚染は、多くの<u>繊細な</u>生態系を破壊してきた。 名 delicacy
1440	**long-term** [lɔ́ːŋtə́ːrm] Breaking a **long-term** contract imposes a cancellation fee.	形 長期の <u>長期</u>契約を破棄すると、キャンセル料が発生する。 反 short-term
1441	**composition** [kὰmpəzíʃən] Connoisseurs evaluate the **composition** of artwork to determine its worth.	名 構成、成分 鑑定家は美術品の価値を判断するために、<u>構成物</u>を評価する。 同 ingredient, constituent
1442	**digest** [daɪdʒést, dɪ-] As food enters the stomach, enzymes begin to **digest** and extract nutrients.	他 消化する 食べ物が胃に入ると、酵素が<u>消化</u>を始め、栄養を取り出す。 名 digestion 形 digestive ※
1443	**principal** [prínsəp(ə)l] The **principal** stockholder owns 30% of the shares.	形 主要な、第一の 名 校長 <u>筆頭</u>株主は30パーセントの株式を保有している。
1444	**insult** [他 ɪnsʌ́lt 名 ínsʌlt] **Insulting** others is not acceptable for any reason.	他 侮辱する 名 侮辱 他者への<u>侮辱</u>は、いかなる理由があっても許されない。
1445	**diligent** [díləjdʒənt] **Diligent** and disciplined, the researcher made a breakthrough discovery.	形 勤勉な <u>勤勉</u>で規律正しいその研究者は、画期的な発見を成し遂げた。 同 hardworking, industrious
1446	**noxious** [ná(ː)kʃəs] **Noxious** fumes often contain carcinogens.	形 有害な <u>有害</u>ガスには発がん性物質が含まれている場合が多い。
1447	**mainstream** [méɪnstrìːm] The trend towards sustainable energy is becoming more **mainstream**.	形 主流の 名 主流 持続可能なエネルギーへの流れはより<u>主流</u>になりつつある。
1448	**imminent** [ímənənt] War was **imminent** after the surprise attack on Pearl Harbor.	形 今にも起こりそうな、差し迫った 真珠湾の奇襲で戦争が<u>今にも起こりそう</u>な状態だった。 同 forthcoming, impending
1449	**appreciate** [əpríːʃìèɪt] They **appreciated** the aesthetic qualities of medieval art.	他 高く評価する、感謝する 彼らは中世美術の美的感覚を高く<u>評価した</u>。
1450	**operator** [á(ː)pərèɪtər] The **operator** followed the established protocol.	名 操作員、技師、管理者 <u>オペレーター</u>は確立されたプロトコルに従った。

LEVEL 1
LEVEL 2
LEVEL 3
分野別単語

1451 **extremity** [ɪkstréməti, eks-]
名 四肢、先端、窮地
Any exposed body **extremity** is at risk of frostbite during harsh winters.
厳冬期には、露出した体の四肢が凍傷になる危険性がある。

1452 **gigantic** [dʒaɪɡǽntɪk]
形 巨大な
The *Titanic* was the most **gigantic** passenger liner of that time.
タイタニックは、当時最も巨大な旅客船だった。

1453 **farther** [fάəðər]
副 もっと遠くに 形 より遠い
Heavy snowfall is expected to hit areas **farther** north of the county line.
郡境のさらに北側では大雪が予想されている。

1454 **striking** [strάɪkɪŋ]
形 目立つ、印象的な
The **striking** similarity between the two paintings was undeniable.
この2枚の絵が驚くほど似ていることは否定できない。

1455 **definitive** [dɪfínətɪv]
形 決定的な、最終的な
Our study provided **definitive** evidence to support the hypothesis.
われわれの研究では、その仮説を支持する決定的な証拠が示された。

1456 **fuse** [fjúːz]
名 ヒューズ、導火線
他 自 融合する
A **fuse** was blown during an electrical surge.
電気サージでヒューズが焼け飛んだ。

1457 **groundbreaking** [ɡráʊndrèɪkɪŋ]
形 画期的な
Quantum computers will be **groundbreaking** in terms of speed, too.
量子コンピューターは、スピードの面でも画期的なものになる。

1458 **mass** [mǽs]
名 質量、大量、かたまり
形 大量の
The gravitational pull of an object depends on its total **mass**.
物体の重力は、その総質量により決まる。

1459 **audit** [ɔ́ːdɪt]
名 監査 他 監査する
To prepare for an **audit**, we have kept accurate financial records.
監査に備え、正確な財務記録を残している。
名 auditor（監査人）

1460 **reparation** [rèpəréɪʃən]
名 賠償、補償、賠償金
Reparations were given to the war victims.
戦争犠牲者に賠償がなされた。
他/名 repair

1461 **yield** [jíːld]
名 収穫 他 自 産出する、〈収益を〉もたらす、譲歩する、屈服する
This year, favorable farming conditions gave a larger **yield** in crops.
今年は農業条件が良く、農作物の収量が多かった。

1462 **cooling** [kúːlɪŋ]
形 冷却の 名 冷却
This new material has an extremely strong **cooling** effect.
この新素材には、極めて強い冷却効果がある。

1463	**cognitive** [ká(:)gnətɪv] Sleep deprivation causes **cognitive** decline.	形 認知の 睡眠不足は認知機能の低下を引き起こす。
1464	**snatch** [snǽtʃ] An eagle can **snatch** a fish out of the water effortlessly.	他 ひったくる ワシは、水中の魚を難なくさらっていく。
1465	**muddy** [mʌ́di] **Muddy** clay soil is rich in minerals.	形 泥だらけの、濁った 泥状の粘土質の土壌は、ミネラルを豊富に含んでいる。
1466	**likewise** [láɪkwàɪz] **Likewise**, birds also regulate their body temperature through their metabolism.	副 同様に 同様に、鳥類も代謝により体温を調整している。 S/W
1467	**flash** [flǽʃ] Before thunder struck, a **flash** of bright light filled the night sky.	名 閃光、瞬間　自 ぴかっと光る 雷が鳴る前に、夜空を埋め尽くす閃光が走った。 ※
1468	**bond** [bá(:)nd] Two atoms can form a strong chemical **bond** due to their charges.	名 絆　他 接着する 二つの原子は、電荷による強い化学結合を形成することができる。
1469	**favor** [féɪvər] The court ruled in **favor** of the plaintiff.	名 支持、好意 他 好都合に働く、賛成する 裁判所は原告側に有利な判決を下した。
1470	**stagnant** [stǽgnənt] The **stagnant** water in the pond was a breeding ground for mosquitoes.	形 停滞した 池の淀んだ水は蚊の繁殖場所であった。
1471	**canal** [kənǽl] Between the Atlantic and Pacific Ocean lies the Panama **Canal**.	名 運河 大西洋と太平洋の間には、パナマ運河がある。
1472	**prolonged** [prəlɔ́:ŋd] **Prolonged** exposure to sunlight increases the risk of cancer.	形 長引いた 太陽光を長時間浴びると、発がんリスクが高まる。
1473	**fuel** [fjú:əl] My parents' diligence **fueled** my passion for studying.	他 あおる、燃料を供給する 名 燃料 両親の勤勉さが、私の勉強への情熱に火をつけた。
1474	**swiftly** [swíftli] Seals move **swiftly** through the Arctic water in search of food.	副 素早く アザラシは、餌を探すために北極海を素早く移動する。 同 quickly

　※ **1467 flash**　flush（赤面）との混同に注意。

LEVEL 1
LEVEL 2
LEVEL 3
分野別単語

1475 thinker [θíŋkəɪ]
Socrates was a great **thinker** and philosopher in his time.

名 思想家
ソクラテスは、その時代において偉大な思想家であり、哲学者だった。

1476 condemn [kəndém]
The international community shall **condemn** the genocide.

他 非難する
国際社会は虐殺を非難するだろう。
同 criticize, denounce

1477 drill [dríl]
Dentists used to **drill** holes in teeth.

他 ドリルで穴をあける、訓練する
名 訓練
歯医者は、昔はドリルで歯に穴をあけていた。

1478 percussion [pərkʌ́ʃən]
Percussion instruments provided the rhythm and energy in the orchestra.

名 打楽器、衝撃、音響
打楽器は、オーケストラでリズムとエネルギーを生む。

1479 ponder [pá(:)ndəɪ]
Cosmologists continue to **ponder** the mysteries of the universe.

他 熟考する
宇宙論者は宇宙の謎に考えを巡らせ続ける。
同 contemplate

1480 fluctuation [flʌ̀ktʃuéɪʃən]
Fluctuations in the stock market are common but difficult to predict.

名 変動、波のような上下
株式市場の変動はよくあることだが、予測するのは難しい。
自 fluctuate（変動する）

1481 astonishingly [əstá(:)nɪʃɪŋli]
The harvest was **astonishingly** abundant this year.

副 驚くべきことに
今年の収穫は、驚くほど豊富だった。
他 astonish（驚かす）

1482 leisure [líːʒəɪ, léʒəɪ]
I have no **leisure** time to go on a trip.

名 余暇
旅行に行く暇もない。

1483 odor [óʊdəɪ]
The strong **odor** of the skunk could be smelled from a great distance.

名 におい、香り
スカンクの強烈なにおいは、かなり遠くからでも感じられた。

1484 itinerary [aɪtínərèri, ɪt-]
The travel **itinerary** included visiting various tourist attractions.

名 旅程
旅行日程には、さまざまな名所への訪問が含まれていた。

1485 avert [əvə́ːt]
No one can **avert** death.

他 避ける
誰も死を避けられない。

1486 atoll [ǽtɔːl]
An **atoll** is a ring-shaped coral reef that encircles a lagoon.

名 環礁
環礁とは、ラグーンを囲むリング状の珊瑚礁のことだ。

| 1487 | **narrative** [nǽrətɪv] | 名 物語　形 物語的な |
| | The teacher gave a **narrative** of Greek mythology. | 先生はギリシャ神話の話をした。 |

| 1488 | **deteriorate** [dɪtí(ə)riərèɪt] | 自 悪化する |
| | The condition of the artwork **deteriorated** because of humidity. | 湿度で作品の状態が悪化してしまった。 |

| 1489 | **complaint** [kəmpléɪnt] | 名 不平、クレーム |
| | There are some customers who file a false **complaints**. | 虚偽のクレームをつける顧客もいる。 ※ |

| 1490 | **optimal** [ɑ́(ː)ptəm(ə)l] | 形 最適な |
| | The dietitian is working to find the **optimal** mineral balance. | 管理栄養士が最適なミネラルバランスを考えている。 |

| 1491 | **caring** [ké(ə)rɪŋ] | 形 思いやりのある、世話好きな |
| | My niece is a **caring**, warmhearted individual. | めいは思いやりのある、心温かい人間だ。 |

| 1492 | **coherent** [koʊhí(ə)rənt] | 形 首尾一貫した |
| | His argument is based on **coherent** and logical reasoning. | 彼の議論は、首尾一貫した論理的な論拠に基づくものだ。
反 incoherent |

| 1493 | **fund** [fʌ́nd] | 名 資金　他 資金を供給する |
| | We hereby certify that school **funds** will be endowed to the following students. | 以下の学生に学資が送られることをここに証す。
同 funding（資金、資金提供） ※ |

| 1494 | **recreational** [rèkriéɪʃ(ə)nəl] | 形 レクリエーションの |
| | The school allocated a greater fund for **recreational** facilities. | 学校は、レクリエーション施設により多くの資金を割り当てた。 |

| 1495 | **persecute** [pɚ́ːsɪkjùːt] | 他 迫害する |
| | After the coup, the junta **persecuted** political dissidents. | クーデター後、軍事政権は反体制派を迫害した。
名 persecution |

| 1496 | **sophisticated** [səfístəkèɪtɪd] | 形 洗練された |
| | The new phone model has a **sophisticated** design. | 新しい携帯のデザインは洗練されている。 |

| 1497 | **reward** [rɪwɔ́ːd] | 名 報酬　他 ほうびを与える |
| | The diligent students were given a **reward** for their hard work. | 勤勉な学生に報奨が贈られた。 |

| 1498 | **innocent** [ínəs(ə)nt] | 形 無罪の、無邪気な |
| | Knowing the crime committed, the defendant insisted he was **innocent**. | 犯した罪を知りつつ、被告人は無罪を主張した。 |

※ **1489 complaint**　「クレーム」は和製表現。／ **1493 fund**　fund は今ある資金、funding は資金を増やす行為のこと。

1499	**certify** [sə́ːtəfàɪ]	他 証明する
	This is to **certify** that he completed the course.	彼がコースを修了したことをここに証する。
		形 certified（公認の）

| 1500 | **waterfall** [wɔ́ːtəfɔ̀ːl] | 名 滝 |
| | The **waterfall** provided a picturesque backdrop for the photograph. | その滝は、写真の背景として絵になるものだった。 |

| 1501 | **capital** [kǽpətl] | 名 資本、首都、大文字　形 主要な |
| | One's **capital** can expand with smart business investments. | 資本は、賢いビジネス投資で増幅できる。 |

| 1502 | **susceptible** [səséptəbl] | 形 影響されやすい |
| | Young children are more **susceptible** to catching colds. | 幼い子どもは、風邪によりかかりやすいものである。 |

1503	**detach** [dɪtǽtʃ]	自 他 分離する
	It is important to **detach** emotionally from a situation to make rational decisions.	合理的な判断をするためには、感情を切り離すことが重要だ。
		反 attach

| 1504 | **criminal** [krímən(ə)l] | 名 犯人　形 犯罪の |
| | The thief was a habitual **criminal**. | 窃盗犯は常習犯だった。 |

1505	**material** [mətí(ə)riəl]	名 材料、素材　形 物質的な
	Malleable **materials** were used in some parts.	一部に可鍛性素材が使用されていた。
		反 immaterial
		他/自 materialize（実現する）　※

| 1506 | **colloquial** [kəlóʊkwiəl] | 形 口語の |
| | Avoid **colloquial** expressions when writing academic papers. | 学術論文を書くときは口語表現は避けなさい。 |

1507	**mere** [míər]	形 単なる
	His argument was based on **mere** assumptions.	彼の主張は、単なる思い込みに基づくものだった。
		副 merely（単に）

| 1508 | **decay** [dɪkéɪ] | 自 衰退する　名 腐敗 |
| | Unstable nuclei **decay** by emitting α, β, or γ particles. | 不安定な原子核はα、β、γ粒子を放出して崩壊する。 |

| 1509 | **context** [ká(ː)ntekst] | 名 文脈、文章の前後関係 |
| | Try to grasp the **context** of the passage. | パッセージの文脈を読み取りなさい。 |

1510	**violate** [váɪəlèɪt]	他 違反する
	That inference is false because it **violates** the second law of thermodynamics.	その推論は、熱力学第2法則に違反するため誤りだ。
		名 violation

※ **1505 material**　material wealth ＝ 物質的な豊かさ

LEVEL 1

LEVEL 2

LEVEL 3

分野別単語

1511	**deficit** [défəsɪt] The country is facing a pressing financial **deficit**.	名 赤字、不足 国家は切迫した財政赤字に直面している。
1512	**indispensable** [ìndɪspénsəbl] Water is **indispensable** for life on Earth.	形 不可欠な 水は地球上の生命にとって欠くことのできないものである。 S/W
1513	**theoretically** [θìːərétɪkəli] **Theoretically**, we can reproduce the reported result.	副 理論的に 理論的には、報告された結果を再現できるはずだ。
1514	**portrait** [pɔ́ətrət, -treɪt] Vermeer is known for his famous **portrait** *Girl with a Pearl Earring*.	名 肖像画 フェルメールは有名な肖像画『真珠の耳飾りの少女』で知られている。
1515	**verbal** [vɔ́ːb(ə)l] A **verbal** agreement is legally binding.	形 言語の、言葉の 口約束にも法的効力はある。 同 oral
1516	**squeeze** [skwíːz] Use this to **squeeze** juice from a pineapple.	他 絞る パイナップルから果汁を絞るのにこれを使ってください。
1517	**eradicate** [ɪrǽdəkèɪt] Farmers are trying to **eradicate** pests as much as possible.	他 根絶する 農家は害虫をできる限り駆除しようとしている。 同 eliminate, exterminate, wipe out
1518	**constraint** [kənstréɪnt] There are genetic **constraints** on the process by which birds learn to sing.	名 制約 鳥が歌を学ぶ過程には遺伝的制約がある。
1519	**vertically** [vɔ́ːtɪkəli] The tower stretched **vertically** into the sky.	副 垂直に その塔は空に向かって垂直に伸びていた。 反 horizontally
1520	**ceramic** [sərǽmɪk] **Ceramic** art can be found in many ancient civilizations.	形 陶器の　名 陶磁器 陶芸は、多くの古代文明で見ることができる。
1521	**wetland** [wétlænd] **Wetlands** play a crucial role in mitigating the effects of climate change.	名 湿地 湿地帯は、気候変動の影響を緩和する上で重要な役割を果たす。
1522	**surge** [sɔ́ːdʒ] There was a **surge** in the incidence of pneumonia.	名 急増　自 急上昇する 肺炎の発症数が急増した。

1523	**modification** [mà(:)dəfɪkéɪʃən]	名 修正、変更
☐ ☐	Very few **modifications** have been made to the script.	台本にはほとんど修正がなかった。

1524	**entity** [éntəti]	名 実体、存在
☐ ☐	A nation-state is an independent political **entity**.	国民国家とは、独立した政治的実体である。

1525	**presumably** [prɪzúːməbli]	副 おそらく
☐ ☐	**Presumably**, the new building will have been completed by 2030.	おそらく、新しいビルは2030年までには完成している。

1526	**voyage** [vɔ́ɪɪdʒ]	名 航海
☐ ☐	Sailors ate citrus fruit whenever they embarked on a long **voyage**.	船乗りは長い航海に出るときは必ず柑橘類を食べた。

1527	**reinforce** [rìːɪnfɔ́əs]	他 強化する
☐ ☐	Memory is **reinforced** by repetition.	記憶は反復とともに強化される。 名 reinforcement

1528	**gold rush** [góʊld rʌ́ʃ]	名 ゴールドラッシュ
☐ ☐	When the **gold rush** ended, many miners left the area.	ゴールドラッシュが終わると、多くの鉱山労働者がその地域を離れた。

1529	**shortage** [ʃɔ́ətɪdʒ]	名 不足
☐ ☐	The **shortage** of affordable housing is a growing problem.	手頃な価格の住宅不足が問題になってきている。

1530	**seismic** [sáɪzmɪk]	形 地震の
☐ ☐	**Seismic** activity can be monitored by seismometers.	地震活動は、地震計で監視することができる。

1531	**archetype** [áəkɪtàɪp]	名 原型
☐ ☐	The pyramid is often considered an **archetype** of ancient architecture.	ピラミッドは、古代建築の原型と言われている。 同 prototype

1532	**frozen** [fróʊz(ə)n]	形 凍結した
☐ ☐	Various unique animals live in the **frozen** tundra of Alaska.	さまざまなユニークな動物がアラスカの凍ったツンドラに生息している。

1533	**simultaneously** [sàɪm(ə)ltéɪniəsli]	副 同時に
☐ ☐	The two events occurred **simultaneously**.	二つの出来事が同時に発生した。 同 concurrently

1534	**grossly** [gróʊsli]	副 ひどく、極端に
☐ ☐	The construction is **grossly** behind schedule.	工事は予定より極端に遅れている。

LEVEL 1
LEVEL 2
LEVEL 3
分野別単語

141

1535	**uncertainty** [ʌnsɚːtnti] There is considerable **uncertainty** in predicting the outcome of the experiment.	名 不確実性 その実験結果を予測するには、<u>不確実性</u>が高すぎる。
1536	**severe** [səvíɚ] The **severe** weather warning prompted people to take precautions.	形 厳しい <u>厳しい</u>気象警報が発令され、皆が注視している。 S/W
1537	**arson** [áɚs(ə)n] Prescribed burning is like controlled, legal **arson**.	名 放火 山焼きは、管理された合法的な<u>放火</u>のようなものだ。 名 arsonist（放火犯）
1538	**spending** [spéndɪŋ] Government **spending** has hit a record high.	名 支出 政府の<u>支出</u>は、過去最高を記録した。 同 expenditure, outgo, expense
1539	**solicit** [səlísɪt] The charity organization **solicited** donations.	他 懇請する チャリティー団体は寄付を<u>募った</u>。
1540	**overcrowded** [óʊvɚkràʊdɪd] The central square was **overcrowded**.	形 混雑した、過密な 中央広場は<u>過密</u>状態だった。
1541	**edible** [édəbl] On a hike, it is best to know what berries are **edible**.	形 食べられる ハイキングでは、どんなベリーが<u>食べられる</u>か知っておくのが一番だ。
1542	**alarm** [əlɑ́ɚm] The sentinel meerkat let out a cry of **alarm**.	名 警報　他 警告する、驚かせる 見張りのミーアキャットは<u>警戒</u>の鳴き声を上げた。
1543	**orientation** [ɔ̀ːriəntéɪʃən] **Orientation** is mandatory for all new undergraduates.	名 オリエンテーション、志向 新入生には、<u>オリエンテーション</u>が義務付けられている。
1544	**phonics** [fá(ː)nɪks] The teacher employed **phonics** in her lessons.	名 発音法 先生は<u>発音法</u>をレッスンに取り入れていた。
1545	**execution** [èksɪkjúːʃən] Only the victim's family was allowed to witness the **execution**.	名 処刑、実行 被害者家族のみが<u>処刑</u>の立ち合いを許された。
1546	**aquatic** [əkwá(ː)tɪk, əkwǽt-] The giant **aquatic** plant, Victoria amazonica, has leaves over 2 m long.	形 水生の、水中の 巨大<u>水生</u>植物、オオオニバスは2メートル以上の葉をつける。

1547	**insulate** [ínsəlèɪt]		他 遮断する、絶縁する
	Asbestos was used to **insulate** homes in the past.		以前は、アスベストは住宅の<u>断熱材</u>として使用されていた。

1548	**homogeneous** [hòʊmədʒíːniəs]		形 均質な、同種の
	A **homogeneous** mixture has a uniform composition throughout.		<u>均質な</u>混合物は、全体的に均一な成分でできている。 反 heterogeneous 名 homogeneity

1549	**trail** [tréɪl]		名 小道、通った跡 他 追跡する
	The hikers followed the **trail** up the mountain.		ハイカーたちは<u>登山道</u>に沿って登って行った。

1550	**experimentation** [ɪkspèrəmentéɪʃən, eks-, -mən-]		名 実験、実験法
	The scheme of the **experimentation** probably needs modification.		おそらく、<u>実験</u>スキームに修正が必要だろう。 ※

1551	**free** [fríː]		他 自由にする 形 ～がない、自由な
	The ethologists **freed** the hand-reared birds.		動物習性学者は飼育していた鳥を<u>解放した</u>。 同 liberate

1552	**retreat** [rɪtríːt]		目 退却する 名 退却、静養場所
	The troop was forced to **retreat** under threat.		その部隊は脅威にさらされ<u>撤退</u>を余技なくされた。

1553	**initiative** [ɪníʃətɪv]		名 主導権、率先
	We took the **initiative** in planning and managing the experimentation.		実験の企画・運営は、われわれが<u>主体</u>となって行った。

1554	**forecast** [fɔ́ə˞kæst]		名 予測 他 予測する
	The weather **forecast** predicts rain for tomorrow.		天気<u>予報</u>では、明日は雨が予想されている。

1555	**metabolism** [mətǽbəlìzm]		名 代謝
	Metabolism is the process by which the body converts food into energy.		<u>代謝</u>とは、身体が食物をエネルギーに変換するプロセスのことだ。

1556	**recall** [rɪkɔ́ːl]		他 思い出す、回収する
	Images seen in dreams usually cannot be **recalled**.		夢で見た映像はたいてい<u>思い出す</u>ことができない。

1557	**urge** [ə́ːdʒ]		他 促す、駆り立てる
	The police officer **urged** the suspect to surrender.		警察官は容疑者に降伏するように<u>促した</u>。 形 urgent（緊急の）

1558	**tireless** [táɪə˞ləs, -lɪs]		形 疲れ知らずの
	Her **tireless** efforts paid off.		彼女の<u>たゆまぬ</u>努力は実を結んだ。

※ **1550 experimentation** experiment は 1 回の実験単体、experimentation は何回かの継続した実験の取り組みで特定の情報を得ようとする行為。

1559 prop [prá(:)p]

The **prop** supports the gigantic structure.

名 支え、小道具 (-s)　他 支える
その支柱が巨大な構造物を支えている。

1560 emphasize [émfəsàɪz]

Military leaders **emphasized** that they should retreat from the battlefield.

他 強調する
軍の指導者たちは、戦場から撤退すべきだと強調した。
名 emphasis

1561 justify [dʒʌ́stəfàɪ]

Relevant sources need to be used to **justify** arguments.

他 正当化する、弁明する
議論を正当化するには、適切な資料が必要だ。
名 justification (正当化)　形 justifiable (正当化できる)

1562 coordinate [koʊɔ́ədənèɪt]

The committee worked tirelessly to **coordinate** the event.

他 調整する　名 座標
実行委員会はイベント調整のため精力的に働いた。
名 coordinator

1563 monstrous [má(:)nstrəs]

Scientists were surprised by the **monstrous** appearance of giant squids.

形 怪物のような
ダイオウイカの怪物のような姿に科学者たちは驚いた。

1564 prominent [prá(:)mənənt]

Our university invited **prominent** researchers.

形 卓越した
本学は著名な研究者を招聘した。
名 prominence

1565 carbohydrate [kàəboʊháɪdreɪt]

Carbohydrates are divided into sugars and fiber.

名 炭水化物
炭水化物は、糖質と食物繊維に分けられる。

1566 exhibition [èksəbíʃən]

The **exhibition** featured various genres of artworks.

名 展示会
展示会ではさまざまなジャンルの作品が展示されていた。

1567 seep [síːp]

Water began to **seep** into the basement after the heavy rainfall.

自 染み込む、染み出る
大雨の後、地下室に水が浸水し始めた。

1568 limb [lím]

An octopus can regrow a lost **limb**.

名 肢体、手足
タコは失われた脚を再生することができる。

1569 irrational [ìræʃ(ə)nəl]

What the man did was purely **irrational**.

形 不合理な
その人がしたことは、純粋に非合理的なことだ。
反 rational

1570 canyon [kǽnjən]

Known for its spectacular scenery, the Grand **Canyon** is popular around the world.

名 峡谷
壮大な景観で知られるグランドキャニオンは、世界的に人気がある。

1571	**adhesive** [ædhíːsɪv, əd-]	形 接着性の　名 接着剤
☐☐	**Adhesive** agents in the glue can be toxic.	糊に含まれる<u>粘着剤</u>には毒性がある場合がある。

1572	**playwright** [pléɪràɪt]	名 脚本家、劇作家
☐☐	The prominent **playwright** composed this plot.	このプロットを構成したのは、著名な<u>劇作家</u>だ。

1573	**depression** [dɪpréʃən]	名 うつ病
☐☐	**Depression** is often characterized by sleep disturbances and decreased vitality.	<u>うつ病</u>はしばしば睡眠障害や活力の低下に特徴づけられる。

1574	**remedy** [rémədi]	名 治療法
☐☐	Herbal doctors prefer using natural **remedies** for the common cold.	漢方医は、風邪に自然<u>療法</u>を使うことを好む。

1575	**embellish** [ɪmbélɪʃ, em-]	他 飾る
☐☐	The artist used gold leaf to **embellish** the painting.	その芸術家は絵画を<u>飾る</u>ために金箔を使用した。

1576	**unconsciously** [ʌnká(ː)nʃəsli]	副 無意識に
☐☐	The driver **unconsciously** accelerated because of fatigue.	運転手は疲労のため<u>無意識に</u>加速していた。 反 consciously

1577	**monk** [mʌŋk]	名 修道士
☐☐	The **monk** pondered the meaning of life.	<u>修道士</u>は人生の意味を考えた。

1578	**solely** [sóʊ(l)li]	副 単独で、ただ一つ
☐☐	The decision was based **solely** on fortune-telling.	その決定は、占いの<u>み</u>によって決められたものだった。

1579	**substitute** [sʌ́bstət(j)ùːt]	名 代用品　他 代替する
☐☐	The vegan chef used tofu as a **substitute** for meat.	菜食主義者のシェフは肉の<u>代わり</u>に豆腐を使った。

1580	**shortly** [ʃɔ́ətli]	副 間もなく、すぐに
☐☐	**Shortly** after the emergence of the disease, new remedies were established.	病気の出現から<u>間もなく</u>、新しい治療法が確立された。

1581	**naturalist** [nǽtʃ(ə)rəlɪst]	名 博物学者、動植物学者
☐☐	The prominent **naturalist** discovered new species in the canyon.	著名な<u>博物学者</u>は渓谷で新種を発見した。

1582	**custody** [kʌ́stədi]	名 保護、管理、監視
☐☐	She was in police **custody** after the incident.	彼女は、事件後警察の<u>保護</u>下に置かれた。

LEVEL 1
LEVEL 2
LEVEL 3
分野別単語

1583	**spectrum** [spéktrəm] The visible **spectrum** ranges from red to violet.	名 スペクトル（光を分光器で分解して波長の順に並べたもの） 可視光線の<u>スペクトル</u>は赤から紫まである。
1584	**applause** [əplɔ́:z] As the curtains closed, a round of **applause** filled the theater.	名 拍手、喝采 カーテンが閉まると、<u>拍手</u>が劇場を包んだ。
1585	**nostalgia** [nɑ(:)stǽldʒə] **Nostalgia** is often associated with positive emotions from one's past.	名 懐かしさ、郷愁 <u>ノスタルジー</u>は、過去のポジティブな感情に関連することが多い。
1586	**rebut** [rɪbʌ́t] The defense attempted to **rebut** the prosecution's claims.	他 反駁する 弁護側は検察側の主張に対して<u>反論</u>を試みた。 同 refute　名 rebuttal
1587	**disrupt** [dɪsrʌ́pt] Any behavior that **disrupts** the social order will not be tolerated.	他 中断する、崩壊させる 社会秩序を<u>乱す</u>いかなる行為も許容されない。 名 disruption
1588	**monopoly** [mənɑ́p(ə)li] The government intervened to prevent a **monopoly**.	名 独占 <u>独占</u>を防ぐために、政府が介入した。
1589	**urbanization** [ə̀:bənɪzéɪʃən] The rapid **urbanization** was coupled with rapid population growth.	名 都市化 急激な<u>都市化</u>は、急激な人口増加と相まって実現した。
1590	**precision** [prɪsíʒən] In terms of **precision**, our prediction model is superior.	名 正確さ <u>精度</u>の面では、われわれの予測モデルが優れている。 同 accuracy
1591	**superficial** [sù:pəfíʃəl] Although the wound was **superficial**, it still needed medical attention.	形 表面的な 傷は<u>表面的だった</u>が、医師の診察は必要だった。
1592	**landfill** [lǽndfɪl] Waste materials are often disposed of in a **landfill**.	名 埋め立て 廃棄物は、しばしば<u>埋め立て地</u>で処分される。
1593	**blink** [blíŋk] Fish don't **blink**; they don't have eyelids to begin with.	自 まばたきする　名 まばたき 魚は<u>まばたき</u>しない。そもそもまぶたがない。
1594	**genre** [ʒɑ́:nr(ə)] Music continues to evolve and expand into new **genres**.	名 ジャンル 音楽は進化し、新しい<u>ジャンル</u>に拡大し続ける。 同 category

| 1595 | **trigger** [trígɚ] | 他 きっかけとなる、引き金を引く |
| | ☐ ☐ Adding oxygen **triggered** a series of reactions. | 名 引き金
酸素の追加が、一連の化学反応の引き金となった。 S/W |

| 1596 | **replenish** [rɪplénɪʃ] | 他 補充する |
| | ☐ ☐ Forests help **replenish** the Earth's oxygen supply. | 森林は、地球の酸素の補給に役立っている。 |

| 1597 | **rigorously** [ríg(ə)rəsli] | 副 厳密に |
| | ☐ ☐ The equipment was scrubbed **rigorously** with alcohol. | 器具はアルコールで徹底して洗浄された。
名 rigor（厳格さ） |

| 1598 | **glory** [glɔ́:ri] | 名 栄光 |
| | ☐ ☐ **Glory** and prosperity were two key features of the early Roman empire. | 初期ローマ帝国を表す言葉は「栄光」と「繁栄」だ。
形 glorious（栄光ある） |

| 1599 | **pertinent** [pə́ː(ː)tənənt] | 形 適切な |
| | ☐ ☐ What she just elaborated on is **pertinent** to this topic. | 彼女が今詳述したことは、この話題に適切なことだ。
反 impertinent |

| 1600 | **sovereign** [sá(ː)v(ə)rən] | 名 国王、主権者　形 独立の |
| | ☐ ☐ Shortly thereafter, the **sovereign** ended up relinquishing his position. | その直後、国王はその地位を放棄することになった。 |

| 1601 | **hive** [háɪv] | 名 ミツバチの巣 |
| | ☐ ☐ The **hive**'s structure gives us a hint about efficient use of space. | 蜂の巣の構造から、スペースの有効活用のヒントが見えてくる。 |

| 1602 | **redress** [rɪdrés] | 名 償い　他 是正する、矯正する |
| | ☐ ☐ The victim sought **redress** for the damages caused by the accident. | 被害者は事故による損害賠償を求めた。 |

| 1603 | **bleed** [blíːd] | 自 出血する |
| | ☐ ☐ The wound continued to **bleed** despite the bandage. | 包帯を巻いたが傷口から出血が止まらなかった。 |

| 1604 | **philosophical** [fìləsá(ː)fɪk(ə)l] | 形 哲学的な |
| | ☐ ☐ Ancient Greeks had many **philosophical** debates. | 古代ギリシャ人は、多くの哲学的な討論を行っていた。 |

| 1605 | **gauge** [géɪdʒ] | 他 測定する　名 計器 |
| | ☐ ☐ This device allows you to **gauge** the salinity of a solution. | この装置で溶液の塩分濃度を測定できる。 |

| 1606 | **ornament** [名 ɔ́ːnəmənt 他 ɔ́ːnəmènt] | 名 装飾品　他 飾る |
| | ☐ ☐ With a delicate **ornament**, the vase is shining. | 繊細な装飾品で、花瓶は輝いている。 |

1607 fast-growing [fǽstgròʊɪŋ] ☐ ☐ Job opportunities may dwindle because of the **fast-growing** AI.	形 急速に成長する 急速に成長するAIにより、仕事の機会が減る可能性はある。
1608 divorce [dɪvɔ́ɚs] ☐ ☐ The **divorce** rate has been increasing.	名 離婚　他 離婚する 離婚率は高くなってきている。
1609 intact [ɪntǽkt] ☐ ☐ The Great Pyramids, a world wonder, remain **intact** to this day.	形 無傷の、損傷していない 世界の驚異、大ピラミッドは今日まで無傷で残っている。
1610 binary [báɪnəri] ☐ ☐ Computers operate using **binary** codes.	形 二進法の、二つの要素から成る コンピューターはバイナリーコードを使って動作する。
1611 sheer [ʃíɚ] ☐ ☐ The illogical conclusion was **sheer** nonsense.	形 まったくの、ごく薄い 非論理的な結論は、まったくもってナンセンスだった。
1612 yell [jél] ☐ ☐ You don't need to **yell** at me.	自 叫ぶ　名 叫び声 怒鳴ることはないでしょ。
1613 bound [báʊnd] ☐ ☐ **Bound** by loyalty, the men didn't flee the battle.	形 〜する義務がある、 　　〜行きである 忠誠心に縛られ、男たちは戦闘から逃げなかった。
1614 detective [dɪtéktɪv] ☐ ☐ The **detective** examined both the tangible and intangible evidence.	名 探偵、刑事 探偵は有形・無形、両方の証拠を調べた。 ※
1615 deceive [dɪsíːv] ☐ ☐ People can be easily **deceived** by misinformation.	他 だます、欺く 人は誤った情報に容易にだまされる。
1616 latitude [lǽtət(j)ùːd] ☐ ☐ Temperature fluctuates greatly from one **latitude** to the next.	名 緯度 緯度によって気温が大きく変化する。 反 longitude（経度）
1617 pre-date [prìːdéɪt] ☐ ☐ The antiquity **pre-dates** existing archeological findings.	他 〜より前に来る その遺物は、既存の考古学的発見よりも前のものだ。
1618 dependable [dɪpéndəbl] ☐ ☐ A good friend is someone who is **dependable** and reliable.	形 頼りになる 良き友人とは、頼りになる人であり、信頼できる人である。

LEVEL 1
LEVEL 2
LEVEL 3
分野別単語

| 1619 | **originally** [ərídʒ(ə)nəli] | 副 当初は |
| | Halloween **originally** had pagan roots. | ハロウィンには<u>もともと</u>異教的な起源があった。 |

| 1620 | **metallic** [mətǽlɪk] | 形 金属の |
| | Steel is a popular **metallic** alloy used in the construction industry. | 鋼鉄は、建築物に使われる一般的な<u>金属合金</u>だ。 |

1621	**vulnerable** [vʌ́ln(ə)rəbl]	形 傷つきやすい、攻撃されやすい
	Genetically uniform GM crops are **vulnerable** to disease.	遺伝子的に均一な遺伝子組み換え作物は病気に<u>弱い</u>。
		同 susceptible

1622	**horizontally** [hɔ̀ːrəzά(ː)ntəli]	副 水平に
	Ginger and turmeric roots grow **horizontally**.	ショウガやウコンの根は、<u>水平方向</u>に伸びていく。
		反 vertically

| 1623 | **halfway** [hǽfwéɪ] | 副 中間で 形 中間の |
| | The team was **halfway** through the game when it started to rain. | 試合の<u>途中で</u>雨が降り出した。 |

1624	**alert** [ələ́ːt]	形 油断のない、警戒している
		名 警戒警報
	An emergency **alert** system warned residents to flee.	緊急<u>警報</u>システムが住民に逃げるよう警告を発した。

1625	**outermost** [áʊtəmòʊst]	形 最も外側の
	Earth's atmosphere has seven layers, with the **outermost** one being the exosphere.	地球の大気は7層構造になっており、<u>一番外側</u>は外気圏だ。
		反 innermost

1626	**matriculation** [mətrìkjʊléɪʃən]	名 入学許可
	The deadline for **matriculation** is next week.	<u>大学入学手続き</u>の締め切りは来週だ。
		名 matriculate

1627	**royal** [rɔ́ɪəl]	形 国王の、王室の
	The **royal** family tried to reinforce their political power.	<u>王室</u>は政治力を強化しようとした。
		同 regal

| 1628 | **ape** [éɪp] | 名 類人猿 |
| | Many great **apes** are studied and protected in their natural habitat. | 多くの<u>類人猿</u>が研究され、その自然の生息地で保護されている。 |

| 1629 | **impure** [ɪmpjʊ́ə] | 形 不純な |
| | He joined the program with **impure** motives. | 彼は<u>不純な</u>動機でプログラムに参加した。 |

| 1630 | **cancel** [kǽns(ə)l] | 他 取り消す |
| | Forces in opposite directions **cancel** each other out. | 反対方向の力は、互いに<u>打ち消し</u>合う。 |

1631 remainder [rɪméɪndər] Multiple choice questions filled the **remainder** of the final.	名 余り 最終試験の<u>残り</u>は、多肢選択問題だった。
1632 legacy [légəsi] A dynasty's **legacy** depends on its next reigning monarch.	名 遺産 王朝の<u>遺産</u>は、次に君臨する君主に委ねられる。
1633 breeding [brí:dɪŋ] The boundary between selective **breeding** and genetic modification is blurry.	名 品種改良、繁殖 「選択的<u>品種改良</u>」と「遺伝子組み換え」の境界は曖昧だ。
1634 soak [sóʊk] Samples were **soaked** in a special solution overnight.	他 浸す 試料は特殊な溶液に一晩<u>浸された</u>。
1635 mutation [mju:téɪʃən] A genetic disorder can result from a **mutation** in the gene.	名 突然変異 遺伝性疾患は遺伝子<u>変異</u>により引き起こされる。
1636 outfit [áʊtfɪt] Her parents bought her a wedding **outfit**.	名 服装一式、装備 両親は結婚式の<u>衣装一式</u>を娘に贈った。
1637 reproduction [rì:prədʌkʃən] In many animals, the organs related to **reproduction** are immature at birth.	名 繁殖、再現 多くの動物で、<u>生殖</u>器官は出生時には未熟である。
1638 algebraic [æ̀ldʒəbréɪɪk] The concept of acceleration is illustrated in this **algebraic** equation.	形 代数的な 加速度の概念は、この<u>代数</u>方程式で説明されている。 名 algebra（代数）
1639 necessity [nɪsésəti] There is no **necessity** to change the current method.	名 必要性 現在の方法を変更する<u>必要性</u>はない。 同 requirement 動 necessitate（必要とする）
1640 pharmaceutical [fɑ̀ərməsú:tɪk(ə)l] **Pharmaceutical** companies were quick to develop vaccines.	形 製薬の、薬学の <u>製薬</u>会社はいち早くワクチンを開発した。
1641 ego [í:goʊ] His **ego** prevented him from admitting his mistake.	名 自我 彼の<u>エゴ</u>が、自分の間違いを認めることを妨げた。 形 egoistic
1642 experimental [ɪkspèrəméntl, eks-] The **experimental** effort ended up a great success.	形 実験的な <u>実験的な</u>取り組みは、大成功に終わった。

1643	**meddle** [médl] Don't **meddle** in other people's affairs without their consent.	自 干渉する 他人のことに無断で干渉するものではない。 形 meddlesome（おせっかいな）
1644	**insecure** [ìnsɪkjúəɚ] I feel a strong necessity for modifying the **insecure** system.	形 不安定な 不安定なシステムを改修する必要性を強く感じる。
1645	**originate** [ərídʒənèɪt] The tradition of exchanging gifts **originated** in ancient times.	自 源を発する、起こる 贈り物を交換する習慣は、古代まで起源をさかのぼる。
1646	**annually** [ǽnjuəli] A fundraiser has been held **annually**.	副 毎年 毎年、資金集めの活動が行われてきた。
1647	**oscillate** [á(ː)səlèɪt] A pendulum **oscillates** back and forth continuously.	自 振動する 振り子は継続して前後に振動する。 名 oscillation（振動、振幅）
1648	**command** [kəmǽnd] A new leader took **command** of the experimentation.	名 命令　他 命令する 新しいリーダーが実験の指揮を執った。
1649	**innocuous** [ɪná(ː)kjuəs] **Innocuous** vaccines prove crucial for strengthening herd immunity.	形 無害な 集団免疫を高めるには、無害なワクチンが重要だと証明されている。
1650	**waive** [wéɪv] The university may **waive** the application fee for students with financial need.	他 放棄する 大学は、経済的に困窮している学生には、出願料を免除することがある。
1651	**boring** [bɔ́ːrɪŋ] A cross-section of the strata was visualized in the **borings**.	名 ボーリング　形 退屈な ボーリングで地層の断面図が可視化された。
1652	**rush** [rʌ́ʃ] No **rush**.	名 大慌て　自 急行する 慌てなくて大丈夫。
1653	**nonrefundable** [nà(ː)nriːfʌ́ndəbl] It says the deposit is **nonrefundable**.	形 返金不可の 頭金は返金不可と書いてある。
1654	**longevity** [lɑ(ː)ndʒévəti] This paper focuses on the implication of diet on **longevity**.	名 寿命 本稿は、食事が寿命に及ぼす影響に焦点を当てている。

1655	**cosmology** [kɑ(:)zmɑ́(:)lədʒi] Cosmology is the study of the universe and its origins.	名 宇宙論 宇宙論とは、宇宙とその起源を研究する学問だ。
1656	**thinly** [θínli] Thinly sliced samples were sent in for carbon dating.	副 薄く 薄くスライスされたサンプルは炭素年代測定に回された。
1657	**apt** [ǽpt] The playwright's work is also apt for the modern stage.	形 適切な 劇作家の作品は、現代の舞台にも適している。 同 appropriate, suitable
1658	**consensus** [kənsénsəs] A consensus on climate change was reached at the UN summit.	名 全体の合意 国連サミットで気候変動に関するコンセンサスが得られた。
1659	**frightening** [fráɪtnɪŋ] Loud sounds can be frightening to toddlers.	形 恐ろしい 大きな音は、幼児にとって恐怖となる。 動 frighten（怖がらせる）
1660	**pollinate** [pɑ́(:)lənèɪt] Bees pollinate flowers, helping them to reproduce.	他 受粉する、受粉を促す ミツバチは花に受粉し、繁殖を助ける。 名 pollination
1661	**dispersed** [dɪspə́ːst] The seeds of the dandelion plant are dispersed by the wind.	形 分散した、散在した タンポポの種は、風によって方々に散っていく。 同 scattered
1662	**propel** [prəpél] Special fuel is needed to propel rockets.	他 推進する ロケットを推進させるには、特定の燃料が必要だ。
1663	**accomplishment** [əkɑ́(:)mplɪʃmənt, əkʌ́m-] Graduating from college is a great accomplishment for many students.	名 業績、達成 大学を卒業することは、多くの学生にとって大きな成果だ。
1664	**load** [lóʊd] The sailboat was carrying a heavy load of cargo.	名 負荷、積み荷 他 積む、負荷をかける その帆船は重い荷物を運んでいた。
1665	**attentive** [ətén tɪv] Nurses were very attentive and caring.	形 注意深い 看護師の対応はとても丁寧で優しいものだった。
1666	**unevenly** [ʌníːv(ə)nli] The surface of the roads was unevenly paved.	副 不均等に 道路の表面の舗装は不均等だった。

| 1667 | **emission** [ɪmíʃən, i:m-] | 名 放出、放射 |
| | ☐ ☐ Carbon **emissions** remain a major contributor to global warming. | 炭素の排出は、依然として地球温暖化の主な原因である。 |

| 1668 | **reimburse** [rìːɪmbɚ́ːs] | 他 払い戻す |
| | ☐ ☐ Keep all work expense receipts for the company to **reimburse**. | 会社が払い戻しをするので、領収書はすべて保管しておくこと。 名 reimbursement |

| 1669 | **mate** [méɪt] | 名 仲間　自 交尾する |
| | ☐ ☐ Often, the search for a **mate** begins in the early spring. | 多くの場合、つがい探しは春先から始まる。 |

| 1670 | **simplify** [símpləfàɪ] | 他 簡略化する |
| | ☐ ☐ We need to **simplify** the script. | 台本を簡略化する必要がある。 |

| 1671 | **dishonesty** [dɪsá(ː)nəsti, dìs-] | 名 不誠実、不正行為 |
| | ☐ ☐ **Dishonesty** ruins all the effort you have made. | 不誠実さは、これまでのすべての努力を台無しにしてしまう。 |

| 1672 | **splendid** [spléndɪd] | 形 華麗な、あっぱれな |
| | ☐ ☐ The view from the hilltop was **splendid**. | 丘の上からの眺めは見事だった。 |

| 1673 | **alliance** [əláɪəns] | 名 同盟 |
| | ☐ ☐ The non-Axis powers formed **alliances**. | 枢軸国ではない国々は同盟を結んだ。 |

| 1674 | **caretaker** [kéɚtèɪkɚ] | 名 管理人、世話人 |
| | ☐ ☐ Support for **caretakers** is also needed. | 世話人へのサポートも必要だ。 |

| 1675 | **germinate** [dʒɚ́ːmənèɪt] | 自 発芽する |
| | ☐ ☐ With proper temperature and moisture, seeds will **germinate**. | 適切な温度と水分で種は発芽する。 同 sprout |

| 1676 | **fertilize** [fɚ́ːtəlàɪz] | 他 受精させる、肥料をやる |
| | ☐ ☐ The sperm and egg were **fertilized** in the petri dish. | ペトリディッシュで精子と卵を受精させた。 |

| 1677 | **spear** [spíɚ] | 名 やり　他 突く |
| | ☐ ☐ A **spear** was a common weapon in gladiatorial matches. | やりは剣闘士の試合では一般的な武器であった。 |

| 1678 | **robust** [roʊbʌ́st, róʊbʌst] | 形 頑丈な、強固な |
| | ☐ ☐ A **robust** security system is an absolute prerequisite for data management. | データ管理には、堅牢なセキュリティシステムが絶対条件だ。 |

1679	**unit** [júːnɪt] The **unit** of measurement for electricity is watts.	名 単位、部隊 電気の測定単位はワットだ。
1680	**strip** [stríp] The code was written on a **strip** of paper.	名 細長い布きれ 他 剥ぎ取る 暗号は布切れに記されていた。
1681	**declare** [dɪkléɚ] The newly formed nation **declared** independence.	他 宣言する 新しく形成された国が独立を宣言した。
1682	**disorder** [dìsɔ́ɚdɚ] PTSD stands for post-traumatic stress **disorder**.	名 障害 PTSDは、post-traumatic stress disorder（心的外傷後ストレス障害）の略だ。
1683	**cast** [kǽst] The invention **casts** a new light on poverty issues.	他 投げかける、投げ込む 名 配役、ギプス この発明は、貧困問題に新たな光明を投げかけるものだ。　S/W
1684	**mask** [mǽsk] The fancy design is **masking** the real quality of this cosmetic product.	他 覆い隠す　名 マスク 派手なデザインがこの化粧品の本当の良さを隠してしまっている。
1685	**debris** [dəbríː, déɪbriː] The storm left a lot of **debris** on the shore.	名 瓦礫、破片 嵐は海岸に多くの瓦礫を残した。
1686	**subordinate** [səbɔ́ɚdənət] Delegate tasks to your **subordinates**.	名 部下、下位の　形 従属的な 部下に仕事を振りなさい。
1687	**order** [ɔ́ɚdɚ] Sort items in ascending **order** of value.	名 順序、命令、秩序　他 命じる 項目を値の昇順に並べ替えなさい。
1688	**negligence** [néɡlɪdʒəns] He was fired for **negligence** in his work.	名 怠慢、不注意 仕事への怠慢が理由で彼は解雇された。
1689	**steel** [stíːl] **Steel** is a versatile alloy.	名 鋼鉄 鋼鉄は汎用性の高い合金だ。
1690	**correlated** [kɔ́ːrəlèɪtɪd] Urbanization is **correlated** with cultural diversity.	形 相関がある 都市化は文化の多様性と相関がある。 名 correlation

1691	**accordingly** [əkɔ́ədɪŋli]	副 それに応じて
☐ ☐	Fish populations declined and catches decreased **accordingly**.	魚の個体数が減り、それに応じて漁獲高も減った。 S/W

1692	**purity** [pjó(ə)rəti]	名 純度
☐ ☐	Distillation can be used to increase the **purity** of liquids.	蒸留は、液体の純度を高めるために使用される。 反 impurity

1693	**grasp** [grǽsp]	他 つかむ、理解する
☐ ☐	I struggled to **grasp** the mathematical concepts.	数学の概念をつかむのに苦労した。

1694	**expend** [ɪkspénd, eks-]	他 費やす、使い切る
☐	We need to carefully **expend** our resources.	資源を慎重に消費する必要がある。

1695	**magnanimous** [mæɡnǽnəməs]	形 寛大な
☐ ☐	Even in defeat, the coach was **magnanimous** and praised the team.	敗北しても、監督は寛大で、チームを賞賛した。

1696	**designate** [dézɪgnèɪt]	他 指定する、任命する
☐ ☐	The sovereign must **designate** the heir.	君主は後継者を指定しなければならない。 形 designated（指定された）

1697	**exponential** [èkspənénʃəl]	形 指数関数的な
☐ ☐	This reagent stopped the **exponential** amplification of the bacteria.	この試薬でバクテリアの指数関数的な増幅は止まった。 副 exponentially

1698	**deed** [díːd]	名 行為、功業、証書
☐ ☐	When you do good **deeds**, people will help you.	善行をしていると人に助けてもらえるものだ。

1699	**obscure** [əbskjóəˏ, ɑ(ː)b-]	形 曖昧な　他 見えなくする
☐ ☐	The details were too **obscure** to determine the author's intention.	詳細は不明瞭で、著者の意図を判断することはできなかった。 名 obscurity（不明瞭さ）

1700	**count** [káʊnt]	名 数　他 数える
☐ ☐	The **count** of valid votes remained undisclosed.	有効投票の数は伏せられたままだった。

1701	**candidacy** [kǽndɪdəsi]	名 立候補する資格、立候補
☐ ☐	Critics are questioning his **candidacy**.	評論家らは彼の立候補資格を疑問視している。

1702	**presume** [prɪzúːm]	他 推定する
☐ ☐	Voters **presume** that he is not qualified to run for office.	有権者らは、彼には立候補する資格がないと推定している。

155

1703	**legitimate** [lɪdʒítəmət] ☐ ☐ The contract's terms were **legitimate** and binding.	形 合法的な 契約の条件は<u>正当であり</u>拘束力があった。 他 legitimize

| 1704 | **alternative** [ɔ:ltɔ́:nətɪv] ☐ ☐ The **alternative** theory better describes the movement of the galaxy. | 形 代替の　名 代替案・品 <u>代替</u>説の方が、銀河の動きをよく表している。 |

| 1705 | **instrument** [ínstrəmənt] ☐ ☐ Musical **instruments** are as varied as the cultures they originated from. | 名 器具、楽器 <u>楽器</u>は、その起源となった文化圏と同じように多様だ。 |

| 1706 | **validate** [vǽlədèɪt] ☐ ☐ Referring to cited work, the scientist **validated** her findings. | 他 検証する、有効にする 引用文献を参照しながら、科学者は自分の発見を<u>検証した</u>。 形 valid　形 invalid |

| 1707 | **icy** [áɪsi] ☐ ☐ In Canada, roads become unforgivingly **icy** during the peak winter months. | 形 氷の、氷のような カナダの道路は、冬のピーク時には容赦ないほど<u>凍結</u>する。 |

| 1708 | **mating** [méɪtɪŋ] ☐ ☐ **Mating** behavior varies widely among different animal species. | 名 交尾、交配 <u>交尾</u>行動は、異なる動物種間で大きく異なる。 |

| 1709 | **life form** [láɪf fɔ̀əm] ☐ ☐ The theme of my paper is the extinction of **life forms** in ancient times. | 名 生命体、生物種 私の論文のテーマは、太古の<u>生命体</u>の絶滅だ。 |

| 1710 | **cite** [sáɪt] ☐ ☐ You are required to **cite** sources for your term paper. | 他 引用する 期末レポートにはソースを<u>引用する</u>こと求められている。 同 quote |

| 1711 | **turbulent** [tɔ́:bjʊlənt] ☐ ☐ The **turbulent** weather conditions caused flight delays. | 形 荒れ狂ったような、騒々しい 悪天候からフライトの遅れが生じた。 |

| 1712 | **sensible** [sénsəbl] ☐ ☐ The **sensible** solution is to address the root of the problem. | 形 分別のある <u>賢明</u>な解決策は、問題の根源に対処することだ。 同 prudent, judicious |

| 1713 | **aggressive** [əgrésɪv] ☐ ☐ **Aggressive** behavior must be corrected before it becomes a habit. | 形 攻撃的な、積極的な <u>攻撃的な</u>行動は、習慣化する前に修正しなければならない。 名 aggression（侵略行為、侵害） |

| 1714 | **prudent** [prú:dənt, -dnt] ☐ ☐ It is **prudent** to save money for unexpected expenses. | 形 賢明な、用心深い 予期せぬ出費に備えてお金をためておくことは<u>賢明だ</u>。 同 sensible, judicious　反 imprudent |

1715 **interrupt** [ìntərʌ́pt]

It's impolite to **interrupt** a speaker during the presentation.

他 遮る、割り込む
発表中、話者の話を<u>中断する</u>のは失礼に当たる。
名 interruption

1716 **stipend** [stáɪpend]

A **stipend** was provided to post-doctoral students.

名 給付金
ポスドクに<u>給付金</u>が支給された。

1717 **ambitious** [æmbíʃəs]

The plan for a dependent state to conquer the suzerain state seemed **ambitious**.

形 野心的な
従属国が宗主国を制圧する計画は<u>野心的</u>に見えた。

1718 **subtract** [səbtrǽkt]

Subtracting the smaller value from the larger value reveals the difference.

他 引く、減じる
大きい値から小さい値を<u>引く</u>と差がわかる。

1719 **fall** [fɔ́ːl]

No one knows the cause of the **fall** of the once-thriving civilization.

名 没落、秋 自 落ちる
かつて繁栄した文明が<u>崩壊</u>した原因は、誰にもわからない。
S/W

1720 **supposedly** [səpóʊzɪdli]

Supposedly, a new policy will increase customer satisfaction.

副 ～と推定される
<u>おそらく</u>、新方式の導入で顧客満足度は上がるだろう。
反 undoubtedly

1721 **neutron** [n(j)úːtrɑ(ː)n]

Found in the atom's nucleus, a **neutron** has no electric charge.

名 中性子
原子の原子核に存在する<u>中性子</u>には電荷がない。

1722 **acute** [əkjúːt]

An **acute** illness is one that has a sudden onset of severe symptoms.

形 鋭い、急性の
<u>急性</u>疾患は、突然の激しい症状を伴うものだ。

1723 **cordial** [kɔ́ːrdʒəl]

A **cordial** smile creates a welcoming atmosphere.

形 心からの、誠心誠意の
<u>心からの</u>笑顔が歓迎ムードを作り出す。

1724 **loath** [lóʊθ]

The teacher was **loath** to admit his mistake.

形 気が進まない
その先生は自分のミスを認め<u>たくなかっ</u>た。
他 loathe（ひどく嫌う）

1725 **walking distance** [wɔ́ːkɪŋ dìstəns]

The bookstore is within **walking distance**.

名 徒歩圏内
書店は<u>徒歩圏内</u>にある。

1726 **commemorate** [kəmémərèɪt]

The statue was erected to **commemorate** the fallen soldiers.

他 記念する
この像は、戦死した兵士を<u>追悼する</u>ために建てられた。

| 1727 | **applaud** [əplɔ́:d] | 自 他 拍手する |
| | At the end of the performance, the audience **applauded** and cheered. | 演奏が終わると、観客は<u>拍手</u>と歓声を上げた。 |

| 1728 | **regrettably** [rɪgrétəbli] | 副 残念ながら |
| | **Regrettably**, the project was canceled owing to budget constraints. | <u>残念ながら</u>、このプロジェクトは予算の制約で中止された。 |

| 1729 | **bureaucratic** [bjʊ̀(ə)rəkrǽtɪk] | 形 官僚的な |
| | Many nations, including Japan, adopted a **bureaucratic** system. | 日本を含め、多くの国が<u>官僚</u>制を採用した。 |

| 1730 | **potent** [póʊtənt, -tnt] | 形 強力な、力のある |
| | Cedar pollen becomes more **potent** in the early spring months. | 春先にはスギ花粉がより<u>勢い</u>を増す。
反 impotent（無力な） |

| 1731 | **tranquil** [trǽŋkwəl] | 形 静かな、平穏 |
| | The **tranquil** lake provided a peaceful setting for a picnic. | <u>静か</u>な湖は、ピクニックには最適な平穏な場所だった。 |

| 1732 | **beforehand** [bɪfɔ́ɚhæ̀nd, bə-] | 副 前もって |
| | It is important to plan **beforehand** to ensure a desired outcome. | 望ましい結果を出すため、<u>事前に計画を立</u>てることが重要だ。
反 afterward |

| 1733 | **pragmatic** [prægmǽtɪk] | 形 実用的な、実用主義の |
| | Even for ethical issues, **pragmatic** approaches are required. | 倫理的な問題であっても、<u>現実的な</u>アプローチは必要だ。 |

| 1734 | **proverb** [prá(:)vɚ:b] | 名 ことわざ |
| | The **proverb** "time is money" reflects a capitalist ideology. | 「時は金なり」という<u>ことわざ</u>は資本主義のイデオロギーを反映している。 |

| 1735 | **carrier** [kǽriɚ] | 名 キャリア、運送業者 |
| | Mosquitoes are **carriers** of many diseases. | 蚊は多くの病気の<u>媒介者</u>だ。 |

| 1736 | **borderline** [bɔ́ɚdɚlàɪn] | 名 境界線、国境線 |
| | **Borderline** disputes often hinder international cooperation. | 国境紛争は国際協力の妨げになることが多い。 |

| 1737 | **reveal** [rɪvíːl] | 他 明らかにする |
| | The psychological study aims to **reveal** unconscious cognitive biases. | この心理学の研究の目標は、無意識の認知バイアスを<u>明らかにする</u>ことだ。
S/W |

| 1738 | **static** [stǽtɪk] | 形 静的な |
| | The antenna receives **static** interference from nearby electronics. | アンテナは、近くの電子機器から<u>静電気</u>の干渉を受ける。
反 dynamic（動的な） |

| 1739 | **disuse** [dìsjúːs] | 名 不使用、廃止 |
| | Once the gold rush ended, temporary housing fell into **disuse**. | ゴールドラッシュが終わると、仮設住宅は使われなくなった。 |

| 1740 | **arrangement** [əréɪndʒmənt] | 名 手配、配置、取り決め |
| | I appreciate the **arrangement** of this emergency meeting. | 緊急会議の手配に感謝する。 |

1741	**refutable** [rɪfjúːtəbl, réfjʊ-]	形 論破可能な
	The thesis from the PhD candidate was not **refutable**.	博士号候補者の論文には反論の余地がなかった。
		反 irrefutable（反駁できない）

1742	**acknowledge** [əkná(ː)lɪdʒ, æk-]	他 認める、承認する
	He **acknowledged** having referred to outside resources.	彼は外部のリソースを参考にしていたことを認めた。
		名 acknowledgement　　S/W

| 1743 | **successive** [səksésɪv] | 形 連続した |
| | The experiment produced consistent results in **successive** trials. | 実験での連続的な試行では、一貫した結果が得られた。 |

1744	**adhere** [ædhíɚ, əd-]	自 付着する、支持する
	The cells **adhered** to the glass surface tightly.	細胞はガラス面にしっかりと付着した。
		形／名 adhesive（粘着性の／粘着剤）,
		形／名 adherent（粘着性の／支持者）

1745	**draft** [dræft]	名 下書き
		他 原稿を書く、徴兵する
	The writer created an outline before beginning the first **draft**.	作家は原稿を書き始める前にアウトラインを作成した。

1746	**spectacular** [spektækjʊlɚ]	形 壮観な
	The royal wedding was a **spectacular** event.	王室の結婚式は壮大なイベントだった。
		名 spectacle（壮観）

1747	**endeavor** [ɪndévɚ]	名 努力　自 努力する
	The company is making an **endeavor** to reduce waste.	その会社は廃棄物を減らすための努力をしている。
		同 effort

| 1748 | **manuscript** [mænjʊskrɪpt] | 名 原稿 |
| | A number of unpublished **manuscripts** were found in his study. | 彼の書斎から未発表の原稿が多数見つかった。 |

| 1749 | **cognition** [kɑgníʃən] | 名 認知 |
| | The ape displayed advanced **cognition** in problem-solving. | サルは問題解決タスクで高度な認知を示した。 |

| 1750 | **conquer** [ká(ː)ŋkɚ] | 他 征服する |
| | The Mongol Empire **conquered** many countries, large and small. | モンゴル帝国は大小多くの国々を征服していった。 |

LEVEL 1
LEVEL 2
LEVEL 3
分野別単語

1751	**extraordinary** [ɪkstrɔ́ːdənèri, eks-]	形 並外れた
☐ ☐	Homo sapiens had **extraordinary** intelligence.	ホモサピエンスには<u>並外れた</u>知性があった。 反 ordinary

1752	**plot** [plá(ː)t]	名 陰謀、話の構想、グラフのデータ 他 図示する
☐ ☐	Toward the end of the novel there was an unexpected **plot** twist.	小説の終盤に向けて、予想外の<u>展開</u>があった。

1753	**mine** [máɪn]	名 鉱山　他 発掘する
☐ ☐	Abandoned **mines** can cause environmental contamination.	放置されたままの<u>鉱山</u>は環境汚染の原因となる。 名 mining（採鉱）

1754	**surveillance** [sərvéɪləns]	名 監視
☐ ☐	**Surveillance** technology raises ethical questions about one's privacy.	<u>監視</u>技術は、プライバシーに関する倫理的な問題を提起している。

1755	**subjective** [səbdʒéktɪv]	形 主観的な
☐ ☐	Art appreciation is a **subjective** experience.	美術鑑賞というのは<u>主観的な</u>体験である。 反 objective（客観的な）

1756	**imperative** [ɪmpérətɪv]	形 必須の
☐ ☐	It is **imperative** to follow safety rules.	安全規則を守ることは<u>必須だ</u>。

1757	**immensely** [ɪménsli]	副 広大に
☐ ☐	The movie's popularity has **immensely** grown since its release.	映画の公開後、その人気は<u>絶大</u>なものとなっている。

1758	**dense** [déns]	形 密集した
☐ ☐	The population of Macau is very **dense**.	マカオは非常に人口<u>密度が高い</u>。

1759	**crude** [krúːd]	形 未加工の、粗野な
☐ ☐	Refining **crude** oil into gasoline requires a process called distillation.	<u>原油</u>をガソリンに精製するには、蒸留という工程が必要だ。

1760	**demand** [dɪmǽnd]	名 要求、需要　他 要求する
☐ ☐	There is a high **demand** for skilled workers in the tech industry.	技術産業では熟練労働者の<u>需要</u>が高い。 形 demanding（要求の厳しい）

1761	**harbor** [háːbər]	他 かくまう、港に停泊する　名 港
☐ ☐	The geographically remote island **harbors** many creatures.	地理的に隔離されたこの島は、多くの生き物を<u>守っている</u>。

1762	**adversity** [ædvə́ːsəti]	名 逆境
☐ ☐	The team overcame **adversity** and won the championship.	チームは<u>逆境</u>を乗り越え優勝した。

| 1763 | **outpace** [àʊtpéɪs] | 他 追い越す |
| | ☐ ☐ Technological progress is **outpacing** the progress of human intelligence. | 技術の進歩が人間の知性の進歩を<u>上回っている</u>。 |

| 1764 | **neighboring** [néɪb(ə)rɪŋ] | 形 近接する、近隣の |
| | ☐ ☐ The two **neighboring** countries had a history of conflict. | <u>隣接する</u>二つの国には、紛争の歴史があった。
同 adjacent |

| 1765 | **punctual** [pʌ́ŋ(k)tʃuəl] | 形 時間を守る、時間通りの |
| | ☐ ☐ Being **punctual** is a sign of respect for other people's time. | <u>時間を守る</u>ことは、他の人の時間を尊重することの表れだ。 |

| 1766 | **orbit** [ɔ́ɚbɪt] | 名 軌道 他 周回する |
| | ☐ ☐ Astronomers located a planet by calculating its **orbit**. | 天文学者は、<u>軌道</u>を計算して惑星の位置を特定した。 |

| 1767 | **viable** [váɪəbl] | 形 実現可能な、生存可能な |
| | ☐ ☐ Your long-term study plan looks **viable**. | あなたの長期学習計画は<u>実現できそう</u>だ。
同 feasible   S/W |

| 1768 | **transfer** [自他 trænsfɚ́ː 名 trænsfɚ̀ː] | 自 転校する 他 移す 名 移動 |
| | ☐ ☐ The student at the community college **transferred** to a four-year university. | そのコミュニティカレッジの学生は四年制大学に<u>編入した</u>。
形 transferable |

| 1769 | **sedentary** [sédntèri] | 形 定住性の、座りがちの |
| | ☐ ☐ The nomadic lifestyle shifted to a **sedentary** one. | 遊牧性の生活スタイルは<u>定住性</u>にシフトしていった。 |

| 1770 | **conceive** [kənsíːv] | 他 思いつく、想像する |
| | ☐ ☐ She **conceived** a new research method. | 彼女は新しい研究方法を<u>思いついた</u>。
形 conceivable 副 conceivably   S/W |

| 1771 | **setback** [sétbæk] | 名 停滞、前進の妨げ、逆行 |
| | ☐ ☐ In times of financial **setback**, alternative business models turn the tide. | 財政が<u>停滞</u>しているときは、代替ビジネス案が潮目を変える。 |

| 1772 | **cereal** [sí(ə)riəl] | 名 穀物 |
| | ☐ ☐ The use of fertilizers can intensify **cereal** production. | 肥料の使用は<u>穀物</u>生産を向上させる。 |

| 1773 | **frontier** [frʌntíɚ, frɑ(ː)n-] | 名 未開拓の領域 |
| | ☐ ☐ The **frontier** of gene editing is facing ethical issues. | 遺伝子編集の<u>最先端</u>は倫理的な問題に直面している。 |

| 1774 | **undesirable** [ʌ̀ndɪzáɪ(ə)rəbl] | 形 望ましくない |
| | ☐ ☐ The **undesirable** side effects of the medication outweigh the benefits. | その薬は効果よりも<u>望ましくない</u>副作用が大きい。
反 desirable   S/W |

LEVEL 1
LEVEL 2
LEVEL 3
分野別単語

1775	**inorganic** [ìnɔəɡǽnɪk] Cosmetics often have **inorganic** ingredients.	形 無機質の、生物ではない 化粧品には、無機質な成分が含まれていることが多い。 反 organic（有機的な）
1776	**formerly** [fɔ́əməli] This research building was **formerly** a church.	副 以前は この実験棟は以前は教会だった。 同 previously
1777	**aquifer** [ǽkwəfəʴ] An **aquifer** is a layer of underground soil that contains water.	名 帯水層 帯水層とは、水を含む地下の土壌の層のことだ。
1778	**stroke** [stróʊk] A **stroke** can occur without warning.	名 脳卒中 脳卒中は前触れもなく発症する。
1779	**volatile** [vá(:)lətl] Methanol is highly **volatile** and evaporates at a fast pace.	形 揮発性の メタノールは揮発性が高く、早いペースで蒸発していく。 名 volatility（揮発性）
1780	**token** [tóʊk(ə)n] A **token** of appreciation was given to all participants.	名 印（しるし） 参加者全員に感謝の印が贈られた。
1781	**bark** [báəʴk] Deer rip off the **bark** and eat it.	名 樹皮、ほえる声　自 ほえる 鹿は樹皮をはぎ取って食べる。
1782	**insertion** [ɪnsə́ːʃən] Mutations were induced by the **insertion** of DNA fragments.	名 挿入 DNAの断片の挿入で突然変異が誘発された。
1783	**rancher** [rǽntʃəʴ] The **rancher** is raising cattle.	名 牧場主 その牧場主は牛を育てている。
1784	**constitution** [kà(:)nstət(j)úːʃən] The **constitution** outlines the fundamental principles of the government.	名 憲法、構造 憲法は政府の基本原則を概説している。
1785	**bountiful** [báʊntif(ə)l] New agricultural techniques led to a **bountiful** harvest.	形 豊富な 新しい農業技術により、豊富な収穫が得られた。
1786	**shatter** [ʃǽtəʴ] The windows were **shattered** by the explosion.	他 粉々にする 爆発で窓ガラスは粉々になった。

LEVEL 1 / LEVEL 2 / LEVEL 3 / 分野別単語

| 1787 | **thesis** [θíːsɪs] | 名 論文 |
| | His **thesis** focused on quantum entanglement. | 彼の論文は、量子もつれに焦点を当てたものだった。
※ |

| 1788 | **modern-day** [mɑ́(ː)dəndèɪ] | 形 現代の |
| | **Modern-day** English was derived from Old English. | 現代の英語は古英語に由来するものだ。 |

| 1789 | **transform** [trænsfɔ́ɚm] | 自 変化する　他 変形させる |
| | During metamorphosis a caterpillar **transforms** into a butterfly. | 変態の過程で、イモムシはチョウに変身する。
名 transformation |

| 1790 | **intention** [ɪnténʃən] | 名 意図、意向 |
| | Regardless of your **intentions**, a new leader has already been elected. | あなたの意向にかかわらず、新リーダーはすでに選出されている。
S/W |

| 1791 | **adopt** [ədɑ́(ː)pt] | 他 採用する、養子にする |
| | For your well-being, **adopt** a healthy lifestyle. | 幸福のために、健康的な生活習慣を取り入れなさい。 |

| 1792 | **supplement** [他 sʌ́pləmènt 名 sʌ́pləmənt] | 他 補完する　名 補足 |
| | His diligence **supplements** his weaknesses well. | 彼の勤勉さは弱点を十分補完するものだ。
形 supplemental |

| 1793 | **abundant** [əbʌ́ndənt] | 形 豊富な |
| | **Abundant** resources fueled economic growth and territorial expansion. | 豊富な資源が経済成長と領土拡大を後押しした。 |

| 1794 | **repulsive** [rɪpʌ́lsɪv] | 形 極めて不快な |
| | Some plants give off a **repulsive** odor. | 植物には極めて不快なにおいを放つものがある。 |

| 1795 | **primitive** [prímɪtɪv] | 形 原始的な |
| | **Primitive** humans used simple tools and lived a nomadic lifestyle. | 原始人は簡単な道具を使い、遊牧生活をしていた。 |

| 1796 | **delight** [dɪláɪt] | 他 喜ばせる　名 喜び |
| | The magician **delighted** the guests. | マジシャンはゲストを楽しませた。
形 delightful (愉快な), delighted (喜んで) |

| 1797 | **vein** [véɪn] | 名 静脈 |
| | The **veins** transport blood back to the heart. | 静脈は血液を心臓に戻している。 |

| 1798 | **radiocarbon dating** [rèɪdioʊkɑ́ɚb(ə)n dèɪtɪŋ] | 名 放射性炭素年代測定法 |
| | **Radiocarbon dating** has been used to determined the age of ancient artifacts. | 遺物の年代測定に放射性炭素年代測定法が使われた。 |

※ **1787 thesis**　thesis statement ＝ 論文のテーマ

1799 ☐ ☐	**withstand** [wɪθstǽnd, wɪð-] Earthquake-resistant buildings can **withstand** large quakes.	他 耐える 耐震ビルは大きな揺れにも<u>耐える</u>ことができる。 S/W
1800 ☐ ☐	**lean** [líːn] The model was **lean** and beautiful.	形 無駄がない、痩せた 自 傾く そのモデルは<u>引き締まった</u>体で、美しかった。
1801 ☐ ☐	**sprout** [spráʊt] Onion **sprouts** are easy to grow and require minimal upkeep.	名 芽 他 芽を出す タマネギの<u>新芽</u>は育てやすく、手入れも最小限で済む。
1802 ☐ ☐	**faithful** [féɪθf(ə)l] **Faithful** companionship is rare to find in today's society.	形 忠実な <u>誠実な</u>交友関係を、今の社会で見つけるのは難しい。 同 loyal
1803 ☐ ☐	**rectify** [réktəfàɪ] The company issued refunds to **rectify** its mistake.	他 正す、改正する 会社は間違いを<u>正す</u>ために払い戻しを行った。
1804 ☐ ☐	**lessen** [lés(ə)n] Government stipends **lessened** the tax payers burden.	他 自 少なくする 政府からの補助金により、納税者の負担が<u>軽減された</u>。
1805 ☐ ☐	**optical** [ɑ́(ː)ptɪk(ə)l] The brain can be tricked by **optical** illusions.	形 視覚の、光学の 脳は<u>視覚的</u>錯覚にだまされることがある。
1806 ☐ ☐	**sundial** [sʌ́ndàɪ(ə)l] The **sundial** was used to tell time before the invention of clocks.	名 日時計 時計の発明以前は、<u>日時計</u>が時間を知るために使われていた。
1807 ☐ ☐	**deposit** [dɪpɑ́(ː)zɪt] Nickel and cobalt **deposits** were found on the seabed.	名 沈殿物、預金 他 沈殿させる、預ける ニッケルやコバルトの<u>沈殿物</u>が海底で見つかった。
1808 ☐ ☐	**anatomy** [ənǽtəmi] The study of **anatomy** involves the examination of the body's structures.	名 解剖学 <u>解剖学</u>は、身体の構造を調べる学問だ。
1809 ☐ ☐	**pitiful** [pítɪf(ə)l] Seeing the animals in their **pitiful** conditions made the activist take action.	形 哀れな 動物たちが<u>哀れな</u>状態にあるのを見て、活動家は行動を起こした。 名 pity（哀れみ、残念なこと）
1810 ☐ ☐	**selective** [səléktɪv, sɪ-] The enzyme exhibits **selective** binding to substrates.	形 選択的な 酵素は、基質に対して<u>選択的</u>に結合する。 同 picky（えり好みする）

1079　　　　　　　　　1822　　　　　　　　2553

LEVEL 2

LEVEL 1
LEVEL 2
LEVEL 3
分野別単語

1811	**impending** [ɪmpéndɪŋ] No one could foresee the **impending** disaster.	形 差し迫った、今にも起こりそうな 誰も差し迫った災害を予見できなかった。 同 imminent
1812	**predecessor** [prédəsèsəʳ, prèdəsésəʳ] The **predecessor** was laid off.	名 前任者 前任者は解雇された。 反 successor（後継者）
1813	**preliminary** [prɪlímənèri] A **preliminary** contest was held last week.	形 予備の 予選が先週行われた。
1814	**intangible** [ìntǽndʒəbl] The value of a company's brand is an **intangible** asset.	形 触れることのできない、実体のない 企業のブランド価値は無形資産である。
1815	**inhabitant** [ɪnhǽbətnt] Fishery is the only means of subsistence for the island's **inhabitants**.	名 居住者 漁業はこの島の住民にとって唯一の生計手段である。 同 dweller, occupant, resident
1816	**elicit** [ɪlísɪt, əl-] Different stimuli **elicit** varied behavioral reactions.	他 引き出す 異なる刺激により、さまざまな行動反応が引き起こされる。 反 suppress（抑圧する）
1817	**consent** [kənsént] Both sides **consented** to the compromise plan.	自 同意する　名 同意 双方が妥協案に同意した。
1818	**everyday** [évridèɪ] I'm sick and tired of **everyday** routine work.	形 毎日の 毎日のルーティンワークにうんざりしている。
1819	**segregate** [ségrɪgèɪt] Patients with unstable mental states were **segregated** for safety purposes.	他 隔離する、分離する 精神状態が不安定な患者は安全の目的で隔離された。 名 segregation
1820	**minority** [maɪnɔ́ːrəti, mə-] **Minority** languages are facing threats of linguistic extinction.	形 少数派の　名 少数派 少数民族の言語は言語的絶滅の脅威に直面している。 反 majority（多数派）
1821	**battlefield** [bǽtlfìːld] The soldiers fought bravely on the **battlefield**.	名 戦場 兵士は戦場で勇敢に戦った。
1822	**cargo** [káːʳgoʊ] **Cargo** ships are used to transport goods.	名 貨物、積み荷 貨物船は、商品を輸送するために使用される。

1823 ☐☐	**endow** [ɪndáʊ, en-] The foundation **endows** a scholarship fund for students.	他 寄贈する、授ける その財団は、学生のための奨学基金を贈っている。
1824 ☐☐	**characterize** [kǽrəktəràɪz, -rɪk-] My team is trying to **characterize** the disease's progression.	他 特徴づける 当チームは、この病気の進行の特徴を明らかにしようとしている。
1825 ☐☐	**awareness** [əwéənəs] Raising **awareness** on global warming was the first step to change.	名 認識、意識 地球温暖化に対する意識を高めることが、変革への第一歩となった。 形 aware (気づいている)
1826 ☐☐	**coexist** [kòʊɪgzíst] Traditional practices can **coexist** with modern innovations.	自 共存する 伝統的慣習は、現代の革新性と共存可能だ。
1827 ☐☐	**assemble** [əsémbl] A team of meteorologists were **assembled** to study the volcano.	他 組み立てる　自 集まる 火山を調査するため、気象学者のチームが結成された。
1828 ☐☐	**quantum** [kwɑ́(:)ntəm] **Quantum** mechanics explains the behavior of particles at the atomic level.	名 量子　形 量子の 量子力学は、原子レベルの粒子の動きを説明する。
1829 ☐☐	**sterilize** [stérəlàɪz] Medical instruments are **sterilized** to prevent infection.	他 消毒する 感染を防ぐため、医療器具は消毒されている。
1830 ☐☐	**faraway** [fɑ́:rəwéɪ] With astronomical telescopes, you can observe **faraway** stars and nebulae.	形 遠くの 天体望遠鏡で、遠くの星や星雲を観察することができる。
1831 ☐☐	**undoubtedly** [ʌ̀ndáʊtɪdli] The compass was an **undoubtedly** revolutionary invention.	副 疑う余地のないほどに 羅針盤は、疑う余地のないほどに画期的な発明だった。　S/W
1832 ☐☐	**decent** [dí:s(ə)nt] Find a **decent** job, he said.	形 まっとうな、適切な まっとうな仕事を見つけなさい、と彼は言った。
1833 ☐☐	**orient** [ɔ́:riènt] Astronauts can **orient** themselves quickly in zero gravity.	他 方向づける 宇宙飛行士は、無重力の中でも素早く体の向きを変えられる。 同 align　形 oriental (東洋の)　名 orientation (方向)
1834 ☐☐	**chore** [tʃɔ́ɚ] All children should help with household **chores**.	名 退屈な仕事、雑用 子どもはみんな家事を手伝うべきだ。

| 1835 | **settlement** [sétlmənt] | 名 定住、開拓、決着 |
| | The settlers established the **settlement** in the 1800s. | 開拓者たちは1800年代にその集落をつくった。 |

| 1836 | **mess** [més] | 名 混乱 |
| | Her room was a big **mess**. | 他 散らかす、台無しにする
彼女の部屋はぐちゃぐちゃだった。 |

| 1837 | **allowance** [əláʊəns] | 名 手当、割り当て |
| | He gave his son an **allowance** for completing chores. | 彼は家事を手伝った息子にお小遣いをあげた。 |

| 1838 | **weigh** [wéɪ] | 他 重さを量る 自 重さがある |
| | The bakers used a scale to **weigh** ingredients. | パン職人は、材料の重さを量るためにはかりを使った。 |

| 1839 | **handcraft** [hǽndkræft] | 名 手芸 |
| | The artists had profound **handcraft** skills and knowledge. | 芸術家たちは、深い手芸技術と知識を持っていた。　※ |

| 1840 | **unpredictable** [Ànprɪdíktəbl] | 形 予測不可能な |
| | The area is characterized by **unpredictable** weather. | この地域は、予測不可能な天候が特徴的だ。 |

| 1841 | **permeate** [pɚːmièɪt] | 自 他 浸透する |
| | Rainwater **permeated** into the soil and reached the aquifer. | 雨水は土壌に浸透し帯水層に達した。
形 permeable（浸透性のある） |

| 1842 | **newfound** [n(j)úːfàʊnd] | 形 新たに発見された |
| | Farmers enjoyed a bountiful harvest in the **newfound** land. | 農民たちは新しい大地で豊かな収穫を得た。 |

| 1843 | **dweller** [dwélɚ] | 名 住人 |
| | Desert **dwellers** can withstand extreme temperature changes. | 砂漠の住人は、極端な温度変化にも耐えることができる。 |

| 1844 | **account** [əkáʊnt] | 名 説明、記述、口座
他 説明する、占める |
| | Economists gave a detailed **account** of the impending crisis. | 経済学者は、差し迫った危機の詳しい説明をした。 |

| 1845 | **molecular** [məlékjʊlɚ] | 形 分子の |
| | This optical microscope may help elucidate **molecular** interactions. | この光学顕微鏡で、分子の相互作用が解明できるかもしれない。
名 molecule（分子） |

| 1846 | **attain** [ətéɪn] | 他 達成する、獲得する |
| | With hard work and determination, you can **attain** your goals. | 努力と決意があれば、目標を達成することはできる。　S/W |

※ **1839 handcraft** handicraft とも書く。

1847	**acre** [éɪkəʳ]	名 エーカー（面積の単位）
	Forty **acres** were given to all settlers.	すべての入植者に40エーカーの土地が与えられた。
☐ ☐		名 acreage（エーカー数）

1848	**dispatch** [dɪspǽtʃ]	他 派遣する　名 急送
	A group of experts was **dispatched**.	専門家集団が派遣された。
☐ ☐		

1849	**distinct** [dɪstíŋ(k)t]	形 他とは異なる、別個の
	The two species had **distinct** physical characteristics.	この2種は、それぞれ異なる身体的特徴を持っていた。
☐ ☐		

1850	**refill** [他 rìːfíl　名 ríːfìl]	他 詰め直す　名 再補充
	Remember to **refill** the ink cartridge before it runs out.	インクカートリッジがなくなる前に補充するように。
☐ ☐		同 replenish

1851	**cog** [kɑ́(ː)g]	名 歯車
	Everyone and everything is like a **cog** in the wheel, regardless of size.	サイズの差こそあれ、誰でも何でも歯車のようなものだ。
☐ ☐		

1852	**stubborn** [stʌ́bəʳn]	形 頑固な
	The head chef was **stubborn**, but his skills were superb.	料理長は頑固であったが腕は超一人前だった。
☐ ☐		

1853	**reflection** [rɪflékʃən]	名 熟考、反射、映像、反省
	The student's **reflections** on the book were insightful.	生徒の本に対する考察は、洞察に富んでいた。
☐ ☐		※

1854	**rinse** [ríns]	他 すすぐ　名 すすぎ
	It is advised that all produce be **rinsed** before eating.	農産物は食べる前にすすぐことが推奨される。
☐ ☐		

1855	**suffer** [sʌ́fəʳ]	自 他 苦しむ
	After the accident, the man **suffered** from migraine headaches.	事故後、その男性は片頭痛に悩まされた。
☐ ☐		

1856	**elsewhere** [éls(h)wèəʳ]	副 他の場所で
	I'll find a room **elsewhere** for the preliminary meeting.	事前打ち合わせは別の場所で部屋を探す予定だ。
☐ ☐		

1857	**durable** [d(j)úɚ(ə)rəbl]	形 耐久性のある
	The product was not as **durable** as advertised.	その製品は宣伝されているほど耐久性は良くなかった。
☐ ☐		名 durability

1858	**compromise** [kámprəmàɪz]	名 妥協　他 妥協する
	Finally, a **compromise** was reached between the union and the company.	最終的に、組合と会社の間で妥協案が成立した。
☐ ☐		

| 1859 | **municipal** [mju:nísəp(ə)l] | 形 市の、地方自治体の |
| | Cooperation between the central and **municipal** governments should be strengthened. | 中央政府と地方政府の連携は強化されるべきだ。 |

| 1860 | **candid** [kǽndɪd] | 形 率直な |
| | The feedback was **candid** yet informative. | フィードバックは率直かつ有益な情報に富むものだった。 |

1861	**means** [mí:nz]	名 手段、方法
	In the last 10 years, our **means** of communication have changed drastically.	この10年で、コミュニケーションの手段は大きく変わった。
		同 method ※

| 1862 | **dominate** [dá(:)mənèɪt] | 他 支配する、優位を占める |
| | Non-native fish species have **dominated** this body of water. | 外来種の魚がこの水域を支配している。 |

| 1863 | **cluster** [klʌ́stəɪ] | 名 集団 自 集まる |
| | A galaxy **cluster** is made up of a countless number of galaxies. | 銀河団は、無数の銀河が集まってできている。 |

| 1864 | **peg** [pég] | 名 くい 他 〈くいなどで〉留める |
| | A **peg** was used to hold the tent in place. | テントを固定するために、ペグが使われた。 |

| 1865 | **unwarranted** [ʌ̀nwɔ́:rəntɪd] | 形 根拠のない、不当な |
| | The conclusion is based on **unwarranted** assumptions. | その結論は、根拠のない仮定に基づくものだ。 |

| 1866 | **cease** [sí:s] | 他 やめる 自 やむ |
| | The philosopher **ceased** pondering the meaning of life. | その哲学者は、人生の意味を考えるのをやめた。 |

| 1867 | **aviation** [èɪviéɪʃən] | 名 航空、飛行 |
| | All aircraft must follow the **Aviation** Act. | すべての航空機は航空法に従わなければならない。 |

1868	**halt** [hɔ́:lt]	名 停止 自 止まる 他 止める
	After a typhoon, all transportations came to a **halt**.	台風の後、交通機関はすべてストップした。
		反 proceed（続行する）

| 1869 | **strain** [stréɪn] | 名 系統、負担、血統 |
| | A new **strain** of bacterium was causing the disease. | 新しい系統の細菌が病気の原因だった。 |

| 1870 | **still** [stíl] | 形 静止した 副 まだ |
| | The **still** waters of the lake reflected the trees and sky. | 湖の静かな水が、木々や空を映し出していた。 |

※ **1861 means** means で単複同形。a means of communication など。

1871	**piracy** [páɪ(ə)rəsi] **Piracy** remains a major problem for the film industry.	名 海賊行為 映画業界にとって海賊版は、依然大きな問題だ。
1872	**drown** [dráʊn] The swimmer struggled to stay afloat and almost **drowned**.	自 溺れる 泳いでいる人は浮き続けるのに必死で、もう少しで溺れるところだった。
1873	**willingly** [wɪ́lɪŋli] Students **willingly** participated in volunteer activities.	副 自発的に、進んで 生徒たちはボランティア活動に積極的に参加した。 同 voluntarily 反 unwillingly
1874	**hibernate** [háɪbɚnèɪt] Bears **hibernate** during the winter to conserve energy.	自 冬眠する クマは冬の間、エネルギーを節約するために冬眠する。
1875	**intermediate** [ìntɚmíːdiət] An **intermediate** course is recommended for non-beginners.	形 中間の 基本的な知識をお持ちの方には、中級コースをお薦めする。
1876	**substantially** [səbstǽnʃəli] The last quarter saw profits increase **substantially**.	副 大幅に、実質的に 前四半期は、利益が大幅に増加した。
1877	**growing** [gróʊɪŋ] Cyber bullying is a **growing** concern.	形 増大している ネットいじめの問題は深刻さを増している。
1878	**formulate** [fɔ́ɚmjʊlèɪt] Scientists endeavor to **formulate** new theories.	他 取りまとめる、公式化する 学者は新しい理論を立てる努力をしている。
1879	**competent** [ká(ː)mpətənt, -tnt] Her **competent** leadership gained respect and trust.	形 有能な 彼女の卓越したリーダーシップは、尊敬と信頼を獲得した。
1880	**perceive** [pɚsíːv] **Perceiving** adversity is the first step in risk management.	他 知覚する 逆境を察知することは、危機管理の第一歩だ。
1881	**industrious** [ɪndʌ́striəs] Being **industrious** will take away your anxiety.	形 勤勉な 勤勉であることが君の不安を取り除いてくれるだろう。 同 hardworking
1882	**convincing** [kənvínsɪŋ] The evidence presented was not **convincing** to the jury.	形 説得力のある 提示された証拠は、陪審員にとって説得力に欠けた。 同 persuasive, compelling

1883	**impression** [ɪmpréʃən] Nearly 80% said that the first **impression** is important for falling in love.	名 印象 8割近くの人が、恋に落ちるのに第一印象は大事だと答えた。
1884	**retail** [名 ríːteɪl 他 ríːteɪl, rɪtéɪl] The store specializes in **retail** sales of athletic gear.	名 小売り　　他 小売りする この店は運動用具の小売り販売に特化している。
1885	**split** [splít] They **split** the data into five subsets.	他 割る　　自 分かれる 名 分割、分裂 彼らはデータを五つの小グループに分けた。　　　　　　　　　　　　　　※
1886	**stress** [strés] The teacher **stressed** the importance of consistency.	他 強調する　　名 ストレス 先生は一貫性の重要性を強調していた。 形 stressful S/W
1887	**bother** [bá(ː)ðəɾ] Don't **bother** her while she's studying.	他 悩ます、面倒をかける　　名 迷惑 彼女が勉強中に迷惑をかけないように。 形 bothersome（面倒な）
1888	**perceptible** [pəɾséptəbl] Some colors are not **perceptible** to individuals with color blindness.	形 知覚できる 色覚異常の人には知覚できない色もある。 名 perception（知覚、認知）
1889	**fragment** [名 frǽɡmənt 自 frǽɡment, fræɡmént] A **fragment** of the inorganic material was found.	名 破片　　自 ばらばらになる 無機物の破片が見つかった。
1890	**diagnose** [dàɪəɡnóʊs, -nóʊz] Doctors sometimes **diagnose** diseases with a stroke of insight.	他 診断する 医師は一瞬の洞察力で病気を診断することもある。
1891	**narrow** [nǽroʊ] **Narrow** down the theme of your essay.	他 絞り込む　　自 狭くなる　　形 狭い エッセイのテーマを絞りなさい。
1892	**hay** [héɪ] Ranchers often use **hay** as animal feed.	名 干し草 牧場主はよく干し草を動物の飼料として使う。
1893	**periodically** [pì(ə)riá(ː)dɪk(ə)li] The team met **periodically** to discuss the progress of the project.	副 定期的に チームは定期的に会合を開き、プロジェクトの進捗状況について話し合った。
1894	**chaotic** [keɪá(ː)tɪk] The traffic situation was utterly **chaotic**.	形 混沌とした 交通事情はまったく混沌としていた。

※ **1885 split**　split into five groups = 五つのグループに分かれる

1895 stretch [strétʃ]

The fabric **stretches** without tearing.

自 伸びる 他 伸ばす、引っ張る
その生地は破れることなく<u>伸びる</u>。

1896 publicity [pʌblísəti]

Publicity can transform a company's reputation.

名 宣伝
<u>宣伝</u>は、企業の評判を一変させことがある。
他 publicize（宣伝する）

1897 cloud [kláʊd]

His judgment was **clouded** by personal emotions.

他 曇らせる 自 曇る 名 雲
彼の判断は個人的な感情により<u>曇ってし</u>まった。

1898 habitual [həbítʃuəl, hæ-, -tʃʊl]

Her **habitual** dishonesty eroded their trust.

形 習慣的な
彼女の<u>常習的な</u>不誠実さは、彼らの信頼を失墜させた。

1899 peculiar [pɪkjúːljɚ]

This species has a **peculiar** behavioral pattern.

形 特有の、一風変わった
この種は<u>特異な</u>行動パターンを持っている。

1900 profession [prəféʃən]

People in the medical **profession** continued working tirelessly.

名 職業、専門職
医療<u>専門家</u>たちは、たゆまぬ努力を続けた。

1901 association [əsòʊʃiéɪʃən, -si-]

The study investigated an **association** between smoking and depression.

名 関連性、提携、連合
この研究では、喫煙とうつ病の<u>関連性</u>を調査した。

1902 epilogue [épəlɔ̀ːg, -là(ː)g]

The **epilogue** provided additional insights.

名 エピローグ、結末
<u>エピローグ</u>では、さらなる気づきがあった。
反 prologue

1903 evil [íːv(ə)l]

Evil intentions shatter relationships.

形 邪悪な 名 悪
<u>邪悪な</u>心は人間関係を壊す。

1904 devour [dɪváʊɚ]

Snakes suffocate their prey before **devouring** them.

他 むさぼり食う
蛇は獲物を<u>飲み込む</u>前に窒息させる。

1905 amiable [éɪmiəbl]

An **amiable** personality helps you gain supporters.

形 愛想の良い
<u>愛想の良い</u>人柄であれば支援者が集まりやすい。

1906 tedious [tíːdiəs]

The data entry was very **tedious** and time-consuming.

形 退屈な、飽き飽きする
データ入力は非常に<u>退屈で</u>時間のかかる作業だった。

| 1907 | **drastically** [drǽstɪkəli] | 副 劇的に |
| | Pet ownership is **drastically** increasing. | ペットの飼育は<u>急激に</u>増えている。 |

| 1908 | **eruption** [ɪrʌ́pʃən, ər-] | 名 噴出 |
| | The volcanic **eruption** caused damage to the nearby villages. | 火山の<u>噴火</u>は近隣の村に被害を与えた。 |

| 1909 | **synthesize** [sínθəsàɪz] | 他 合成する、統合する |
| | Researchers **synthesize** data based on radiocarbon dating. | 研究者は放射性炭素年代測定に基づくデータを<u>生成する</u>。 |

| 1910 | **unprecedented** [ʌnprésədèntɪd] | 形 先例のない |
| | The **unprecedented** catastrophe wiped out most dinosaurs. | <u>未曾有の</u>大災害は、ほとんどの恐竜を絶滅させた。 |

| 1911 | **chew** [tʃúː] | 他 自 かむ |
| | **Chew** your food for better digestion. | 消化のために、よく<u>かんで</u>食べなさい。 |

| 1912 | **organ** [ɔ́ɚgən] | 名 臓器、器官 |
| | **Organ** donations can save countless lives. | <u>臓器</u>提供は数え切れないほどの命を救う。 |

| 1913 | **sanction** [sǽŋ(k)ʃən] | 名 制裁、認可 |
| | The country was weakened because of economic **sanctions**. | 他 制裁する、認可する
経済<u>制裁</u>で国は弱体化した。 |

| 1914 | **deduce** [dɪd(j)úːs] | 他 推測する |
| | Police were able to **deduce** the identity of the perpetrator. | 警察は、犯人の身元を<u>推理する</u>ことができた。
同 infer |

| 1915 | **lineage** [líniɪdʒ] | 名 系統、家系 |
| | Species can be categorized by tracing their **lineage**. | 種は<u>血統</u>をたどることで分類することができる。 |

| 1916 | **threaten** [θrétn] | 他 自 脅す |
| | Rising sea levels **threaten** many islanders. | 海面上昇が多くの島民を<u>脅かして</u>いる。 |

| 1917 | **squall** [skwɔ́ːl] | 名 スコール、突風 |
| | The sudden **squall** brought heavy rain and gusty winds to the area. | 突然の<u>スコール</u>は、大雨と突風をもたらした。 |

| 1918 | **tissue** [tíʃuː] | 名 〈体の〉組織、ティッシュペーパー |
| | The **tissue** sample was analyzed under the microscope. | <u>組織</u>サンプルは顕微鏡で分析された。 |

LEVEL 1
LEVEL 2
LEVEL 3
分野別単語

173

1919 ☐ ☐	**oust** [áʊst] The board of directors voted to **oust** the CEO.	他 追い出す 取締役会はCEOの<u>更迭</u>を決議した。 同 expel
1920 ☐ ☐	**vocal** [vóʊk(ə)l] The singer's **vocal** range was impressive.	形 声の、発声の その歌手の<u>声域</u>は印象的だった。
1921 ☐ ☐	**mystical** [místɪk(ə)l] The **mystical** artifact held spiritual significance.	形 神秘的な その<u>神秘的な</u>遺物には霊的な意義があった。
1922 ☐ ☐	**centralize** [séntrəlàɪz] The general decided to **centralize** the military's operation.	他 中央集権化する 将軍は軍運営の<u>一元化</u>を決定した。
1923 ☐ ☐	**charge** [tʃáɚdʒ] An additional fee is **charged** for the use of express trains.	他 請求する、充電する、告発する 名 電荷、料金、責任 特急列車の利用は別途<u>料金がかかる</u>。
1924 ☐ ☐	**overnight** [òʊvɚnáɪt] The snowstorm caused an **overnight** power outage.	形 夜通しの 副 一晩中、一夜にして 吹雪のため、<u>一晩中</u>停電が続いた。
1925 ☐ ☐	**twig** [twíg] A shrike impales a frog on a **twig** and leaves it there for a while.	名 小枝 モズはカエルを<u>小枝</u>に刺して、長い間放置しておく。
1926 ☐ ☐	**averse** [əvɚ́ːs] She is **averse** to taking risks.	形 嫌っている、反感を持っている 彼女は危険を冒すことを<u>嫌う</u>。
1927 ☐ ☐	**academia** [æ̀kədíːmiə] Many graduate students pursue careers in **academia** after graduation.	名 学術界 多くの大学院生が卒業後、<u>学術界</u>でのキャリアをめざす。
1928 ☐ ☐	**credential** [krɪdénʃəl] Her **credentials** impressed the hiring committee.	名 経歴、信任状、資格証明書 彼女の<u>経歴</u>は、採用委員会に好印象を与えた。 図 credence（信用）
1929 ☐ ☐	**restriction** [rɪstríkʃən] Unless you set **restrictions** for yourself, there are no **restrictions** or limitations.	名 制限 あなたが自分に<u>制限</u>を設けなければ、<u>制限</u>や限界なるものはない。
1930 ☐ ☐	**lagoon** [ləgúːn] Leeches can be found in small pools of water such as a **lagoon**.	名 潟（湾近くの浅い沼地） ヒルは<u>沼地</u>など、小さな水たまりに生息している。

1931	**resilient** [rızíljənt]	形 弾力性のある、回復力に富む
☐ ☐	Cacti are **resilient** and can survive long periods of drought.	サボテンは回復力があり、長期の干ばつにも耐えることができる。

1932	**gratuity** [grət(j)úːəti]	名 チップ、心づけ
☐ ☐	It is customary to leave a **gratuity** for good service.	良いサービスを受けたら、チップを残すのが通例だ。

1933	**transition** [trænzíʃən, -síʃən]	名 移行、遷移
☐ ☐	The **transition** from adolescence to adulthood is a difficult time.	思春期から大人への移行期は難しい時期だ。

1934	**waterproof** [wɔ́ːtəɹprùːf, wá(ː)tɚ-]	形 防水の
☐ ☐	**Waterproof** devices have changed the limitations of underwater travel.	防水装置は、水中旅行の制限を変えてしまった。

1935	**diligence** [dílədʒəns]	名 勤勉さ
☐ ☐	**Diligence** is essential for success in any field.	勤勉さは、どの分野でも成功するために不可欠だ。

1936	**steep** [stíːp]	形 険しい
☐ ☐	The deer climbed up the **steep** cliff.	その鹿は険しい崖を登っていった。

1937	**benevolent** [bənévələnt]	形 慈善的な、親切な
☐ ☐	Her **benevolent** act raised awareness among many people.	彼女の慈悲深い行為は、多くの人に気づきを与えた。 同 compassionate, philanthropic

1938	**objective** [əbdʒéktɪv]	名 目的 形 客観的な
☐ ☐	Their **objective** was to coexist peacefully.	彼らの目的は、平和的に共存することだった。 反 subjective（主観的な）

1939	**strike** [stráɪk]	他 襲う、打つ 名 ストライキ
☐ ☐	A big earthquake **struck** the bay area.	大きな地震が湾岸地域を襲った。

1940	**virtually** [vɚːtʃuəli, -tʃəli]	副 事実上、ほとんど、仮想的に
☐ ☐	It is **virtually** impossible to tell which is which.	どっちがどっちか見分けるのは、事実上不可能だ。

1941	**currency** [kɚ́ːrənsi]	名 通貨
☐ ☐	Recently, **currency** has begun to shift from physical to digital.	最近、通貨が物理的なものからデジタルに移行し始めている。

1942	**concrete** [形 kà(ː)nkríːt 名 ká(ː)nkriːt]	形 具体的な 名 コンクリート
☐ ☐	More **concrete** evidence is needed to strengthen the argument.	議論を強化するために、より具体的な根拠が必要だ。 反 abstract, vague S/W

1943	**sympathize** [símpəθàɪz]	📗 同情する、共感する
☐ ☐	Being able to **sympathize** with others is an important trait for adulthood.	他人と共感できることは、大人になるための重要な特性だ。 同 empathize 名 sympathy（同情）

1944	**explode** [ɪksplóʊd, eks-]	📗 爆発する
☐ ☐	The volcano could **explode** at any moment.	その火山はいつ爆発してもおかしくない。

1945	**lethargic** [ləθáɚˈdʒɪk]	形 無気力な、不活発な
☐ ☐	After a long day of work, I feel **lethargic** and unmotivated.	長い一日の仕事の後は、無気力で、やる気が起きない。 反 energetic 名 lethargy

1946	**strenuous** [strénjuəs]	形 精力的な、とても骨の折れる
☐ ☐	The **strenuous** workout left the athletes exhausted but satisfied.	激しい運動で、選手たちは疲れ切っていたが、満足もしていた。 同 arduous

1947	**flock** [flá(ː)k]	名 群れ 📗 群がる
☐ ☐	A **flock** of birds are migrating south.	鳥の群れが南へ移動している。

1948	**worship** [wə́ːʃɪp]	名 礼拝、崇拝 他 崇拝する
☐ ☐	Religious ceremonies are a common form of **worship**.	宗教的な儀式は、一般的な礼拝の形式だ。

1949	**restrain** [rɪstréɪn]	他 抑制する、制止する
☐ ☐	It's essential to **restrain** impulsive decisions.	衝動的な決断を抑制することが大事だ。 名 restraint（抑制）

1950	**sugary** [ʃóg(ə)ri]	形 砂糖の入った、甘ったるい
☐ ☐	**Sugary** drinks are often linked to obesity.	砂糖入り飲料は、肥満につながりうる。

1951	**illiterate** [i(l)lítərət, -trət]	形 読み書きのできない
☐ ☐	Some people in developing countries are **illiterate**.	発展途上国では、文字を読めない人もいる。 反 literate

1952	**attribute** [他 ətríbjuːt 名 ǽtrəbjùːt]	他〈結果を〉帰する 名 属性
☐ ☐	Successful survival of koalas is **attributed** to their food selection.	コアラの生存の成功は、餌の選択に起因している。 形 attributable

1953	**inspect** [ɪnspékt]	他 検査する
☐ ☐	The agent noticed a strange odor while **inspecting** the luggage.	調査官は荷物を検査している際に異臭に気づいた。 名 inspection

1954	**reprint** [名 ríːprìnt 他 rìːprínt]	名 再版 他 再版する
☐ ☐	A **reprint** of the book was required after an error was found.	誤植が見つかり、再版が必要になった。

1955 wither [wíðər]
During the autumn, plants begin to **wither**.

自 枯れる、しおれる
秋になると、植物は枯れ始める。

1956 transient [trǽnziənt, -ʃənt]
The sharp pain was a **transient** sensation.

形 一時的な、はかない
鋭い痛みは一過性の感覚だった。

1957 consistent [kənsístənt]
The troupe's performance was remarkably **consistent**.

形 一貫した、一貫性のある
劇団のパフォーマンスは、驚くほど安定していた。

1958 secretion [sɪkríːʃən]
Irregular lifestyles disturb hormonal **secretion**.

名 分泌
不規則な生活はホルモン分泌を乱す。
他 secrete

1959 stream [stríːm]
The **stream** carried sediment downstream.

名 小川、流れ 他 流す
小川が土砂を下流に流した。

1960 launch [lɔ́ːntʃ]
The store **launched** a new campaign.

他 開始する、打ち上げる 名 発射
その店は新しいキャンペーンを始めた。

1961 owe [óʊ]
The colony **owed** its success to farmers.

他 借りがある
この集落が成功したのは、農民のおかげだ。

1962 monumental [mà(ː)njʊméntl]
Monumental changes in civil rights occurred when women were allowed to vote.

形 重大な、記念碑的な
女性の投票権が認められ、公民権における重大な変化が起こった。

1963 spontaneous [spɑ(ː)ntéɪniəs]
A **spontaneous** fire started in the hay.

形 自発的な、自然に起こる
自然発火で干し草に火がついた。

1964 authority [əθɔ́ːrəti]
The general had full **authority** over his troops.

名 権威、当局 (authorities)
総帥は、率いる軍隊に対する全権限を有していた。
形 authoritative（権威のある）

1965 novel [nɑ́(ː)v(ə)l]
The word "**novel**" comes from the Latin "new (story)."

名 小説 形 新しい
novel（小説）という言葉は、ラテン語の「新しい（話）」から来ている。

1966 incorporate [ɪnkɔ́ːpərèɪt]
Incorporate the lessons learned from your bitter experiences into your life plan.

他 取り入れる
苦い経験から得た学びを、あなたの人生設計に取り入れなさい。

1967 **consideration** [kənsìdəréɪʃən]
☐
☐ Weigh all options with careful **consideration**.

名 考慮、検討
よく考慮して、すべての選択肢を比較しなさい。

1968 **dissolve** [dɪzá(ː)lv]
☐
☐ The sugar **dissolved** completely in the water.

自 溶ける　他 溶かす
砂糖は水に完全に溶けた。

1969 **considerable** [kənsídərəbl, -drə-]
☐
☐ A **considerable** amount of energy went into this project.

形 相当な、かなりの
プロジェクトには相当なエネルギーが費やされた。

S/W

1970 **collision** [kəlíʒən]
☐
☐ The *Titanic*'s **collision** with the iceberg resulted in its tragic sinking.

名 衝突
タイタニック号の氷山への衝突は悲劇的な沈没につながった。

1971 **rhetoric** [rétərɪk]
☐
☐ **Rhetoric** is the study of persuasive communication.

名 修辞法、美辞麗句
修辞法とは、説得力のある話し方についての学問だ。

1972 **alloy** [ǽlɔɪ, əlɔ́ɪ]
☐
☐ Bronze was the first **alloy** metal to be discovered by the Sumerians.

名 合金
青銅は、シュメール人が発見した最初の合金金属だ。

1973 **litigation** [lìtəgéɪʃən]
☐
☐ When unable to come to a compromise, two parties undergo **litigations**.

名 訴訟
和解ができない場合、両者は訴訟を起こす。

1974 **dismiss** [dɪsmís]
☐
☐ The manager **dismissed** the employee.

他 解雇する、解散させる
マネージャーはその従業員を解雇した。
形 dismissive（拒否するような）

1975 **sediment** [sédəmənt]
☐
☐ **Sediment** can provide clues about geologic history.

名 堆積物、沈殿物
堆積物は、地質学的な歴史の手がかりを与えてくれる。
同 deposit

1976 **embrace** [ɪmbréɪs, em-]
☐
☐ We should **embrace** a more sustainable lifestyle.

他 抱擁する、受け入れる
より持続可能なライフスタイルを取り入れるべきだ。

1977 **submissive** [səbmísɪv]
☐
☐ **Submissive** behavior often results from fear.

形 柔順な、服従的な
服従的な行動は、しばしば恐怖から生じるものだ。

1978 **colonist** [ká(ː)lənɪst]
☐
☐ **Colonists** established settlements in new territories.

名 植民地開拓者
開拓者たちは新しい領土に定住地をつくった。

| 1979 | **response** [rɪspá(:)ns] | 名 反応、返答 |
| | Allergies are the body's strong **response** to pollen and dust. | アレルギーは、花粉やほこりに対する体の強い<u>反応</u>だ。
自 respond |

| 1980 | **haze** [héɪz] | 名 かすみ、もうろうとした状態 |
| | **Haze** obscured the view of the lake. | <u>かすみ</u>が湖の景色を覆い隠した。
形 hazy（かすんだ） |

| 1981 | **rounded** [ráʊndɪd] | 形 丸みのある |
| | **Rounded** edges reduce the risk of injury. | 端に<u>丸みがある</u>ので、けがのリスクが小さくなる。 |

| 1982 | **managerial** [mæ̀nədʒí(ə)riəl] | 形 管理の |
| | She was promoted to a **managerial** position. | 彼女は<u>管理</u>職に昇進した。 |

| 1983 | **garment** [ɡáɚmənt] | 名 衣服 |
| | The tailor made a custom **garment** for the customer. | 仕立て屋は顧客のために特注の<u>服</u>を作った。 |

| 1984 | **obese** [oʊbíːs] | 形 肥満した |
| | Some data show that 60% of pet cats are **obese**. | ペット猫の60パーセントが<u>肥満</u>体というデータがある。
名 obesity（肥満） |

| 1985 | **replica** [réplɪkə] | 名 レプリカ、複製 |
| | The priceless artifact ended up being a worthless **replica**. | 貴重な芸術品が、結局は価値のない<u>レプリカ</u>とわかった。 |

| 1986 | **sign language** [sáɪn læ̀ŋɡwɪdʒ] | 名 手話 |
| | Like spoken languages, **sign languages** vary from region to region. | 話し言葉と同じように、<u>手話</u>も地域によって異なる。 |

| 1987 | **comply** [kəmpláɪ] | 自 従う |
| | Participants must **comply** to the rules or they will be denied entry. | 参加者はルールを<u>守らなければ</u>、入場を拒否される。
形 compliant（従順な） 名 compliance（応じること） |

| 1988 | **magnetic field** [mæɡnétɪk fíːld] | 名 磁場 |
| | Earth's **magnetic field** protects us from harmful radiation. | 地球の<u>磁場</u>は有害な放射線から私たちを守っている。 |

| 1989 | **appetite** [ǽpətàɪt] | 名 食欲 |
| | The first concerning symptom was a loss of **appetite**. | 患者の最初の気になる症状は、<u>食欲</u>不振だった。
名 appetizer（前菜） |

| 1990 | **complexity** [kəmpléksəti] | 名 複雑さ |
| | For problems of this **complexity**, a more detailed explanation is needed. | これほどの<u>複雑な</u>問題には、より詳細な説明が必要だ。 |

LEVEL 1　LEVEL 2　LEVEL 3　分野別単語

1991 ☐ ☐	**reverse** [rɪvə́ːs] The decision was difficult to **reverse**.	他 逆転させる　名 逆　形 逆の その決断を覆すことは困難だった。
1992 ☐ ☐	**incoming** [ínkʌ̀mɪŋ] All the **incoming** students were eager to learn.	形 入ってくる 新入生は皆、勉強熱心だった。
1993 ☐ ☐	**elaborate** [形 ɪlǽb(ə)rət, əl- 自 ɪlǽbərèɪt, əl-] She gave an **elaborate** presentation on the topic.	形 精巧な、入念な　自 念入りに作る 彼女はそのトピックについて精緻なプレゼンテーションをした。 名 elaboration
1994 ☐ ☐	**prototype** [próʊtətàɪp] At the science expo, a new **prototype** AI caught everyone's attention.	名 プロトタイプ、原型 科学万博では、新しいAIのプロトタイプが皆の注目を集めていた。
1995 ☐ ☐	**process** [prá(ː)ses, próʊ-] Foods were **processed** under strict control.	他 加工する、処理する　名 過程 食材は厳格な管理のもと加工された。
1996 ☐ ☐	**linger** [líŋgɚ] It's advised not to **linger** outside too long with the forecasted rain.	自 長居する、なかなか動かない 予報された雨のため、外に長時間居残ることは避けることが勧められている。
1997 ☐ ☐	**water mill** [wɔ́ːtɚ mìl] The **water mill** was used to grind grains into flour.	名 水車場 水車は穀物をひいて粉にするために使われた。
1998 ☐ ☐	**innumerable** [ɪn(j)úːm(ə)rəbl] **Innumerable** stars filled the night sky.	形 無数の 無数の星が夜空を埋め尽くしていた。
1999 ☐ ☐	**diminish** [dɪmínɪʃ] Centralized power may **diminish** individual freedom.	他 減らす　自 減少する 中央集権は個人の自由を奪うことがある。
2000 ☐ ☐	**blur** [blə́ː] The skyline was **blurred** by smog.	他 ぼやけさせる　自 ぼやける 名 ぼやけ スモッグでスカイラインがぼやけて見えた。 形 blurry（ぼやけた）
2001 ☐ ☐	**secondhand** [sékəndhæ̀nd] The thrift store sold **secondhand** items at a discounted price.	形 中古の 古着屋は中古品を格安で販売していた。
2002 ☐ ☐	**birth rate** [bə́ːθ rèit] A declining **birth rate** can threaten economic growth.	名 出生率 低下する出生率は経済成長を脅かしうる。

2003	**terrestrial** [təréstriəl] The eruption impacted the **terrestrial** ecosystems nearby.	形 陸の、地球の 噴火は近くの<u>陸上</u>生態系に影響を与えた。 反 extraterrestrial（地球外の）
2004	**protocol** [próʊtəkɔːl] The **protocol** was sanctioned by the association.	名 計画表、外交儀礼、議定書 その<u>実施要綱</u>は協会によって承認された。
2005	**mold** [móʊld] **Mold** tends to grow in damp places.	名 かび、鋳型　他 型に入れて作る 湿気が多い場所では<u>かび</u>が繁殖しやすい。
2006	**assorted** [əsɔ́əʳtɪd] We ordered some **assorted** sushi.	形 いろいろな種類の おすしの<u>盛り合わせ</u>を注文した。
2007	**prevailing** [prɪvéɪlɪŋ] The **prevailing** theory in psychology is that one's memory can be created.	形 優勢な、広く行われる 心理学で<u>優勢な</u>説は、人の記憶はつくることができる、というものだ。
2008	**uneasy** [ʌníːzi] The situation left all of us feeling **uneasy**.	形 不安な その状況に私たちは皆<u>不安</u>を覚えた。
2009	**summit** [sʌ́mɪt] Climbers reached the **summit** despite difficulties.	名 頂上 困難な状況にもかかわらず、登山者たちは<u>山頂</u>にたどり着いた。
2010	**suburb** [sʌ́bəʳb] A life in the **suburbs** guarantees a quieter lifestyle.	名 郊外 <u>郊外</u>に住むことでより静かな生活が保障される。
2011	**surplus** [sə́ːʳpləs] A **surplus** of goods in the market caused prices to drop.	名 余剰、過剰 市場に商品が<u>余った</u>ため、価格が下落した。
2012	**specimen** [spésəmən] This **specimen** was collected for further analysis in the laboratory.	名 標本 この<u>標本</u>は、研究所でさらに分析するために採取された。
2013	**obsess** [əbsés, ɑ(ː)b-] Male musk deer become **obsessed** with their own scent.	他 取りついて悩ます オスのジャコウジカは、自分のにおいに<u>夢中</u>になってしまう。 名 obsession（執着）
2014	**savannah** [səvǽnə] **Savannah** ecosystems are vulnerable to poaching.	名 サバンナ <u>サバンナ</u>の生態系は密漁に対して脆弱だ。

2015 **neglect** [nɪglékt] ☐ ☐ **Neglecting** to cite sources is considered plagiarism.	他 無視する　名 怠慢 出典の引用を怠ることは、剽窃と見なされる。
2016 **hierarchy** [háɪərɑ̀ɚki] ☐ ☐ Many ancient civilizations had strict **hierarchies**.	名 階層制度 多くの古代文明には厳格なヒエラルキーが存在した。
2017 **catastrophic** [kæ̀təstrá(ː)fɪk] ☐ ☐ The eruption had **catastrophic** consequences for the island.	形 壊滅的な 噴火は島に壊滅的な打撃を与えた。 同 tragic, disastrous
2018 **unlikely** [ʌnláɪkli] ☐ ☐ All these eye-catching hypotheses seem **unlikely**.	形 ありそうもない これらの目を引く仮説は、どれもありそうもないようだ。 S/W
2019 **interchangeable** [ìntəʊtʃéɪndʒəbl] ☐ ☐ These two terms are **interchangeable**.	形 置き替えできる それら二つの用語は入れ替え可能だ。
2020 **labor** [léɪbəʊ] ☐ ☐ The **labor** force drives economic growth.	名 労働 自 働く、骨を折って取り組む 労働力が経済成長を牽引する。
2021 **thermal** [θə́ːm(ə)l] ☐ ☐ **Thermal** energy from the sun was used to power the building.	形 熱の 太陽からの熱エネルギーが建物の電力として利用された。
2022 **inaccessible** [ìnəksésəbl, -æk-] ☐ ☐ After the mudslide, the road became **inaccessible**.	形 近寄りがたい、到達できない 土砂崩れの後、その道路にアクセスできなくなった。
2023 **replicate** [répləkèɪt] ☐ ☐ Enzymes allow DNA to **replicate** swiftly.	自 自己複製する　他 複製する 酵素の働きで、DNAは速やかに複製する。 同 duplicate
2024 **wander** [wándəʊ] ☐ ☐ It's unsafe to **wander** off the trail in the presence of cougars.	自 歩き回る、放浪する クーガーが出没する本道の外を歩き回るのは危険だ。 同 roam
2025 **stony** [stóʊni] ☐ ☐ Near the garden was a **stony** path leading to a pond.	形 石の多い 庭の近くに池に通じる石の道があった。
2026 **chiefly** [tʃíːfli] ☐ ☐ The study focused **chiefly** on vocal communication.	副 主に 研究は主に発声によるコミュニケーションに焦点を当てた。 同 mainly, primarily

2027	**compute** [kəmpjúːt] The accountant **computed** the credits and debits of the account.	他 自 計算する 会計士は、勘定の貸方と借方を<u>計算した</u>。 名 computation（計算）
2028	**heightened** [háɪtnd] With **heightened** vision, the owl easily found its prey.	形 高められた、高くした 視覚が<u>発達した</u>フクロウは、簡単に獲物を見つけた。
2029	**observatory** [əbzɔ́ːvətɔ̀ːri] The **observatory** has the world's most advanced telescope.	名 天文台、観測所 その<u>天文台</u>には世界最先端の望遠鏡がある。
2030	**malnutrition** [mæln(j)uːtríʃən] Third world countries are plagued with poverty and **malnutrition**.	名 栄養失調 第三世界の国々は貧困と<u>栄養失調</u>に悩まされている。
2031	**modernization** [màdənɪzéɪʃən] **Modernization** transformed the urban landscape.	名 近代化 <u>近代化</u>によって、都市の風景は一変した。 他/自 modernize
2032	**subsistence** [səbsístəns] For them, agriculture was the only means of **subsistence**.	名 生存、ぎりぎりの生計、生存最低生活 彼らにとっては、農業が唯一の<u>生計</u>手段だった。
2033	**tragic** [trǽdʒɪk] The **tragic** event deeply affected the community.	形 悲劇的な <u>悲劇的な</u>出来事は、地域社会に深い影響を与えた。
2034	**insignificant** [ìnsɪgnífɪk(ə)nt] The difference was statistically **insignificant**.	形 重要性のない その差は統計学的に<u>有意ではない</u>ものだった。
2035	**deflect** [dɪflékt] The shield was able to **deflect** the incoming arrows.	他 別の方向へ反らす 盾は向かってくる矢を<u>そらす</u>ことができた。 同 deviate（逸脱する）
2036	**meticulously** [mətíkjʊləsli] The experimental data was analyzed **meticulously**.	副 綿密に 実験データは<u>丹念に</u>分析された。
2037	**due** [d(j)úː] The payment is **due** next Monday.	形 支払期日の <u>支払期日</u>は次の月曜までだ。
2038	**reasoning** [ríːz(ə)nɪŋ] Objective **reasoning** makes the conclusion more convincing.	名 論理的思考、論法 客観的な<u>思考</u>で、結論に説得力が出てくる。 S/W

LEVEL 1
LEVEL 2
LEVEL 3
分野別単語

183

| 2039 | **countless** [káʊntləs] | 形 数え切れない |
| | **Countless** lives have been lost during the conflict. | この紛争では、<u>数え切れないほどの</u>人命が失われた。 |

| 2040 | **coal** [kóʊl] | 名 石炭 |
| | **Coal** is a non-renewable resource. | <u>石炭</u>は再生不可能な資源だ。 |

| 2041 | **imperfect** [ìmpɚ́ːfɪkt] | 形 不完全な |
| | The results were affected by **imperfect** methodology. | 結果は<u>不完全な</u>方法論の影響を受けた。 |

2042	**permanently** [pɚ́ːm(ə)nəntli]	副 永久に
	Recent volcanic activity made the island **permanently** uninhabitable.	最近の火山活動で、島は<u>永久に</u>居住に適さない環境になった。
		反 temporarily

| 2043 | **validity** [vəlídəti] | 名 有効性 |
| | The **validity** of the research was called into question by the critics. | 研究の<u>妥当性</u>は、評論家たちによって疑問視された。 |

2044	**thwart** [θwɔ́ɚt]	他 妨げる
	Regulations **thwarted** the illicit trade.	規制によって不正取引が<u>阻止された</u>。
		S/W

2045	**reserve** [rɪzɚ́ːv]	名 保存地域
	The wildlife **reserve** protected endangered species.	他 残しておく、予約する、留保する
		野生生物<u>保護区</u>では絶滅危惧種を保護していた。 　　※

| 2046 | **supreme court** [sʊpríːm kɔ́ɚt] | 名 最高裁判所 |
| | The **Supreme Court** is the highest court in the US. | <u>最高裁判所</u>は米国の最上位にある裁判所だ。 |

2047	**stimulus** [stímjʊləs]	名 刺激
	The **stimulus** generated a response in the neurons.	<u>刺激</u>が神経細胞の反応を引き起こした。
		同 incentive

| 2048 | **linear** [líniəʳ] | 形 直線の、線形の |
| | The population growth followed a **linear** pattern. | 人口の増加は<u>直線的な</u>伸びを見せた。 |

2049	**shiver** [ʃívəʳ]	名 震え 自 震える
	The chilling tale induced **shivers**.	その冷徹な物語に<u>震え</u>が起きた。
		同 quiver

| 2050 | **deem** [díːm] | 他 ～だと思う、判断する |
| | Researchers **deem** the alloy suitable for construction. | 研究者は、その合金が建設に適していると<u>判断して</u>いる。 |

※ **2045 reserve** イメージミーニング：何かを放さず自分の範囲内に置いておく。

2051	**destiny** [déstəni] ☐ **Destiny** can be influenced by one's ☐ decisions.	名 運命 運命は、自分の意思決定に影響されうるものだ。
2052	**corruption** [kərʌ́pʃən] ☐ The legal process of identifying **corruption** ☐ is complex.	名 汚職、堕落 汚職を特定する法的手続きは複雑だ。
2053	**bankruptcy** [bǽŋkrʌptsi, -rəp-] ☐ The legal process of **bankruptcy** is ☐ complex.	名 破産 破産の法的手続きは複雑なものだ。 形 bankrupt（破産した）
2054	**socket** [sá(:)kɪt] ☐ The **socket** design complies with safety ☐ standards.	名 受け口、ソケット（電球受け） このソケットのデザインは安全基準を満たしている。
2055	**thrive** [θráɪv] ☐ Plants need water and sunlight to **thrive** ☐ and grow.	自 丈夫に育つ、繁栄する 植物が丈夫に育つためには、水と日光が必要だ。 同 flourish　　　　　　　　　S/W
2056	**hesitant** [hézətənt] ☐ I was **hesitant** to answer the difficult ☐ question.	形 躊躇している 難しい質問に答えるのを躊躇した。
2057	**heritage** [hérətɪdʒ] ☐ The city is known for its cultural **heritage**. ☐	名 遺産、伝統 その都市は文化的な遺産で知られている。
2058	**refusal** [rɪfjúːz(ə)l] ☐ **Refusal** to adapt means dropping out from ☐ natural selection.	名 拒否、拒絶 適応への拒否は、自然淘汰からの脱落を意味する。
2059	**distinction** [dɪstíŋ(k)ʃən] ☐ The **distinction** between unconsciousness ☐ and subconsciousness is often blurry.	名 区別、栄誉 無意識と潜在意識の区別は曖昧だ。
2060	**legalize** [líːgəlàɪz] ☐ **Legalizing** casinos generated public ☐ debate.	他 合法化する カジノを合法化することで、議論が巻き起こった。
2061	**avenue** [ǽvən(j)ùː] ☐ Atlantic **Avenue** is the largest street in this ☐ township.	名 道、大通り アトランティック通りが、この区では最も大きな通りだ。 同 boulevard, street, drive
2062	**bilateral** [bàɪlǽtərəl, -trəl] ☐ The **bilateral** discussions were productive. ☐	形 二国間の、両側の 二国間の話し合いは生産的だった。

2063	**abstract** [形 ǽbstrækt 名 ǽbstrækt]	形 抽象的な　名 （特に論文の）要約
☐ ☐	**Abstract** concepts require clear and logical explanations.	抽象的な概念は、明瞭かつ論理的な説明を必要とする。

2064	**beak** [bíːk]	名 くちばし
☐ ☐	Birds use their **beaks** to catch and eat their prey.	鳥は<u>くちばし</u>で獲物を捕らえて食べる。

2065	**circulate** [sə́ːkjʊlèɪt]	自 流通する、循環する 他 循環させる
☐ ☐	Information **circulates** quickly in the digital age.	デジタル時代には、情報がすぐに<u>流通する</u>。

2066	**contrast** [名 kɑ́ntræst 自他 kəntrǽst]	名 対比　自他 対比する
☐ ☐	The **contrast** between his rhetoric and actual action was not trivial.	彼の美辞麗句と実際の行動との<u>対比</u>は、小さくはなかった。　S/W

2067	**placebo** [pləsíːboʊ]	名 偽薬、プラセボ
☐ ☐	A **placebo** is often used when testing new drugs in clinical trials.	臨床試験で新薬を試すとき、<u>偽薬</u>が使われることが多い。

2068	**troupe** [trúːp]	名 劇団、一団
☐ ☐	The theater **troupe** performed a play about social justice.	<u>劇団</u>は社会正義をテーマにした劇を上演した。

2069	**pivotal** [pívətl]	形 極めて重要な、中心的な
☐ ☐	One of medicine's **pivotal** moments was the discovery of penicillin.	ペニシリンの発見は、医学にとって<u>極めて重要な</u>出来事の一つであった。　S/W

2070	**prosper** [prɑ́(ː)spər]	自 繁栄する
☐ ☐	The kingdom **prospered** under the leadership of a new ruler.	新しい支配者のもと、王国は<u>繁栄した</u>。 形 prosperous（繁栄する）

2071	**necessitate** [nɪsésətèɪt]	他 必要とする
☐ ☐	Resource scarcity **necessitated** conservation efforts.	資源が乏しいからこそ、保全活動が<u>必要とされた</u>。

2072	**comfort** [kʌ́mfərt]	名 快適さ　他 慰める、安心させる
☐ ☐	The warm blanket provided **comfort** on a cold night.	暖かい毛布で寒い夜も<u>快適</u>なものになった。

2073	**dehydration** [dìːháɪdreɪʃən]	名 脱水状態
☐ ☐	The survivors in the desert suffered from **dehydration**.	砂漠にいた生存者は<u>脱水症状</u>に苦しんでいた。

2074	**primate** [práɪmeɪt]	名 霊長目の動物
☐ ☐	Humans are classified as **primates** within the animal kingdom.	人間は動物界では<u>霊長類</u>に分類される。

| 2075 | **allocate** [ǽləkèɪt] | 他 割り当てる |
| | A larger budget was **allocated** to libraries. | より大きな予算が図書館に<u>配分</u>された。 S/W |

| 2076 | **cofounder** [koʊfáʊndər] | 名 共同創設者 |
| | The **cofounder**'s strength played a vital role in the successful merger. | <u>共同創業者</u>の力が、合併の成功に重要な役割を果たした。 |

| 2077 | **agrarian** [əgré(ə)riən] | 形 農地の、農業の |
| | Many regions are shifting towards an **agrarian** economy. | 多くの地域が<u>農耕型</u>経済にシフトしている。 |

| 2078 | **rational** [rǽʃ(ə)nəl] | 形 合理的 |
| | The decision was **rational** and calculated. | <u>合理的</u>かつ計算された判断だった。 |

| 2079 | **texture** [tékstʃər] | 名 質感、生地、手ざわり |
| | To my surprise, the fabric had a rough **texture**. | 驚いたことに、生地はザラザラした<u>質感</u>だった。 |

| 2080 | **motive** [móʊtɪv] | 名 動機 |
| | His **motive** for the crime is still unknown. | 彼の犯行の<u>動機</u>はまだわかっていない。 |

| 2081 | **uplift** [他 ʌplíft 名 ʌ́plɪft] | 他 持ち上げる　名 持ち上げること |
| | Music sometimes **uplifts** one's spirit. | 音楽は、人を<u>高揚させる</u>ものだ。 |

| 2082 | **increasingly** [ɪnkríːsɪŋli] | 副 ますます |
| | Climate change is an **increasingly** urgent issue. | 気候変動は<u>ますます</u>緊急性を増している問題だ。 |

| 2083 | **combustible** [kəmbʌ́stəbl] | 形 可燃性の　名 可燃物 |
| | The lab safely stored all the **combustible** chemicals. | ラボでは<u>可燃性</u>の化学物質をすべて安全に保管していた。 |

| 2084 | **poultry** [póʊltri] | 名 家禽 |
| | Birds raised for meat (e.g. chicken) are classified as **poultry**. | 食肉用に飼育される鳥（例、鶏）は<u>家禽類</u>に分類される。 |

| 2085 | **elite** [eɪlíːt, ɪl-] | 形 エリートの　名 エリート |
| | The **elite** athletes have gone through rigorous training. | <u>エリート</u>選手たちは、厳しいトレーニングを積んできた。 |

| 2086 | **adjust** [ədʒʌ́st] | 他 調整する |
| | **Adjust** the equipment for optimal performance. | 最適なパフォーマンスが得られるように、機器を<u>調整しなさい</u>。 |

LEVEL 1
LEVEL 2
LEVEL 3
分野別単語

2087	**note** [nóʊt] The **note** of the piano was too high to hear.	名 音符、メモ ピアノの音は高くて聞こえなかった。
2088	**long-lasting** [lɔ́ːŋlǽstɪŋ] Finally, the agreement established **long-lasting** peace.	形 持続的な、持続する 最終的に、この合意により持続的な平和が確立された。
2089	**compatible** [kəmpǽtəbl] The software was not **compatible** with the new operating system.	形 互換性のある そのソフトウェアは新しいOSと互換性がなかった。
2090	**short-period** [ʃɔ́ətpì(ə)riəd] Even the **short-period** analysis revealed trends.	形 短期間の 短期間の分析でさえ、傾向が明らかになった。
2091	**burning** [bə́ːnɪŋ] In reality, the **burning** arrow was able to set the ships on fire quite easily.	形 燃えている　名 燃焼 実際には、火のついた矢は簡単に船に火をつけることができた。
2092	**exhausting** [ɪgzɔ́ːstɪŋ, eg-] The **exhausting** work drained their energy.	形 疲れさせる、消耗させる つらい仕事で彼らは体力を消耗した。
2093	**enzyme** [énzaɪm] **Enzyme** activity depends on temperature.	名 酵素 酵素活性は温度に依存する。
2094	**referral** [rɪfə́ːrəl] No patient can receive medical services at this hospital without a **referral**.	名 紹介 紹介がない限りどの患者もこの病院で医療サービスは受けられない。
2095	**nearly** [níəli] As is often the case, the train was **nearly** 30 minutes late.	副 ほぼ、ほとんど よくあることだが、列車はほぼ30分遅れていた。 同 almost
2096	**spirit** [spírɪt] In this team, the **spirit** of collaboration prevailed.	名 精神、気概 このチームでは、協調の精神が浸透していた。
2097	**affluent** [ǽfluːənt] The **affluent** neighborhood boasted luxury homes.	形 裕福な、豊富な 裕福な地域には、高級住宅が立ち並んでいた。
2098	**vacant** [véɪk(ə)nt] The abandoned homes were left **vacant** for decades.	形 あいている 廃屋は何十年も空き家のままだった。 反 occupied

2099	**machinery** [məʃíːn(ə)ri] ☐ ☐ Any piece of **machinery** requires regular maintenance.	名 機械装置 どんな機械でも定期的なメンテナンスが必要だ。
2100	**competency** [ká(:)mpətənsi, -tn-] ☐ ☐ This training program helps you develop core **competencies**.	名 能力、適格性 当研修プログラムは基本的な能力の向上を図るものだ。 同 proficiency 　　　　 S/W
2101	**curator** [kjó(ə)reɪtɚ, kjʊ(ə)réɪtɚ] ☐ ☐ A popular museum is often led by an experienced **curator**.	名 （図書館などの）館長 人気のある美術館は、経験豊富な館長が率いていることが多い。
2102	**evacuation** [ɪvæ̀kjuéɪʃən] ☐ ☐ All schools practice an **evacuation** drill.	名 避難 すべての学校で避難訓練が行われている。
2103	**sticky** [stíki] ☐ ☐ Liquids with high viscosity are **sticky**.	形 粘着性のある 粘度が高い液体はベタベタする。
2104	**refinement** [rɪfáɪnmənt] ☐ ☐ Oil **refinement** produces harmful byproducts.	名 精製、洗練、改良 石油の精製では、有害な副産物が発生する。
2105	**uncovered** [ʌnkʌ́vɚd] ☐ ☐ **Uncovered** fossils help us reveal prehistoric biodiversity.	形 覆いがない、むき出しの 発見された化石から、太古の生物多様性が見えてくる。
2106	**saturated** [sǽtʃʊrèɪtɪd] ☐ ☐ The healthcare market has already been **saturated** with many big companies.	形 飽和した ヘルスケア市場は、大企業が多く参入し、すでに飽和状態である。 反 unsaturated （不飽和の）
2107	**annex** [他 ənéks, ǽneks 名 ǽneks] ☐ ☐ Spurred by the increasing nationalism, the United States **annexed** Hawaii in 1898.	他 併合する、付加する　名 別館 勢いを増すナショナリズムに刺激され、アメリカ合衆国は1898年にハワイを併合した。 名 annexation （併合）
2108	**hefty** [héfti] ☐ ☐ The entrepreneur secured a **hefty** amount of investment.	形 かなりの、重い 起業家はかなりの額の出資を確保した。
2109	**sacred** [séɪkrəd] ☐ ☐ The temple is a **sacred** place for the local community.	形 神聖な 寺院はその地域社会には神聖な場所だ。
2110	**monarch** [má(:)nɚk] ☐ ☐ The **monarch**'s reign lasted eight decades.	名 君主 その君主の治世は80年に及んだ。

2111	**plaza** [plǽzə, plάːzə]	名 広場
☐☐	Various events and gatherings were held in the central **plaza**.	さまざまなイベントや集会が中央広場で開催された。

2112	**prospective** [prəspéktɪv]	形 将来の
☐☐	The speaker addressed **prospective** challenges.	話し手は将来的な課題にも言及していた。

2113	**spare** [spéɚ]	形 予備の 他 時間を割く、惜しむ 名 予備品
☐☐	As overtime gradually increases, I have less **spare** time for my hobbies.	残業が増え、趣味に費やす時間が少なくなった。

2114	**measurement** [méʒɚmənt, méɪʒɚ-]	名 測定、寸法
☐☐	Accurate **measurement** is crucial in scientific research.	科学研究において、正確な測定は非常に重要だ。

2115	**assess** [əsés]	他 評価する
☐☐	The teacher will **assess** each student's progress throughout the semester.	その先生が学期中、各生徒の進歩を評価する。 同 evaluate 名 assessment

2116	**earnest** [ɚ́ːnəst]	形 真剣な、まじめな
☐☐	Every student listened to the lecture with **earnest** attention.	生徒全員が真剣に講義を聞いていた。

2117	**mutually** [mjúːtʃuəli, -tʃəli]	副 相互に、お互いに
☐☐	A **mutually** beneficial contract was drafted and signed.	相互に有益な契約書が作成され署名された。 名 mutualism（相利共生）

2118	**engulf** [ɪŋɡʌ́lf, en-]	他 のみ込む
☐☐	Prolonged droughts **engulfed** the farmland and caused famine.	長引く干ばつは、農地をのみ込み飢饉を引き起こした。

2119	**prejudice** [prédʒʊdɪs]	名 偏見、先入観
☐☐	Overcoming **prejudice** requires knowledge and empathy.	偏見を克服するためには、知識と共感が必要だ。

2120	**warfare** [wɔ́ɚfèɚ]	名 戦争、戦闘行為
☐☐	**Warfare** has been a part of human history for thousands of years.	戦争は何千年もの間、人類の歴史の一部となっている。

2121	**prospect** [prά(ː)spekt]	名 見通し
☐☐	The job **prospect** looks promising.	仕事の見通しは良さそうだ。

2122	**aptly** [ǽptli]	副 うまく、適切に
☐☐	*Pride and Prejudice* **aptly** captured the mood of the Victorian Period.	『高慢と偏見』はヴィクトリア朝時代のムードをうまく描写している。

| 2123 | **moth** [mɔ́:θ] | 名 ガ |
| | Moths are distinct in their unique wing pattern. | ガは独特な羽の模様が特徴的だ。 |

| 2124 | **categorize** [kǽtɪgəràɪz] | 他 分類する |
| | Scientists **categorize** species through taxonomic classification. | 科学者は、分類学的手法によって種を<u>分類する</u>。 |

| 2125 | **unsure** [ʌnʃʊ́ɚ, -ʃɔ́ɚ] | 形 確信がない |
| | If **unsure**, seek guidance from counsellors. | <u>確信が持てない</u>場合は、カウンセラーの指導を仰ぎなさい。 |

| 2126 | **residential** [rèzədénʃəl] | 形 住宅の |
| | **Residential** buildings in this area cannot exceed 20 m in height. | この地域の<u>住宅</u>ビルは高さ20メートルを超えてはいけない。 |

| 2127 | **disturbance** [dɪstɚ́:b(ə)ns] | 名 障害、騒動、邪魔 |
| | Sleep **disturbance** negatively affects cognitive performance. | 睡眠<u>障害</u>は、認知機能に悪影響を及ぼす。
他 disturb |

| 2128 | **initiate** [ɪníʃièɪt] | 他 開始する |
| | Finally, the committee **initiated** an investigation. | やっと委員会は調査を<u>開始した</u>。 |

| 2129 | **mutual** [mjú:tʃuəl, -tʃəl] | 形 相互の |
| | The two countries have a **mutual** defense treaty. | 両国は<u>相互</u>防衛条約を結んでいる。 |

| 2130 | **glossary** [glɑ́(:)s(ə)ri, glɔ́:s-] | 名 用語集 |
| | The textbook includes a **glossary** of key terms. | 教科書には、重要表現の<u>用語集</u>が載ってある。 |

| 2131 | **nourishment** [nɚ́:rɪʃmənt] | 名 栄養、育成 |
| | Soil **nourishment** greatly affects crop yields and quality. | 土壌の<u>栄養</u>は作物の収量や品質に大きく影響する。
他 nourish（養う、育成する） |

| 2132 | **polar** [póʊlɚ] | 形 極地の |
| | Sea levels are rising because of the melting of **polar** ice caps. | <u>極地の</u>氷冠が溶け、海面が上昇している。
他 polarize（分極化する） |

| 2133 | **predation** [prɪdéɪʃən] | 名 捕食 |
| | The species evolved to evade **predation**. | その種は、<u>捕食</u>から逃れるために進化した。 |

| 2134 | **generic** [dʒənérɪk] | 形 商標登録されていない、一般的な |
| | Many consumers are turning to **generic** medicines. | 多くの消費者が<u>ジェネリック</u>医薬品に注目している。 |

2135 ☐ ☐	**guidance** [ɡáɪdəns, -dns] The document provides necessary **guidance**.	名 案内 必要な<u>案内</u>情報はこの文書に記載されてある。
2136 ☐ ☐	**charter** [tʃáɚtɚ] We will use a **charter** bus during the school trip.	名 貸し切り、許可証、憲章 他 貸し切る、特別許可を与える 修学旅行中は<u>貸し切り</u>バスを利用する。
2137 ☐ ☐	**differentiate** [dìfərénʃièɪt] Try to **differentiate** facts from opinions.	他 自 区別する、差別化する 事実と意見を<u>区別する</u>ようにしなさい。
2138 ☐ ☐	**industrial** [ɪndʌ́striəl] Cooperative projects between the **industrial** and governmental sectors have increased.	形 工業の、産業の 産業界と官公庁の協力プロジェクトが増加した。 名 industrialization（産業化） ※
2139 ☐ ☐	**underestimate** [ʌ̀ndɚéstəmèɪt] It is important not to **underestimate** competitors.	他 過小評価する 競合相手を<u>過小評価し</u>ないことが大切だ。
2140 ☐ ☐	**torture** [tɔ́ɚtʃɚ] The use of **torture** is widely condemned as a human rights violation.	名 拷問 他 拷問する <u>拷問</u>の使用は、人権侵害として広く非難されている。
2141 ☐ ☐	**implement** [ímpləmènt] We decided to **implement** a new strategy for better profits.	他 実施する より良い利益を求め、新しい戦略を<u>実行する</u>ことにした。 S/W
2142 ☐ ☐	**amid** [əmíd] **Amid** the confusion, many sought refuge in local churches.	前 ～の中で 混乱<u>の中</u>、多くの人が地元の教会に避難した。
2143 ☐ ☐	**strait** [stréɪt] The **Strait** of Gibraltar connects the Mediterranean Sea and the Atlantic Ocean.	名 海峡 ジブラルタル<u>海峡</u>は地中海と大西洋を結んでいる。
2144 ☐ ☐	**illuminate** [ɪlúːmənèɪt] The sun was **illuminating** the horizon.	他 照らす、啓蒙する 太陽が地平線を<u>照らし</u>ていた。
2145 ☐ ☐	**exploit** [他 ɪksplɔ́ɪt, eks- 名 éksplɔɪt] They **exploited** the resources in an unsustainable manner.	他 搾取する、開発する、活用する 名 利用 資源を持続不可能な形で<u>搾取</u>した。
2146 ☐ ☐	**barley** [bɑ́ɚli] **Barley** is a staple crop in many parts of the world.	名 大麦 <u>大麦</u>は、世界の多くの地域で主食となる作物だ。

1079 2158 2553

2147	**pottery** [pάtəri]	名 陶器類、焼き物
☐ ☐	**Pottery** was commonly used for water and food storage in ancient times.	陶器は、古代では水や食料の貯蔵によく使われていた。 同 earthenware（土器、陶器）

2148	**underlying** [ʌ̀ndəláɪɪŋ]	形 根底にある、根本的な
☐ ☐	The **underlying** issue is the lack of communication.	根本的な問題はコミュニケーションの不足だ。 S/W

2149	**adjacent** [ədʒéɪs(ə)nt]	形 隣接した
☐ ☐	A new hospital will be built **adjacent** to the local pharmacy.	新しい病院は、地元の薬局に隣接して建設される。 同 neighboring

2150	**dependence** [dɪpéndəns]	名 依存
☐ ☐	Energy **dependence** on fossil fuels is a pressing concern.	化石燃料へのエネルギー依存は喫緊の課題だ。

2151	**flourish** [fláːrɪʃ]	自 繁栄する
☐ ☐	Artistic freedom **flourished** during the Renaissance period.	芸術の自由はルネサンス期に花開いた。 同 prosper

2152	**benign** [bɪnáɪn]	形 良性の、恵み深い
☐ ☐	The tumor was found to be **benign**.	その腫瘍は、良性であると判明した。 反 malignant

2153	**default** [dɪfɔ́ːlt]	名 不履行、怠慢
☐ ☐	In finance, **default** occurs when debts remain unpaid.	金融では、債務が未払いである場合にデフォルトが発生する。 ※

2154	**frigid** [frídʒɪd]	形 極寒の
☐ ☐	Antarctica's **frigid** temperature makes it inhospitable to mankind.	南極大陸は極寒の地であるため、人類が住むことができない。

2155	**massacre** [mǽsəkər]	名 虐殺　他 虐殺する
☐ ☐	Human history has witnessed many **massacres**.	人類の歴史は、多くの虐殺を見てきた。

2156	**kelp** [kélp]	名 コンブ（海藻）
☐ ☐	Sea urchins become problematic if they aggressively feed on **kelp**.	ウニがコンブを食い荒らすと、問題になる。

2157	**standardized** [stǽndərdàɪzd]	形 標準化された
☐ ☐	**Standardized** protocols ensure consistent results.	標準化された手順により、一貫した結果を得ることができる。 反 customize（個別化する）

2158	**advocate** [自 ǽdvəkèɪt 名 ǽdvəkət]	自 唱える、擁護する 名 支持者、提唱者
☐ ☐	The organization **advocates** for environmental protection.	団体は環境保護を唱えている。

※ **2153 default** パソコンの「初期設定」の意味もある。

193

2159 lethal [líːθ(ə)l].
The snake's venom can be **lethal** if not treated promptly.

形 致命的な
蛇の毒は、速やかに処置しなければ<u>致命的</u>になる。

2160 seize [síːz]
Authorities may **seize** assets during criminal investigations.

他 差し押さえる、握る、捕まえる
当局は、犯罪捜査の際に資産を<u>差し押さえる</u>場合がある。
名 seizure（押収，発作）

2161 unusable [ʌnjúːzəbl]
The **unusable** materials were recycled.

形 使用できない
<u>使えない</u>材料はリサイクルされた。

2162 submerge [səbmə́ːrdʒ]
The floodwaters **submerged** the city.

他 沈める　自 沈む
洪水で街が<u>沈んだ</u>。
同 immerse

2163 offspring [ɔ́ːfsprìŋ, á(ː)f-]
Offspring inherit genetic traits from their parents.

名 子孫
<u>子孫</u>は遺伝形質を親から受け継ぐ。

2164 power station [páʊɚ stèɪʃən]
Nuclear **power stations** require exceedingly strict safety measures.

名 発電所
原子力<u>発電所</u>では、非常に厳しい安全対策が求められる。

2165 spherical [sfí(ə)rɪk(ə)l, sfér-]
Earth is roughly **spherical** in shape.

形 球形の
地球はほぼ<u>球形</u>である。

2166 spatial [spéɪʃəl]
Spatial awareness is fostered in childhood.

形 空間的な
<u>空間</u>認識能力は子どものころに養われる。

2167 constant [kánstənt]
The speed of light is always **constant**, at 299,792,458 m/s.

形 不変の　名 定数
光の速さは常に<u>不変で</u>、秒速2億9979万2458メートルである。

2168 expel [ɪkspél, eks-]
According to the code of conduct, the school can **expel** any student.

他 追放する
行動規範によれば、学校はどんな生徒でも<u>退学させる</u>ことができる。

2169 hazard [hǽzɚd]
Driving in heavy rain can be a safety **hazard** to drivers.

名 危険
大雨の中の運転は、運転手に<u>危険</u>を及ぼす。
形 hazardous

2170 hostile [há(ː)stl, -taɪl]
The two groups had a **hostile** relationship.

形 敵対的な
二つのグループは<u>敵対</u>関係にあった。
名 hostility（敵意）

194

| 2171 | **astute** [əst(j)úːt] | 形 抜け目のない、明敏な |
| | An **astute** researcher noticed subtle but crucial details. | 鋭敏な研究者は、微妙だが重要なディテールに気づいた。 |

| 2172 | **workload** [wə́ːrklòʊd] | 名 作業量、仕事量 |
| | Balancing **workload** effectively reduces stress and burnout. | 仕事量の的確な調整で、ストレスや燃え尽き症候群を軽減できる。 |

| 2173 | **confidential** [kà(ː)nfədénʃəl] | 形 機密の |
| | **Confidential** information can't be shared without the user's consent. | 機密情報はユーザーの同意がなければ共有できない。 |

| 2174 | **approximate** [形 əprá(ː)ksəmət 自 əprá(ː)ksəmèɪt] | 形 おおよその　自 近似する |
| | The map displayed **approximate** locations. | 地図にはおおよその位置が表示されていた。 |

| 2175 | **consequently** [ká(ː)nsɪkwèntli, -kwənt-] | 副 結果として |
| | It started raining and **consequently** the event was canceled. | 雨が降り出し、結果的にイベントは中止となった。 |

| 2176 | **reclaim** [rɪkléɪm] | 他 取り戻す、開拓する、埋め立てる |
| | Efforts to **reclaim** lost cultural heritage continue. | 失われた文化遺産を修復する努力が続いている。 |

| 2177 | **frugal** [frúːg(ə)l] | 形 質素な、倹約な |
| | The monks lived a **frugal** life all their lives. | 僧侶は生涯質素な生活を送った。 |

| 2178 | **full-scale** [fólskéɪl] | 形 実物大の |
| | The **full-scale** replica has been attracting tourists. | 実物大のレプリカは、観光客を魅了している。 |

| 2179 | **unstable** [ʌ̀nstéɪbl] | 形 不安定な |
| | The patient's condition remained **unstable**. | 患者の状態は不安定なままだった。 |

| 2180 | **restore** [rɪstɔ́ːr] | 他 修復する、再建する、復活させる |
| | Special chemicals are needed to **restore** artwork. | 美術品の修復には、特殊な薬品が必要だ。　　　　※ |

| 2181 | **undertaking** [ʌ̀ndərtéɪkɪŋ] | 名 事業 |
| | The merger was a massive **undertaking** for the lawyers. | その会社合併は、弁護士にとって大仕事だった。　　　S/W |

| 2182 | **inward** [ínwərd] | 副 内側に　形 内向きの |
| | Centripetal force moved the object **inward**. | 求心力で物体は内側に移動した。 反 outward |

LEVEL 1
LEVEL 2
LEVEL 3
分野別単語

※ **2180 restore**　イメージミーニング：元の状態まで戻す。

2183	**represent** [rèprɪzént] ☐ ☐ Symbols and icons are used to **represent** abstract concepts visually.	他 表す、代表する シンボルやアイコンは、抽象的な概念を視覚的に表すために使われる。
2184	**amenity** [əménəti, əmí:n-] ☐ ☐ The hotel provided only minimum **amenities**.	名 快適な設備 ホテルには最低限のアメニティしか用意されていなかった。
2185	**virtual** [vɚ́ːtʃuəl, -tʃəl] ☐ ☐ The term "**virtual**" is used for something that is real but exists in a digital form.	形 仮想の、実質上の 現実ではあるが電子的に存在するものに「バーチャル」という言葉が使われる。
2186	**moderate** [mɑ́(ː)dərət, -drət] ☐ ☐ Doctors recommend **moderate** exercise to stay healthy.	形 適度な 医師は、健康のために適度な運動を勧めている。 名 moderation（節度）
2187	**fraction** [frǽkʃən] ☐ ☐ The building collapsed in a **fraction** of a second.	名 断片、ほんの少し、分数 ビルは一瞬にして崩壊した。
2188	**impressive** [ɪmprésɪv] ☐ ☐ The student's **impressive** research won the award.	形 印象的な その生徒の印象的な研究が賞を獲得した。 S/W
2189	**scar** [skɑ́ɚ] ☐ ☐ The doctor questioned him about the cause of the **scar**.	名 傷痕 医師は、傷痕の原因について質問した。
2190	**on-site** [ɑ́(ː)nsáɪt] ☐ ☐ The technician performed the repairs **on-site**.	副 現場で　形 現場の 技術者は現場で修理を行った。
2191	**gratification** [græ̀təfɪkéɪʃən] ☐ ☐ Completion of a task can lead to a feeling of **gratification**.	名 満足、喜び タスクの完了は、満足感につながる。 他 gratify（満足させる）
2192	**plausible** [plɔ́ːzəbl] ☐ ☐ A **plausible** explanation for the price raise was the poor crop harvest.	形 もっともらしい 農作物の不作というもっともらしい理由で価格が上がった。
2193	**kindle** [kíndl] ☐ ☐ His song **kindled** my heart.	他 点火する、燃え立たせる 彼の歌は私の心に火をつけた。
2194	**evoke** [ɪvóʊk, əv-] ☐ ☐ Poetry can **evoke** strong emotions.	他 呼び起こす、喚起する 詩は強い感情を呼び起こすことがある。 同 elicit

196

2195 exceedingly [ɪksíːdɪŋli, ek-]
Among birds, ostriches are **exceedingly** unintelligent.

副 極めて
鳥類の中でダチョウは<u>極めて</u>知能が低い。

2196 coincide [kòʊɪnsáɪd]
Some test dates tend to **coincide** with each other.

自 同時に起こる、一致する
いくつかの試験日が<u>重なる</u>傾向がある。
名 coincidence（偶然）

2197 reproduce [rìːprəd(j)úːs]
Some plants **reproduce** asexually via cloning.

他 繁殖する、再現する
植物にはクローンによって無性<u>繁殖する</u>ものもある。
名 reproduction　形 reproductive

2198 combat [他 kəmbǽt, ká(ː)mbæt 名 ká(ː)mbæt]
NGOs work together to **combat** poverty.

他 戦う　名 戦闘
NGOは連携して貧困問題と<u>戦っている</u>。

2199 enterprise [éntɚpràɪz]
The **enterprise** is producing energy saving products.

名 企業、事業
その<u>企業</u>は省エネ製品を生産している。

2200 seasoned [síːz(ə)nd]
A **seasoned** chef can whip up any dish without a cookbook.

形 経験豊富な
<u>熟練した</u>シェフは、料理本なくどんな料理でも作れる。
同 experienced

2201 tactics [tǽktɪks]
Outdated **tactics** do not work today.

名 戦術
時代遅れの<u>戦術</u>は現代では通用しない。
同 strategy　　　　　　　　　　　　　　　※

2202 elect [ɪlékt, əl-]
Every citizen has the right to **elect** their country's leader.

他 選ぶ
すべての国民は、自国のリーダーを<u>選ぶ</u>権利を持っている。
名 election（選挙）

2203 deliberately [dɪlíb(ə)rətli]
The ad **deliberately** misled consumers.

副 故意に、慎重に
その広告は<u>意図的に</u>消費者をミスリードした。

2204 compile [kəmpáɪl]
I **compiled** a bibliography for the new client.

他 集める、編集する
新しい顧客のために参考文献を<u>集めた</u>。

2205 pose [póʊz]
Many spiders are harmless and **pose** no real threat.

他 もたらす　自 ポーズを取る
名 ポーズ
クモの多くは無害であり、脅威を<u>与える</u>ことはない。　　　　　　　　　※

2206 inhibit [ɪnhíbɪt]
High salt concentrations **inhibit** bacterial growth.

他 抑制する
高塩分濃度は細菌の増殖を<u>抑制する</u>。

※ **2201 tactics**　tactics change(s) と、同じ形で単数または複数扱い。／ **2205 pose**　発音とつづりが似ている単語 pause（立ち止まる）も併せて覚えよう。

LEVEL 1　LEVEL 2　LEVEL 3　分野別単語

197

2207 acid [ǽsɪd]
Citric **acid** is common in citrus fruits.

名 酸
クエン酸は柑橘類に多く含まれる。
反 base（塩基）

2208 successor [səksésəɪ]
There are three candidates for his **successor**.

名 後継者
彼の後継者候補は3人いる。
反 predecessor（前任者）

2209 bombing [bá(:)mɪŋ]
The **bombing** caused extensive damage to buildings.

名 爆撃
爆撃は建物に広範な被害をもたらした。
名／他／自 bomb

2210 appease [əpíːz]
A mediator's role is to **appease** tensions.

他 和らげる、なだめる
調停者の役割は、緊張を和らげることだ。
同 allay, alleviate, assuage, mitigate, mollify, placate, quell

2211 supernova [sùːpəɪnóʊvə]
A **supernova** releases an enormous amount of energy.

名 超新星
超新星は、膨大なエネルギーを放出する。

2212 heredity [hɪrédəti]
Mendel's experiments revolutionized our understanding of **heredity**.

名 遺伝
メンデルの実験は、遺伝についての理解を一変させた。
形 hereditary（遺伝性の）

2213 condiment [ká(:)ndəmənt]
The lids of the containers for **condiments** were improved for convenience.

名 薬味、調味料
調味料を入れる容器のふたが、利便性のため改良された。

2214 sustenance [sʌ́stənəns]
Water and food are necessary for the **sustenance** of life.

名 維持、暮らし、食べるもの
水と食料は、生活の維持に必要だ。
他 sustain（維持する）

2215 apparatus [æpərǽtəs, -rét-]
A flask is a useful **apparatus** for experiments.

名 器具、装置
フラスコは、実験に使う便利な器具だ。

2216 modest [má(:)dɪst]
Overall, the drill yielded **modest** but promising results.

形 控えめな、謙虚な
全体として、この訓練は控えめながら将来性のある成果を生んだ。

2217 overhead [óʊvəɪhèd]
The sailors managed to reduce the **overhead** cost.

形〈コストが〉間接的な、頭上の
船員たちは、どうにか諸経費を削減した。

2218 inadequate [ìnǽdɪkwət]
Our current resources are **inadequate** for the experiment.

形 不十分な
現在のわれわれのリソースは、この実験には不十分だ。
反 adequate

2219 ignite [ɪɡnáɪt]

A spark can **ignite** flammable materials in the presence of oxygen.

他 点火する
火花は、酸素の存在下で可燃性物質に引火することがある。

2220 wear [wéəɪ]

The dinosaur's teeth were heavily **worn**.

他 摩耗させる　自 摩耗する
名 摩耗
恐竜の歯は激しく摩耗していた。

2221 fulfill [fʊlfíl]

The student worked hard to **fulfill** the requirements for graduation.

他〈願望を〉満たす、〈義務を〉果たす
生徒は卒業の必要条件を満たすため懸命に努力した。
S/W

2222 clockwise [klá(:)kwàɪz]

Planes travel in a **clockwise** direction to reduce aerial accidents.

形 時計回りの　副 時計回りに
飛行機は航空事故を減らすために時計回りの方向で飛行する。
反 counterclockwise

2223 standardize [stǽndəɪdàɪz]

Standardizing formats allowed us to facilitate data exchange.

他 標準化する
形式を標準化することで、データのやり取りが円滑になった。
反 customize

2224 transcend [trænsénd]

Michelangelo **transcended** traditional artistic boundaries in his time.

他 超える
ミケランジェロは、当時の伝統的な芸術の境界を超えていた。

2225 emigrate [éməgrèit]

Some people **emigrate** from one country to another for better wages.

自 移住する
より良い賃金を求め、一つの国から別の国に移住する人もいる。

2226 landlord [lǽn(d)lɔ̀əɪd]

Having received numerous complaints, the **landlord** evicted the tenant.

名 家主、地主
多数の苦情を受け、大家はテナントを立ち退かせた。

2227 microorganism [màɪkroʊɔ́əɪgənɪzm]

Microorganisms are invisible to the naked eye.

名 微生物
微生物は肉眼では見えない。
同 microbe

2228 illicit [ì(l)lísɪt]

Illicit drug use can have serious health consequences.

形 不法な
違法薬物の使用は、健康に深刻な影響を及ぼす。
同 illegal

2229 rest [rést]

Rest is essential for recovery.

名 休息、残り、休み　自 休む
回復には休息が不可欠だ。

2230 trick [trík]

Thus, non-poisonous frogs can **trick** their natural enemies.

他 だます　名 手品、たくらみ
このように、毒のないカエルは天敵を欺くことができる。

2231 autonomy [ɔːtá(ː)nəmi]
The municipal government sought greater **autonomy**.

名 自治、自律
その地方政府はより大きな<u>自治権</u>を求めた。

2232 reliance [rɪláɪəns]
The bottleneck problem is our excessive **reliance** on imported fuels.

名 依存、信頼
ボトルネックとなる問題は、輸入燃料への過度な<u>依存</u>である。

2233 inclination [ìnklənéɪʃən]
Personal **inclination** shapes a person's career choices and paths.

名 傾倒、傾向
その人の<u>志向</u>が、キャリアの選択と道を形成していく。
同 tendency

2234 corresponding [kɔ̀ːrəspá(ː)ndɪŋ]
The diagram shows **corresponding** angles and sides.

形 対応する、一致する
図には<u>対応する</u>角と辺が示されています。

2235 amino acid [əmíːnoʊ ǽsɪd]
Amino acids are the building blocks of proteins.

名 アミノ酸
<u>アミノ酸</u>は、タンパク質の構成要素だ。

2236 feasible [fíːzəbl]
Determine whether the project's objectives are **feasible**.

形 実行可能な
プロジェクトの目標が<u>実現可能</u>かどうかを判断しなさい。
名 feasibility（実行可能性） S/W

2237 nectar [néktər]
Bees collect **nectar** from flowers to make honey.

名 花蜜
ミツバチは花から<u>蜜</u>を集めて蜂蜜を作る。

2238 notorious [noʊtɔ́ːriəs]
The **notorious** criminal was apprehended.

形 悪名高い
その<u>悪名高い</u>犯人は逮捕された。
同 infamous

2239 stationary [stéɪʃənèri]
Stars appear **stationary**, but they are moving away from the earth.

形 静止した
星は<u>静止して</u>見えるが、地球から遠ざかっている。
※

2240 germ [dʒə́ːrm]
Germs spread easily in overcrowded environments.

名 細菌
過密な環境では<u>細菌</u>が蔓延しやすい。

2241 contemporary [kəntémpərèri]
Contemporary art saw a peek in popularity with Banksy.

形 現代の、近代の　名 同じ時代の人
<u>現代</u>アートは、バンクシーによって人気がピークに達した。
同 modern

2242 surmise [sər(ː)máɪz]
Doctors could only **surmise** the cause of the disease.

他 推量する
医師は病気の原因を<u>推測する</u>ことしかできなかった。
同 guess, speculate

※ **2239 stationary** stationery は「文房具」（集合名詞）。

| 2243 | **seafloor** [síːflɔ̀ɚ] | 名 海底 |
| | An array of diverse fish and corral are present on the **seafloor**. | さまざまな魚やサンゴが<u>海底</u>に生息している。 |

| 2244 | **bloom** [blúːm] | 自 咲く　名 花 |
| | Cherry blossoms began to **bloom**. | 桜が<u>咲き</u>始めた。 |

| 2245 | **fierce** [fíɚs] | 形 猛烈な、獰猛な |
| | **Fierce** storms destroyed the town. | <u>猛烈</u>な嵐で町が破壊された。 |

| 2246 | **surrender** [səréndɚ] | 自 降伏する　名 降伏 |
| | The kingdom was finally forced to **surrender**. | 王国はとうとう<u>降伏</u>を余儀なくされた。 |

2247	**compensation** [kà(ː)mpənséɪʃən]	名 補償、埋め合わせ
	Financial **compensation** was given to all victims.	すべての被害者に金銭的な<u>補償</u>がなされた。
		他／自 compensate（償う）

| 2248 | **liability** [làɪəbíləti] | 名 責任、義務 |
| | Inadequate safety measures pose legal **liabilities**. | 不十分な安全対策に対しては法的<u>責任</u>が生じる。 |

2249	**deformation** [dìːfɔɚméɪʃən, dèfɚ-]	名 変形
	Deformation of the strata was caused by external pressure.	地層の<u>変形</u>は外圧によるものだ。
		他 deform

2250	**technically** [téknɪkəli]	副 厳密に言えば、技術的に
	Technically, the two substances are not identical.	<u>厳密</u>には、この二つの物質は同一ではない。
		S/W

2251	**livable** [lívəbl]	形 住みやすい
	Urban planners strive to create **livable** cities.	都市計画家は<u>住みやすい</u>都市をつくることをめざしている。
		同 habitable, inhabitable

| 2252 | **biased** [báɪəst] | 形 偏った |
| | Harsh criticism tends to eliminate **biased** research findings. | 厳しい批評は、<u>偏った</u>研究結果を排除する傾向がある。 |

| 2253 | **peak** [píːk] | 自 ピークに達する　名 最高点 |
| | Unemployment **peaked** at 10%. | 失業率は<u>ピークに達し</u>10パーセントとなった。 |

| 2254 | **consciousness** [ká(ː)nʃəsnəs] | 名 意識 |
| | Even neuroscientists cannot explain how **consciousness** arises. | 神経科学者でさえ、<u>意識</u>がどのように生じるか説明できない。 |

LEVEL 1
LEVEL 2
LEVEL 3
分野別単語

2255 ☐ ☐	**affinity** [əfínəti] Some compounds have a strong **affinity** for water.	名 親和性、親近感 いくつかの化合物は水と強い親和性を持つ。
2256 ☐ ☐	**mill** [míl] Farmers typically used a large **mill** for grain production.	名 水車小屋、製粉所　他 製粉する 農家は穀物生産に大きな水車小屋を使っていた。
2257 ☐ ☐	**principle** [prínsəpl] Macroscopically, things change in accordance with economic **principles**.	名 原理、原則 マクロ的には、物事は経済原理に従って変化していく。 同 doctrine, creed
2258 ☐ ☐	**stir** [stˈəː] **Stir** the solution until the color becomes uniform.	他 かき回す 色が均一になるまで溶液をかき混ぜてください。
2259 ☐ ☐	**nucleus** [n(j)úːkliəs] Inside an atom is a **nucleus** made up of protons and neutrons.	名 原子核 原子の中には陽子と中性子で構成される原子核がある。
2260 ☐ ☐	**inherit** [ɪnhérɪt] Genetic information is **inherited** from parents.	他 受け継ぐ、相続する 遺伝情報は、親から受け継がれる。 名 inheritance
2261 ☐ ☐	**stern** [stˈəːn] The teacher had a **stern** expression on her face.	形 厳格な、厳しい 先生は厳しい表情を浮かべていた。
2262 ☐ ☐	**rodent** [róʊdnt] Mickey Mouse is a **rodent**.	名 げっ歯類 ミッキーマウスはげっ歯類だ。
2263 ☐ ☐	**flee** [flíː] Forced to **flee** their homes, many refugees ended up homeless.	他 自 逃げる 故郷を追われ、多くの難民がホームレスとなった。
2264 ☐ ☐	**brink** [bríŋk] The civilization was on the **brink** of a crisis.	名 縁、瀬戸際 その文明は危機に瀕していた。 同 edge, verge
2265 ☐ ☐	**sturdy** [stˈəːdi] The **sturdy** bridge could support heavy loads.	形 頑丈な 頑丈な橋は重い荷重を支えることができた。 同 robust
2266 ☐ ☐	**proportional** [prəpɔ́ːrʃ(ə)nəl] The profit is directly **proportional** to the numbers of units sold this year.	形 比例した 利益は、今年の販売台数に正比例している。

2267	**scent** [sént] ☐ ☐ Scent-based communication is used among some species.	名 香り 香りを使ったコミュニケーションが一部の種で使われている。
2268	**reservoir** [rézərvwàər] ☐ ☐ A new reservoir of natural gas was found.	名 貯水池、貯蔵所 新しい天然ガスの貯蔵エリアが見つかった。
2269	**lavish** [lǽvɪʃ] ☐ ☐ The celebrities threw lavish parties.	形 ぜいたくな そのセレブたちは豪華なパーティーを開いた。
2270	**biodiversity** [bàɪoʊdɪvə́:səti, -daɪ-] ☐ ☐ Biodiversity refers to the variety of living organisms in an ecosystem.	名 生物多様性 生物多様性とは、生態系にいる種の幅広さを指す。
2271	**conservation** [kà(:)nsəvéɪʃən] ☐ ☐ Forest conservation has allowed the tiger population to increase.	名 保存、保全 森林保護により、トラの生息数は増えている。
2272	**routinely** [ru:tí:nli] ☐ ☐ The team routinely checks their gear and equipment before games.	副 日常的に、慣習的に チームは試合前に定期的に装備や機材をチェックする。
2273	**drain** [dréɪn] ☐ ☐ The sink was clogged and needed to be drained.	他 排水する 名 排水管 シンクが詰まり、排水する必要があった。 名 drainage（排水）
2274	**hinder** [híndər] ☐ ☐ Don't let naysayers hinder your progress.	他 妨げる 否定的な人たちに君の進歩を邪魔させてはいけない。 S/W
2275	**immigrate** [íməgrèɪt] ☐ ☐ Proper documentation is required to immigrate into America.	自 移住する アメリカに移住するには、適切な書類が必要になる。 名 immigrant（移民）
2276	**pending** [péndɪŋ] ☐ ☐ Pending approval, the project will commence shortly.	形 中ぶらりんの、未決定の 承認はまだだが、調査は近日中に開始される。
2277	**host** [hóʊst] ☐ ☐ In the preliminary reception, the host greeted the guest.	名 主催者 他 主催する 本番前のレセプションで、主催者がゲストを出迎えた。
2278	**authentic** [ɔ:θéntɪk, ə-] ☐ ☐ The painting was confirmed to be authentic.	形 本物の、正当な その絵画は本物であることが確認された。

LEVEL 1
LEVEL 2
LEVEL 3
分野別単語

203

2279 genocidal [dʒènəsáɪdl]
Hitler is infamous for being the worst **genocidal** dictator in history.

形 集団虐殺の
ヒトラーは、史上最悪の<u>大量虐殺</u>を行った独裁者として悪名高い。
名 genocide（集団虐殺）

2280 larva [láɚvə]
The **larva** undergoes a transformation into a chrysalis, also known as a pupa.

名 幼虫
<u>幼虫</u>はさなぎへと姿を変える。

2281 piece [píːs]
One missing **piece** of the puzzle was never found, leaving it incomplete.

名 断片、1個、作品
パズルの欠けた1<u>ピース</u>が見つからず、不完全なままになっている。

2282 manmade [mǽnméɪd]
The Moai of Easter Island are impressive **manmade** structures.

形 人工の
イースター島のモアイは、荘厳な<u>人工の</u>建造物だ。
同 artificial

2283 acclaim [əkléɪm]
The Phantom of the Opera received **acclaim** from many news outlets.

名 賞賛　他 賞賛する
『オペラ座の怪人』は、多くの報道機関から<u>絶賛</u>された。
同 praise, applause

2284 ardent [áɚdənt, -dnt]
She was an **ardent** supporter of human rights.

形 熱烈な
彼女は人権の<u>熱烈な</u>支持者だった。

2285 evaporation [ɪvæpəréɪʃən]
Evaporation is a process by which a liquid turns into a gas.

名 蒸発
<u>蒸発</u>は、液体が気体に変わるプロセスだ。
自／他 evaporate

2286 plateau [plætóʊ, plǽtoʊ]
Colorado has a vast **plateau** with an average height of 13,000 feet.

名 高原　自 停滞する
コロラドには平均標高1万3000フィートの広大な<u>台地</u>がある。

2287 instinct [ínstɪŋ(k)t]
Animals use their **instinct** to avoid dangerous situations.

名 本能
動物は、危険な状況を避けるために<u>本能</u>を働かせる。

2288 slot [slá(ː)t]
I have a time **slot** available at 3 PM tomorrow.

名 時間帯、区画、スロット
私は明日の午後3時の<u>時間帯</u>が空いている。

2289 indecisive [ìndɪsáɪsɪv]
Being **indecisive** can make it difficult to make decisions.

形 優柔不断な、決断力のない
<u>優柔不断</u>だと、決断をするのが難しくなる。
反 decisive（決定的な）

2290 devise [dɪváɪz]
Engineers **devised** a beautiful experimental scheme.

他 考案する
技術者たちは、素晴らしい実験方式を<u>考案</u>した。

2291	**brag** [bræg] ☐ ☐ Marketers often market themselves well by **bragging** about their accomplishments.	🔲自 自慢する 🔲名 自慢 マーケターは、功績を<u>自慢する</u>ことで自分をうまく売り込んでいる。 同 boast
2292	**drawback** [drɔ́ːbæk] ☐ ☐ Not one **drawback** was found in the new software.	🔲名 欠点、不利な点 新しいソフトウェアに、<u>欠点</u>は一つもなかった。 S/W
2293	**attest** [ətést] ☐ ☐ The witnesses **attested** to the location and circumstances of the accident.	🔲自 証言する 目撃者は、事故の場所と状況を<u>証言した</u>。
2294	**approximately** [əprɑ́(ː)ksəmətli] ☐ ☐ **Approximately** 70% of Earth's surface is water.	🔲副 およそ 地球の表面の<u>およそ</u>70パーセントは水だ。
2295	**inspire** [ɪnspáɪɚ] ☐ ☐ Nature's beauty often **inspires** artists and writers.	🔲他 奮い立たせる 自然の美しさは、しばしば芸術家や作家の感性を<u>刺激する</u>。
2296	**fungus** [fʌ́ŋɡəs] ☐ ☐ Certain species of **fungi** produce medicinal compounds.	🔲名 真菌、カビ ある種の<u>カビ</u>は薬効成分を生産する。 ※
2297	**inhabitable** [ɪnhǽbɪtəbl] ☐ ☐ Some predict the moon will have been **inhabitable** by 2100.	🔲形 居住に適した 2100年までには月に<u>人が住める</u>ようになるという予測もある。 同 habitable 反 uninhabitable
2298	**counterpart** [káʊntɚpɑ̀ɚt] ☐ ☐ International students are receiving more financial support than their domestic **counterparts**.	🔲名 相当するもの、対の片方 留学生は、国内の<u>学生</u>よりも多くの経済的支援を受けている。
2299	**molecule** [mɑ́(ː)lɪkjùːl] ☐ ☐ A water **molecule** consists of two hydrogen atoms and one oxygen atom.	🔲名 分子 水<u>分子</u>は、2個の水素原子と1個の酸素原子で構成されている。
2300	**classify** [klǽsəfàɪ] ☐ ☐ Taxonomists **classify** living things into different groups.	🔲他 分類する 分類学者は、生物をグループに<u>分類する</u>。 同 categorize
2301	**posit** [pɑ́(ː)zɪt] ☐ ☐ In order to **posit** a new theory, concrete evidence is needed.	🔲他 仮定する 新しい理論を<u>仮定する</u>には、具体的な証拠が必要だ。 同 postulate
2302	**jury** [dʒʊ́(ə)ri] ☐ ☐ A **jury** unanimously found the defendant guilty.	🔲名 陪審員団 陪審員は全員一致で被告を有罪とした。

※ **2296 fungus** 複数形は fungi [fʌ́ndʒaɪ, fʌ́ŋɡaɪ]。

2303	**probable** [prá(:)bəbl]	形 ありそうな
	☐ ☐ It is **probable** that those two variables have a positive correlation.	この二つの変数には正の相関がある<u>可能性が高い</u>。 名 probability（確率）
2304	**lucid** [lú:sɪd]	形 明晰な、明快な
	☐ ☐ A dream in which you are aware that you are dreaming now is called a **lucid** dream.	今夢を見ていると認識している夢を<u>明晰</u>夢と呼ぶ。
2305	**devastate** [dévəstèɪt]	他 荒廃させる
	☐ ☐ The tornado **devastated** the neighborhood.	竜巻は近隣の地域に壊滅的な<u>打撃を与えた</u>。
2306	**baffle** [bǽfl]	他 困惑させる
	☐ ☐ **Baffled** by the results, the team halted the remaining experimentation.	この結果に<u>困惑した</u>研究チームは、残りの実験を中止した。 同 perplex, puzzle, confuse
2307	**pretentious** [prɪténʃəs]	形 気取った、うぬぼれた
	☐ ☐ **Pretentious** behavior will alienate potential allies.	気取った振る舞いは、潜在的な味方を遠ざけることにる。
2308	**grazing** [gréɪzɪŋ]	名 草を食べること、放牧
	☐ ☐ Like other herbivores, zebras obtain nutrients from **grazing**.	他の草食動物と同様に、シマウマは<u>草食</u>によって栄養を得る。 自 graze
2309	**barter** [báətəɪ]	自 他 物々交換する　名 物々交換
	☐ ☐ In some cultures, people still **barter** for goods and services.	一部の文化では、今でも商品やサービスを<u>物々交換している</u>。
2310	**critic** [krítɪk]	名 批評家
	☐ ☐ The **critics** gave the novel a poor score.	<u>批評家たち</u>はその小説を低く評価した。
2311	**oblige** [əbláɪdʒ]	他 願いを聞き入れる、義務づける
	☐ ☐ Would you **oblige** us with a piece of advice?	アドバイスを<u>いただけますか</u>。 名 obligation
2312	**uniformly** [jú:nəfəəmli]	副 均一に
	☐ ☐ Magnetic fields are not **uniformly** distributed.	磁場は<u>一様に</u>分布しているわけではない。 名 uniformity
2313	**condense** [kəndéns]	他 自 濃縮する
	☐ ☐ The author carefully **condensed** her manuscript.	著者は注意しながら原稿を<u>圧縮した</u>。
2314	**assassinate** [əsǽsənèɪt]	他 暗殺する
	☐ ☐ Who **assassinated** the senator remains a mystery.	誰が評議員を<u>暗殺した</u>のかは謎のままだ。

2315	**displace** [dɪspléɪs] □ □ Thousands were **displaced** after the wild fire.	他 立ち退かす 山火事で数千人が立ち退いた。 形 displaced
2316	**variable** [vé(ə)riəbl] □ □ The **variable** in the experiment is the amount of sunlight.	名 変数 形 変化しやすい その実験の変数は、日光の量だ。
2317	**elevate** [éləvèɪt] □ □ I listen to music to **elevate** my mood.	他 高める、持ち上げる 自 上がる 気分を高めるためによく音楽を聴いている。 同 raise
2318	**terminology** [tə̀ːmənά(ː)lədʒi] □ □ Many words in this **terminology** list were derived from Latin.	名 専門用語 この用語集にある単語の多くは、ラテン語から派生したものだ。
2319	**quarantine** [kwɔ́ːrəntìːn] □ □ Travelers returning from certain countries may be subject to **quarantine**.	名 隔離、検疫 他 隔離する 特定の国から帰国した旅行者は隔離の対象となることがある。 同 isolation, detention, seclusion
2320	**direct** [dərékt, dàɪrékt] □ □ Managers are liable to **direct** teams toward shared goals.	他 指揮する 形 直接の、真っすぐな マネージャーは、チームを共通の目標に向け指揮していく責任がある。
2321	**momentous** [moʊméntəs] □ □ The signing of the Declaration of Independence was a **momentous** occasion.	形 重大な 独立宣言の締結は重大な出来事だった。 同 significant
2322	**suck** [sʌk] □ □ Black holes rapidly **suck** in surrounding matter.	他 自 吸う ブラックホールは、周囲の物質を急速に吸い込む。
2323	**exacerbate** [ɪgzǽsəˌbèɪt, eg-] □ □ Stress can **exacerbate** existing health conditions.	他 悪化させる、怒らせる ストレスは、既存の健康状態を悪化させることがある。 同 worsen, aggravate
2324	**bet** [bét] □ □ Some investors **bet** on high-risk, high-reward ventures.	自 賭ける、断言する 名 賭け 他 ハイリスク・ハイリターンのベンチャーに賭ける投資家もいる。
2325	**competitive** [kəmpétətɪv] □ □ High motivation is a common trait among **competitive** athletes.	形 競争心の強い、競争力のある 高いモチベーションは、競技志向の強いアスリートに共通する特徴だ。
2326	**tentative** [téntətɪv] □ □ The **tentative** date for the meeting is next Monday.	形 暫定的な、仮の 暫定的な会議開催日は来週の月曜日だ。

LEVEL 1
LEVEL 2
LEVEL 3
分野別単語

2327	**relocate** [rìːlóʊkeɪt, -loʊkéɪt] My company decided to **relocate**.	自 他 移転する 当社は移転することになった。
2328	**impose** [ɪmpóʊz] Tax systems, if unreasonable, **impose** financial burdens on populations.	他 強いる、負わせる、課する 自 つけ込む 税制が不合理であれば、国民に経済的負担を強いることになる。
2329	**groundwork** [gráʊndwəːrk] Preliminary research lays the **groundwork** for investigations.	名 土台、基礎 予備調査は、本調査の土台を作るものだ。
2330	**purposeful** [pə́ːrpəsf(ə)l] Test makers insert difficult idioms in a **purposeful** manner.	形 意図的な 試験作成者は難しい熟語を意図的に挿入してくる。 同 intentional, deliberate, willful
2331	**imitate** [ímətèɪt] Animals **imitate** behaviors to adapt and survive.	他 模倣する、まねる 動物は適応して生き延びるために行動を模倣する。 同 emulate 名 imitation
2332	**forgetful** [fərɡétf(ə)l] Patients became more **forgetful** as Alzheimer's progressed.	形 忘れっぽい アルツハイマー病が進行し、患者はより忘れっぽくなった。
2333	**emerging** [ɪmə́ːrdʒɪŋ] **Emerging** technologies disrupt established industries.	形 新興の、出現しつつある 新興テクノロジーは、既存の産業を破壊する。
2334	**longitude** [lá(ː)ndʒət(j)ùːd] Naval navigation relies on knowing the ship's **longitude** and latitude.	名 経度 海軍の航海は、船の経度と緯度を知ることが基本だ。 反 latitude（緯度）
2335	**console** [kənsóʊl] The therapist **consoled** the patient.	他 慰める セラピストは、患者を慰めた。
2336	**divert** [dɪvə́ːrt, daɪ-] The monkey suddenly shouted to **divert** the predator's attention away from the herd.	他 そらす、転換する そのサルは、捕食者の注意を群れからそらすために突然叫びだした。
2337	**perspire** [pərspáɪər] Dogs **perspire** from their feet.	自 発汗する 犬は足から汗をかく。 名 perspiration
2338	**bounce** [báʊns] The price of gold has **bounced** back to its original value.	自 他 跳ね返る 金の価格は本来の価値に跳ね返ってきた。

2339 civil war [sív(ə)l wɔ́ə·]
America's **Civil War** has been romanticized in literature.

名 内戦
アメリカの南北戦争は、文学でロマンティックに描かれてきた。

2340 allure [əlóə·]
The **allure** of fame and fortune make people blind.

名 魅力　他 魅了する
名声と富の魅力は人を盲目にする。
同 charm, captivate, mesmerize

2341 nominal [ná(:)mən(ə)l]
The **nominal** COO is just reading off what someone else has decided.

形 名目上の
名ばかりの最高執行責任者は、誰かが決めたことを読み上げているだけだ。

2342 alga [ǽlgə]
Algae are important nutrition sources for many sea creatures.

名 藻
藻類は多くの海の生き物にとって重要な栄養源だ。
※

2343 alien [éɪliən, -ljən]
Never having worn wool before, the cloth felt quite **alien** to me.

形 異質な、異種の　名 外国人、宇宙人
ウールを着たことがなかったので、その布をとても異質に感じた。
他 alienate（遠ざける）

2344 downside [dáʊnsàɪd]
The **downside** is that you have to live in the rigidly hierarchical organization.

名 欠点、不利な側面
欠点は、厳格な階層組織の中で生きなければいけない、ということだ。
反 upside　S/W

2345 unanswered [ʌnǽnsə·d]
The question remained **unanswered**.

形 未回答の
その質問は未回答のままだ。

2346 monetary [má(:)nətèri, mʌ́n-]
After purchase, the **monetary** value of a vehicle drops.

形 金銭の
購入後、車の金銭的価値は下がる。

2347 folk music [fóʊk mjùːzɪk]
Folk music reflects the culture and history of a region.

名 民俗音楽
民俗音楽は、その地域の文化や歴史を反映している。

2348 root [rúːt, rɔ́t]
Ginger **root** has many medical purposes.

名 根　自 根づく
他 根こそぎにする
ショウガの根は多く医療目的のために使われている。

2349 cue [kjúː]
Nonverbal **cues** convey important information.

名 合図、手がかり
非言語的な合図に、重要な情報が含まれるものだ。

2350 biome [báɪoʊm]
A **biome** refers to a collection of flora and fauna that exist stably under a particular climate.

名 バイオーム、生物群系
バイオームとは、特定の気候のもとで安定的に生息する動植物の集まりを指す。

※ **2342 alga** 複数形は algae [ǽldʒiː]。

LEVEL 1
LEVEL 2
LEVEL 3
分野別単語

| 2351 | **hatch** [hǽtʃ] | 他 孵化する、〈卵を〉かえす |
| | ☐ ☐ We used an incubator to **hatch** eggs from our hens. | 名 孵化
鶏から卵を孵化させるために孵卵器を使用した。 |

| 2352 | **vitality** [vaɪtǽləti] | 名 活力 |
| | ☐ ☐ Economic **vitality** depends on diverse factors. | 経済的な活力は多様な要因によって左右される。 |

| 2353 | **recurrence** [rɪkə́ːrəns] | 名 再発 |
| | ☐ ☐ This medication reduces the **recurrence** of disease. | この薬は、病気の再発を抑えるものだ。
自 recur（再発する） |

| 2354 | **credibility** [krèdəbíləti] | 名 信頼性、信憑性 |
| | ☐ ☐ The study's **credibility** was called into question. | その研究は信頼性が問われた。
形 credible（信頼できる） |

| 2355 | **opaque** [oʊpéɪk] | 形 不透明な、くすんだ |
| | ☐ ☐ The window was **opaque**. | その窓は不透明だった。 |

| 2356 | **drastic** [drǽstɪk] | 形 徹底的な、抜本的な |
| | ☐ ☐ **Drastic** changes are needed. | 抜本的な改革が必要とされている。 |

| 2357 | **nourish** [nə́ːrɪʃ] | 他 養う、育成する |
| | ☐ ☐ Healthy diets **nourish** both body and mind. | 健康的な食事は、身体と心の両方に栄養を与える。 |

| 2358 | **entice** [ɪntáɪs, en-] | 他 誘惑する |
| | ☐ ☐ Advertisements aim to **entice** potential customers. | 広告は潜在顧客を誘惑することを目的とする。
同 tempt |

| 2359 | **distracted** [dɪstrǽktɪd] | 形 気が散った、取り乱した |
| | ☐ ☐ I was **distracted** by the sudden noise. | 突然の音に気が散った。
名 distraction（気が散ること） |

| 2360 | **upward** [ʌ́pwəd] | 形 副 上方に、上向きの |
| | ☐ ☐ The frog population showed an **upward** trend. | カエルの個体数は上昇傾向を示していた。
反 downward |

| 2361 | **vicious** [víʃəs] | 形 悪意のある、悪性の、負の |
| | ☐ ☐ Think how you can get out of the **vicious** cycle. | どうしたら悪循環から抜け出せるかを考えなさい。
※ |

| 2362 | **perilous** [pérələs] | 形 危険な |
| | ☐ ☐ Their journey to the South Pole was a **perilous** one. | 南極への旅は危険なものだった。 |

2363 overdue [òʊvɚd(j)úː]
☐ ☐ Late fees were incurred for the **overdue** payment.

形 期限が過ぎた
期限が過ぎた支払いについて、延滞料金が発生した。

2364 poll [póʊl]
☐ ☐ According to the recent **poll**, voters support the new policy.

名 世論調査、投票
最近の世論調査によると、有権者はこの新しい政策を支持している。

2365 afterward [ǽftɚwɚd]
☐ ☐ The event concluded, and the attendees networked **afterward**.

副 その後
イベントは終了し、参加者はその後お互いに交流した。

2366 raid [réɪd]
☐ ☐ Historically, **raids** were common in tribal warfare.

名 襲撃 他 襲撃する
歴史上、部族間の戦争では襲撃がよく行われていた。

2367 trim [trím]
☐ ☐ The gardener **trimmed** the tree branches in my backyard.

他 刈り込む
庭師が裏庭の木の枝を刈ってくれた。

2368 exhaustive [ɪgzɔ́ːstɪv, eg-]
☐ ☐ An **exhaustive** search was done to find survivors.

形 徹底的な、網羅的な
生存者を探すため、徹底的な捜索が行われた。
他 exhaust (使い尽くす) 名 exhaustion (疲労)

2369 exclusive [ɪksklúːsɪv, eks-]
☐ ☐ **Exclusive** clubs were common during the 1970's.

形 排他的な
1970年代には、排他的なクラブが一般的だった。
反 inclusive

2370 adaptability [ədæ̀ptəbíləti]
☐ ☐ A species' **adaptability** is crucial for their continued survival in the wild.

名 適応性
自然界での生存には、種の適応力が重要だ。
名 adaptation (適応)

2371 photocopy [fóʊtəkà(ː)pi]
☐ ☐ A **photocopy** of each document is needed before submission.

名 コピー 他 コピーする
提出前に、各書類のコピーが必要だ。

2372 parental care [pərèntl kéɚ]
☐ ☐ Dinosaurs are believed to have provided **parental care**.

名 子育て
恐竜は子育てをしていたとされる。

2373 breathe [bríːð]
☐ ☐ **Breathe** deeply to relax yourself.

自 呼吸する
リラックスするために深く呼吸しなさい。

2374 gratitude [grǽtət(j)ùːd]
☐ ☐ The student expressed her **gratitude** to the teacher.

名 感謝の気持ち
生徒は先生に感謝の気持ちを表した。
形 grateful (感謝して)

2375	**luxurious** [lʌgʒóʊ(ə)riəs, lʌkʃóʊ(ə)r-]	形 ぜいたくな、豪華な
☐ ☐	**Luxurious** amenities attract upscale clientele to hotels.	豪華な設備が高級志向の顧客をホテルに引き付けている。

2376	**forgo** [fɔəˈgóʊ]	他 なしで済ませる、見送る
☐ ☐	The students decided to **forgo** the after party, and they studied instead.	学生たちは2次会を<u>見送る</u>ことにして、代わりに勉強をした。

2377	**accumulation** [əkjùːmjʊléɪʃən]	名 蓄積
☐ ☐	**Accumulation** of sediments on the seafloor was confirmed.	海底への沈殿物の<u>蓄積</u>が確認された。

2378	**famine** [fǽmɪn]	名 飢饉
☐ ☐	Ireland suffered from a potato **famine** which caused many deaths.	アイルランドはジャガイモ<u>飢饉</u>に見舞われ、多くの死者が出た。

2379	**pinpoint** [pínpɔ̀ɪnt]	他 自 特定する
☐ ☐	Astronomers couldn't **pinpoint** the origin of the soundwave.	天文学者は、音波の源を<u>特定する</u>ことができなかった。

2380	**comforting** [kʌ́mfətɪŋ]	形 慰めになる
☐ ☐	The sound of a beating heart is **comforting** to a newborn.	心臓の鼓動の音は新生児には<u>心地よい</u>ものだ。

2381	**cosmic** [kɑ́(ː)zmɪk]	形 宇宙の
☐ ☐	Cosmologists were baffled by the randomness of the **cosmic** rays.	宇宙学者は、<u>宇宙</u>線のランダム性に困惑していた。

2382	**triple** [trípl]	自 3倍になる 他 3倍にする 形 3倍の 名 3倍
☐ ☐	The lake's salinity **tripled**.	湖の塩分濃度は<u>3倍になった</u>。

2383	**waterwheel** [wɔ́ːtə(h)wìːl]	名 水車
☐ ☐	The **waterwheel** was used to grind grain.	<u>水車</u>は、穀物をひくために使われた。

2384	**murder** [mɚ́ːdər]	名 殺人 他 殺害する
☐ ☐	Unsolved **murder** cases are abundant in many countries.	多くの国で、未解決の<u>殺人</u>事件はたくさんある。 同 homicide

2385	**theorize** [θíːəràɪz]	他 自 理論化する
☐ ☐	Some astronomers **theorized** the possibility of alien life forms.	数名の天文学者は、異星人の可能性を<u>理論化した</u>。　S/W

2386	**implicit** [ɪmplísɪt]	形 暗に示された、暗黙の
☐ ☐	The rules of publication were **implicit** and left no room for debate.	出版のルールは<u>暗黙の了解</u>で、議論の余地もなかった。 反 explicit（明示された）

| 2387 | **built-in** [bíltín] | 形 内蔵された、組み込まれた |
| | A **built-in** camera is the key feature of the helmet. | 内蔵カメラがそのヘルメットの重要機能だ。 |

| 2388 | **scholar** [ská(:)lɚ] | 名 学者 |
| | **Scholars** emphasized the need for more extensive research on monkey pox. | 学者たちは、サル痘に関するより広範な研究の必要性を強調した。 |

| 2389 | **blackout** [blǽkàʊt] | 名 停電 |
| | New York city suffered a sudden **blackout**. | ニューヨークは突然の停電に見舞われた。 |

| 2390 | **revise** [rɪváɪz] | 他 改訂する、校閲する |
| | After feedback, the paper was **revised** and published. | フィードバック後、ジャーナルは改訂され出版された。 |

| 2391 | **eccentric** [ɪkséntrɪk, ek-] | 形 奇抜な |
| | Many artists were seen as **eccentric** in their time. | 多くの芸術家は、その時代には風変わりに見られていた。 |

| 2392 | **blanket** [blǽŋkɪt] | 名 毛布 他 覆う |
| | A quilted **blanket** was given as a housewarming gift. | 新築祝いにキルティングの毛布が贈られた。 |

2393	**humane** [hjuːméɪn]	形 人道的な
	The treatment of experimental animals must be **humane** and ethical.	実験動物の扱いは人道的で倫理的であるべきだ。
		反 inhumane

2394	**undertake** [ʌndɚtéɪk]	他 引き受ける、取りかかる
	It's best not to **undertake** major renovations without a thorough plan.	綿密な計画なしに大規模な改修を行わない方がよい。
		S/W

| 2395 | **written text** [rítn tèkst] | 名 文章、書かれている字 |
| | The ad contained a balanced amount of **written text** and illustrations. | 広告には、文章とイラストがバランスよく入っていた。 |

2396	**stereotype** [stériətàɪp]	名 ステレオタイプ（典型的な固定観念）
	Arguments based on **stereotypes** make no sense.	ステレオタイプに基づく議論は意味をなさない。
		形 stereotypical

| 2397 | **hostage** [há(:)stɪdʒ] | 名 人質 |
| | The police officers repeatedly simulated a **hostage** situation. | 警察は繰り返し人質事件のシミュレーションをした。 |

| 2398 | **gravitational** [grævətéɪʃ(ə)nəl] | 形 重力の |
| | The velocity required to escape from a **gravitational** pull is called the escape velocity. | 重力から逃れるために必要な速度を脱出速度という。 |

LEVEL 1
LEVEL 2
LEVEL 3
分野別単語

| 2399 | **outskirts** [áʊtskə̀ːts] | 名 郊外 |
| | In many cities, the **outskirts** tend to be heavily populated. | 多くの都市で、<u>郊外</u>は人口が多い傾向にある。 |

| 2400 | **barely** [béəli] | 副 かろうじて |
| | I **barely** passed the final exam. | 期末テストは<u>かろうじて</u>切り抜けた。 |

| 2401 | **perspective** [pəˈspéktɪv] | 名 観点、考え方 |
| | From an outsider's **perspective**, the ritual seemed primitive. | 部外者の<u>視点</u>からは、その儀式は原始的に見えた。
同 way of thinking |

| 2402 | **thrust** [θrʌ́st] | 名 推進力、押し
他 ぐいと押す、押し進む |
| | The **thrust** of the rocket propelled it into outer space. | <u>推進力</u>でロケットは宇宙空間へ飛び出していった。 |

| 2403 | **taxation** [tækséɪʃən] | 名 課税 |
| | After constant **taxation**, the 13 colonies rebelled against the king. | 絶え間ない<u>課税</u>の末、13の植民地は国王に反旗を翻した。 |

| 2404 | **partisan** [pɑ́ətɪz(ə)n] | 形 党派心の強い　名 党員 |
| | **Partisan** politics is fraught with meaningless squabbles. | <u>党派的な</u>政治には無意味な争いがつきものだ。
名 partisanship（党派心） |

| 2405 | **discourage** [dɪskə́ːrɪdʒ] | 他 思いとどまらせる、落胆させる |
| | Teachers should not **discourage** students from asking questions. | 教師は、生徒の質問意欲を<u>そいで</u>はいけない。 |

| 2406 | **stack** [stǽk] | 名 積み重ね　他 積む |
| | The **stack** of firewood was used for campfires. | <u>積み上げられた</u>まきは、キャンプファイヤーに使われた。
同 pile |

| 2407 | **electron** [ɪléktrɑ(ː)n, əl-] | 名 電子 |
| | **Electrons** are negatively charged subatomic particles. | <u>電子</u>はマイナスに帯電した素粒子だ。 |

| 2408 | **contend** [kənténd] | 自 競う　他 主張する、争う |
| | The athletes **contended** for victory in competitive events. | アスリートは競技種目で勝利を<u>競い合った</u>。　S/W |

| 2409 | **explorer** [ɪksplɔ́ːrəʳ, eks-] | 名 探検家 |
| | Columbus was a famous **explorer** who accidentally stumbled upon America. | コロンブスは、間違ってアメリカに行き着いた有名な<u>探検家</u>だ。 |

| 2410 | **elevation** [èləvéɪʃən] | 名 標高、高度、上昇 |
| | Altitude sickness begins as you ascend to a higher **elevation**. | 高山病は、<u>標高</u>が高くなるにつれて発症し始める。 |

2411 traditionally [trədíʃ(ə)nəli]
Thanksgiving is **traditionally** celebrated on the fourth Thursday of November.

副 伝統的に
感謝祭は伝統的に11月の第4木曜日に祝われる。

2412 natural selection [nǽtʃ(ə)rəl səlékʃən]
Natural selection is the process by which the fittest organisms are more likely to survive and thrive.

名 自然淘汰
自然淘汰とは、適性のある生物が最も生存し繁栄するプロセスである。

2413 expense [kspéns, eks-]
New office equipment will be written off as a company **expense**.

名 費用
新しいオフィス設備は会社の経費として計上される。
形 expensive (高い)

2414 pipe [páɪp]
There was a leak from an underground gas **pipe**.

名 管、パイプ
地下のガス管から漏れがあった。

2415 accelerate [əksélərèɪt, æk-]
When an object falls, gravity causes it to **accelerate**.

自 他 加速する
物体が落下するとき、重力によって加速される。

2416 pump [pʌ́mp]
Liquid resources were extracted using a **pump**.

名 ポンプ
他 吸い上げる、くみ出す
液体資源はポンプを使用して抽出された。

2417 sort [sɔ́ət]
In recent decades, more machinery has been used for **sorting** produce.

他 分類する 名 種類
ここ数十年、農産物を選別するため多くの機械が使われるようになった。

2418 primarily [praɪmérəli]
Fish became scarce **primarily** because they were overfished.

副 主に
魚が少なくなったのは、主に乱獲されたからだ。

2419 scatter [skǽtər]
Winds **scatter** seeds, enabling plant dispersal.

他 まき散らす 自 散り散りになる
風によって種子が飛散し、植物は広がっていく。

2420 compass [kʌ́mpəs]
With a **compass**, the hiker was able to find the campsite.

名 羅針盤、磁石
コンパスで、ハイカーはキャンプ場を見つけることができた。

2421 elastic [ɪlǽstɪk, əl-]
Rubber bands are highly **elastic**.

形 伸縮性のある
輪ゴムは非常に伸縮性がある。

2422 inclusive [ɪnklúːsɪv]
An **inclusive** workplace fosters a sense of mutual understanding.

形 包括的な
インクルーシブな職場は、相互理解を育む。

102

2423	**persistent** [pɚsístənt, -tnt] Your **persistent** effort will pay off.	形 粘り強い あなたの粘り強い努力は必ず報われる。
2424	**maize** [méɪz] **Maize** is a staple crop in many countries around the world.	名 トウモロコシ トウモロコシは、世界中の多くの国で主食とされている作物だ。
2425	**noble** [nóʊbl] **Noble** knights were essential for protecting the royal family.	形 高貴な　名 貴族 王室を守るために、高潔な騎士は欠かせない存在だった。
2426	**planned** [plǽnd] Carefully **planned** and executed, the construction was completed on time.	形 計画された 綿密な計画と実行により、工事は予定通りに完了した。
2427	**deprive** [dɪpráɪv] Deforestation **deprives** species of their habitats.	他 奪う 森林伐採は、生物種の生息地を奪う。　S/W
2428	**collective** [kəléktɪv] **Collective** efforts were made to revive the rare snakes.	形 集団の 希少なヘビを復活させるため、集団的な取り組みが行わた。
2429	**wire** [wáɪɚ] Copper **wire** is commonly used in houses because of its high electrical conductivity.	名 電線　他 配線する 銅線は電気伝導率が高いため、住宅でよく使われている。
2430	**doomed** [dú:md] The ship was **doomed** to sink after hitting the iceberg.	形 破滅する運命にある、運の尽きた 船は氷山にぶつかって沈む運命にあった。
2431	**precious** [préʃəs] Diamonds are one of the most **precious** gemstones.	形 貴重な ダイヤモンドは最も貴重な宝石の一つだ。
2432	**arbitrary** [ɑ́ɚbətrèri] The selection process seemed **arbitrary** and lacked transparency.	形 任意の、独断的な 選考プロセスは恣意的で、透明性に欠けるように思えた。
2433	**divulge** [dɪváldʒ, daɪ-] The developers were unable to **divulge** any product information.	他 暴露する、あばく 開発者たちは、製品情報を一切明かせなかった。
2434	**reconstruct** [rì:kənstrʌ́kt] Scientists used fossils to **reconstruct** the appearance of ancient creatures.	他 再構築する 科学者は化石を使って、古代の生物の姿を復元した。 同 rebuild

2435	**torrent** [tɔ́ːrənt] A strong **torrent** pushed the boat further out to sea.	名 激流、急流 強い激流がボートをさらに海へ押し出した。
2436	**ratio** [réɪʃoʊ, -ʃiòʊ] Ancient mathematicians discovered what is now known as the golden **ratio**.	名 比率 古代の数学者たちは、黄金比というものを発見した。
2437	**skeptic** [sképtɪk] **Skeptics** of the theory argue that there is not enough evidence.	名 懐疑的な人 この理論に懐疑的な人たちは、十分な証拠がないと主張している。 形 skeptical (懐疑的な)　名 skepticism (疑い、懐疑論)
2438	**cumbersome** [kʌ́mbɚsəm] Carrying such a large suitcase must be **cumbersome**.	形 扱いにくい、かさばる こんな大きな荷物を運ぶのは大変でしょう。
2439	**definite** [déf(ə)nət] The judge made a **definite** ruling on the case.	形 明確な 判事はその事件への明確な判決を下した。 反 indefinite　名 definition (定義)
2440	**defeat** [dɪfíːt] The team's **defeat** was a disappointing end to the season.	名 敗北　他 打ち負かす チームの敗北は、シーズンの終わりを告げる残念なものだった。
2441	**fieldwork** [fíːldwɜ̀ːk] **Fieldwork** is an important part of many scientific studies.	名 現地調査 野外調査は、多くの科学的研究の重要な部分だ。
2442	**costly** [kɔ́ːs(t)li] The new medical treatment is **costly**.	形 損失の大きい、高価な 新しい医療はコストがかかる。 S/W
2443	**appoint** [əpɔ́ɪnt] The US **appoints** a president every four years.	他 任命する、指名する アメリカは4年ごとに大統領を任命する。
2444	**intense** [ɪnténs] **Intense** training is required for athletes competing in triathlons.	形 強烈な トライアスロン選手には、激しい訓練が必要とされる。
2445	**austere** [ɔːstíɚ] **Austere** designs were popular during this time.	形 質素な、厳しい この時代は、質素なデザインが人気だった。
2446	**fatigue** [fətíːg] Rest is needed before **fatigue** builds up.	名 疲労 疲労が蓄積される前に休息が必要だ。

LEVEL 1
LEVEL 2
LEVEL 3
分野別単語

217

2447	**chronological** [krànəládʒɪk(ə)l] The historical events were explained in **chronological** order.	形 年代順の 歴史的な出来事は、時系列に沿って説明された。
2448	**notably** [nóʊtəbli] Shakespeare's works **notably** influenced English literature.	副 著しく シェイクスピアの作品は、イギリス文学に著しく影響を与えた。
2449	**facet** [fǽsɪt] Every **facet** of the gem shone.	名 側面 宝石のすべての面が輝いていた。 同 aspect
2450	**manipulation** [mənípjʊléɪʃən] The **manipulation** of data is unethical.	名 操作 データの操作は倫理に反する。
2451	**collapse** [kəlǽps] Ancient Rome is known for its epic **collapse**.	自 崩壊する　名 崩壊 古代ローマは壮大な崩壊で知られている。
2452	**tractable** [trǽktəbl] Children tend to be **tractable** until they reach adolescence.	形 従順な、扱いやすい 子どもは思春期を迎えるまで、従順である傾向がある。 反 intractable
2453	**abandoned** [əbǽndənd] **Abandoned** buildings are common in war-torn countries.	形 捨てられた 戦争で荒廃した国には、廃墟となった建物が多く存在する。
2454	**fine** [fáɪn] Obeying all traffic rules while driving can help you avoid a **fine**.	名 罰金　他 罰金を科する 形 上等な、きめ細かい 運転中交通ルールを守っていれば、罰金を科されることはない。
2455	**furnish** [fɚːnɪʃ] The dorm room was **furnished**.	他 家具を備える 寮の部屋に家具が配備された。 形 furnished（家具付きの）
2456	**equality** [ɪkwá(ː)ləti] A few decades ago, the concept of **equality** in society today did not exist.	名 平等 数十年前には、現在の社会における平等という概念は存在しなかった。
2457	**approval** [əprúːv(ə)l] Once the **approval** is received, the new project will commence.	名 承認 承認が下りれば、新しいプロジェクトがスタートする。
2458	**welfare** [wélfèɚ] Aid was given to impoverished citizens in the form of **welfare**.	名 福祉 貧困にあえぐ国民には、福祉という形で援助が行われた。

| 2459 | **unmistakable** [ʌ̀nmɪstéɪkəbl] | 形 間違えようのない |
| | The sound of the train whistle was **unmistakable**. | 列車の汽笛の音は、聞き間違いようがない。 |

| 2460 | **infant** [ínfənt] | 名 乳児 |
| | An **infant** will need around-the-clock care for a few months. | 乳児は数カ月間、24時間体制で世話をする必要がある。 |

| 2461 | **abruptly** [əbrʌ́ptli] | 副 突然に、出し抜けに |
| | Much to the audience's dismay, the concert ended **abruptly** at 10:00. | 観客には困惑する状況だが、コンサートは10時に突然終了した。 |

| 2462 | **indicator** [índɪkèɪtər] | 名 指標 |
| | Unemployment rates serve as an **indicator** of economic health. | 失業率は、経済の健全性を示す指標として機能する。 |

| 2463 | **leading** [líːdɪŋ] | 形 先端を行く、主な |
| | **Leading** economists debate optimal fiscal policies. | 第一線の経済学者らは最適な財政政策を議論した。 |

| 2464 | **harden** [háədn] | 自 他 硬化する、固める |
| | Sidewalk traffic was detoured until the cement **hardened**. | セメントが固まるまで、歩道の通行は迂回させられた。
反 soften |

| 2465 | **tolerate** [tá(ː)lərèɪt] | 他 耐える、許容する |
| | People with allergies cannot **tolerate** certain foods. | アレルギーを持つ人は、特定の食品摂取に耐えられない。 |

| 2466 | **brood** [brúːd] | 名 ひな 自 卵を抱く |
| | A **brood** of chickens were reared in isolation. | ひな鳥は、隔離して飼育された。 |

| 2467 | **unfavorable** [ʌ̀nféɪv(ə)rəbl] | 形 好ましくない、不利な |
| | Too low humidity was **unfavorable** for their livelihood. | 低すぎる湿度は、彼らの暮らしに好ましくないことだった。 S/W |

| 2468 | **respiration** [rèspəréɪʃən] | 名 呼吸 |
| | With **respiration**, organisms breathe in oxygen and exhale carbon dioxide. | 呼吸で、生物は酸素を吸い二酸化炭素を吐き出す。 |

| 2469 | **agency** [éɪdʒənsi] | 名 機関、代理店 |
| | The food **agency** put regulations in place for quality assurance. | 品質保証のため、食品庁は規制を設けた。 |

| 2470 | **feminism** [fémənìzm] | 名 フェミニズム（男女同権主義） |
| | **Feminism** advocates for gender equality and the empowerment of all people. | フェミニズムはジェンダー平等とすべての人の権利の向上を主張する。 |

LEVEL 1
LEVEL 2
LEVEL 3
分野別単語

2471	**vessel** [vés(ə)l] Oxygen is carried through the blood **vessels**.	名 血管、船 酸素は血管を通して運ばれる。
2472	**refine** [rɪfáɪn] With a guide, chicks can **refine** their songs remarkably.	他 洗練する、改良する ガイドがあれば、ひな鳥は歌を劇的に洗練させることができる。 S/W
2473	**arrogant** [ǽrəgənt] **Arrogant** behavior hinders a collaborative atmosphere.	形 横柄な 横柄な態度は、協調的な雰囲気を阻害する。
2474	**purified** [pjʊ́(ə)rəfàɪd] Distillation yields highly **purified** essential oils.	形 純化された、精製された 蒸留により、よく純化された精油が得られる。
2475	**brisk** [brísk] Spring brings **brisk** morning air and beautiful flowers.	形 元気のよい、勢いのよい 春はいつも爽やかな朝の空気と美しい花をもたらす。
2476	**utmost** [ʌ́tmòʊst] I put in the **utmost** effort to achieve my goal.	形 最大限の 目標達成のために最大限の努力をした。
2477	**diffusion** [dɪfjúːʒən] Cultural **diffusion** spreads ideas globally.	名 拡散、散布 文化拡散は、アイデアを世界に広げる。
2478	**outdated** [àʊtdéɪtɪd] The software is **outdated** and no longer supported.	形 時代遅れの そのソフトは古く、サポートは終了している。
2479	**wildfire** [wáɪldfàɪɚ] The **wildfire** caused extensive damage to the forest.	名 山火事 その山火事は森に甚大な被害をもたらした。
2480	**prevail** [prɪvéɪl] Humans cannot **prevail** against the power of nature.	自 勝つ、流行している 自然の力には人間は勝てない。
2481	**appendix** [əpéndɪks] Additional information can be found in the **appendix**.	名 付録 追加情報は、付録で確認することができる。
2482	**wisdom** [wízdəm] His **wisdom** is highly valued by his colleagues.	名 知恵 彼の知恵は同僚から高く評価されている。

2483 peripheral [pəríf(ə)rəl]
Peripheral economies often rely on resource extraction.

形 周辺の、中心から離れた 名 周辺装置
周辺地域の経済は、しばしば資源採掘に依拠している。
反 central

2484 borrower [bá(:)rouɚ, bɔ́:r-]
Neither a borrower nor a lender be.

名 借り手
借り手にも貸し手にもなるな。[ハムレットより]
反 lender（貸し）

2485 tame [téɪm]
The zookeepers feed tame animals.

形 飼いならされた 他 飼いならす
動物園の飼育員は、飼いならされた動物に餌を与えている。
反 untamed

2486 temperate [témp(ə)rət]
The temperate climate allowed for a variety of crops to be grown.

形 温暖な、温和な、節制のある
温暖な気候は、さまざまな作物の栽培を可能にした。

2487 occurrence [əkɚ́:rəns]
The occurrence of earthquakes is increasing in many countries.

名 発生、出来事
多くの国で地震の発生が増加している。
同 event

2488 undermine [ʌ̀ndɚmáɪn]
Fake news undermines democratic processes.

他 害する、傷つける
偽のニュースは民主主義のプロセスを害する。

2489 spoil [spɔ́ɪl]
Leaving food out for too long can cause it to spoil.

自 腐敗する、台無しになる
他 甘やかす
食べ物を長時間放置すると腐敗する。
同 ruin

2490 nullify [nʌ́ləfàɪ]
It's difficult to nullify a ruling without new evidence.

他 無効にする
新しい証拠なく判決を無効化することは難しい。

2491 printing [príntɪŋ]
Printing technology brought a notable impact on education.

名 印刷
印刷技術は、教育に顕著なインパクトをもたらした。

2492 cautious [kɔ́:ʃəs]
Pharmacists need to be cautious when weighing compounds.

形 用心深い
薬剤師は化合物の計量を用心深く行わなければいけない。

2493 bruise [brú:z]
It took two weeks for the bruises to fully heal.

名 打撲傷 他 打撲する
打撲傷の完治には2週間かかった。

2494 amplify [ǽmpləfàɪ]
Social media can amplify misinformation.

他 増幅する
ソーシャルメディアは誤った情報を増幅させることがある。

LEVEL 1
LEVEL 2
LEVEL 3
分野別単語

2495	**affluence** [ǽfluːəns] High living standards are a reflection of a country's **affluence**.	名 豊富 生活水準の高さは、その国の<u>豊かさ</u>を反映するものの一つだ。
2496	**compelling** [kəmpélɪŋ] The author's claim is not **compelling**.	形 説得力のある 著者の主張には<u>説得力</u>がない。 S/W
2497	**regime** [rɪʒíːm, reɪ-] Authoritarian **regimes** often restrict civil liberties.	名 体制、政権 権威主義的な<u>体制</u>は、しばしば市民の自由を制限する。 同 government
2498	**ion** [áɪən] **Ions** are electrically charged atoms or molecules.	名 イオン <u>イオン</u>は電気を帯びた原子や分子だ。
2499	**foster** [fɑ(ː)stɚ, fɔ́ːs-] This mentoring program **fosters** professional development.	他 育成する このメンタリングプログラムは、専門性を<u>育成する</u>。 他 nourish（育成する） S/W
2500	**progressive** [prəgrésɪv] Some **progressive** neurological diseases are treatable.	形 進行性の、進歩的な、前進する <u>進行性</u>の神経疾患の中には、治療可能なものもある。 反 regressive 名/自 progress（前進、前進する）
2501	**tag** [tǽg] We **tag** each animal in this nature reserve.	他〈タグなどを〉付ける 名 タグ（付け札） この自然保護区では、各動物に<u>タグ</u>を付けている。
2502	**plain** [pléɪn] The Serengeti **Plain** supports diverse wildlife populations.	名 平原　形 明瞭な、装飾のない セレンゲティ<u>平原</u>には、多様な野生動物が生息している。
2503	**matrix** [méɪtrɪks] Extracellular **matrix** influences cell behavior.	名〈ものを生み出す〉母体、基盤 細胞外<u>マトリックス</u>は細胞の挙動に影響を与える。
2504	**dynasty** [dáɪnəsti] The Tang **Dynasty** was one of China's strongest, lasting an amazing 289 years.	名 王朝 唐<u>王朝</u>は中国の屈強な王朝で、なんと289年間も続いた。
2505	**legislation** [lèdʒɪsléɪʃən] New **legislation** limits the use of fluorine.	名 法令、立法 新しい<u>法律</u>によりフッ素の使用が制限される。
2506	**rename** [rìːnéɪm] After the war, the city was **renamed** after a local hero.	他 名前を変える 戦後、この街は地元の英雄にちなんで<u>改名された</u>。

| 2507 | **colonial** [kəlóʊniəl] | 形 植民地の |
| | ☐ ☐ **Colonial** powers exploited the resources of the land. | 植民地勢力は土地の資源を搾取した。 |

| 2508 | **emergence** [ɪmə́ːdʒəns] | 名 出現、現れること |
| | ☐ ☐ The **emergence** of antibiotic-resistant bacteria is a public health concern. | 抗生物質耐性菌の出現は、公衆衛生上の懸念事項だ。 |

| 2509 | **disregard** [dìsrɪgáɚd] | 他 無視する |
| | ☐ ☐ Researchers cannot **disregard** potential biases. | 研究者は、潜在的なバイアスを無視することはできない。 |

| 2510 | **intrigue** [íntriːg, ɪntríːg] | 名 陰謀、興味 他 好奇心をそそる |
| | ☐ ☐ No one wants to talk about the political **intrigue**. | 誰もその政治的陰謀について語ろうとしない |

| 2511 | **collide** [kəláɪd] | 自 衝突する |
| | ☐ ☐ Two cars **collided** at the intersection. | 交差点で2台の車が衝突した。 同 crash |

| 2512 | **lava** [láːvə] | 名 溶岩 |
| | ☐ ☐ The volcanic eruption caused **lava** to flow down the mountain. | 火山の噴火で溶岩が山から流れ落ちた。 |

| 2513 | **protest** [名 próʊtest 自他 prətést] | 名 抗議 自 他 抗議する |
| | ☐ ☐ The **protest** escalated into a violent riot. | 抗議は暴動に発展した。 |

| 2514 | **excitement** [ɪksáɪtmənt, ek-] | 名 興奮 |
| | ☐ ☐ **Excitement** in classrooms boosts student engagement. | 教室での興奮体験は生徒の興味関心を高める。 反 boredom（退屈） |

| 2515 | **wavelength** [wéɪvlèŋ(k)θ] | 名 波長 |
| | ☐ ☐ The **wavelength** of the light determines its color. | 色は光の波長で決まる。 |

| 2516 | **densely** [dénsli] | 副 密集して |
| | ☐ ☐ Battleship Island, once **densely** populated, is a no-go zone. | かつて人口が密集していた軍艦島は、今は立ち入り禁止区域となっている。 |

| 2517 | **outbreak** [áʊtbrèɪk] | 名 発生、突発 |
| | ☐ ☐ The **outbreak** of the war triggered panic on a national scale. | 戦争の勃発は、国家的規模のパニックを引き起こした。 |

| 2518 | **bladder** [blǽdɚ] | 名 膀胱、袋状の器官 |
| | ☐ ☐ Kidneys send urine to the **bladder**, where it's stored until it's expelled. | 腎臓から膀胱に尿が送られ、排出されるまで蓄えられる。 |

2519 existence [ɪgzístəns, eg-]
A popular topic of debate is the **existence** of extraterrestrial life.

名 存在
地球外生命体の存在については、よく議論されるテーマだ。

2520 angular [ǽŋgjʊlɚ]
His architectural design favors **angular** shapes.

形 角張った
彼の建築デザインは、角張った形を好む。

2521 oration [əréɪʃən]
Eloquence and rhetoric constitute a persuasive **oration**.

名 演説
説得力のある演説を構成するのは、雄弁さと修辞である。

2522 superhuman [sùːpɚhjúːmən]
Mythology often features **superhuman** figures.

形 超人的な　名 超人
神話には、しばしば超人的な人物が登場する。

2523 pioneer [pàɪəníɚ]
He is considered a **pioneer** of modern architecture.

名 先駆者、開拓者　他 開拓する
彼は現代建築の先駆者と考えられている。

2524 depart [dɪpáɚt]
Flight 126 is scheduled to **depart** in 20 minutes.

自 出発する
126便は20分後に出発する予定です。
名 departure（出発）

2525 privileged [prív(ə)lɪdʒd]
Only the **privileged** class had access to this chamber.

形 特権的な
この部屋には、特権階級しか入れなかった。

2526 penetrate [pénətrèɪt]
Oil flowed as the drill began to **penetrate** deeper into the ground.

自 他 貫通する、突き刺さる
ドリルが地中深くまで入り込むと、オイルがあふれ出た。
※

2527 inequity [ìnékwəti]
Income **inequity** exacerbates many social problems.

名 不公平
所得の不公平は多くの社会問題を悪化させる。

2528 turbine [tɚ́ːbaɪn, -bɪn]
Electricity is produced as the **turbine** spins.

名 タービン
タービンが回転することで電気が作られる。

2529 revolt [rɪvóʊlt]
The citizens staged a **revolt** against the corrupt government.

名 反乱　自 反乱を起こす
市民は腐敗した政府に対して反乱を起こした。
同 rebellion, uprising, insurgence

2530 overwhelming [òʊvɚ(h)wélmɪŋ]
Whether the task is **overwhelming** or realistic depends on the person's approach.

形 圧倒的な
その課題が圧倒的か現実的かは、その人の取り組み方次第だ。
他 overwhelm（圧倒する）

224　※ **2526 penetrate**「市場に入り込む」を penetrate the market などと表現する。

| 2531 | **skeptical** [sképtɪk(ə)l] | 形 懐疑的な |
| | At first, the patient was **skeptical** about the new treatment. | 当初、患者さんは新しい治療法に<u>懐疑的だった</u>。 S/W |

| 2532 | **extend** [ɪksténd, eks-] | 他 広げる、伸ばす、延ばす |
| | Mexico attempted to **extend** its territory before borders were established, but failed. | 国境の制定前に、メキシコは領地を<u>広げようと試みた</u>が失敗した。 |

| 2533 | **conventional** [kənvénʃ(ə)nəl] | 形 従来の、因習的な |
| | **Conventional** agriculture relies on synthetic fertilizers. | 従来の農業は、化学合成肥料に頼っている。 名 convention（慣習） |

| 2534 | **entail** [ɪntéɪl, en-] | 他 伴う |
| | Parenthood **entails** numerous responsibilities. | 子育てには、多くの責任が<u>伴う</u>。 S/W |

| 2535 | **adequately** [ǽdɪkwətli] | 副 十分に、適切に |
| | His feedback **adequately** highlighted the areas for improvement in my paper. | 彼のフィードバックは、私の論文の改善点を<u>十分に</u>明示するものだった。 S/W |

| 2536 | **decisive** [dɪsáɪsɪv] | 形 決定的な |
| | None of the blows was **decisive**. | どの一撃も<u>決定的な</u>ものではなかった。 |

| 2537 | **mark** [máɚk] | 他 印をつける、採点する、特徴づける 名 点数、目印 |
| | The invention of the typewriter **marked** the dawn of spelling standardization. | タイプライターの発明が、スペリングの標準化の幕開け<u>となった</u>。 ※ |

| 2538 | **unpopulated** [ʌnpá(:)pjʊlèɪtɪd] | 形 人の住まない |
| | The **unpopulated** island was an ideal place for astronomical observation. | <u>人けのない</u>島は天体観測に最適な場所だった。 |

| 2539 | **franchise** [frǽntʃaɪz] | 名 特別な許可 他 独占販売権を与える |
| | She owns a fitness center **franchise**. | 彼女はフィットネスセンターの<u>営業権</u>を所有している。 |

| 2540 | **mimic** [mímɪk] | 他 まねる |
| | Some animals are able to **mimic** the appearance of other animals. | 一部の動物は、他の動物の外見を<u>模倣する</u>ことができる。 名 mimicry（擬態） |

| 2541 | **food chain** [fúːd tʃèɪn] | 名 食物連鎖 |
| | **Food chains** are the foundation of ecosystems. | <u>食物連鎖</u>は、生態系の基礎となるものだ。 |

| 2542 | **enroll** [ɪnróʊl, en-] | 他 自 登録する、入会する |
| | In the previous summer quarter, I was **enrolled** in a criminal psychology class. | 前の夏学期では、犯罪心理学のクラスに<u>登録していた</u>。 名 enrollment S/W |

※ **2537 mark** 例文は「歴史に印をつける」というニュアンス。

2543	**naïve** [nɑːíːv] The young child was **naïve** and believed everything he was told.	形 純真な、世間を知らない その幼い子どもは<u>世間知らずで</u>、言われたことすべてを信じていた。
2544	**deputy** [dépjʊti] In the absence of the director, the **deputy** took the lead.	名 代理人　形 副の 所長不在のときは、<u>副所長</u>が指揮を執った。
2545	**mistakenly** [mɪstéɪk(ə)nli] I **mistakenly** deleted all the necessary files.	副 誤って <u>間違って</u>必要なファイルをすべて削除してしまった。
2546	**bury** [béri] Neanderthals **buried** their dead with a bouquet of flowers.	他 埋葬する、埋める ネアンデルタール人は死者を花束とともに<u>埋葬していた</u>。
2547	**reckless** [rékləs] The plan looks **reckless**.	形 無謀な、向こう見ずな その計画は<u>無謀に</u>見える。
2548	**coastline** [kóʊstlàin] Rising sea levels have changed the layout of the **coastline**.	名 海岸線 海面上昇で、海岸線の形が変わってしまった。 同 shoreline
2549	**nationalist** [nǽʃ(ə)nəlɪst] The **nationalist** movement reached its peak during the wartime.	名 国家主義者、愛国主義者 ナショナリズム運動は戦時中にピークに達した。 同 patriot（愛国者）
2550	**incapable** [ìnkéɪpəbl] Parasitic organisms are **incapable** of sustaining life on their own.	形 できない 寄生生物は単独では生命を維持することが<u>できない</u>。
2551	**protective** [prətéktɪv] Police officers wear **protective** vests in case of a criminal attack.	形 保護的な 警官は、犯罪者からの襲撃に備え、<u>防護</u>ベストを使用する。
2552	**benchmark** [béntʃmàɚk] A score of 100 out of 120 is a **benchmark** for many test takers.	名〈目標や記録に関する〉基準 120点中100点というのは、多くの受験者にとって<u>基準点</u>となっている。 同 yardstick, criterion
2553	**wrap** [rǽp] **Wrap** it up and move on!	他 包む、巻く 早く<u>終わらせて</u>次に行こう！

LEVEL 3

TOEFL iBT **スコア 100** をめざす
1017 語

2554	**unveil** [ʌnvéil] We are planning to **unveil** a new product at the conference.	他 明かす、ベールを取る 会議で新製品の詳細を明かす予定である。
2555	**postulate** [pá(:)stʃulèɪt] The scientist **postulated** a new theory.	他 仮定する 科学者は新理論は正しいと仮定した。 同 posit
2556	**timekeeping** [táɪmkìːpɪŋ] Accurate **timekeeping** is essential in scientific experiments.	名 時間管理 正確な時間管理は科学実験において重要だ。
2557	**backfire** [bǽkfàɪəʳ] The strategy **backfired** and resulted in losses.	自 逆効果になる　名 〈銃砲の〉逆発 その戦略は裏目に出て、損失を招いた。
2558	**strand** [strǽnd] We were **stranded** in the cabin because of heavy snow.	他 立ち往生させる、座礁させる 名 糸 大雪のため山小屋で足止めを食らった。
2559	**pluck** [plʌ́k] Farmers **plucked** the ripe fruit from the trees.	他 摘む、引き抜く　名 勇気 農民は木から熟した果実を摘み取った。
2560	**amass** [əmǽs] Investors **amass** wealth through strategic decision-making.	他 蓄積する 投資家は、戦略的な意思決定によって富を蓄積していく。 同 accumulate
2561	**correspondence** [kɔ̀:rəspá(:)ndəns] This wording is not appropriate for business **correspondence**.	名 通信、書状 この言葉遣いは、商業的な通信文書には適していない。
2562	**permafrost** [pə́ːməfrɔ̀ːst] The mammoths were found in the **permafrost** layer.	名 永久凍土層 そのマンモスは永久凍土層から見つかった。
2563	**feat** [fíːt] Her performance in the play was a remarkable **feat**.	名 偉業、離れ業 彼女は劇中で離れ業ともいえる演技を見せた。 同 triumph, deed
2564	**scavenger** [skǽvɪndʒəʳ] The vulture is a **scavenger** that feeds on the remains of dead animals.	名 腐肉食動物 ハゲワシは動物の死骸を食べる腐肉食動物である。 ※
2565	**enlightenment** [ɪnláɪtnmənt, en-] Technology has brought wealth and **enlightenment** to humankind.	名 啓蒙 テクノロジーは人類に富と啓蒙をもたらした。 他 enlighten（啓発する）

2566 ☐☐	**subpopulation** [sʌ̀bpɑ(ː)pjʊléɪʃən] The **subpopulation** of the endangered species was carefully monitored.	名 部分集団（全体の集団の一部） 絶滅危惧種の亜種は注意深く監視されていた。
2567 ☐☐	**authoritarian** [ɔːθɑ̀rəté(ə)riən] **Authoritarian** regimes often suppress freedom of speech.	形 権威主義的な　名 権威主義者 権威主義的な政権は、しばしば言論の自由を抑圧する。
2568 ☐☐	**unlock** [ʌ̀nlɑ́(ː)k] To **unlock** your full potential, you must let go of the past.	他 開放する、錠をあける 潜在能力を最大限に引き出すため、過去のことは忘れなさい。
2569 ☐☐	**assault** [əsɔ́ːlt] Society must condemn any form of **assault**.	名 暴行、急襲　他 急襲する 社会は、いかなる形態の暴行も非難すべきだ。
2570 ☐☐	**seafarer** [síːfɛ̀(ə)rəɪ] The **seafarer** had extensive knowledge of navigation and sailing.	名 船乗り 船員は航海術に関する幅広い知識を持っていた。
2571 ☐☐	**feedback loop** [fíːdbæk lùːp] **Feedback loops** significantly influence a system's dynamics.	名 フィードバックループ フィードバックループは、システムの力学に影響を与える。　　　　　※
2572 ☐☐	**hump** [hʌ́mp] Camels store water in their **humps** to survive in desert conditions.	名 こぶ ラクダは砂漠を生き抜くためにこぶに水を蓄えている。　　　　　※
2573 ☐☐	**incidentally** [ìnsədéntəli, -tli] He **incidentally** discovered that the moss had antioxidant properties.	副 偶然に 彼はそのコケに抗酸化作用があることを偶然発見した。
2574 ☐☐	**inverted** [ɪnvə́ːtɪd] The image was **inverted** in the mirror.	形 逆の、反対になっている 鏡に映った像は反転していた。
2575 ☐☐	**self-reliant** [sélfrɪláɪənt] The **self-reliant** entrepreneur overcame all problems by herself.	形 自立した、独立独行の その自立した起業家は、すべての問題を自力で乗り越えた。
2576 ☐☐	**airlift** [éəlìft] The **airlift** was necessary to transport emergency supplies.	名 空輸　他 空輸する 空輸は、緊急物資を運ぶために必要だった。
2577 ☐☐	**slab** [slǽb] Workers laid a concrete **slab** for the foundation.	名 厚板、石板 工事者は基礎となるコンクリート板を敷いた。

LEVEL 1　LEVEL 2　LEVEL 3　分野別単語

※ **2571 feedback loop**　増加が増加を引き起こし続けるループは positive feedback loop、減少が減少を引き起こし続ける場合は negative feedback loop。／ **2572 hump**　実際には脂肪を燃焼し水を生成する。

2578	**ensue** [ɪnsúː, en-]	自 続く
☐ ☐	If the disease is left untreated, complications may **ensue**.	病気を放置しておくと、合併症が<u>続いて起こる</u>可能性がある。 形 ensuing（続いて起こる）

2579	**amphitheater** [ǽmfəθìːətər]	名 円形演技場
☐ ☐	**Amphitheaters** are designed to enhance acoustic performance.	<u>円形演技場</u>は、音響効果が高まるように設計されている。

2580	**futures market** [fjúːtʃərz màərkɪt]	名 先物市場
☐ ☐	**Futures markets** provide liquidity for traders.	<u>先物市場</u>では、トレーダー資金に流動性がうまれる。

2581	**electromagnetic** [ɪlèktroʊmægnétɪk, əl-]	形 電磁気の
☐ ☐	**Electromagnetic** radiation is a form of energy.	電磁放射線はエネルギーの一種である。

2582	**cross-section** [krɔ́ːssèkʃən]	名 断面図
☐ ☐	The **cross-section** of the tree trunk reveals its age.	木の幹の<u>断面</u>を見ると、その年齢がわかる。

2583	**virtue** [və́ːrtʃuː]	名 美徳
☐ ☐	The **virtue** of patience is often overlooked in today's fast-paced society.	急速に変化する現代社会で、忍耐の<u>美徳</u>に目を向ける者は少ない。 形 virtuous

2584	**masonry** [méɪs(ə)nri]	名 石工業、石造建築
☐ ☐	**Masonry** structures are durable and long-lasting.	<u>石造り</u>の構造物は丈夫で長持ちする。 名 mason

2585	**rear** [ríər]	他 育てる　形 後方の
☐ ☐	The zookeepers have been **rearing** endangered species.	動物園の飼育係は、絶滅危惧種の<u>飼育をしている</u>。

2586	**mingle** [míŋgl]	自 入り交じる　他 混ぜる
☐ ☐	School festivals provide opportunities for students to **mingle** with each other.	学園祭は、学生同士が<u>交流する</u>機会となる。 同 intermingle, blend

2587	**dub** [dʌb]	他〈名前や称号を〉授ける、 　音声を吹き込む
☐ ☐	The athlete was **dubbed** the "fastest runner" after breaking the national record.	その競技者は、国内記録を更新し「最速のランナー」と<u>呼ばれた</u>。

2588	**Judeo-Christian** [dʒuːdéɪoʊkrístʃən]	形 ユダヤ・キリスト教の
☐ ☐	**Judeo-Christian** ethics have had a profound impact on Western societies.	<u>ユダヤ・キリスト教</u>の倫理は、西洋社会に深く影響を与えてきた。

2589	**rudimentary** [rùːdəméntəri, -tri]	形 初歩的な
☐ ☐	The **rudimentary** tools were insufficient for such complex tasks.	<u>初歩的な</u>器材では、そのような複雑な作業には不十分だ。

| 2590 | **treadmill** [trédmìl] | 名 ランニングマシーン |
| | The subjects were instructed to walk on the **treadmill**. | 被験者は<u>ランニングマシーン</u>の上を歩くように指示された。 |

| 2591 | **tangled** [tǽŋgld] | 形 もつれた |
| | The wires were **tangled** and difficult to sort out. | 配線が<u>絡まっていて</u>整理しにくかった。 |

| 2592 | **nonexistent** [nà(:)nɪgzístənt, -eg-] | 形 存在しない |
| | Evidence for the conspiracy theory was **nonexistent**. | 陰謀説の根拠は<u>存在しなかった</u>。 |

2593	**celestial** [səléstʃəl]	形 天の、天体の
	Celestial bodies in the sky are fascinating to observe.	空に浮かぶ<u>天体</u>を観察するのはとても楽しい。
		同 heavenly

| 2594 | **induce** [ɪnd(j)úːs] | 他 誘発する |
| | The medication **induced** drowsiness as a side effect. | その薬は副作用として眠気を<u>誘発した</u>。 |

| 2595 | **socioeconomic** [sòʊsioʊekəná(:)mɪk] | 形 社会経済の |
| | Health disparities are attributable to multiple **socioeconomic** factors. | 健康格差は、複数の<u>社会経済的</u>要因に起因している。 |

| 2596 | **rupture** [rʌ́ptʃɚ] | 名 破裂 自 破裂する |
| | The **rupture** in the pipeline caused a large-scale oil spill. | パイプラインの<u>破裂</u>で油が大量に流れ出た。 |

2597	**control group** [kəntróʊl grùːp]	名 対照群、コントロール群
	We used a **control group** to verify the effects of the treatment.	治療の効果を検証するために<u>対照群</u>を使用した。
		反 experimental group ※

2598	**contagious** [kəntéɪdʒəs]	形 感染性の
	The disease was highly **contagious** and spread quickly.	その病気は<u>感染力</u>が強く、すぐに広がっていった。
		同 infectious

2599	**ax** [ǽks]	名 おの 他 削減する
	The ancient **ax** had delicate, intricate carvings.	古代の<u>おの</u>には繊細で複雑な彫刻が施されていた。
		同 hatchet (手おの)

| 2600 | **familiarity** [fəmìljǽrəti] | 名 親しみ、なじみ |
| | **Familiarity** with the subject matter is essential. | 扱う題材に<u>精通していること</u>は大事だ。 |

| 2601 | **mouth** [máʊθ] | 名 河口 |
| | Both freshwater and saltwater fish were seen near the **mouth** of the river. | <u>河口</u>付近には淡水魚も海水魚も見られた。 |

※ 2597 control group　変数以外の条件がすべて実験群と等しいグループ。

2602	**veritable** [vérətəbl]	形 本当の、真実の
☐ ☐	The play was a **veritable** explosion of sound and energy.	その劇は、紛れもない「音とエネルギーの爆発」だった。

2603	**concur** [kənkə́ːr]	自 同意する、一致する
☐ ☐	Investigators **concurred** with the findings of the study.	調査員らは、その研究結果の解釈で一致した。

2604	**dichotomy** [daɪkɑ́(ː)təmi, dɪ-]	名 二分法
☐ ☐	The **dichotomy** between theory and practice persists.	理論と実践の二分法は常に存続する。

2605	**clueless** [klúːləs]	形 手がかりのない
☐ ☐	The public was **clueless** about the impending disaster.	皆、差し迫った災害について何も手がかりがなかった。

2606	**Eurocentric** [jó(ə)roʊséntrɪk]	形 ヨーロッパ中心主義の
☐ ☐	**Eurocentric** perspectives dominated the field of art history.	美術史の分野では、ヨーロッパ中心主義的な視点が優勢だった。

2607	**witness** [wítnəs]	他 目撃する 名 目撃者
☐ ☐	Our history **witnessed** a series of tragic wars.	私たちの歴史では、一連の悲劇的な戦争を目撃してきた。　　　　　　　　　※ S/W

2608	**layman** [léɪmən]	名 素人
☐ ☐	Though technical, this book is easy for **laymen** to understand.	専門的ではあるが、この本は素人にもわかりやすい。 反 expert

2609	**truce** [trúːs]	名 停戦
☐ ☐	Both sides agreed to a **truce**.	両サイドともに休戦に同意した。

2610	**overthrow** [òʊvərθróʊ]	他 打倒する、転覆させる
☐ ☐	Army officers in Mali **overthrew** two presidents in two years.	マリでは、陸軍士官が2年間に2人の大統領を打倒した。 同 overturn, subvert

2611	**decentralized** [diːséntrəlàɪzd]	形 分散化された
☐ ☐	**Decentralized** decision-making empowers local communities.	分権化された意思決定の体制が地域社会に活力を与える。 反 centralized

2612	**overland** [óʊvərlæ̀nd]	副 陸路で 形 陸路の
☐ ☐	My flight was canceled so I traveled **overland** to Boston.	飛行機がキャンセルされたため、陸路でボストンに移動した。

2613	**ceremonial** [sèrəmóʊniəl]	形 式典の、儀式の
☐ ☐	The **ceremonial** dance was an integral part of the ritual.	式典のダンスは、儀式に欠かせないものだった。

2614	**deciduous** [dɪsídʒuəs] ☐☐ **Deciduous** trees shed their leaves in the fall.	形 落葉性の 落葉樹は秋になると葉を落とす。 反 evergreen（常緑の）
2615	**vocal cords** [vóʊk(ə)l kɔ́ədz] ☐☐ **Vocal cords** vibrate to produce sound during speech.	名 声帯 発声の際、声帯が振動して音を出す。
2616	**corolla** [kəróʊlə, -rá(:)lə] ☐☐ The **corolla** of the flower was brightly colored and fragrant.	名〈植物の〉花冠 その花冠は鮮やかな色と香りを放っていた。
2617	**deploy** [dɪplɔ́ɪ] ☐☐ The army **deployed** a new strategy.	他 展開する、配置する 軍隊は新しい戦略を展開した。
2618	**vengeful** [véndʒf(ə)l] ☐☐ Uncontrolled temper often leads to **vengeful** actions.	形 復讐心のある 復讐への行動は、しばしば制御不能な気性から生じる。
2619	**inordinate** [ɪnɔ́ədənət] ☐☐ There is no obligation to respond to such an **inordinate** demand.	形 過度の、無節制な そのような法外な要求に応える責務はない。
2620	**theorem** [θíːərəm] ☐☐ The Pythagorean **theorem** can be used to solve this problem.	名 定理 この問題を解くのに、ピタゴラスの定理が使える。
2621	**projection** [prədʒékʃən] ☐☐ The company's sales **projection** for next year is looking optimistic.	名 推定、投射、投影 同社の来期の売り上げ予測は楽観視されている。
2622	**chamber** [tʃéɪmbəɪ] ☐☐ The **chamber** was used for experiments in the field of physics.	名 部屋、会議所 その部屋は、物理学の実験に使用された。
2623	**Mediterranean** [mèdətəréɪnɪən] ☐☐ The **Mediterranean** Sea is surrounded by three continents.	名 地中海　形 地中海の 地中海は、三大陸に囲まれている。
2624	**rebuke** [rɪbjúːk] ☐☐ The supervisor **rebuked** the employee for arriving late to work.	他 叱責する 上司はその従業員が遅刻してきたことを叱責した。 同 reprimand
2625	**espouse** [ɪspáʊz, es-] ☐☐ Their family **espoused** the customs of their new homeland.	他〈主義・教えを〉信奉する、支持する 彼らの家族は新しい祖国の習慣を受け入れていた。

2626	**pedagogic** [pèdəgá(:)dʒɪk] ☐ ☐ Our **pedagogic** method emphasizes active learning.	形 教育学の われわれの<u>教育</u>方法は、アクティブラーニングを重視している。 同 educational 名 pedagogy (教育学)
2627	**obstinate** [á(:)bstənət] ☐ ☐ The **obstinate** child refused to obey his parents' instructions.	形 頑固な その<u>頑固な</u>子どもは両親の指示に従おうとしなかった。 同 stubborn
2628	**nimble** [nímbl] ☐ ☐ The student had a **nimble** mind and came up with novel ideas.	形 素早い その生徒は頭の回転が<u>早く</u>、斬新なアイデアを出してくれた。
2629	**leeway** [líːwèɪ] ☐ ☐ New rules allowed managers greater **leeway** in making decisions.	名 進路のずれ、 〈時間や支出などの〉余裕 新しいルールができたことで、管理職の判断に<u>ゆとり</u>ができた。
2630	**collateral** [kəlǽtərəl, -trəl] ☐ ☐ Loan applicants were required to provide **collateral** to the bank.	名 担保 形 付帯的な、二次的な 融資希望者は、銀行に<u>担保</u>を提供するよう求められた。
2631	**glow** [glóʊ] ☐ ☐ The sunset painted the sky with a beautiful pink and orange **glow**.	名 輝き 自 光る、輝く 夕日が、空を美しいピンクとオレンジ色の<u>輝き</u>で染めた。
2632	**compilation** [kà(:)mpəléɪʃən] ☐ ☐ The book is a **compilation** of his essays.	名 編集、編集物 その本は彼のエッセイを<u>まとめたもの</u>だ。
2633	**conspicuous** [kənspíkjuəs] ☐ ☐ The bright colors of the bird make it highly **conspicuous** in its environment.	形 目立つ その鮮やかな色の鳥は、その環境において非常に<u>目立つ</u>。 反 inconspicuous (目立たない)
2634	**indisputable** [ìndɪspjúːtəbl, ìndíspjʊ-] ☐ ☐ The evidence was **indisputable** and conclusive.	形 議論の余地がない 証拠は<u>議論の余地のない</u>決定的なものだった。 同 undeniable
2635	**rotten** [rá(:)tn] ☐ ☐ Those birds pick out **rotten** meat stuck in crocodiles' teeth.	形 腐った その鳥はワニの歯に詰まった<u>腐った</u>肉を取り除いている。 自 rot
2636	**grapple** [grǽpl] ☐ ☐ The government is **grappling** with the problem of rising unemployment.	自 取り組む、取っ組み合う 政府は、失業率の上昇という問題に<u>取り組んでいる</u>。
2637	**appall** [əpɔ́ːl] ☐ ☐ The racist remarks made by the lecturer **appalled** the audience.	他 ぞっとさせる 講演者の差別的な発言は、聴講者を<u>ぞっとさせた</u>。

2638 hydroelectric [hàɪdroʊɪléktrɪk]
Hydroelectric power output varies depending on water flow.

形 水力発電の
水力発電の出力は水流によって変わる。

2639 insomnia [ɪnsá(:)mniə]
Insomnia can have a negative impact on cognitive function.

名 不眠症
不眠症は認知機能に悪影響を及ぼす。

2640 glucose [glú:koʊs]
Glucose metabolism is crucial for cellular energy.

名 グルコース（ブドウ糖）
グルコースの代謝は細胞のエネルギーにとって重要だ。

2641 portraiture [pɔ́ɚtrətʃɚ]
The artist specialized in the **portraiture** of historical figures.

名 肖像画
その画家は歴史上の人物の肖像画を得意としていた。

2642 intrepid [ɪntrépɪd]
The **intrepid** explorers ventured into the unknown.

形 勇敢な
勇敢な探検家たちは未知の領域に挑んだ。
同 fearless

2643 trickle [trɪ́kl]
Water **trickled** from the faucet.

自 したたり落ちる
水が蛇口からポタポタと落ちた。

2644 L-shaped [élʃéɪpt]
The city had an **L-shaped** alleyway that made navigation difficult.

形 L字型の
街にはL字型の路地があり、通行が難しかった。

2645 testimony [téstəmòʊni]
The witness provided compelling **testimony** during the trial.

名 証言
この証人は裁判で説得力のある証言をしてくれた。

2646 well [wél]
Wells extract groundwater for human consumption.

名 井戸
井戸から人間が飲むための地下水を汲み上げる。

2647 unrest [ʌ̀nrést]
The political **unrest** gave rise to protests.

名 不穏、不安定
政情不安から抗議行動が起きた。

2648 acreage [éɪk(ə)rɪdʒ]
A large **acreage** of land was used for dairy farming.

名 エーカー数、面積
広大な面積の土地は酪農のために使われた。

2649 jet stream [dʒét strì:m]
Jet streams are influenced by temperature gradients.

名 ジェット気流
温度勾配がジェット気流に影響を与える。

LEVEL 1
LEVEL 2
LEVEL 3
分野別単語

235

2650	**per capita** [pərˈkæpətə] ☐ ☐	**Per capita** income measures individual wealth.	形 1人当たりの　副 1人当たり 1人当たりの所得は、個人の豊かさを測るものである。
2651	**stalk** [stɔ́ːk] ☐ ☐	Corn **stalks** provide valuable biomass energy sources.	名 茎　他 闊歩する、跡をつける コーンの茎は、貴重なバイオマスエネルギー源となる。
2652	**ludicrous** [lúːdəkrəs] ☐ ☐	The claim was so **ludicrous** that no one believed it.	形 ばかげた その主張はあまりにも滑稽で、誰も信じなかった。
2653	**ripple** [rípl] ☐ ☐	The rock thrown into the pond created a **ripple** effect.	名 波紋、さざ波 他 さざ波を立たせる 池に投げ込まれた石は、波紋を作り出した。
2654	**glaciation** [glèɪʃiéɪʃən] ☐ ☐	The study of **glaciation** patterns has helped scientists better understand climate history.	名 氷河作用、氷河形成 氷河形成のパターンの研究で、学者たちは気候の歴史を知ることができる。
2655	**ardor** [áərdər] ☐ ☐	The musician played with great **ardor**.	名 熱意、熱狂 音楽家は、熱意を持って演奏した。 同 fervor, zeal
2656	**sting** [stíŋ] ☐ ☐	The **sting** of a jellyfish can be painful.	名 刺すこと、とげ　他 刺す クラゲに刺されると痛みが出る場合がある。
2657	**inland** [ínlænd, -lənd] ☐ ☐	Soon after arrival, the adventurer traveled **inland** in search of food.	副 内陸に　形 内陸の　名 内陸 到着後すぐ、冒険者は食料を求めて内陸に向かった。
2658	**tacit** [tǽsɪt] ☐ ☐	The **tacit** agreement among them was not put in writing.	形 暗黙の、言葉に出さない 関係者間の暗黙の了解は文書にはされなかった。
2659	**inception** [ɪnsépʃən] ☐ ☐	Next week will mark the anniversary of the company's **inception**.	名 初め、発端 来週は会社の創立記念日である。
2660	**horticulture** [hɔ́ərtəkʌ̀ltʃər] ☐ ☐	**Horticulture** practices vary depending on available resources.	名 園芸 園芸の手法は、利用可能な資源によって異なる。
2661	**pronouncement** [prənáʊnsmənt] ☐ ☐	The court's **pronouncement** settled the dispute.	名 判決、宣告 裁判所の判決により紛争は解決を迎えた。

2662	**lubricant** [lúːbrɪk(ə)nt]	名 潤滑油
☐ ☐	Lubricants reduce friction and significantly extend the lifespan of machinery.	潤滑剤は摩擦を軽減し、機械の寿命を大幅に延ばす。

2663	**apprehend** [æ̀prɪhénd]	他 理解する、逮捕する、捕らえる
☐ ☐	The detective struggled to apprehend the elusive suspect.	刑事は、逃げ隠れする容疑者を逮捕するために苦労した。

2664	**frail** [fréɪl]	形 弱い
☐ ☐	The elderly patient was frail and required extra care.	高齢の患者は体が弱く、特別なケアが必要だった。

2665	**mercantile** [mə́ːkəntàɪl, -tìːl]	形 商人の、商業の
☐ ☐	The mercantile system of trade dominated Europe during the Middle Ages.	商人の貿易システムは中世のヨーロッパを支配していた。 同 commercial

2666	**two-seater** [túːsíːtəʳ]	名 ２人用の乗り物・ソファー
☐ ☐	The two-seater airplane was designed for short-distance flights.	２人乗りの飛行機は短距離飛行のために設計された。

2667	**monastery** [má(ː)nəstèri]	名 修道院
☐ ☐	The monastery was a place of spiritual contemplation and worship.	修道院は精神的な瞑想と崇拝の場だった。

2668	**ambush** [ǽmbʊʃ]	名 待ち伏せ　他 待ち伏せする
☐ ☐	The soldiers set up an ambush for the enemy troops.	兵士たちは敵軍を待ち伏せした。

2669	**rebuff** [rɪbʌ́f]	他 拒絶する　名 拒絶
☐	The CEO rebuffed the hostile takeover bid.	CEOは敵対的買収提案を拒絶した。 同 reject, repudiate

2670	**regain** [rɪgéɪn]	他 取り戻す
☐	She regained her composure during the interview.	彼女は面接で冷静さを取り戻した。

2671	**extraneous** [ɪkstréɪniəs, eks-]	形 無関係の、外来の、異質の
☐ ☐	Extraneous information obscured the main point.	無関係な情報で要点が見えにくくなった。

2672	**loyalty** [lɔ́ɪəlti]	名 忠誠心
☐ ☐	Employee loyalty impacts organizational growth.	従業員の忠誠心は組織成長に影響を与える。 同 faithfulness

2673	**prodigal** [prá(ː)dɪg(ə)l]	形 放蕩な、ぜいたくな
☐ ☐	The prodigal son spent all of his inheritance money on frivolous things.	放蕩息子は、相続したお金をすべて何でもないものに使った。 反 frugal（倹約な）

LEVEL 1　LEVEL 2　LEVEL 3　分野別単語

237

2674	**obsolete** [à(:)bsəlíːt, á(:)bsəlìːt]	形 時代遅れの
☐ ☐	The old computer was **obsolete** and needed to be replaced.	古いコンピューターは時代遅れで、交換する必要があった。 同 outdated

2675	**chromosome** [króʊməsòʊm]	名 染色体
☐ ☐	**Chromosomes** contain hereditary information.	染色体は遺伝情報を含んでいる。

2676	**eureka** [jʊ(ə)ríːkə]	間 わかった、ひらめいた
☐ ☐	The discovery of penicillin was a **eureka** moment for medicine.	ペニシリンの発見は、医学にとってひらめきの瞬間だった。

2677	**fauna** [fɔ́ːnə]	名 動物相
☐ ☐	Biologists observed the diverse **fauna** in the rainforest.	生物学者たちは、熱帯雨林で多様な動物相を観察した。 ※

2678	**stigma** [stígmə]	名 汚名、〈花の〉柱頭
☐ ☐	He aimed to disprove the **stigma** of being labeled as a traitor.	彼は裏切り者の汚名を返上しようと試みた。

2679	**dismal** [dízm(ə)l]	形 陰気な、暗い
☐ ☐	The economic outlook was **dismal** because of the recession.	景気後退のため、経済の見通しは陰鬱なものだった。 同 gloomy, murky

2680	**intricately** [íntrɪkətli]	副 複雑に、入り組んで
☐ ☐	The plot of the novel was **intricately** woven.	小説のプロットは複雑に織り込まれていた。 形 intricate

2681	**streamline** [stríːmlàɪn]	他 〈生産性を〉効率化する
☐ ☐	The new design **streamlined** the production process.	新デザインは生産工程を効率化した。 S/W

2682	**meager** [míːgəɼ]	形 乏しい、微々たる
☐ ☐	The family survived on a **meager** income, barely able to make ends meet.	一家はわずかな収入で生活し、収支を合わせていた。

2683	**uncover** [ʌnkʌ́vəɼ]	他 明らかにする、ふたを取る
☐ ☐	He was excited to **uncover** the lost ruins of the ancient city.	彼は古代都市の遺跡を発掘することを楽しみにしていた。

2684	**moniker** [má(:)nɪkəɼ]	名 呼び方、あだ名
☐ ☐	The **moniker** Father of Genetics was given to Gregor Mendel.	「遺伝学の父」の称号がグレゴール・メンデルに与えられた。 同 nickname

2685	**affidavit** [æfədéɪvɪt]	名 宣誓供述書
☐ ☐	An **affidavit** is a written statement given under oath.	宣誓供述書とは、宣誓のもとに作成される書面だった。

| 2686 | **body of water** [bá(:)di (ə)v wɔ́:təʳ] | 名 水域 |
| | Lake Superior is a massive **body of water** in Michigan. | スペリオル湖はミシガンにある巨大<u>水域</u>だ。 |

| 2687 | **gloomy** [glú:mi] | 形 薄暗い、陰気な |
| | The novel had a **gloomy** and pessimistic tone. | その小説は<u>陰鬱で</u>悲観的なトーンだった。 |

| 2688 | **world-spanning** [wɚ́:ldspæ̀nɪŋ] | 形 世界をまたぐ |
| | Our company has a **world-spanning** network of suppliers. | 当社は、<u>世界中に広がる</u>供給者ネットワークを有している。 |

| 2689 | **servant** [sɚ́:v(ə)nt] | 名 使用人 |
| | The king's **servant** was honest and loyal. | その王の<u>使用人</u>は、正直で忠実だった。 |

| 2690 | **mobbing** [má(:)bɪŋ] | 名 暴徒、暴徒化すること |
| | The audience's **mobbing** prevented the speech from being delivered. | 聴衆の<u>暴徒化</u>によってスピーチが妨げられた。 |

| 2691 | **precipitous** [prɪsípətəs] | 形 急勾配の、険しい |
| | The mountain trail was steep and **precipitous**. | 山道は険しく<u>急勾配だった</u>。
同 steep |

| 2692 | **intractable** [ɪntrǽktəbl] | 形 手に負えない |
| | **Intractable** conflicts often require third-party mediation. | 当事者で<u>手に負えない</u>紛争には第三者による調停が必要だ。 |

| 2693 | **unused** [Ànjú:zd] | 形 未使用の |
| | The **unused** equipment had been sitting in storage for years. | <u>使われていない</u>機材は、何年も倉庫に眠っていた。 |

| 2694 | **philanthropist** [fɪlǽnθrəpɪst] | 名 博愛主義者 |
| | The **philanthropist** endorsed various charitable initiatives. | その<u>慈善活動家</u>は、さまざまな慈善活動に賛同していた。 |

| 2695 | **misshapen** [mìs)ʃéɪp(ə)n] | 形 不整形の、奇形の |
| | The **misshapen** pottery had a lopsided appearance. | <u>不整形な</u>陶器は、いびつな外観をしていた。
同 deformed |

| 2696 | **peninsula** [pənínsələ, -ʃʊ-] | 名 半島 |
| | The city was located on a narrow **peninsula**. | その都市は小さな<u>半島</u>に位置していた。 |

| 2697 | **parity** [pǽrəti] | 名 同等であること、等価 |
| | **Parity** in pay is an issue in many industries. | 給与の<u>平準化</u>は多くの業界で課題だ。 |

2698	**better-known** [bétəˈnóʊn] Galileo's **better-known** discoveries include the moons of Jupiter.	形 よりよく知られた さらに有名なガリレオの発見には、木星の衛星がある。
2699	**artery** [áəˈtəri] Coronary **arteries** supply blood to the heart muscle.	名 動脈 冠状動脈は心筋に血液を供給している。
2700	**forge** [fɔəˈdʒ] The blacksmith can **forge** any type of metal.	他 鍛造する、でっちあげる 名 鍛冶場 その鍛冶屋はどんな種類の金属でも鍛造できる。
2701	**ore** [ɔəˈ] The **ore** extracted from the mine was processed into useful materials.	名 鉱石 鉱山から採掘された鉱石は、有用な材料に加工された。
2702	**bow** [名 bóʊ 自 báʊ] The violinist tightened his violin **bow** before playing.	名 弓　自 お辞儀する バイオリニストは演奏前に弓を引き締めた。
2703	**incomprehensible** [ìnkà(:)mprɪhénsəbl] The technical jargon in the article was mostly **incomprehensible**.	形 理解不能な 記事中の専門用語のほとんどは理解不能だった。
2704	**sluggish** [slʌ́gɪʃ] The **sluggish** economy worsened the problem of unemployment.	形 不活発な、怠惰な、のろい 不活発な経済は、失業問題を深刻化させた。 同 lethargic（無気力な）
2705	**biomass** [báɪoʊmæs] **Biomass** is a renewable source of energy derived from organic matter.	名 バイオマス（エネルギー源として利用される生物資源） バイオマスは、有機物から得られる再生可能エネルギーだ。
2706	**uprising** [ʌ́pràɪzɪŋ] The **uprising** was the result of years of oppression and inequality.	名 反乱、蜂起 反乱は長年の抑圧と不平等の結果であった。 同 revolt
2707	**bloodstream** [blʌ́d strìːm] The medicine was quickly absorbed into the **bloodstream**.	名 血流 薬は血流にさっと吸収された。
2708	**tack** [tæk] The sailor changed the **tack** and headed east.	名 針路、方針、留め金 他 びょうで留める 船乗りは進む方向を変えて東に向かった。
2709	**geyser** [gáɪzəˈ] The acidity of the **geyser** can be gauged with this device.	名 間欠泉 間欠泉の酸性度はこの機器で計測できる。

2710 unyielding [ʌnjíːldɪŋ]
With **unyielding** perseverance, the mountain climber reached the summit.

形 屈しない、頑固な
不屈の精神で登山家は頂上にたどり着いた。

2711 savory [séɪv(ə)ri]
The chef prepared a **savory** dish using fresh herbs.

形 風味のよい
シェフは、新鮮なハーブを使い風味豊かな料理を作った。

2712 blushing [blʌ́ʃɪŋ]
Blushing is a physiological response to embarrassment.

名 赤面　形 顔が赤らんでいる
赤面は、恥ずかしさに対する生理的な反応である。

2713 gland [glǽnd]
The thyroid **gland** produces hormones that regulate metabolism.

名 腺（汗腺、リンパ腺など）
甲状腺は代謝を調整するホルモンを生成する。

2714 impersonal [ɪmpə́ːs(ə)nəl]
The email was written in a formal and **impersonal** tone.

形 客観的な、個人の感情を交えない
電子メールは形式的で客観的な語調で書かれていた。

2715 apathetic [æ̀pəθétɪk]
Apathetic voters contribute to low election turnouts.

形 無関心な、無感情の
無関心な有権者の存在は選挙での投票率低下につながる。
同 indifferent

2716 daring [dé(ə)rɪŋ]
His **daring** approach resulted in exponential business growth.

形 大胆な
彼の大胆な手法は、事業の指数関数的な成長をもたらした。

2717 ordinance [ɔ́ːdənəns, -dn-]
The **ordinance** prohibited the sale of fireworks within city limits.

名 条例
条例により、市内での花火の販売が禁止された。

2718 arable [ǽrəbl]
Farmers used the **arable** land to grow crops.

形 耕作に適した
農家は耕作に適した地で作物を栽培した。
同 tillable

2719 admonish [ədmɑ́(ː)nɪʃ, æd-]
The supervisor **admonished** the employee for violating company policy.

他 諭す、忠告する
上司は、会社の方針に違反した従業員を戒めた。
同 warn

2720 basin [béɪs(ə)n]
Rainwater collected in the **basin** and formed several lakes.

名 盆地
雨水がくぼ地に集まり、湖ができた。

2721 unearth [ʌnə́ːθ]
The archaeologist **unearthed** an ancient burial site.

他 掘り起こす
考古学者は、古代の埋葬地を掘り起こした。

LEVEL 1
LEVEL 2
LEVEL 3
分野別単語

241

2722	**oblique** [oʊblíːk, əb-] ☐ ☐ Use an **oblique** font to indicate loan words.	形 斜めの 外来語の表記には斜体フォントを使用するように。
2723	**overshadow** [òʊvɚʃǽdoʊ] ☐ ☐ The athlete's achievements were **overshadowed** by the scandal.	他 影を落とす、暗くする そのスキャンダルはアスリートの功績に影を落とした。
2724	**ridership** [ráɪdɚʃìp] ☐ ☐ After the route change, the bus's **ridership** has increased significantly.	名 交通機関利用者数 路線変更後、バスの利用者数は上昇した。
2725	**instrumental** [ìnstrəméntl] ☐ ☐ The governor was quite **instrumental** in establishing a new plant.	形 助けになる、役に立つ 新しい工場設立のため、知事の言動は大きな助けとなった。
2726	**price gouging** [práɪs gàʊdʒɪŋ] ☐ ☐ The company was accused of **price gouging** during a natural disaster.	名 価格つり上げ、物価高騰 その会社は、自然災害時の価格つり上げで非難された。
2727	**verdict** [vɚ́ːdɪkt] ☐ ☐ After an hour of deliberation, the jury delivered a unanimous guilty **verdict**.	名 評決、裁決 1時間の審議の後、陪審員は全員一致で有罪の評決を宣告した。
2728	**reckon** [rék(ə)n] ☐ ☐ I **reckon** it will take us about two hours to the ridge.	他 計算する、推測する、見なす 計算では尾根まで2時間ほどかかると推測する。
2729	**seaboard** [síːbɔ̀ɚd] ☐ ☐ The **seaboard** was home to many major ports and cities.	名 沿岸部、海岸 沿岸部には多くの主要な港や都市があった。
2730	**charcoal** [tʃɑ́ɚkòʊl] ☐ ☐ **Charcoal** has been used as a fuel source for centuries.	名 炭、木炭 炭は何世紀にもわたって燃料として使用されてきた。
2731	**contemporaneous** [kəntèmpəréɪniəs] ☐ ☐ The two events were **contemporaneous** but not related.	形 同じ期間に起こる、同時代の 二つの出来事は同時期に起こったが、関係性はなかった。
2732	**faith** [féɪθ] ☐ ☐ He puts **faith** in austere practices and simplicity.	名 信念、信頼、信仰 彼は鍛錬と簡素さを人生の信条としている。
2733	**grove** [gróʊv] ☐ ☐ The bamboo **grove** stretched for miles.	名 木立、小さい森 竹林は何マイルも続いていた。

2734 methane [méθeɪn]
Emissions of **methane** contribute to global warming.

名 メタン
メタンの排出は、地球温暖化の原因となる。

2735 white-collar [(h)wáɪtká(:)lɚ]
White-collar workers often receive compensation packages at retirement.

形 頭脳労働者の
頭脳労働者は、退職時に付加給付を受け取ることがある。
反 blue-collar (肉体労働の)

2736 inadvertent [ìnədvɚ́:tənt, -tnt]
The **inadvertent** deletion of files caused data loss.

形 不注意な、故意でない
不注意なファイルの削除により、データが消失した。
同 unwitting

2737 imagery [ímɪdʒ(ə)ri]
The use of vivid **imagery** helps to create a stronger emotional response.

名 像、彫像、イメージ
鮮やかなイメージの使用で、強いより感動を与えられる。

2738 solitary [sá(:)lətèri]
He studied the **solitary** lifestyle of the desert tortoise.

形 孤独な
彼は砂漠の亀の孤独な生活スタイルを研究していた。
同 lonely

2739 culminate [kʌ́lmənèɪt]
The months of training **culminated** in the team winning the championship game.

他 頂点に達する、極める
数カ月に及ぶ訓練で、チームは優勝するに至った。

2740 impair [ɪmpéɚ]
Drinking alcohol can **impair** cognitive function.

他 損なう
お酒を飲むと、認知機能が損なわれることがある。
名 impairment

2741 impeach [ɪmpí:tʃ]
Congress has the power to **impeach** presidents.

他 弾劾する、責める
議会は大統領を弾劾する権限を持っている。
同 accuse, prosecute

2742 empirical [ɪmpírɪk(ə)l, em-]
The study relied to a large extent on **empirical** evidence.

形 経験的な、経験に基づく
その研究は、経験的証拠に大きく依拠している。
反 theoretical (理論上の)

2743 ambivalence [æmbívələns]
The writer's **ambivalence** towards the ending of the story left readers unsatisfied.

名 相反する感情の交錯、〈態度が〉はっきりしない様
作家の物語の結末に対する曖昧さに読者は不満を抱いた。

2744 genotype [dʒíːnətàɪp, dʒén-]
Identifying **genotypes** requires systematic experiments.

名 遺伝子型
遺伝子型を特定するためには、系統的な実験が必要だ。

2745 extraterrestrial [èkstrətəréstriəl]
Extraterrestrial objects can be studied through telescopes.

形 地球圏外の
地球外天体は、望遠鏡で調査することができる。
反 terrestrial (地球上の)

LEVEL 1
LEVEL 2
LEVEL 3
分野別単語

2746	**taint** [téɪnt] The scandal **tainted** the reputation of the company.	他 汚す 名 汚点 そのスキャンダルは会社の評判を<u>汚すことになった</u>。
2747	**levy** [lévi] The union **levies** dues from its members.	他 徴収する、課税する 名 課税 組合は組合員から会費を<u>徴収している</u>。
2748	**confiscate** [ká(:)nfɪskèɪt] Customs **confiscated** my expensive chef's knife.	他 没収する 税関は私の高価なシェフナイフを<u>没収した</u>。
2749	**conducive** [kənd(j)úːsɪv] A positive learning environment is **conducive** to student success.	形 助けになる 生産的な学習環境は、生徒の学業成功に<u>つながる</u>。
2750	**conceptual** [kənséptʃʊəl] It is mandatory that a participant have sufficient **conceptual** understanding.	形 概念的な 参加者は十分な<u>概念</u>理解を持っていることが必須だ。
2751	**tangible** [tǽndʒəbl] One's property and equipment are considered **tangible** assets.	形 有形の、実体的な 不動産や所有物（固定資産）は、<u>有形の資産</u>と見なされる。
2752	**trait** [tréɪt] The **trait** of resilience is essential for overcoming adversity.	名 特性、特徴 逆境に打ち勝つには、粘り強さという<u>特性</u>が重要だ。 同 characteristic
2753	**human-sounding** [hjúːmənsàʊndɪŋ] With recent text-to-audio technologies, **human-sounding** voices can be synthesized.	形 人の声のように聞こえる 最近の音声合成技術で、<u>人間のような</u>音声を合成することが可能だ。 ※
2754	**constitute** [ká(:)nstət(j)ùːt] Four successive seasons **constitute** a year.	他 構成する 四つの連続した季節が1年を<u>構成している</u>。 同 compose
2755	**demography** [dɪmá(:)grəfi] The study of **demography** focuses on population dynamics.	名 人口統計学 この<u>人口統計学</u>の研究は、人口の動態に焦点を当てたものだ。
2756	**social loafing** [sóʊʃəl lóʊfɪŋ] **Social loafing** is a common phenomenon in group projects.	名 社会的怠惰 <u>社会的手抜き</u>は、グループプロジェクトでよく見られる現象だ。
2757	**weaving** [wíːvɪŋ] **Weaving** is a traditional craft that has been practiced for centuries.	名 織物 織物は、何世紀にもわたって行われてきた伝統工芸だ。

2758 ☐ ☐	**buttress** [bʌ́trəs] The old building needed a **buttress** to prevent collapse.	名 支え　他 支えで強化する その古い建物は崩壊を防ぐために<u>支え</u>が必要だった。 同 support, bolster
2759 ☐ ☐	**intermittent** [ìntəmítənt, -tnt] Symptoms of the infection can flare up at **intermittent** times.	形 断続的な 感染症の症状は、<u>断続的</u>に現れることがある。
2760 ☐ ☐	**ulcer** [ʌ́lsər] Helicobacter pylori can cause stomach **ulcers**.	名 潰瘍 ピロリ菌は、<u>胃潰瘍</u>を引き起こすことがある。
2761 ☐ ☐	**luminosity** [lùːmənɑ́(ː)səti] The astronomer measured the **luminosity** of the star.	名 光度、光輝 天文学者は星の<u>光度</u>を測定した。
2762 ☐ ☐	**keystone** [kíːstòʊn] The **keystone** species is critical to the ecosystem.	名 中枢、要石、要旨 <u>キーストーン</u>種は生態系にとって極めて重要だ。 ※
2763 ☐ ☐	**refuge** [réfjuːdʒ] During natural disasters, people seek **refuge** in emergency shelters.	名 避難所 自然災害の際、人々は緊急退避のため、<u>避難所</u>に逃げ込む。 名 refugee
2764 ☐ ☐	**misconception** [mìskənsépʃən] The **misconception** was due to misinformation.	名 思い違い <u>誤解</u>は、誤情報に起因するものだった。
2765 ☐ ☐	**inscribe** [ɪnskráɪb] The artist **inscribed** his name on the bottom of the painting.	他 彫る、刻み込む その画家は、絵画の下に自分の名前を<u>刻ん</u>だ。 同 engrave
2766 ☐ ☐	**alleviate** [əlíːvièɪt] The medication helped to **alleviate** the symptoms of the disease.	他 和らげる、緩和する その薬は病気の症状を<u>緩和する</u>のに役立った。 同 relieve
2767 ☐ ☐	**heyday** [héɪdèɪ] The company experienced its **heyday** in the 1990s.	名 全盛期 その会社は1990年代が<u>全盛期</u>だった。
2768 ☐ ☐	**hydraulic** [haɪdrɔ́ːlɪk] **Hydraulic** mining involves using water to extract minerals.	形 水力の <u>水力</u>採掘は、水を使って鉱物を掘り出すプロセスだ。
2769 ☐ ☐	**plethora** [pléθərə] The store offers a **plethora** of options for customers.	名 過多、過剰 この店では、客に<u>多く</u>の選択肢を提供している。 同 overabundance　　※

※ **2762 keystone**　keystone species とは、少数で生態系へ大きな影響を与える中枢的な生物種。／ **2769 plethora**　a plethora of ～で「過度に多い～」。

245

2770	**pilgrimage** [pílgrəmɪdʒ]	名 巡礼、巡礼地
☐☐	The annual **pilgrimage** to Mecca is a central tenet of Islam.	例年のメッカへの巡礼は、イスラム教の中心的な教義である。

2771	**exorbitant** [ɪgzɔ́ɚbətənt, eg-, -tnt]	形 法外な
☐☐	Some lenders charge borrowers **exorbitant** interest rates.	借り主に法外な金利を請求する貸し手もいる。

2772	**placid** [plǽsɪd]	形 平穏な、穏やかな
☐☐	The **placid** surface of the body of water reflected the vibrant colors of the sunset.	平穏な水面が、夕焼けの鮮やかな色彩を映し出していた。 同 serene

2773	**pledge** [plédʒ]	他 誓約する　名 誓約
☐☐	The two **pledged** to love and support each other.	2人は愛し合い、支え合うことを誓った。

2774	**exceptionally** [ɪksépʃ(ə)nəli, ek-, ək-]	副 並はずれて
☐☐	The experiment yielded **exceptionally** accurate results.	その実験は極めて正確な結果をもたらした。

2775	**huddle** [hʌ́dl]	自 群がる　他 詰め込む
☐☐	The team **huddled** together to plan their next move.	チームは次の行動を計画するために身を寄せ合った。

2776	**deplore** [dɪplɔ́ɚ]	他 嘆く
☐☐	Great thinkers **deplored** the erosion of ethics.	偉大な思想家たちは、倫理の腐敗を嘆いた。 形 deplorable（嘆かわしい）

2777	**fictitious** [fɪktíʃəs]	形 架空の
☐☐	Mythological stories may be **fictitious**, but they can be enlightening.	神話のエピソードは架空のものだが、啓発的でもある。 同 fictional

2778	**interbreed** [ìntɚbríːd]	自 異種交配する 他 異種交配させる
☐☐	The two species could not **interbreed** and produce viable offspring.	二つの種は交配して生存可能な子孫を残すことはできなかった。

2779	**defiance** [dɪfáɪəns]	名 反抗
☐☐	Their acts of **defiance** express a universal will for liberty.	彼らの反抗的な行為は、人の自由を求める普遍的な意志を表している。 他 defy（反抗する）

2780	**atlas** [ǽtləs]	名 地図帳
☐☐	The **atlas** contained detailed maps of the world.	地図帳には世界の詳細な地図が載っていた。

2781	**rebellion** [rɪbéljən]	名 反乱
☐☐	The **rebellion** was unsuccessful in overthrowing the dictatorship.	その反乱は、独裁政権を打倒することはできなかった。 同 revolt, insurrection

2577　2793　3570

LEVEL 3 ▐▐▐

LEVEL 1
LEVEL 2
LEVEL 3
分野別単語

2782 bore [bɔ́ɚ]

□
□
The drill **bore** a hole through the wall.

他 穴をあける、退屈させる
名 うんざりさせる人
ドリルを使って壁に穴を<u>あけた</u>。
※

2783 cinematography [sìnəmətá(ː)grəfi]

□
□
Cinematography is a key element in the art of filmmaking.

名 映画撮影法
<u>映画撮影法</u>は、映画製作において重要な要素である。

2784 affix [əfíks]

□
□
Please **affix** your address label here before mailing.

他 貼る、添付する
郵送する前に、ここに住所ラベルを<u>貼って</u>ください。

2785 rearrange [rìːəréɪndʒ]

□
□
We were asked to **rearrange** the furniture.

他 並べ替える
家具を<u>並び替える</u>よう言われた。
名 rearrangement（再配置）

2786 stratification [stræ̀təfɪkéɪʃən]

□
□
Social **stratification** triggers inequality and discrimination.

名 階層化
社会の<u>階層化</u>は、不平等や差別を引き起こす。

2787 silt [sílt]

□
□
The river carried **silt** and sediment downstream during the rainy season.

名 泥
雨季に川の下流に<u>泥</u>や堆積物が流されていった。

2788 imbibe [ɪmbáɪb]

□
□
He **imbibed** a large cup of coffee.

他 摂取する、飲む
彼はコーヒーをたくさん<u>飲んだ</u>。

2789 vaporize [véɪpəràɪz]

□
□
Water **vaporizes** into steam when heated.

自 気化する、蒸発する
他 気化させる
水は加熱すると<u>気化して</u>水蒸気になる。
名 vapor（蒸気）

2790 elucidate [ɪlúːsədèɪt, əl-]

□
□
We sought to **elucidate** the mechanism underlying the phenomenon.

他 解明する
現象の根底にあるメカニズムを<u>解明</u>しようとした。

2791 govern [gʌ́vɚn]

□
□
The citizens were ambivalent about who should **govern** the country.

他 統治する、左右する
市民は、誰がこの国を<u>統治</u>すべきか、相反する感情を持っていた。

2792 fecund [fék(ə)nd, fíː-]

□
□
The writer's **fecund** mind produced numerous works of literature.

形 よく肥えた、多産の
作家の<u>生産性の高い</u>頭脳が、数々の文学作品を生み出した。

2793 flatland [flǽtlænd]

□
□
Flatland environments are prone to flooding.

名 平地
<u>平地</u>の環境は洪水になりやすい。

※ **2782 bore** 地層調査で使われるボーリングはこの単語から。

2794 ☐ ☐	**heavenly** [hév(ə)nli] The starry night sky was a **heavenly** sight to behold.	形 天の、天空の 星降る夜空は<u>天国のような</u>光景だった。 同 celestial
2795 ☐ ☐	**supernatural** [sù:pərnǽtʃ(ə)rəl] **Supernatural** beliefs have been present throughout human history.	形 神秘的な、超自然的な <u>超自然的な</u>考えは、人類の歴史の中でずっと存在してきた。
2796 ☐ ☐	**crossfire** [krɔ́:sfàɪər] The soldiers were caught in a **crossfire** during the battle.	名 一斉射撃、〈言葉の〉激しい応酬 兵士たちは戦闘中、<u>一斉射撃</u>に巻き込まれた。
2797 ☐ ☐	**captivate** [kǽptəvèɪt] The preeminent lecturer used humor to **captivate** the audience.	他 魅了する 著名な講演者はユーモアを交えて聴衆を<u>魅了した</u>。 同 enchant, enthrall, mesmerize, charm
2798 ☐ ☐	**hieroglyphics** [hàɪ(ə)rəglífɪks] **Hieroglyphics** and colossal pyramids were all made by the Egyptians.	名 象形文字 <u>象形文字</u>と巨大なピラミッドはすべてエジプト人により作られた。
2799 ☐ ☐	**woodland** [wódlənd] The **woodland** is home to a variety of species.	名 森林地帯 その<u>森林地帯</u>にはさまざまな種が生息している。
2800 ☐ ☐	**pit** [pít] This **pit** was dug for archaeological research.	名 穴、くぼみ、採掘場 この<u>穴</u>は考古学的な調査のために掘られたものだった。
2801 ☐ ☐	**improvise** [ímprəvàɪz] The jazz musician likes to **improvise** solos.	他 自 即席に作る そのジャズ音楽家はソロを<u>即興で演奏する</u>のが好きだ。
2802 ☐ ☐	**herbicide** [(h)ə́ːbəsàɪd] **Herbicides** are used to control unwanted vegetation.	名 除草剤 <u>除草剤</u>は、不要な植物を駆除するために使用される。
2803 ☐ ☐	**iris** [áɪ(ə)rɪs] **Iris** patterns differ in the left and right eyes.	名 〈眼球の〉虹彩 <u>虹彩</u>のパターンは左右の目で異なる。 ※
2804 ☐ ☐	**whatsoever** [(h)wà(:)tsoʊévər, (h)wʌts-] The policy had no impact **whatsoever**.	副 (否定を伴い) まったく～ではない この政策は<u>まったく何の影響も及ぼさなかった</u>。 S/W
2805 ☐ ☐	**rotor** [róʊtər] Without a working **rotor**, the ship cannot navigate the water.	名 回転子 <u>ローター</u>が作動しなければ、船は海を航行できない。

2806 **ground-nesting** [gráʊndnèstɪŋ]
☐
☐
Ground-nesting birds are vulnerable to predators.

形 地面で巣作りしている
地上に巣作りする鳥は、捕食者に狙われやすい。

2807 **epitome** [ɪpítəmi, ep-]
☐
☐
Florence Nightingale's achievements are the **epitome** of modern nursing.

名 縮図、典型
フローレンス・ナイチンゲールの偉業は、近代看護の縮図のようなものだ
他 epitomize (典型・縮図である)

2808 **disappearance** [dìsəpí(ə)rəns]
☐
☐
The sudden **disappearance** of fur seals puzzled scientists.

名 消失、失踪
オットセイの突然の失踪に科学者たちは困惑した。

2809 **restless** [réstləs]
☐
☐
The **restless** child could not sit still.

形 落ち着かない
落ち着きのないその子は、じっとしていられなかった。

2810 **glorify** [glɔ́:rəfàɪ]
☐
☐
The commander **glorified** the squad's consecutive victories.

他 賞賛する、賛美する
指揮官は、部隊の連勝を賞賛した。

2811 **impart** [ɪmpάət]
☐
☐
Incorporating paprika into the sauce **imparts** a distinctive flavor.

他 授ける、伝える
パプリカの使用は、ソースに独特の風味を与える。

2812 **distress** [dɪstrés]
☐
☐
The animal showed signs of **distress** and needed medical attention.

名 苦悩 他 苦しめる
その動物は苦しそうな様子で、医療処置が必要だとわかった。
同 anguish

2813 **immemorial** [ìmɪmɔ́:riəl]
☐
☐
The tradition has been passed down from **immemorial** times.

形 太古の、大昔の
その伝統は太古の昔から受け継がれてきた。
同 ancient, prehistoric

2814 **commander** [kəmǽndər]
☐
☐
The **commander** ordered the troops to advance southward.

名 司令官
司令官はその部隊に南へ進むように命令した。

2815 **recede** [rɪsí:d]
☐
☐
Glaciers are **receding** because of climate change.

自 後退する
気候変動のために氷河が後退している。
同 retreat 名 recession (景気後退)

2816 **enact** [ɪnǽkt, en-]
☐
☐
The bill was **enacted** into law.

他 制定する
その法案は法律として制定された。

2817 **ration** [rǽʃən, réɪʃ-]
☐
☐
Ration distribution was crucial during wartime.

名 食料、配給 他 配給する
戦時中、配給制度は重要だった。

2818	**mnemonics** [nɪmά(ː)nɪks] ☐☐ She used **mnemonics** to remember a complex sequence of numbers.	名 記憶術 彼女は複雑な数字の並びを記憶するために、記憶術を使っていた。
2819	**precarious** [prɪkέ(ə)riəs] ☐☐ The **precarious** state of the economy worries many.	形 不安定な、危険な 経済の不安定な状態は、多くの市民を不安にさせている。
2820	**unbending** [ʌnbéndɪŋ] ☐☐ The **unbending** rules of the institution created rigidity.	形 固い、不屈の 厳格な規則が、組織に硬直性を与えた。 同 adamant
2821	**downstream** [dάʊnstríːm] ☐☐ The dam impacted **downstream** fish populations.	形 下流の 副 下流に ダムは下流の魚の個体群に影響を与えた。 反 upstream
2822	**imprint** [ɪmprínt] ☐☐ A wrong mother figure was **imprinted** on the mind of the young gosling.	他 刻み込む、〈印を〉押す ガチョウの子に間違った母親像が刷り込まれた。
2823	**shrub** [ʃrʌ́b] ☐☐ The **shrub** in the garden produced beautiful flowers.	名 低木、灌木 庭の低木は、美しい花を咲かせた。 同 bush
2824	**analogous** [ənǽləgəs] ☐☐ The structures of these two molecules are **analogous**.	形 類似している この二つの分子の構造は相似している。
2825	**parliament** [pάələmənt, -ljə-] ☐☐ The British **Parliament** consists of the House of Commons and the House of Lords.	名 議会 英国議会は下院と上院から成る。
2826	**status quo** [stéɪtəs kwóʊ] ☐☐ Maintaining the **status quo** only serves to continue social injustice.	名 そのままの状態 現状維持を続けると、社会の不公平性も続いていく。 S/W
2827	**atmospheric pressure** [ὰtməsférɪk préʃər] ☐☐ **Atmospheric pressure** decreases as altitude increases.	名 大気圧 大気圧は、高度が高くなるにつれて低くなる。
2828	**tremor** [trémər] ☐☐ The earthquake caused a **tremor** in the ground.	名 揺れ、震動 地震は地面の揺れを引き起こした。 同 quake 自 tremble
2829	**population shift** [pὰ(ː)pjʊléɪʃən ʃìft] ☐☐ A study of butterflies found a **population shift** due to increasing temperatures.	名 人口・個体数の変動 チョウの研究では、気温の上昇による個体数変動が確認された。

2830	**galvanize** [gǽlvənàız] The striking event **galvanized** the community to action.	他 活気づける、電流を流す この衝撃的な出来事は、地域社会を行動に<u>駆り立てた</u>。
2831	**viscous** [vískəs] The **viscous** liquid slowly dripped from the container.	形 粘り気のある <u>粘性のある</u>液体が、容器からゆっくりと垂れてきた。 名 viscosity（粘度）
2832	**mural** [mjó(ə)rəl] The **mural** on the colossal wall depicted war scenes.	名 壁画、壁　形 壁の 巨大な壁の<u>壁画</u>には、戦争の情景が描かれていた。
2833	**parrot** [pǽrət] Some **parrots** not only imitate others, but also understand the meaning of words.	名 オウム まねをするだけでなく、言葉の意味を理解する<u>オウム</u>もいる。
2834	**brutal** [brúːtl] The training regimen was **brutal**, but effective.	形 残忍な トレーニング計画は<u>厳しい</u>ものだったが、効果はあった。 同 cruel
2835	**primary producer** [práımeri prəd(j)úːsɚ] **Primary producers** are organisms that form the base of the food chain.	名 第 1 生産者 <u>1次生産者</u>とは、食物連鎖の基盤を作る生物である。
2836	**avalanche** [ǽvəlæntʃ] The climber barely escaped the **avalanche**.	名 雪崩 登山者は、<u>雪崩</u>からかろうじて逃れた。 同 snowslide
2837	**incision** [ınsíʒən] The surgeon made an **incision** to access the internal organs.	名 切開、切り込み 外科医は内臓を治療するために<u>切開</u>を入れた。 形 incisive（鋭い）
2838	**delineate** [dılínièıt] The map **delineated** the boundaries of the national park.	他 描く、描写する 地図には国立公園の境界が<u>描かれていた</u>。 同 outline（略図を描く）
2839	**scaffolding** [skǽf(ə)ldıŋ, -foʊld-] **Scaffolding** is essential for building construction.	名 足場 <u>足場</u>は建設には欠かせないものだ。
2840	**simplistic** [sımplístık] The **simplistic** explanation did not fully capture the complexity of the issue.	形 単純化された <u>単純化された</u>説明では、問題の複雑さを十分に伝えられなかった。 同 oversimplified
2841	**base** [béıs] I **based** my argument on proven theories.	他 本拠地を置く、〈論理の〉基礎を〜に置く　名 基盤、基地 私は証明された理論に<u>基づいた</u>議論をした。

2842	**unattached** [ʌ̀nətǽtʃt] He remained emotionally **unattached** to the school activities.	形 結合していない、 単独で存在している 彼は学校行事には感情移入しないままだった。
2843	**altruism** [ǽltruìzm] His **altruism** earned him respect and admiration.	名 利他主義 彼の利他主義は尊敬と賞賛を得た。
2844	**corrosive** [kəróʊsɪv] **Corrosive** substances require proper handling.	形 腐食性の 腐食性物質においては適切な取り扱いが必要だ。 他／自 corrode　名 corrosion
2845	**defective** [dɪféktɪv] **Defective** products should be recalled.	形 欠陥のある 欠陥のある製品はリコールすべきだ。
2846	**limestone** [láɪmstòʊn] The cliffs were made of **limestone**, a sedimentary rock.	名 石灰石 その崖は、堆積岩である石灰岩でできていた。
2847	**cuneiform** [kju:ní:əfɔ̀ərm, kjú:n(i)ə-] **Cuneiform** is one of the world's oldest writing systems.	名 くさび形文字 くさび形文字は世界最古の文字の一つだ。
2848	**retina** [rétənə] Damage to the **retina** can cause blindness.	名 網膜 網膜の損傷は失明の原因になる。
2849	**ditch** [dítʃ] The farmer dug a **ditch** to irrigate his crops.	名 溝、排水溝　他 捨てる 農家は作物に水を供給するために溝を掘った。 同 channel
2850	**undoing** [ʌndú:ɪŋ] His arrogance proved to be his **undoing**.	名 破滅のもと、取り消し その傲慢さが彼の破滅のもととなった。 他 undo（元に戻す）
2851	**plow** [pláʊ] The farmer used a **plow** to prepare the field for planting.	名〈耕作用の〉すき　他 耕す 農民はすきを使って畑を整え、植え付けをした。
2852	**abdomen** [ǽbdəmən] The surgeon made a small incision in the patient's **abdomen**.	名 腹部 外科医は患者の腹部を小さく切開した。
2853	**inert** [ɪnə́:t] The chemical was **inert** and did not react with other substances.	形 不活性の この化学物質は不活性で、他の物質と反応しなかった。

2854	**assimilate** [əsíməlèɪt]	他 自 同化する、吸収する
	Immigrants **assimilate** into their new surroundings through cultural exchange.	移民は文化的交流を通じて新しい環境に同化していく。
		名 assimilation（同化、融合）

2855	**outcompete** [àʊtkəmpíːt]	他 打ち負かす、より競争力が勝る
	Invasive species often **outcompete** native populations.	外来種はしばしば在来種を<u>駆逐してしまう</u>。
		S/W

| 2856 | **pathogen** [pǽθədʒən] | 名 病原体 |
| | **Pathogens** can cause a wide range of illnesses. | <u>病原体</u>は、さまざまな病気を引き起こす。 |

| 2857 | **outgrowth** [áʊtgròʊθ] | 名 派生物、自然の成り行き |
| | Remote work is an **outgrowth** of prolonged quarantine. | リモートワークは、長引く隔離生活から生まれた<u>派生物</u>である。 |

2858	**mire** [máɪə]	名 泥、泥沼
	The economy was in a **mire** of recession for several years.	他 ぬかるみにはまらせる
		経済は、数年間不景気の<u>泥沼</u>にはまっていた。
		同 swamp

| 2859 | **leap** [líːp] | 自 跳ぶ、跳躍する　名 急上昇 |
| | The athlete **leaped** over the hurdle with ease. | 選手はハードルを軽々と<u>跳び越えた</u>。 |

2860	**cradle** [kréɪdl]	名 発祥地、揺りかご
	The area surrounding the Nile River is said to be the **cradle** of civilization.	ナイル川周辺地帯は、文明の<u>発祥地</u>と言われている。
		※

2861	**spark** [spáɚk]	他 引き起こす　自 火花を出す
	New research findings **sparked** a debate.	名 火花
		新たな研究成果が議論を<u>引き起こした</u>。

2862	**bellicose** [bélɪkòʊs]	形 好戦的な
	Bellicose rhetoric can escalate conflicts.	<u>好戦的な</u>物言いは、紛争をエスカレートさせる。
		同 belligerent

| 2863 | **feudal** [fjúːdl] | 形 封建的な |
| | The **feudal** system relied on serfdom. | <u>封建</u>制度は農奴制の上に成り立っている。 |

| 2864 | **acronym** [ǽkrənìm] | 名 頭字語 |
| | **Acronyms** simplify communication of complex concepts. | <u>頭字語</u>は、複雑な概念の伝達を簡略化する。 |

| 2865 | **conceal** [kənsíːl] | 他 隠す |
| | The spy tried to **conceal** his identity and mission. | スパイは自分の正体と使命を<u>隠そう</u>とした。 |

※ **2860 cradle**　from the cradle to the grave は「揺りかごから墓場まで」。

LEVEL 1
LEVEL 2
LEVEL 3
分野別単語

2866 **kinetic energy** [kɪnétɪk énɚdʒi] ☐ ☐ The ball gains **kinetic energy** as it rolls down the hill.	名 運動エネルギー ボールは坂を転がり落ちるにつれ運動エネルギーを得る。
2867 **suction** [sʌ́kʃən] ☐ ☐ The **suction** pump was used to remove water from the flooded basement.	名 吸引 浸水した地下室から水を取り除くために吸引ポンプが使用された。
2868 **isotope** [áɪsətòʊp] ☐ ☐ Radioactive **isotopes** are unstable forms of the element.	名 同位元素、同位体 放射性同位元素は、不安定な元素の形態だ。
2869 **inflict** [ɪnflíkt] ☐ ☐ The hurricane **inflicted** severe damage on the coastal town.	他〈罰やダメージを〉与える ハリケーンは、海岸沿いの町に大きな被害を与えた。
2870 **turnover** [tɚ́ːnòʊvɚ] ☐ ☐ The **turnover** rate in the company is higher than the industry average.	名 離職率、回転率、取引高 その会社の離職率は業界平均より高い。
2871 **subterranean** [sÀbtəréɪniən] ☐ ☐ The **subterranean** tunnel was used to transport goods in secret.	形 地下の 地下トンネルは、秘密裏に物資を輸送するために使用された。
2872 **enslaved** [ɪnsléɪvd, en-] ☐ ☐ The captives were **enslaved** and forced to work in labor camps.	形 奴隷にされた 捕虜は奴隷にされ、労働キャンプで強制労働を強いられた。
2873 **albedo** [ælbíːdoʊ] ☐ ☐ The **albedo** of a surface refers to its ability to reflect light.	名 日射の反射率（光の入射量に対する反射量の比率） アルベドとは、物の表面が光を反射する能力のことである。
2874 **immutable** [i(m)mjúːtəbl] ☐ ☐ Laws of physics are **immutable** and universal.	形 不変の 物理法則は不変で普遍的なものだ。
2875 **dissent** [dɪsént] ☐ ☐ The decision was made despite widespread **dissent**.	名 異議 自 異議を唱える 異議が広まる中、その決定がなされた。
2876 **idiosyncrasy** [ìdiəsíŋkrəsi] ☐ ☐ The writer's style had marked **idiosyncrasies**.	名 特異性 作家の文体には顕著な特異性があった。 形 idiosyncratic（特異な）
2877 **desolate** [désələt, déz-] ☐ ☐ There was no sign of animals in the **desolate** land.	形 荒れ果てた その荒廃した土地には動物がいる気配はなかった。

2878	**textile** [tékstaɪl] The **textile** industry employs many people.	名 織物　形 織物の 繊維産業は多くの人を雇用している。
2879	**safeguard** [séɪfgɑ̀ɚd] The guard is there to **safeguard** the museum's artifacts.	他 保護する　名 保護 警備員は博物館の工芸品を<u>守る</u>ためにいる。 同 protect
2880	**humble** [hʌ́mbl] A **humble** attitude promotes open-mindedness.	形 謙虚な <u>謙虚な</u>態度が広い心を育む。 同 modest
2881	**roadblock** [róʊdblɑ̀(:)k] Injuries are a common **roadblock** on the path to success in sports.	名 障害、道路封鎖 スポーツの成功への道で<u>障害</u>となるものには「けが」も含まれる。
2882	**unaltered** [ʌnɔ́:ltəd] **Unaltered** natural environments are rare in manmade landscapes.	形 変更のない 人工的な風景の中では、<u>変わらぬままの</u>自然環境は珍しい。
2883	**preeminent** [priémənənt] A **preeminent** professor is leading this lab.	形 卓越した <u>著名な</u>教授がこの研究室を率いている。 同 eminent
2884	**sewage** [súːɪdʒ] New laws concerning **sewage** disposal were enacted.	名 下水 <u>下水</u>処理に関する新しい法律が制定さた。
2885	**sizable** [sáɪzəbl] The company received a **sizable** investment to fund its expansion.	形 かなりの その会社は、事業拡大のために<u>多額の</u>出資を受けた。 同 substantial　※
2886	**rekindle** [rìːkíndl] Some countries try to **rekindle** growth by lowering interest rates.	他 よみがえらせる、 　　再び燃え上がらせる 国々は金利を下げることで成長を<u>回復させようとした。</u>
2887	**fringe** [fríndʒ] The city's outskirts are on the **fringe** of the metropolitan area.	名 縁、房飾り 市の郊外は、首都圏の<u>端</u>の方にある。
2888	**lunar** [lúːnɚ] **Lunar** exploration has led to significant advances in space technology.	形 月の <u>月</u>探査は、宇宙技術の大きな進歩につながった。 反 solar（太陽の）
2889	**leaching** [líːtʃɪŋ] Periodical soil **leaching** depletes nutrients from the soil.	名 浸出、濾過 継続的な土壌<u>浸出</u>により、土壌の栄養分が奪われる。

※ **2885 sizable**　a sizable amount of ～で「かなりの量の～」。

2890	**marginal** [mάɚdʒɪn(ə)l] Dropping the price had a **marginal** effect on sales.	形 わずかな、あまり重要でない 値下げが売り上げに与える影響は<u>わずか</u> <u>だった</u>。 同 peripheral
2891	**whisk** [(h)wísk] The waitress **whisked** all the empty plates away.	他 急に持ち去る 自 急に去る 名 泡立て器 ウェイトレスは空いたお皿を全部さっと <u>持っていった</u>。
2892	**conflagration** [kὰ(:)nfləgréɪʃən] Firefighters struggled to extinguish the massive **conflagration**.	名 大火災 消防士は、<u>大火災</u>を消し止めるのに苦労した。
2893	**coagulate** [koʊǽɡjʊlèɪt] Blood **coagulates** to form a clot.	自 凝固する 血液が<u>凝固して</u>血栓を形成する。 同 clot
2894	**multitude** [mʌ́ltət(j)ùːd] The study examined the **multitude** of factors that contribute to obesity.	名 多数、群衆 肥満の原因となる<u>多数</u>の要因について調査した。
2895	**dwarf planet** [dwɔ́ɚf plǽnɪt] Pluto is classified as a **dwarf planet** in our solar system.	名 準惑星、矮惑星 冥王星は太陽系では<u>準惑星</u>に分類される。
2896	**fame** [féɪm] Achieving **fame** can be a double-edged sword for public figures.	名 名声 <u>名声</u>を得ることは、有名人にとってしばしば諸刃の剣となる。
2897	**minister** [mínɪstɚ] The governor was appointed as the **Minister** of Foreign Affairs.	名 大臣 知事は外務<u>大臣</u>に任命された。
2898	**dwindle** [dwíndl] Natural gas in this region has been **dwindling**.	自 減少する この地域の天然ガスは<u>減少して</u>きている。
2899	**etch** [étʃ] She used a needle to **etch** intricate designs into the metal plate.	他 深く刻みつける、 　エッチングで描く 彼女は、針を使って金属板に精巧なデザインを<u>刻み込んだ</u>。
2900	**pigment** [pígmənt] The greenness of plants is determined by **pigments** called chlorophyll.	名 色素、顔料 クロロフィルという<u>色素</u>が植物の青みを決めている。
2901	**shed** [ʃéd] The snake **shed** its skin as it grew larger.	他 脱ぎ捨てる、〈血・涙を〉流す、 　〈熱や光を〉放つ 蛇は大きくなるにつれて皮を<u>脱いだ</u>。 <div align="right">※</div>

2902	**eastward** [íːstwəd]	副 東に向かって
☐ ☐	The trade winds blow **eastward** across the Pacific Ocean.	貿易風は太平洋を<u>東</u>に吹き抜ける。 反 westward（西に向かって）

2903	**crumble** [krʌ́mbl]	自 崩れる
☐ ☐	The old building started to **crumble**.	その古い建物が<u>崩れ</u>始めた。 同 collapse, disintegrate

2904	**percolate** [pə́ːkəlèɪt]	自 浸透する、にじみ出る
☐ ☐	Water can **percolate** through soil and into groundwater reserves.	水は土壌を通って、地下水脈に<u>浸透する</u>。

2905	**articulate** [他自 aətíkjʊlèɪt 形 aətíkjʊlət]	他 自 はっきり述べる 形 はっきりした
☐ ☐	Our baby is beginning to **articulate** words and phrases.	私たちの赤ちゃんは、<u>はっきりとした</u>言葉やフレーズを話し始めている。

2906	**acoustic** [əkúːstɪk]	形 音響の、聴覚の
☐ ☐	**Acoustic** sensing technology is used for underwater exploration.	音響感知技術は、水中探査に用いられている。

2907	**wrest** [rést]	他 もぎ取る、無理に得る
☐ ☐	Our team leader **wrested** consent from other members.	私たちのチームリーダーはメンバーからの<u>同意を無理やり取り付けた</u>。

2908	**arsenal** [áəs(ə)n(ə)l]	名 兵器庫
☐ ☐	The country had an **arsenal** of military machinery.	その国は軍事機器などの<u>兵器庫</u>を持っていた。

2909	**oxidate** [á(:)ksədèɪt]	自 酸化する
☐ ☐	The metal began to **oxidate** and turn brown.	金属が<u>酸化して</u>茶色に変色し始めた。 名 oxidation

2910	**spectator** [spékteɪtəɪ]	名 観客
☐ ☐	The **spectators** cheered when the home team scored the winning goal.	<u>観客</u>はホームチームが勝利のゴールを決めると歓声を上げた。

2911	**abate** [əbéɪt]	他 和らげる 自 和らぐ
☐ ☐	This medicine will **abate** the symptoms gradually.	この薬は、症状を徐々に<u>和らげる</u>。 同 diminish（減らす）

2912	**renounce** [rɪnáʊns]	他 放棄する
☐ ☐	The monarch decided to **renounce** the throne.	君主は王位を<u>放棄する</u>と決意した。

2913	**sedentism** [sédntɪzm]	名 定住主義（同じ場所に定住する生活様式）
☐ ☐	The **sedentism** of early societies allowed for the development of agriculture.	初期社会で見られた<u>定住</u>生活が農業を発展させた。 反 nomadism（遊牧生活）

LEVEL 1
LEVEL 2
LEVEL 3
分野別単語

2914	**pod** [pá(ː)d] The twins are like two peas in a **pod**.	名 さや状のもの、〈蚕の〉まゆ その双子はうり二つだ。(同じさやの中の うり二つの豆、から)
2915	**swath** [swá(ː)θ, swɔ́ːθ] A **swath** cutter can harvest crops efficiently.	名 ひと刈り分の牧草 牧草用の鎌で、作物を効率よく収穫するこ とができる。
2916	**reprimand** [réprəmænd] I was **reprimanded** by my boss for making a mistake.	他 叱責する 名 叱責 エラーについて上司に叱責された。 同 rebuke, reprove
2917	**drainage** [dréɪnɪdʒ] The **drainage** system helped prevent flooding during heavy rains.	名 排水、排水設備 排水システムは大雨の時の洪水を防ぐのに 役立った。
2918	**water table** [wɔ́ːtɚ tèɪbl] The **water table** remained stationary despite the drought.	名 地下水面 (地下水の表面・最上部) 干ばつにもかかわらず、地下水位は一定 だった。
2919	**disentangle** [dìsɪntǽŋgl, -en-] To **disentangle** complex issues, a fresh perspective is needed.	他 解きほぐす 複雑な問題を解き明かすために、新しい視 点が必要だ。 反 entangle
2920	**convergence** [kənvɚ́ːdʒəns] The **convergence** of technologies is driving innovation.	名 収束、収斂 技術の融合が革新を促している。 反 divergence (分岐)
2921	**perfunctory** [pɚfʌ́ŋ(k)təri, -tri] **Perfunctory** work results from being overwhelmed by fatigue.	形 おざなりな、やる気のない おざなりな仕事は過度の疲労から生じる。
2922	**artillery** [ɑɚtíl(ə)ri] The sound of the **artillery** could be heard from miles away.	名 大砲 大砲の音は何マイルも先から聞こえてき た。
2923	**privateer** [pràɪvətíɚ] **Privateers** are granted permission to raid enemy ships.	名 私掠船 (民間武装船) 私掠船は、敵の船を襲撃する許可を与えら れている。
2924	**acquisition** [ækwəzíʃən] Language **acquisition** requires building a large vocabulary.	名 習得、取得 言語習得には、語彙の蓄積が求められる。 S/W
2925	**flora** [flɔ́ːrə] The study of **flora** is called botany.	名 植物相 植物相の研究は植物学と呼ばれる。

2926 punctuate [pʌ́ŋ(k)tʃuèɪt]
Life is **punctuated** by significant events.

他 区切りをつける、句読点を打つ
人生は、重要な出来事で区切られている。

2927 commodities market [kəmɑ́(:)dətiz mɑ̀ɚkɪt]
The **commodities market** responds to fluctuating crop yields.

名 商品市場
商品市場は、変動する農作物の収穫量に反応する。

2928 trajectory [trədʒéktəri, -tri]
The missile's **trajectory** was carefully monitored.

名 軌道
ミサイルの軌道は注意深く監視された。

2929 embezzle [ɪmbézl, em-]
Finally, the would-be accountant was caught **embezzling** company funds.

他 横領する
自称会計士は、会社の資金を横領し、とうとう捕まった。

2930 weary [wɪ́(ə)ri]
Apparently, the travelers were **weary**.

形 疲れた 他 疲れさせる
明らかに、旅行者たちは疲れていた。
形 wearisome（疲れさせる）

2931 distort [dɪstɔ́ɚt]
The lens can **distort** the image and make it appear blurry.

他 歪める、歪曲する
レンズは画像を歪ませ、ぼやけさせる。
名 distortion

2932 redshift [rédʃìft]
The **redshift** of distant galaxies indicates expansion.

名 赤方偏移
遠い銀河の赤方偏移は膨張を示唆している。
反 blueshift（青方偏移）

2933 intestine [ɪntéstɪn]
The small **intestine** is responsible for the absorption of nutrients.

名 腸
小腸は栄養を吸収する役割を担っている。

2934 coalition [kòʊəlíʃən]
Coalition-building involves compromise.

名 連合
連合体の構築には妥協がつきものだ。
同 alliance, union

2935 incur [ɪnkə́ː]
The company will **incur** additional costs for overtime.

他〈負債・損失などを〉負う
会社は、残業代として追加費用を負担する。

2936 superimpose [sùːpəɹɪmpóʊz]
She **superimposed** multiple layers to synthesize a complex image.

他 ぴったり重ねる
彼女は複数のレイヤーを重ね合わせ、複雑なイメージを合成した。
同 overlap

2937 distill [dɪstíl]
Distilling involves separating components by boiling and condensation.

他 蒸留する
蒸留は、沸騰と凝縮によって成分を分離する。
名 distillation（蒸留）形 distilled（蒸留された）

124

2938	**furnace** [fə́ːnəs] Many Victorian homes used a **furnace** to keep warm.	名 炉 ビクトリア朝時代の家では、炉で暖を取っていた。
2939	**unleash** [ʌnlíːʃ] After derailing, the train's cargo began to **unleash** noxious gas.	他 解放する、〈感情などを〉浴びせる 脱線後、列車の貨物が有害なガスを放出し始めた。 同 release
2940	**clump** [klʌ́mp] The soil was **clumped** together and difficult to work with.	他 凝集させる　自 凝集する 名 固まり、群れ 土が固まっていて、作業がしにくかった。 同 cluster
2941	**movable type** [múːvəbl táɪp] **Movable type** printing was invented around AD 1040 in China.	名 可動活字 可動式活字印刷は、西暦1040年頃に中国で発明された。 ※
2942	**regularity** [règjʊlǽrəti] Eating healthier and exercising with **regularity** can improve health.	名 規則性 より良い食事と、規則正しい運動が健康を増進させる。
2943	**misconstrue** [mìskənstrúː] **Misconstruing** statistical data can lead to incorrect conclusions.	他 誤認する、誤解する 統計情報を誤認すると、誤った結論に行き着く。
2944	**driver** [dráɪvə] We identified the **driver** of the major change.	名 原動力 この大きな変化の原動力を特定した。
2945	**striated** [stráɪeɪtɪd] **Striated** rock formations are common in deserts.	形 筋状の、線状の しま模様のある岩層は、砂漠によく見られる。 同 striped
2946	**brittle** [brítl] **Brittle** materials fracture under minimal stress.	形 もろい もろい材料は、最小の圧力で砕けてしまう。 同 fragile
2947	**likeness** [láɪknəs] There are some **likenesses** between the two Mesopotamian cities.	名 似ていること、類似、肖像 メソポタミアの二つの都市には、似ている点がいくつかある。 同 similarity
2948	**city-state** [sítɪstéɪt] Singapore is an example of a **city-state**.	名 都市国家 シンガポールは都市国家の一例である。
2949	**biota** [baɪóʊtə] Understanding **biota** is important for conservation.	名 生物相 生物相を理解することは、生物保全に重要だ。

※ **2941 movable type**　TOEFL では「活版印刷に用いる凸型の字型」で出る。

2950	**elliptical** [ɪlíptɪk(ə)l, əl-]	形 楕円形の
☐ ☐	The **elliptical** orbit of the dwarf planet is intriguing.	その準惑星の<u>楕円形の</u>軌道は興味深い。

2951	**hydrosphere** [háɪdroʊsfìə]	名 水圏
☐ ☐	The **hydrosphere** comprises all of the Earth's water.	<u>水圏</u>は、地球上のすべての水から構成される。

2952	**immaterial** [ìmətí(ə)riəl]	形 物質的でない、重要でない
☐ ☐	**Immaterial** wealth can coexist with a bountiful life.	<u>非物質的な</u>富は、豊かな生活と共存可能だ。

2953	**ideological** [àɪdiəlá(:)dʒɪk(ə)l, `ɪd-]	形 イデオロギーの、観念形態の
☐ ☐	**Ideological** differences can hinder achieving group consensus.	<u>イデオロギーの</u>違いが、グループの合意形成を妨げることがある。 名 ideology

2954	**metamorphosis** [mètəmɔ́əfəsɪs]	名 変態、変容
☐ ☐	The **metamorphosis** of the caterpillar into a butterfly is a fascinating process.	イモムシからチョウへの<u>変態</u>は、魅力的なプロセスだ。　　　　　　　※

2955	**readily** [rédəli]	副 容易に
☐ ☐	The information is **readily** available online.	その情報はインターネットで<u>簡単に</u>入手できる。

2956	**commune** [名 ká(:)mju:n 自 kəmjú:n]	名 地方自治体　自 親しく交わる
☐ ☐	Radical religious cults often form an isolated **commune**.	過激な宗教カルトは、孤立した<u>自治組織</u>を形成することがある。

2957	**overpass** [óʊvəpæ̀s]	名 歩道橋、立体高架道路
☐ ☐	An **overpass** was constructed to solve traffic congestions.	交通渋滞を解消するため、<u>陸橋</u>が建設された。

2958	**revel** [rév(ə)l]	自 大いに楽しむ
☐ ☐	The party-goers **reveled** late into the night.	パーティー参加者たちは、夜遅くまで<u>盛り上がった</u>。

2959	**communal** [kəmjú:n(ə)l, ká(:)mjʊ-]	形 共同社会の
☐ ☐	**Communal** ownership can foster shared responsibility.	物の<u>共同</u>所有により、責任の共有化が見られるようになった。

2960	**interstellar** [ìntəstélə]	形 星と星の間の
☐ ☐	**Interstellar** travel poses significant challenges for space development.	<u>星間</u>旅行は、宇宙開発における大きな課題である。

2961	**carnivore** [ká↗nəvɔ̀ə]	名 肉食動物
☐ ☐	The cheetah is one of the fastest **carnivores**.	チーターは最速の<u>肉食獣</u>の一つである。

※ 2954 metamorphosis　形や性質が変わる様。

2962	**embody** [ɪmbá(:)di, em-] ☐ ☐ The main character in the novel **embodies** the author's worldview.	他 具現化する 小説の主人公は、作者の世界観を<u>具現化し</u> <u>た</u>ものだ。
2963	**inoculation** [ɪnà(:)kjʊléɪʃən] ☐ ☐ **Inoculation** is an effective way to prevent disease.	名 予防接種 <u>予防接種</u>は病気の予防に有効だ。
2964	**primordial** [praɪmɔ́ɚdiəl] ☐ ☐ A variety of microbial life existed on **primordial** Earth.	形 原始的な <u>原始</u>の地球には、さまざまな微生物が存在 していた。
2965	**conditioned** [kəndíʃənd] ☐ ☐ A **conditioned** response was elicited by the ringing of the bell.	形 条件付けされた 条件反射は、ベルを鳴らすことで引き起こ された。
2966	**torrential** [tɔːrénʃəl] ☐ ☐ The **torrential** rain caused flooding in the streets.	形 猛烈な、激流の <u>猛烈</u>な雨は道路に洪水を引き起こした。 名 torrent（急流，激流）
2967	**mandate** [mǽndeɪt] ☐ ☐ The cabinet issued a **mandate** for educational reform.	名 命令、権限 他 権限を与える、公式に命令する 内閣から教育改革の<u>指令</u>が出された。
2968	**circuitry** [sə́ːkɪtri] ☐ ☐ The **circuitry** of the computer was damaged.	名 電気回路 コンピューターの<u>回路</u>が損傷していた。
2969	**reenact** [rìːɪnǽkt] ☐ ☐ They **reenacted** a famous American Civil War battle.	他 再現する、再度制定する、 再演する 彼らはアメリカの南北戦争の有名な戦闘を <u>再現し</u>た。
2970	**prospector** [prá(:)spektɚ] ☐ ☐ Modern **prospectors** have an advantage of increased geologic knowledge.	名 鉱山の探鉱者 現代の<u>探鉱者</u>は、地質学的な知識が豊富で あるという利点がある。
2971	**mundane** [mʌndéɪn] ☐ ☐ The office worker found the task to be **mundane** and repetitive.	形 ありふれた、平凡な 事務員は、その仕事が<u>平凡</u>で反復的だと感 じていた。
2972	**masterpiece** [mǽstɚpìːs] ☐ ☐ Creation of a **masterpiece** takes time, patience and skill.	名 傑作 傑作を生み出すには時間と忍耐と技術が必 要だ。
2973	**suspended** [səspéndɪd] ☐ ☐ The student was **suspended** for academic dishonesty.	形 ぶら下がった、浮遊している、 中断された、停学・停職になった その学生は学業不正のため、在籍資格を<u>停</u> <u>止</u>された。 ※

※ **2973 suspended** イメージミーニング：どこにも行き着くことなく途中でとどまっている様。

2974	**ice sheet** [áɪs ʃìːt] The Antarctic **ice sheet** is melting rapidly.	图 氷床 南極の<u>氷床</u>が急速に解けている。
2975	**concoct** [kənkɑ́(ː)kt] Don't **concoct** excuses that are blatantly false.	他 でっちあげる、作りあげる 明らかにうそとわかる言い訳を<u>でっちあげるな</u>。
2976	**zonation** [zoʊnéɪʃən] The **zonation** of the forest is determined by elevation and climate.	图 帯状分布 森林の<u>帯状分布</u>は標高と気候によって決まる。 图／他 zone（区域、区域に分ける）
2977	**assemblage** [əsémblɪdʒ] **Assemblage** of data helps in drawing conclusions.	图 集まり、集会 データの<u>集積</u>は結論を導くのに役立つ。
2978	**sparsely** [spáɚsli] This **sparsely** populated area is a peaceful retreat from the city.	副 まばらに、低密度に 人が<u>まばら</u>なこの地域は、都会から離れた平和な静養地だ。
2979	**revelation** [rèvəléɪʃən] The honeycomb structure was a groundbreaking **revelation** for engineers.	图 明らかにすること、発覚、啓示 蜂の巣の構造は、技術者には画期的な<u>発見</u>だった。
2980	**geopolitical** [dʒìːoʊpəlítɪk(ə)l] The country's **geopolitical** position makes it our strategic ally.	形 地政学的な その国は<u>地政学的な</u>位置から戦略的な同盟国だ。
2981	**humiliate** [hjuːmílièɪt] The bully sought to **humiliate** his victim in front of the class.	他 恥をかかせる いじめっ子は、クラスの前で被害者を<u>辱めよう</u>とした。
2982	**scrutinize** [skrúːtənàɪz] They **scrutinized** the results of the experiment to ensure accuracy.	他 精査する 正確性の確認のため、実験結果の<u>精査が行われた</u>。 图 scrutiny（調査）
2983	**subtropical** [sʌbtrɑ́(ː)pɪk(ə)l] **Subtropical** climate is characterized by warm temperatures.	形 亜熱帯の <u>亜熱帯の</u>気候は、暖かい気温が特徴である。
2984	**unilateral** [jùːnɪlǽtərəl, -trəl] The **unilateral** decision was made without consulting other stakeholders.	形 一方的な、片側のみの 他の利害関係者に相談することなく、<u>一方的な</u>決定がなされた。 ※
2985	**ravage** [rǽvɪdʒ] Successive civil war **ravaged** the nation.	他 荒らす 相次ぐ内戦で国土は<u>荒廃した</u>。

※ **2984 unilateral** bilateral（双方向の）、multilateral（多国間の）とセットで覚えよう。

2986 transcontinental [trænskɑ̀(:)ntənéntl]
形 大陸横断の
The **transcontinental** railway links the East and West coasts.
大陸横断鉄道は東海岸と西海岸を結んでいる。

2987 bleak [blíːk]
形 荒涼とした、わびしい
Hope seemed **bleak** after the Great Depression.
世界恐慌の後、希望は暗澹たるものに見えた。
同 dreary, dilapidated

2988 gorge [gɔ́ədʒ]
名 渓谷　他 がつがつ食べる
Tourists enjoyed the scenery as they traveled through the **gorge**.
観光客は、渓谷を旅しながら景色を楽しんでいた。

2989 preclude [prɪklúːd]
他 事前に防ぐ、阻む
The new policy will **preclude** any further disputes between the parties.
新しい方針は、当事者間のさらなる論争を防ぐものだ。
同 prevent

2990 outweigh [àʊtwéɪ]
他 より勝る、より重い
The benefits of exercise **outweigh** the potential risks.
運動のメリットはその潜在的なリスクより も大きい。
S/W

2991 sickle [síkl]
名 鎌
The farmer used a **sickle** to harvest the wheat.
農民は、鎌を使って小麦を収穫した。

2992 desperate [désp(ə)rət]
形 必死の、～せずにはいられない、絶望的な
The **desperate** refugees fled the war-torn country.
必死な難民たちは、戦乱の国から逃げ出した。
副 desperately（必死に）

2993 aggravate [ǽgrəvèɪt]
他 悪化させる
The policy may **aggravate** existing social inequalities.
この政策は、既存の社会的不平等を悪化させうる。

2994 kya [kéɪwáɪéɪ]
副 1000 年前
The last ice age ended approximately 10 **kya**.
最後の氷河期は約1万年前（10千年前）に終わった。

2995 phylogenic [fàɪloʊdʒénɪk]
形 系統的な
One enigmatic topic in **phylogenic** studies is convergent evolution.
系統研究において謎に包まれているのが収斂進化だ。

2996 insurrection [ìnsərékʃən]
名 反乱、暴動
The government attempted to eradicate the **insurrection** swiftly.
政府は反乱を速やかに根絶しようと試みた。
同 uprising, rebellion, revolt

2997 deposition [dèpəzíʃən, dìː-]
名 堆積、沈殿、免職、官職剥奪
The **deposition** of sediment forms layers over time.
土砂の堆積により、時間とともに層が形成される。

2998	**pierce** [píɚs] The arrow **pierced** the target in the center.	他 自 穴をあける 矢は的の中央に突き刺さった。
2999	**game** [géɪm] The hunters set out early in the morning to track **game** in the forest.	名 〈猟の〉獲物 ハンターは早朝に出発し、森で獲物を追いかけた。
3000	**niche** [nítʃ, níːʃ] The venture found a **niche** in the robotics industry.	名 ニッチ、適した所 そのベンチャー企業は、ロボット産業の中でニッチを見つけた。
3001	**staple** [stéɪpl] Rice is a **staple** food in many countries and cultures.	形 主要な　名 主要産物 米は多くの国や文化圏で主食とされている。 ※
3002	**raw material** [rɔ́ː mətí(ə)riəl] **Raw material** prices are subject to fluctuations.	名 原材料 原材料の価格はよく変動するものだ。
3003	**arthropod** [ɑ́ɚθrəpɑ̀(ː)d] An **arthropod**'s exoskeleton protects and supports its body.	名 節足動物 節足動物の外骨格は、その体を保護し支えている。
3004	**intrude** [ɪntrúːd] He **intruded** into the reception room without permission.	自 侵入する 彼は許可なく応接室に侵入した。 同 encroach　名 intruder（侵入者）
3005	**shelter** [ʃéltɚ] Once the sirens began, the citizens sought **shelter**.	名 避難所　他 かくまう サイレンが鳴り始めると、市民は避難所を求め逃げた。
3006	**lament** [ləmént] The people **lamented** the passing of the king.	他 自 嘆き悲しむ　名 嘆き 民衆は王の逝去を嘆き悲しんだ。
3007	**soar** [sɔ́ɚ] The bird took off from the branch and **soared** into the sky.	自 上昇する、暴騰する 鳥は小枝から飛び立ち、大空に舞い上がった。 同 escalate, skyrocket 反 plummet
3008	**mollusk** [mɑ́(ː)ləsk] **Mollusks** have a unique anatomical structure.	名 軟体動物 軟体動物は独特の解剖学的構造を持っている。
3009	**burial** [bériəl] The **burial** of ancient artifacts was a solemn affair.	名 埋葬 古代の芸術品の埋葬は、厳粛な行事だった。

※ **3001 staple** 「ホッチキスで留める」という動詞もあり、ホッチキスは stapler。

3010	**configuration** [kənfìgjʊréɪʃən] The **configuration** of the new computer system was complex.	名 構成、形状 新しいコンピューターシステムの構成は複雑だった。 同 arrangement
3011	**symbolize** [símbəlàɪz] In literature, darkness often **symbolizes** hidden secrets.	他 象徴する 文学において、暗闇はしばしば隠された秘密を象徴する。
3012	**banish** [bǽnɪʃ] The king declared that the traitor be **banished**.	他 追放する 王は、裏切り者は追放されるべきと宣言した。 同 exile, oust
3013	**quarry** [kwɔ́:ri] Stone from a **quarry** in Italy was used for this flooring.	名 石切り場 イタリアの採石場から採れた石がこの床材に使われた。
3014	**calligraphy** [kəlígrəfi] The beauty of **calligraphy** lies in its graceful lines and strokes.	名 書道 書道の美しさは、その優雅な線と筆使いにある。
3015	**localize** [lóʊkəlàɪz] This method can help **localize** the origin of earthquakes.	他 場所を特定する、局部化する この方法は、地震の震源地を特定するのに役立つ。
3016	**hilltop** [híltà(:)p] The castle was built on a **hilltop**.	名 丘の頂上 城は丘の頂上に建てられた。
3017	**forage** [fɔ́:rɪdʒ] The deer **foraged** for food in the forest.	自 他 〈食べ物を〉探し回る 鹿は森で餌を探し回った。
3018	**fodder** [fá(:)dɚ] The hay was used as **fodder** for the animals.	名 〈家畜の〉飼料 その干し草は動物の飼料として使われた。
3019	**indiscriminate** [ìndɪskrímənət] **Indiscriminate** bombing violates international humanitarian law.	形 無差別の 無差別爆撃は国際人道法に違反する。 同 random
3020	**tenure** [ténjɚ] His **tenure** in office will end this year.	名 在職期間、〈不動産の〉保有 彼の任期は今年で終わりだ。
3021	**miniature** [míniətʃɚ, -nɪtʃɚ] She created a **miniature** replica of the landmark.	形 小型の 名 縮小模型 彼女はその地形の小型模型を制作した。

3022	**fortress** [fɔ́ətrəs]	名 要塞
☐ ☐	A large **fortress** protected medieval castles from outside invasions.	大きな要塞は、中世の城を外部からの侵略から守った。
3023	**butcher** [bútʃəʳ]	名 肉屋、屠殺者
☐ ☐	The **butcher** carefully prepared the meat for sale in the market.	肉屋は市場で売るための肉を慎重に準備した。
3024	**unobstructed** [ʌnəbstrʌ́ktɪd]	形 妨げにならない
☐ ☐	The view from the mountaintop was **unobstructed** and breathtaking.	山頂からの眺めは遮るものがなく、息をのむ美しさだった。
3025	**repeal** [rɪpíːl]	他 廃止する　名 撤廃
☐ ☐	After years of controversy and protest, the law was **repealed**.	長年の論争と抗議の末、その法律は廃止された。 同 revoke
3026	**learning curve** [lə́ːnɪŋ kə́ːv]	名 学習曲線
☐ ☐	The **learning curve** of the self-updating algorithm is steep.	その自己更新型アルゴリズムの学習曲線は急劇に高い。
3027	**petition** [pətíʃən]	名 請願書、請願　他 嘆願する
☐ ☐	The citizens filed a **petition** to request changes to the ordinance.	市民は、条例の変更を求めるため請願書を提出した。 同 appeal
3028	**disputable** [dɪspjúːtəbl, díspjʊ-]	形 論争の余地がある
☐ ☐	The accuracy of the data is **disputable** because of potential biases.	潜在的なバイアスのため、データ精度には議論の余地がある。
3029	**scorn** [skɔ́ən]	名 軽蔑　他 軽蔑する
☐ ☐	The discovery was met with **scorn** and disbelief.	その発見は、軽蔑と不信の目で迎えられた。 同 disdain, contempt
3030	**henceforth** [hénsfɔ̀əθ]	副 今後、これからは
☐ ☐	**Henceforth**, the rules will be enforced strictly.	今後、ルールは厳格に運用される。 同 from now on
3031	**inflammation** [ìnfləméɪʃən]	名 炎症
☐ ☐	**Inflammation** is a key component of an immune response.	炎症は、免疫反応の重要な要素である。
3032	**antiquity** [æntíkwəti]	名 古代、古さ
☐ ☐	The archaeological site contained artifacts from a remote **antiquity**.	その遺跡には、遠い古代の遺物が残されていた。 形／名 antique（古風な／骨董品）
3033	**senile** [síːnaɪl]	形 老人性の
☐ ☐	The elderly patient exhibited signs of **senile** dementia.	そのご高齢の患者は、老人性痴呆の兆候を示していた。

LEVEL 1
LEVEL 2
LEVEL 3
分野別単語

267

3034 instantaneous [ìnstəntéɪniəs]
Instantaneous decision-making can be risky.

形 瞬間的な
即座の意思決定はリスクを伴うことがある。

3035 deliberate [形 dɪlíb(ə)rət 他 dɪlíbərèɪt]
The decisions were made after careful and **deliberate** analysis.

形 慎重な、意図的な 他 熟考する
注意深く慎重な分析後に決定がなされた。

3036 muster [mʌ́stər]
He struggled to **muster** up the courage needed to fight his opponent.

他 奮い起こす、集める
彼は、敵と戦う勇気を振り絞るのに必死だった。

3037 nuisance [n(j)úːs(ə)ns]
A flock of noisy birds created a **nuisance**.

名 迷惑、やっかいなもの
騒がしい鳥の群れが迷惑だった。

3038 ruthless [rúːθləs]
The **ruthless** dictator would stop at nothing to maintain his power.

形 冷酷な
冷酷な独裁者は、権力を維持するために手段を選ばない。
同 merciless, relentless

3039 tribute [tríbjuːt]
The monument was built as a **tribute** to the fallen soldiers.

名 賛辞、貢ぎ物
記念碑は戦死した兵士への追悼のために建てられた。

3040 succession [səkséʃən]
Succession planning involves identifying future leaders.

名 継承、相続
事業の継承計画には、リーダーの選定が含まれる。

3041 bear [béər]
This study doesn't **bear** any relevance to meteorology.

他 有する、産む、〈実を〉結ぶ、帯びる、耐える
この研究は気象学に対して何の関係性も持たない。

3042 watershed [wɔ́ːtərʃèd]
The environmental group monitors the **watershed** area.

名 川の流域、分水嶺
環境団体はその流域を監視している。

3043 bioagent [bàɪoʊéɪdʒənt]
The research team studied the effects of the **bioagent** on the environment.

名 バイオエージェント（生物由来の薬品や作用剤）
研究チームは、バイオ剤が環境に与える影響について研究した。

3044 intercontinental [ìntərkà(ː)ntənéntl]
Intercontinental flights play a crucial role in driving global economic growth.

形 大陸間の
大陸間フライトは、国際経済の成長に不可欠だ。

3045 irradiance [ɪréɪdiəns]
Solar **irradiance** affects the rate of photosynthesis.

名 光輝
太陽放射照度は光合成速度に影響を与える。

268

3046	**flake** [fléɪk]	名 薄片　自 はげ落ちる
☐ ☐	Coal miners discovered a **flake** of rare metal.	炭鉱作業員たちがレアメタルの<u>薄片</u>を発見した。

3047	**celebrated** [séləbrèɪtɪd]	形 著名な、名高い
☐ ☐	The **celebrated** artist was known for his unique technique.	その<u>有名な</u>芸術家は、ユニークな技術で知られていた。

3048	**plague** [pléɪɡ]	他 悩ます　名 疫病
☐ ☐	Drought and wildfires continue to **plague** the inland areas.	干ばつと山火事が内陸部を<u>苦しめ</u>続けている。

3049	**upstream** [ʌ́pstríːm]	形 上流側の　副 上流側へ
☐ ☐	The **upstream** location of the dam affects the downstream water flow.	ダムの<u>上流の</u>位置が下流の水流に影響を与える。 反 downstream

3050	**bristle** [brísl]	名 剛毛　自 毛を逆立てる
☐ ☐	The **bristle** of the animal is waterproof.	その動物の<u>毛</u>には防水性がある。

3051	**exuberance** [ɪɡzúːb(ə)rəns, eɡ-]	名 活気、豊富，繁茂
☐ ☐	The dancer's **exuberance** captivated the audience.	ダンサーの<u>活気</u>は観客を魅了した。

3052	**provision** [prəvíʒən]	名 支給、準備、食料、規定
☐ ☐	We support the **provision** of food for the victims.	私たちは被災者への食料<u>提供</u>を支援している。　　　　　　　　※

3053	**stake** [stéɪk]	名 くい、賭け 他 くいで区画する、賭ける
☐ ☐	The fence was supported by **stakes**.	柵は<u>くい</u>で支えられていた。

3054	**isthmus** [ísməs]	名 地峡
☐ ☐	Historically, the **Isthmus** of Corinth connected Peloponnese with the peninsula.	かつて、ペロポネソスと半島は、コリントス<u>地峡</u>でつながっていた。

3055	**glittering** [ɡlítərɪŋ, -trɪŋ]	形 きらめく
☐ ☐	The **glittering** lights of the city mesmerized us.	街の<u>きらめく</u>光に魅了された。

3056	**mediocre** [mìːdióʊkəɹ]	形 平凡な、並の
☐ ☐	The singer gave a **mediocre** performance.	その歌手の演奏は<u>平凡な</u>ものだった。 同 average

3057	**metaphor** [métəfɔ̀ɹ, -fəɹ]	名 隠喩
☐ ☐	The **metaphor** used in the poem conveys the theme of love and loss.	この詩で使われている<u>隠喩</u>は、愛と喪失というテーマを伝えている。

※ **3052 provision**　provision と provide（語源は同じ）は、将来を見越して何かを準備する、という根源の意味を押さえれば理解しやすい。　　**269**

| 3058 | **stall** [stɔ́ːl] | 自 失速する、立ち往生する、エンストを起こす　名 露店 |
| | The engine began to **stall**, causing the vehicle to decelerate. | エンジンが<u>ストール</u>し始め、車は減速した。　　　　　　　　　　　　　　　　※ |

| 3059 | **terminal** [tə́ːmən(ə)l] | 形 終末の　名 終点 |
| | The Mayan civilization entered the **terminal** phase of its history. | マヤ文明はその歴史の<u>終末</u>期を迎えた。 |

| 3060 | **conditioning** [kəndíʃ(ə)nɪŋ] | 名 条件付け |
| | Behaviorists emphasize the role of **conditioning**. | 行動主義者は<u>条件付け</u>の役割に重きを置いている。 |

| 3061 | **food web** [fúːd wèb] | 名 食物連鎖、食物網 |
| | **Food webs** illustrate the interdependence of species. | <u>食物連鎖</u>は、生物種の相互依存を示すものである。 |

| 3062 | **synchronize** [síŋkrənàɪz] | 他 同期する |
| | All these electronic devices have been **synchronized**. | これらの電子機器はすべて<u>同期化されてい</u>る。 |

| 3063 | **literary work** [lítərèri wə́ːk] | 名 文学作品 |
| | *Hamlet* is a **literary work** that continues to captivate readers even today. | 『ハムレット』は現代でも読者を魅了し続ける<u>文学作品</u>だ。 |

| 3064 | **jurisdiction** [dʒɔ̀(ə)rɪsdíkʃən] | 名 司法権、管轄区 |
| | The court has **jurisdiction** over cases within its geographic area. | 裁判所は、その地理的範囲内の事件を<u>管轄</u>している。 |

| 3065 | **heat island** [híːt àɪlənd] | 名 ヒートアイランド（都市高温帯） |
| | The use of green infrastructure can mitigate **heat island** effects. | グリーンインフラの利用で、<u>ヒートアイランド</u>現象は緩和される。 |

| 3066 | **dump** [dʌ́mp] | 他 投げ捨てる、放り出す |
| | The company was accused of **dumping** toxic waste into the river. | その会社は、有毒廃棄物を河川に<u>投棄した</u>ことで起訴された。　同 jettison |

| 3067 | **open system** [óʊp(ə)n sístəm] | 名 開放系 |
| | Earth is an **open system**. | 地球は<u>オープンシステム</u>である。　反 closed system　　　　　　　　　　　　　※ |

| 3068 | **writing system** [ráɪtɪŋ sìstəm] | 名 文字体系 |
| | The ancient Egyptians used hieroglyphs in their **writing system**. | 古代エジプトの<u>文字体系</u>には象形文字が使われていた。 |

| 3069 | **overly** [óʊvəli] | 副 過度に |
| | That refrigerator came with a useful but **overly** long user manual. | その冷蔵庫には、便利だが<u>長すぎる</u>取扱説明書がついていた。　同 excessively |

※ **3058 stall** 「エンスト」はこの engine stall から。／ **3067 open system** 外部と物質やエネルギーの出入りがある系。

| 3070 | **bundle** [bʌ́ndl] | 名 束　他 束ねる |
| | We used a **bundle** of electrodes to measure brain activity. | 脳活動を測定するために、電極の<u>束</u>を使用した。 |

| 3071 | **meteorological** [mì:tiərəlá(:)dʒɪk(ə)l] | 形 気象の、気象学的な |
| | **Meteorological** data was utilized to monitor the movement of volcanic ash. | 火山灰の動きを監視するために、<u>気象</u>データが活用された。 |

| 3072 | **infraction** [ɪnfrǽkʃən] | 名 違反、違反行為 |
| | The athlete was penalized for an **infraction** during the game. | その選手は、試合中の<u>反則</u>で罰せられた。 |

| 3073 | **nebular** [nébjʊlər] | 形 星雲の |
| | The **nebular** hypothesis explains the formation of the solar system. | <u>星雲</u>説は、太陽系の形成を説明するものである。 |

3074	**relentless** [rɪléntləs]	形 容赦ない
	Their **relentless** pursuit of profit resulted in ethical violations.	<u>容赦ない</u>利益追求が倫理違反につながった。
		同 ruthless　反 lenient

| 3075 | **notwithstanding** [nà(:)twɪθstǽndɪŋ, -wɪð-] | 前 副 ～にもかかわらず、だけれど |
| | **Notwithstanding** the challenges, the project was a success. | 困難<u>にもかかわらず</u>、プロジェクトは成功した。 |

| 3076 | **meticulous** [mətíkjʊləs] | 形 細心の、綿密な |
| | The scientist was **meticulous** in recording the data. | その科学者は、データの記録に<u>細心の注意を払った</u>。 |

| 3077 | **wobble** [wá(:)bl] | 自 ぐらぐらする、動揺する |
| | The gymnast lost her balance and **wobbled** on the balance beam. | 体操選手はバランスを崩し、平均台の上でふらふらと<u>揺れていた</u>。 |

| 3078 | **fragmented** [frǽgmentɪd, frægmént-] | 形 断片的な、破片になった |
| | The data was **fragmented** and irreparable. | データは<u>断片化され</u>、修復不可能だった。 |

| 3079 | **offset** [他 ɔ̀:fsét, à(:)f-　名 ɔ́:fsèt, á(:)f-] | 他 相殺する　名 差し引き |
| | Part of the carbon footprint was **offset** by planting trees. | 一部の二酸化炭素排出は、植樹によって<u>相殺された</u>。 |

3080	**bane** [béɪn]	名 災いのもと
	Climate change is the **bane** of environmental sustainability.	環境の持続可能性において、気候変動が<u>最大の問題</u>である。
		形 baneful（有毒な）

| 3081 | **prowess** [práʊəs] | 名 腕前、優れた能力、武勇 |
| | The Spartans were known for their exceptional military **prowess**. | スパルタ人は、卓越した<u>武勇</u>で知られていた。 |

LEVEL 1

LEVEL 2

LEVEL 3

分野別単語

3082 **blood vessel** [blʌ́d vès(ə)l]
Blood vessels transport oxygen-rich blood to the brain.

名 血管
血管は、酸素を多く含む血液を脳に運んでいる。

3083 **emblem** [émbləm]
This emblem symbolizes our underlying philosophy.

名 記章、エンブレム
この記章は、われわれの根底にある哲学を表している。

3084 **cistern** [sístən]
The cistern stored rainwater for use during droughts.

名 貯水池
貯水槽には、干ばつ時に使用する雨水がためられていた。

3085 **alkaline** [ǽlkəlàm, -lɪn]
The alkaline solution was used to neutralize the acidic waste.

形 アルカリ性の
アルカリ性溶液は、酸性の廃棄物を中和するために使われた。
同 basic 反 acidic

3086 **allotment** [əlɑ́(:)tmənt]
The allotment of resources is a key consideration in project management.

名 割り当て、分配
リソースの割り当ては、プロジェクト管理の鍵となる事柄だ。
他 allot 名 allocation

3087 **biodegradable** [bàɪoʊdɪgréɪdəbl]
Biodegradable materials are essential for preserving the environment.

形 生分解性の
生分解性材料は、環境保護のために有効である。

3088 **purge** [pə́ːdʒ]
The CEO decided to purge the company of corrupt employees.

他 一掃する、浄化する
CEOは、堕落しきった従業員を一掃すると決めた。

3089 **anomaly** [ənɑ́(:)məli]
The study detected an anomaly in the data.

名 異常、異例
その研究はデータに異常があることを検出した。
同 abnormality, aberration

3090 **far-flung** [fɑ́ɚflʌ́ŋ]
The empire had far-flung territories.

形 広範囲にわたる、遠く離れた
帝国は広範囲にわたる領土を持っていた。

3091 **propagate** [prɑ́(:)pəgèɪt]
Propagating a rumor can have consequences.

他 広める、普及させる
うわさを広めることで、重大な事態が発生することもある。

3092 **coping** [kóʊpɪŋ]
Effective coping strategies can help people manage stress and adversity.

形 対処するための、対応するための
効果的な対処法で、ストレスや逆境にうまく対応できる。　　　　　※

3093 **esophagus** [ɪsɑ́(:)fəgəs, i:-]
Acid reflux damages the lining of the esophagus.

名 食道
酸の逆流は、食道の内壁を傷つける。

3094	**mummify** [mʌ́məfàɪ]	他 ミイラ化する
	Ancient Egyptians **mummified** their pharaohs for preservation.	古代エジプト人は、ファラオを保存するためにミイラにした。
		名 mummy（ミイラ）

| 3095 | **misery** [míz(ə)ri] | 名 悲惨、惨めさ |
| | Extreme poverty can cause **misery**. | 極端な貧困は悲惨な状況を引き起こす。 |

| 3096 | **nonperishable** [nà(:)npérɪʃəbl] | 形 腐敗しにくい |
| | Canned food is a common type of **nonperishable** item. | 缶詰は、一般的な腐敗しにくい物品の一種である。 |

| 3097 | **unrivaled** [ʌ̀nráɪv(ə)ld] | 形 無比の、無敵の |
| | His **unrivaled** performance set a new world record. | 彼の比類なきパフォーマンスは世界新記録を樹立した。 |

3098	**testify** [téstəfàɪ]	自 他 証言する
	She was asked to **testify** in court.	彼女は法廷で証言するよう求められた。
		同 attest

| 3099 | **demolish** [dɪmá(:)lɪʃ] | 他 取り壊す |
| | **Demolishing** structures requires careful planning. | 構造物を解体するには、慎重な計画が必要だ。 |

| 3100 | **muggy** [mʌ́gi] | 形 蒸し暑い |
| | **Muggy** weather often exacerbates respiratory issues. | 蒸し暑い天気は、しばしば呼吸器の問題を悪化させる。 |

3101	**elongate** [ɪlɔ́:ŋgeɪt, əl-]	自 長くなる　他 長くする
	The leaf grew and **elongated** towards the sun.	葉は成長し、太陽に向かって伸びていった。
		反 shorten

3102	**rival** [ráɪv(ə)l]	他 匹敵する　名 ライバル
	The team's performance **rivaled** that of professionals.	そのチームのパフォーマンスはプロに匹敵した。
		名 rivalry（競争、対抗関係）

3103	**heave** [híːv]	他 持ち上げる、投げ出す
	The workers **heaved** the heavy equipment up to the second floor.	作業員は重機を2階まで運び上げた。
		同 lift

| 3104 | **porcelain** [pɔ́ɚs(ə)lən] | 名 磁器 |
| | **Porcelain** is often used for decorative purposes. | 磁器は装飾用として使われることも多い。 |

3105	**intermingle** [ìntɚmíŋgl]	自 混ざり合う
	Once heated, the mixture of molecules began to **intermingle**.	熱を加えると、分子の混合物は混ざり合い始めた。
		同 mingle, mix

LEVEL 1

LEVEL 2

LEVEL 3

分野別単語

131

3106	**fertile** [fə́ːtl] □ □ The **fertile** soil was ideal for growing crops.	形 肥沃な 肥沃な土壌は作物を育てるのに理想的だった。
3107	**fern** [fə́ːn] □ □ A **fern** reproduces through spores since it lacks seeds and flowers.	名 シダ植物 シダは種子や花を持たないため、胞子で繁殖する。
3108	**sequential** [sɪkwénʃəl] □ □ **Sequential** learning builds strong foundations.	形 連続する 継続した学習で、理解の土台が強固になる。
3109	**rationale** [ræ̀ʃənǽl] □ □ The **rationale** for my assertion is straightforward.	名 根拠 私の主張の根拠は単純明快だ。 同 justification S/W
3110	**vocalize** [vóʊkəlàɪz] □ □ The opera singer **vocalized** the highest notes effortlessly.	他 発声する オペラ歌手は最高音を難なく発声した。
3111	**ovation** [oʊvéɪʃən] □ □ The musician received a standing **ovation**.	名 大喝采 音楽家は、スタンディングオベーション（大喝采）を受けた。 同 applause
3112	**deface** [dɪféɪs] □ □ The man attempted to **deface** the historic monument.	他 汚す 男は歴史的な石碑を汚そうとしていた。
3113	**body** [bɑ́di] □ □ Salinity is the concentration of salt in a **body** of water.	名 かたまり、一群 塩分濃度とは、その水域に含まれる塩の濃度のことだ。 ※
3114	**infighting** [ínfàɪtɪŋ] □ □ Increased **infighting** destroyed the company's chances of recovery.	名 内輪もめ 内紛の激化は、会社の再建の可能性をつぶした。
3115	**fling** [flíŋ] □ □ The athlete **flung** the discus with great force.	他 投げつける、ほうり込む その選手は円盤を力強く投げた。
3116	**prairie** [pré(ə)ri] □ □ **Prairies** found in North America are an important ecosystem.	名 大草原 北米に広がる大草原は、重要な生態系だ。
3117	**pasture** [pǽstʃər] □ □ Our horses were grazing in the **pasture**.	名 牧草地 その馬は牧草地で草を食べていた。

※ **3113 body** a body of ～の形で頻出。

3118 exterminate [ɪkstə́ːmənèɪt, eks-]

Some colonizers aimed to **exterminate** the native population.

他 撲滅する
先住民の絶滅を図った開拓者もいた。
同 eradicate, annihilate, decimate

3119 defect [名 díːfekt, dɪfékt 自 dɪfékt]

Defects can be identified through quality control.

名 欠陥　自 離脱する
欠陥は品質管理によって特定できる。

3120 wounded [wúːndɪd]

The **wounded** soldier was airlifted to a nearby hospital for treatment.

形 傷ついた
負傷した兵士は治療のために近くの病院へ空輸された。
名 wound（傷）

3121 antipathy [æntípəθi]

Antipathy towards change may impede progress.

名 反感
変化に対する反感は進歩を阻害することがある。

3122 nascent [nǽs(ə)nt, néɪ-]

The **nascent** industry has yet to establish standardized practices.

形 初期の
初期段階にあるその業界では、標準的な手法が確立されていない。

3123 limiting factor [límɪtɪŋ fǽktə]

The **limiting factor** was the lack of funding for the project.

名 制限要因
制約要因は、プロジェクトの資金不足であった。

3124 slogan [slóʊɡ(ə)n]

The company's values were reflected in its **slogan**.

名 スローガン
企業の価値観は、そのスローガンに反映されていた。

3125 convene [kənvíːn]

This symposium will **convene** domain experts to discuss international development.

他 召集する
国際開発について議論するために専門家を召集する。

3126 centerpiece [séntəpìːs]

The **centerpiece** of the study was the analysis of the data.

名 最も重要なもの、目玉
その研究の主要項目は、データの解析だった。

3127 indigo [índɪɡòʊ]

Indigo is a natural dye derived from plants.

名 インディゴ、藍色
インディゴは、植物由来の天然染料である。

3128 artisan [ɑ́ətəz(ə)n]

The **artisan** crafted the pottery by hand.

名 職人、熟練工
職人は手作業で陶器を作り上げた。
同 craftsman

3129 disparity [dɪspǽrəti]

The economic **disparity** between the rich and poor was a major issue.

名 不均等、格差
高所得者と低所得者の経済格差は大きな問題であった。
同 discrepancy　反 parity

LEVEL 1
LEVEL 2
LEVEL 3
分野別単語

3130	**solidify** [səlídəfàɪ] The cement was left to **solidify** overnight.	自 凝固する　他 固める セメントは、凝固するのに一晩おかれた。
3131	**by-product** [báɪprɑ̀(:)dʌkt] Industrialization creates hazardous waste as a **by-product**.	名 副産物 産業化は、副産物として有害廃棄物を生み出す。
3132	**transmit** [trænzmít, træns-] This technology allows data to be **transmitted** by cellular phones.	他 送る、伝える、送信する この技術により、携帯でデータを送ることが可能になる。
3133	**proliferation** [prəlìfəréɪʃən, proʊ-] We did not observe **proliferation** of nerve cells.	名 増殖、急増 神経細胞の増殖は観察できなかった。
3134	**parchment** [pɑ́ətʃmənt] The ancient text was written on a piece of **parchment**.	名 羊皮紙 古代の文章は羊皮紙に書かれていた。
3135	**proactive** [pròʊǽktɪv] The city is taking a **proactive** approach to crime prevention.	形 積極的な、主体的な 市は犯罪防止に積極的に取り組んでいる。 S/W
3136	**homologous** [hoʊmɑ́(:)ləgəs] Although different in design, a seal's flipper is **homologous** to one's arm.	形 異形同源の、相同の 見た目は異なるが、アザラシのヒレと人間の腕は同源だ。 反 heterologous　※
3137	**barn** [bɑ́ən] The farmer stored hay in the **barn** for the winter.	名 〈農家の〉納屋、牛舎 農民は冬の間、納屋に干し草を貯蔵した。
3138	**landmass** [lǽndmæ̀s] **Landmass** shifts affect global climate patterns.	名 陸地、地塊 大陸変動は地球規模の気候パターンに影響を与える。
3139	**circadian** [səˈkéɪdiən] The **circadian** rhythm regulates sleep and wakefulness.	形 24 時間周期の、日周性の 日周リズムが睡眠と覚醒を調節している。
3140	**anchor** [ǽŋkəˈ] Use these pegs to **anchor** the tent to the ground.	他 固定する　名 いかり このペグを使って、テントを地面に固定してください。 ※
3141	**sentiment** [séntəmənt] The **sentiment** of the speech was one of hope and unity.	名 感情、感傷、情緒 スピーチに含まれた感情は、希望と団結を表すものだった。 同 feeling

3142 afflict [əflíkt]
Tuberculosis **afflicts** millions of people worldwide.
他 苦しめる
結核は世界中で何百万人もの人を苦しめている。
同 plague 名 affliction（苦悩、悩みの種）

3143 cold-blooded [kóʊldblʌ́dɪd]
Reptiles are **cold-blooded** animals that rely on external heat sources.
形 冷血の
爬虫類は冷血動物で、外部の熱に依存している。
同 ectothermic 反 warm-blooded, endothermic

3144 swarm [swɔ́ɚm]
A **swarm** of locusts can destroy entire crops.
名 群れ 自 群れる
イナゴの大群は、農作物を全滅させることがある。

3145 diversion [dɪvɚ́ːʒən, daɪ-]
With the **diversion** of water flows, the canal became more controllable.
名 転換、脇へそらすこと
水流の転換で運河は管理しやすくなった。

3146 utilitarian [juːtìləté(ə)riən]
A **utilitarian** approach prioritizes practicality over aesthetics in design.
形 実利的な、功利主義の
名 功利主義者
実用主義的なアプローチは、デザインの美学よりも実用性を優先する。

3147 supplant [səplǽnt]
Some invasive species will **supplant** the native plants.
他 取って代わる
一部の外来種は、在来種の植物に取って代わる。
同 replace, supersede

3148 barren [bǽrən]
The **barren** desert landscape was inhospitable to life.
形 不毛な
不毛の砂漠地帯は、生き物が住める場所ではなかった。
同 sterile 反 fertile

3149 inconclusive [ìnkənklúːsɪv]
The results of the experiment were **inconclusive** and required further investigation.
形 決定的でない
実験の結果は決定的ではなく、さらなる調査が必要だった。
反 conclusive（決定的な） S/W

3150 miscellaneous [mìsəléɪniəs]
The **miscellaneous** items were aptly categorized.
形 雑多な
雑多な項目は適切に分類された。

3151 protrusion [proʊtrúːʒən, prə-]
His pain was caused by a **protrusion** of a disc in his lower back.
名 突出
彼の感じた痛みは、腰の椎間板の突出が原因だった。

3152 theatrical [θiǽtrɪk(ə)l]
The **theatrical** performance received rave reviews from the audience.
形 演劇的
演劇のパフォーマンスは観客から絶賛された。

3153 crisscross [krískrɔ̀s]
Venice has dozens of canals **crisscrossing** the city.
他 十字に交差する 名 十字模様
ベネチアでは何十本もの運河が十字に交差している。

277

3154	**northernmost** [nɔ́ɚ♂ənmòʊst] The **northernmost** town in the world is in Norway.	形 最北端の 世界最北の町はノルウェーにある。 反 southernmost（最南端の）
3155	**proposition** [prɑ̀(:)pəzíʃən] A **proposition** was created to protect wolves in Colorado.	名 提案、申し出、主張 コロラド州でオオカミを保護するための提案が出された。 ※
3156	**sever** [sévɚ] The surgeon had to **sever** the nerve to remove the tumor.	他 切断する、断つ 外科医は腫瘍を除去するために神経を切断しなければならなかった。 同 cut off
3157	**heterogeneity** [hètəroʊdʒɪníːəti] They examined the **heterogeneity** of the population and its implications.	名 異質性 彼らは人口の異質性とその影響について調査した。 形 heterogeneous（異質の）
3158	**olfactory** [ɑ(:)lfǽktəri, -tri] The **olfactory** system is responsible for the sense of smell.	形 嗅覚 嗅覚系はにおいの感覚を司る。
3159	**proprietor** [prəpráɪətɚ] As a **proprietor** of the French restaurant, the chef created an eye-catching menu.	名 所有者、事業主 フランス料理店の経営者として、シェフは目を引くメニューを作った。 同 owner
3160	**affable** [ǽfəbl] Being a teacher requires an **affable** personality.	形 愛想のいい 教師という職業には愛想のいい人柄が必要だ。
3161	**ominous** [ɑ́(:)mənəs] The **ominous** clouds signaled an impending storm.	形 不吉な 不吉な雲が、嵐の到来を告げていた。
3162	**wasp** [wɑ́(:)sp] The **wasp** nest remained intact after the storm.	名 スズメバチ、気難しい人 嵐の後も、スズメバチの巣は無傷のままだった。
3163	**apocalyptic** [əpɑ̀(:)kəlíptɪk] **Apocalyptic** literature often depicts the end of humanity.	形 黙示録的な、世界の終末の 黙示録的な文学は、人類の終焉を描くものが多い。
3164	**intermittently** [ɪntɚmítəntli, -tnt-] The electricity supply was interrupted **intermittently**.	副 断続的に 電気の供給が断続的に途絶えた。 同 sporadically
3165	**precursor** [prɪkə́ːsɚ] The **precursor** to the Renaissance was the Dark Ages.	名 前身、先駆者、前兆 ルネッサンスの前身は暗黒時代であった。 同 forerunner

※ **3155 proposition** 関連する語句 propose とセットで考えるとイメージがつかみやすい。

3166 ostentatious [à(:)stəntéɪʃəs]
Ostentatious architecture often attracts tourists.

形 派手な、これ見よがしの
ど派手な建築は、しばしば観光客を引き付ける。

3167 ubiquitous [juːbíkwətəs]
Smartphones have become **ubiquitous** in modern society.

形 至る所に存在する
現代社会で、スマートフォンは至る所で見られるものになった。

3168 Paleolithic [pèɪliəlíθɪk]
Paleolithic humans were nomadic hunters.

形 旧石器時代の 名 旧石器時代
旧石器時代の人類は、遊牧の狩猟民族だった。

3169 vandalism [vǽndəlìzm]
Vandalism is a common problem in urban areas.

名 破壊行為
破壊行為は都市部で蔓延している問題だ。

3170 chlorophyll [klɔ́ːrəfìl]
Chlorophyll is the pigment that gives plants their green color.

名 葉緑素、クロロフィル
植物の緑色は葉緑素という色素からきている。

3171 imperceptibly [ìmpɚséptəbli]
Imperceptibly small details make a big difference.

副 知覚できないほどに
知覚できないほど小さな細部が、大きな違いを生む。
形 imperceptible（ごくわずかな、知覚できないほどの）

3172 agitate [ǽdʒətèɪt]
The crowd was **agitated** by the activist's sensational speech.

他 自 扇動する、心をかき乱す
活動家のセンセーショナルな演説は群衆を扇動した。
同 stir, disturb

3173 sprawl [sprɔ́ːl]
Roman cities **sprawled** across rivers.

自 無計画に広がる、大の字に寝そべる
ローマの町は川を越えて広がっていった。

3174 warm-blooded [wɔ́ːmblʌ́dɪd]
Warm-blooded animals can regulate their body temperature.

形 温血の
温血動物は体温を調節することができる。
反 cold-blooded（冷血の）

3175 eternal [ɪtɚ́ːn(ə)l]
Eternal life is a concept found in many religious traditions.

形 永遠の
永遠の命は、多くの宗教的伝統に見られる概念である。
名 eternity

3176 misuse [名 mìsjúːs 他 mìsjúːz]
Misuse of the equipment can cause safety hazards.

名 誤用 他 濫用する
機器の誤用により、安全上の問題が発生した。

3177 spur [spɚ́ː]
The success of the team provided a **spur** for other athletes to excel.

名 拍車、刺激 他 拍車をかける
チームの成功は、他のアスリートの躍進に拍車をかけた。
同 propel, drive, push

L E V E L 1

L E V E L 2

L E V E L 3

分野別単語

🎧 134

3178 ☐ ☐	**epoch** [épək, épɑ(:)k] The emergence of agriculture marked a new **epoch** in human history.	名 時代 農業の出現は、人類史の新たな<u>時代</u>の幕開けとなった。 同 era, age
3179 ☐ ☐	**rehabilitate** [rì:(h)əbílətèɪt] The prison system's goal is to **rehabilitate** offenders and reduce recidivism rates.	他 復帰させる、修復する 刑務所の役割は、犯罪者を社会<u>復帰させ</u>、 再犯率を下げることだ。
3180 ☐ ☐	**wholesome** [hóʊlsəm] **Wholesome** diets contribute to one's overall well-being.	形 健康によい <u>健全な</u>食生活は、全身の健康に寄与する。
3181 ☐ ☐	**fluke** [flú:k] The win was considered a **fluke**.	名 まぐれ当たり、偶然の出来事 その勝利は<u>まぐれ</u>だった。
3182 ☐ ☐	**unmolested** [Ànməléstɪd] The wildlife sanctuary was left **unmolested** by humans.	形 害されていない その野生生物保護区は人間の手で<u>害されないまま</u>残されていた。 同 intact
3183 ☐ ☐	**indignant** [ɪndígnənt] Many citizens were **indignant** about the lack of transparency.	形 憤慨した 多くの市民が、透明性の欠如に<u>憤慨した</u>。 同 furious, resentful
3184 ☐ ☐	**superpower** [sú:pəɹpàʊəɹ] **Superpowers** often compete for control of strategic resources, such as oil.	名 超大国 <u>超大国</u>はしばしば、石油などの戦略的資源の支配をめぐって争う。
3185 ☐ ☐	**enclose** [ɪnklóʊz, en-] The land is **enclosed** by barbed fences.	他 囲む その土地は有刺鉄線のフェンスで<u>囲まれている</u>。 名 enclosure（囲い）
3186 ☐ ☐	**plunder** [plÁndəɹ] The ancient city was **plundered** by invading armies.	他 略奪する その古代都市は侵略軍に<u>略奪された</u>。 同 loot, pillage
3187 ☐ ☐	**jade** [dʒéɪd] **Jade** is a precious stone that is highly valued in many cultures.	名 ひすい <u>ひすい</u>は、多くの文化圏で高く評価されている宝石だ。
3188 ☐ ☐	**fixed point** [fíkst póɪnt] The economy reached a **fixed point** after the recession.	名 定点 不況後、経済は一つの<u>安定ポイント</u>に達した。
3189 ☐ ☐	**outpost** [áʊtpòʊst] The **outpost** was located in a remote area of the wilderness.	名 前哨基地、辺境の植民地 <u>前哨基地</u>は荒野の僻地にあった。

3190 **feces** [fíːsiːz]
☐
☐
Rabbits have low digestion and their **feces** contain nutrients, which they eat again.

名 糞便
ウサギは消化力が低く糞に栄養があるため、その糞を食べるのだ。

3191 **mirage** [mərάːʒ]
☐
☐
The **mirage** created the illusion of a pool of water in the desert.

名 蜃気楼
蜃気楼は、砂漠に水があるような錯覚を起こした。

3192 **afloat** [əflóʊt]
☐
☐
The boat stayed **afloat** on the surface of the water.

形 浮かんでいる
そのボートは水面に浮かんだままだった。

3193 **insufferable** [ìnsʌ́f(ə)rəbl]
☐
☐
The pain caused by poisonous mushrooms is **insufferable**.

形 耐えがたい
毒キノコによる痛みは<u>耐えがたい</u>ものだ。
同 unbearable

3194 **inland sea** [ínlænd síː]
☐
☐
The Dead Sea is an **inland sea** that lies between Jordan and Israel.

名 内海
死海は、ヨルダンとイスラエルに挟まれた<u>内海</u>だ。

3195 **despise** [dɪspáɪz]
☐
☐
She **despises** injustice and will always speak out against it.

他 嫌う、軽蔑する
彼女は不正を<u>嫌い</u>、それに対して声を上げ続けるだろう。
同 disdain, scorn

3196 **harness** [hάɚnəs]
☐
☐
Very few martial artists are able to **harness** their full potential.

他 利用する
武道家でも、その潜在能力をフルに<u>発揮</u>できる人はほとんどいない。

3197 **influx** [ínflʌks]
☐
☐
The city experienced a significant **influx** of immigrants.

名 流入
街に移民の大きな<u>流入</u>が起こった。

3198 **revere** [rɪvíɚ]
☐
☐
The students **revere** their professor for her knowledge and guidance.

他 あがめる
学生たちは、教授の知識と指導法を<u>あがめている</u>。

3199 **subside** [səbsáɪd]
☐
☐
As the morphine took effect, the patient's pain began to **subside**.

自 和らぐ、沈む
モルヒネが効いてくると、患者の痛みは<u>治まり</u>始めた。

3200 **nebula** [nébjʊlə]
☐
☐
The **nebula**'s beauty was breathtaking.

名 星雲
星雲の美しさは息をのむほどであった。

3201 **revive** [rɪváɪv]
☐
☐
The new treatment helped to **revive** the patient's failing health.

他 復活させる　**自** 復活する
新しい治療法は、患者の衰えた健康を<u>取り戻す</u>のに役立った。

LEVEL 1
LEVEL 2
LEVEL 3
分野別単語

281

| 3202 | **biped** [báɪpèd] | 名 二足動物 |
| | □ □ Biped dinosaurs walked on two legs instead of four. | 二足歩行の恐竜は、4本足ではなく2本足で歩いていた。 ※ |

| 3203 | **intermediary** [ìntəmíːdièri] | 名 仲介者 形 中間の、仲介の |
| | □ □ In the end, the permanently neutral country acted as an **intermediary**. | 最終的にはその永世中立国が仲介役となった。 |

| 3204 | **outnumber** [àʊtnʌ́mbəɪ] | 他 数で勝る |
| | □ □ Insects **outnumber** humans by a significant margin. | 昆虫の数は人間の数を、かなりの差で上回っている。 |

| 3205 | **trace** [tréɪs] | 他 追跡する 名 痕跡、少量 |
| | □ □ The researcher **traced** the origins of civilization. | 研究者は文明の起源を追跡した。 |

| 3206 | **exemplify** [ɪgzémpləfàɪ] | 他 例証する |
| | □ □ The successful athlete **exemplifies** the importance of hard work. | この成功したアスリートは、努力の重要性を例証している。 |

| 3207 | **Mesoamerican** [mès(ə)əmérɪkən] | 形 メソアメリカの |
| | □ □ **Mesoamerican** civilizations developed sophisticated architectural techniques. | メソアメリカ文明は洗練された建築技術を発展させた。 ※ |

| 3208 | **disassemble** [dìsəsémbl] | 他 解体する |
| | □ □ To diagnose the problem, the mechanic **disassembled** the engine. | 問題を診断するために整備士はエンジンを分解した。 反 assemble |

| 3209 | **compacted** [kəmpǽktɪd] | 形 圧縮された |
| | □ □ **Compacted** soil reduces water absorption. | 圧縮された土壌は、水の吸収を低下させる。 同 compressed |

| 3210 | **amnesia** [æmníːʒə] | 名 記憶喪失 |
| | □ □ **Amnesia** patients struggle to remember things. | 記憶喪失の患者は、物事を覚えるのに苦労する。 |

| 3211 | **waterpower** [wɔ́ːtəpàʊəɪ] | 名 水力 |
| | □ □ The city's **waterpower** was harnessed to generate electricity. | 街の水力が活用され発電が行われた。 |

| 3212 | **prophet** [prá(ː)fɪt] | 名 預言者 |
| | □ □ Shamans were revered as **prophets** and messengers of God. | シャーマンは預言者や神と使いとしてあがめられていた。 |

| 3213 | **flammable** [flǽməbl] | 形 可燃性の |
| | □ □ Gasoline is a highly **flammable** substance. | ガソリンは可燃性が高い物質である。 |

※ **3202 biped** quadruped = 四足動物／**3207 Mesoamerican** マヤ、アステカなどが繁栄したメキシコや中米を含む文化領域。

3214 horde [hɔ́ɚd]

☐ ☐ After the crash, a **horde** of reporters blocked rescuers from giving assistance.

名 群れ
事故の後、多数の報道陣が救助隊員の援助を妨害した。
同 flock, herd, swarm

3215 slash-and-burn [slǽʃənbə́ːn]

☐ ☐ **Slash-and-burn** agriculture can lead to deforestation and soil erosion.

名 焼き畑農業
焼き畑農業は森林破壊や土壌浸食につながる。

3216 temporal [témp(ə)rəl]

☐ ☐ The **temporal** sequence of events was important for understanding the history of the region.

形 時間的な、こめかみの
ある地域の歴史を知る上で、時間的な流れは重要だ。
※

3217 miniscule [mínəskjùːl]

☐ ☐ **Miniscule** particles are invisible to the naked eye.

形 極小の
極小の粒子は肉眼では見えない。

3218 divergence [dɪvə́ːdʒəns, daɪ-]

☐ ☐ The **divergence** of opinions gave rise to a heated debate.

名 相違、分岐、発散
意見の相違から、激しい論争が起こった。

3219 consolidate [kənsá(ː)lədèɪt]

☐ ☐ **Consolidate** your bags.

他 統合する、合わせる
荷物を一つにまとめてください。

3220 cement [smént]

☐ ☐ All the involved countries sought to **cement** alliances.

他 固める 名 セメント
関係各国は同盟を固めようとした。
※ S/W

3221 afterlife [ǽftɚlàɪf]

☐ ☐ Many religions believe in some form of an **afterlife**.

名 来世、後世
多くの宗教は、何らかの形で死後の世界を信じている。

3222 motif [moʊtíːf]

☐ ☐ The artist used a floral **motif** in her painting.

名 モチーフ（基調となるデザイン）、模様
画家は花をモチーフにした絵を描いた。

3223 presumption [prɪzʌ́m(p)ʃən]

☐ ☐ His seemingly persuasive opinion is based on a false **presumption**.

名 推定
彼の一見説得力のある意見は、誤った推定に基づくものだ。

3224 confederacy [kənfédərəsi, -drə-]

☐ ☐ The **Confederacy** had a small naval fleet.

名 連合、同盟
南部連合は小さな海軍艦隊を有していた。
※

3225 urine [jʊ́(ə)rɪn]

☐ ☐ Birds do not have a bladder and cannot hold **urine**.

名 尿
鳥には膀胱がなく、尿をためることができない。

※ **3216 temporal** 「こめかみの」については、ボクシングで聞く「テンプル (temple)」の形容詞形。／ **3220 cement** 人間関係を固めるときなども cement を使う。／ **3224 confederacy** the Confederacy で、アメリカ南北戦争時の「南部連合」を指す。

3226 fussy [fʌ́si]
The chef was very **fussy** about the quality of the ingredients.

形 小うるさい、気難しい
そのシェフは食材の質にとても<u>うるさかった</u>。

3227 extrapolate [ɪkstrǽpəlèɪt, eks-]
The scientist was able to **extrapolate** future trends based on past data.

他〈データから〉推定する、外挿する
その科学者は、過去のデータから将来の傾向を<u>推定する</u>ことができた。
反 interpolate（内挿法で推測する）

3228 antiquated [ǽntɪəkwèɪtɪd]
The equipment used in the factory was **antiquated**.

形 時代遅れの、旧式の
工場で使われていた設備は<u>時代遅れだった</u>。
同 outdated

3229 last-minute [lǽstmínɪt]
Last-minute changes to the itinerary caused confusion.

形 土壇場の
<u>土壇場の</u>旅程変更は混乱を招いた。

3230 ellipse [ɪlíps, əl-]
Basically, the orbit of the planets is an **ellipse**.

名 楕円
基本的に惑星の軌道は<u>楕円</u>である。
同 oval

3231 starch [stάətʃ]
Starch is a crucial ingredient in many food products.

名 でんぷん
<u>でんぷん</u>は多くの食品に含まれる重要な成分だ。

3232 masculine [mǽskjəlɪn]
Masculine and feminine roles were clearly defined in traditional society.

形 男性的な　名 男性語
伝統的な社会では、<u>男性的</u>役割と女性的役割が明確に定義されていた。
反 feminine（女性的な）

3233 rapport [ræpɔ́ər]
The therapist established a **rapport** with the patient.

名 信頼関係
セラピストは患者と<u>信頼関係</u>を築いた。

3234 carton [kάətn]
A **carton** can hold a dozen eggs.

名 カートン、厚紙製の箱
1<u>カートン</u>には1ダースの卵を入れることができる。

3235 spew [spjúː]
The volcano **spewed** ash and lava into the air.

他 吐き出す
火山は灰と溶岩を空気中に<u>噴出した</u>。

3236 roam [róʊm]
The animals **roam** freely in the national park.

自 歩き回る、さまよう
動物たちは国立公園内を自由に<u>歩き回っている</u>。

3237 perpetual [pəʴpétʃuəl]
The motion of the planets is **perpetual**.

形 永続的な
惑星の運動は<u>永続的である</u>。
同 eternal

3238 **degeneration** [dɪdʒènəréɪʃən] ☐ ☐ The neurons' **degeneration** resulted in a decline in cognitive function.	名 退廃、退歩、変質 神経細胞の変性は、認知機能の低下を招いた。
3239 **render** [réndɚ] ☐ ☐ His arrogant remark **rendered** us speechless.	他 ～にする、描写する、与える 彼の傲慢な発言は私たちを無言にした。 S/W
3240 **imprison** [ɪmpríz(ə)n] ☐ ☐ The activist was **imprisoned** for speaking out.	他 投獄する 活動家は発言がもとで投獄された。 同 incarcerate
3241 **contention** [kənténʃən] ☐ ☐ The scientists had some **contentions** over the interpretation of the data.	名 論争、論点 科学者たちは、データの解釈をめぐって争った。
3242 **pictograph** [píktəgræf] ☐ ☐ An emoji is simply a **pictograph** in a digital form.	名 象形文字、絵文字 絵文字とは、まさにデジタル版の象形文字だ。
3243 **indifferent** [ɪndíf(ə)rənt] ☐ ☐ The researcher remained **indifferent** to the results of the study.	形 無関心な 研究者は、研究結果に無関心なままだった。
3244 **withhold** [wɪθhóʊld, wɪð-] ☐ ☐ Companies may **withhold** pioneering innovations for strategic reasons.	他 保留する、抑える 企業は戦略的な理由で、先駆的な革新を保留することがある。
3245 **driving force** [dráɪvɪŋ fɔ́ɚs] ☐ ☐ Innovation and creativity are the **driving forces** behind economic growth.	名 原動力、推進力 革新性と創造性は経済成長の原動力である。
3246 **transfigure** [trænsfígjɚ] ☐ ☐ Many artists aimed to **transfigure** conventional norms.	他 変身させる 多くの芸術家が、従来の常識を覆すことをめざした。
3247 **fermentation** [fɚːmentéɪʃən, -mən-] ☐ ☐ **Fermentation** is used to make bread, beer, and wine.	名 醗酵 発酵はパンやビール、ワインなどの製造に使われる。 他 ferment（発酵させる）
3248 **till** [tíl] ☐ ☐ The farmer **tilled** the soil to prepare it for planting.	他 耕す 農民は、植え付けのために土を耕した。
3249 **compliant** [kəmpláɪənt] ☐ ☐ Participants in the study were **compliant** with the research protocol.	形 従順な、準拠する その研究の参加者は、研究プロトコルを順守していた。

LEVEL 1　LEVEL 2　LEVEL 3　分野別単語

3250	**forsake** [fəˈséɪk] **Forsake** pessimistic thoughts and embrace positivity.	他 見捨てる、見放す 悲観的な考えを捨て、ポジティブな考えを持とう。 同 abandon
3251	**epicenter** [épɪsèntəʳ] The **epicenter** of the earthquake was located near the coast.	名 震源地 地震の震源地は海岸近くにあった。
3252	**epiphany** [ɪpífəni] Newton had an **epiphany** when he watched an apple drop.	名 ひらめき、直観、洞察 ニュートンはリンゴの落下を見たときにひらめきを得た。
3253	**brand** [brǽnd] The **brand**'s aesthetic appeals to a wide audience.	名 ブランド、銘柄、〈家畜に押す〉焼き印　他 焼き印を押す そのブランドの美学は、幅広い層に訴求力がある。
3254	**inertia** [ɪnə́ːʃə, -ʃiə] The object's **inertia** made it difficult to change its direction.	名 慣性、惰性、不活発 慣性により、その物体の方向を変えるのは難しかった。
3255	**last resort** [lǽst rɪzɔ̀ːʳt] Chemical pesticides should only be used as a **last resort** to control pests.	名 最終手段 化学農薬は、害虫駆除の最終手段としてのみ使用されるべきだ。
3256	**greenery** [gríːnəri] This park is filled with lush **greenery**.	名 草木、緑樹 この公園は緑豊かな草木でいっぱいだ。
3257	**invariably** [ìnvé(ə)riəbli] The results of the experiment were **invariably** consistent.	副 常に、必ず 実験の結果は常に一致していた。 形 invariable（不変の）
3258	**locomotion** [lòʊkəmóʊʃən] Animal **locomotion** has applications in robotics.	名 移動 動物の移動法は、ロボット工学への応用性がある。
3259	**aloof** [əlúːf] The professor's **aloof** demeanor made him seem unapproachable.	形 超然として、よそよそしい 副 離れて 教授のよそよそしい態度で、近寄りがたく感じた。
3260	**innate** [ìnéɪt] Our **innate** immune responses are crucial in combating pathogens.	形 先天的な 生来の免疫反応は、病原体と戦うのに重要なものだ。
3261	**hammer** [hǽməʳ] I **hammered** a nail into a board.	他 打ち込む　名 金づち 板にくぎを打ち込んだ。

3262 cardiac [kάɚdiæk]
形 心臓の
心臓の健康は酵素活性と密接に関連している。
Cardiac health is closely linked to enzyme activity.

3263 antibiotic [æ̀ntɪbaɪá(:)tɪk]
名 抗生物質　形 抗生物質の
抗生物質の使いすぎは、耐性菌の発生につながる。
The overuse of **antibiotics** can lead to the development of resistant bacteria.

3264 arid [ǽrɪd]
形 乾燥した
乾燥地帯では、綿密な水管理が必要だ。
同 dry
Arid regions require meticulous water management.

3265 thereby [ðèɚbáɪ]
副 それによって
明確な証拠が見つかり、それにより疑念を払拭することができた。
S/W
They found clear evidence, **thereby** dispelling any doubts.

3266 afield [əfíːld]
副 遠く離れて
登山者は、主な登山コースから離れた場所に行った。
The hikers ventured **afield** from the main trail.

3267 sage [séɪdʒ]
名 賢者　形 賢明な
賢者は若い統治者に助言と知恵を与えた。
The **sage** provided advice and wisdom to the young ruler.

3268 locale [loʊkǽl]
名 場所、現場
この趣のある町は、映画制作のロケ地として人気がある。
This quaint little town has become a popular **locale** for film production.

3269 indolent [índələnt]
形 怠惰な
メンバーは最後まで仕事に怠惰なままだった。
同 lazy
The members remained **indolent** until the end.

3270 legitimize [lɪdʒítəmàɪz]
他 合法化する
その二国間協定は法定化される。
The bilateral agreement will be **legitimized**.

3271 discriminate [dɪskrímənèɪt]
自 他 差別する、区別する
洗練されたAIは、善悪を区別できる。
同 differentiate
Sophisticated AI can **discriminate** between good and bad.

3272 artifact [ɑ́ɚtɪfæ̀kt]
名 工芸品、人工物
博物館には古代の工芸品のコレクションがあった。
The museum had a collection of ancient **artifacts**.

3273 beast of burden [bíːst (ə)v bɚ́ːdn]
名 役畜（労働用の家畜）
古代ではロバは役畜として使われていた。
The donkey was used as a **beast of burden** in ancient times.

LEVEL 1　LEVEL 2　LEVEL 3　分野別単語

287

3274 throne [θróʊn]

名 王座

As expected, the monarch ascended to the **throne**.

予想通り、君主は<u>王座</u>に即位した。

3275 parish [pǽrɪʃ]

名 教区、地方行政区

The **parish** council meets every other month.

<u>教区</u>評議会は隔月で開催されている。

3276 supersede [sùːpəsíːd]

他 取って代わる

New technology is expected to **supersede** the old methods.

新技術は、古い方法に<u>取って代わる</u>と期待されている。

同 replace, supplant

3277 tariff [tǽrɪf]

名 関税

Tariffs are often used as a means of regulating trade.

<u>関税</u>は、貿易を規制する手段として用いられる。

3278 termite [tə́ːmaɪt]

名 シロアリ

The **termite** infestation caused damage to the wooden structure.

<u>シロアリ</u>の蔓延により、木造建築に被害が生じた。

3279 increment [íŋkrəmənt]

名 増加量

The salary **increment** was well-deserved.

給与の<u>増額</u>は当然のことだった。

反 decrement（減少量）

3280 myriad [míriəd]

名 無数　形 無数の

A **myriad** of species emerged during the Cambrian era.

カンブリア紀には、<u>無数の</u>種が誕生した。

同 countless

3281 pulp [pʌlp]

名 〈紙原料の〉パルプ

Pulp is the material used for paper.

<u>パルプ</u>は、紙の原料となるものだ。

3282 diplomat [dípləmæt]

名 外交官

Negotiation skills are required to become a **diplomat**.

<u>外交官</u>になるには、交渉力が必要だ。

形 diplomatic（外交の）

3283 circumnavigate [sə̀ːkəmnǽvɪgeɪt]

他 周航する

A Spanish explorer was the first to **circumnavigate** the globe.

スペインの探検家が世界で最初に地球を<u>一周した</u>。

3284 progeny [prá(ː)dʒəni]

名 子孫

Progeny inherit genes from their parents.

<u>子孫</u>は親から遺伝子を受け継ぐ。

同 offspring

3285 conceptualize [kənséptʃuəlàɪz]

他 概念化する

Artists **conceptualize** abstract ideas through symbolism.

芸術家はシンボリズムによって抽象的なアイデアを<u>概念化する</u>。

3286	**clip** [klíp]	名〈動画などの〉短い抜粋
	The movie **clip** received wide acclaim.	他 切り取る
		この動画クリップは、広い層から賞賛された。

| 3287 | **allegiance** [əlíːdʒəns] | 名 忠誠 |
| | He pledged **allegiance** to the flag. | 彼は国旗に忠誠を誓った。 |

3288	**amity** [ǽməti]	名 友好、友好関係
	The two countries signed a treaty of **amity** and cooperation.	両国は友好協力条約に調印した。
		反 enmity

3289	**retrieve** [rɪtríːv]	他 取り出す、取り戻す
	The archaeologist used a trowel to carefully **retrieve** the artifacts.	考古学者は、こてを使って慎重に遺物を掘り出した。
		名 retrieval（回収）

| 3290 | **enumerate** [ɪn(j)úːmərèɪt] | 他 列挙する |
| | **Enumerating** available options helps with decision making. | 選択肢を列挙することは意思決定に役立つ。 |

3291	**feminine** [fémənɪn]	形 女性的な　名 女性語
	The Rococo art style is characterized by a **feminine** aesthetic.	ロココ美術には、女性的な美学が特徴として見られる。
		反 masculine

| 3292 | **wane** [wéɪn] | 自 衰える、欠ける |
| | Protection begins to **wane** a few months after each booster dose. | 防御機能は、ブースター投与から数カ月後に衰え始める。 |

| 3293 | **red blood cell** [réd blʌ́d sèl] | 名 赤血球 |
| | Researchers have created robots smaller than a **red blood cell**. | 研究者たちは赤血球よりも小さなロボットを作り上げた。 |

3294	**procure** [prəkjóɚ]	他 入手する、調達する
	Procuring gunpowder was their top priority.	火薬を調達することが彼らの最優先事項だった。
		名 procurement（調達）

| 3295 | **record keeping** [rékəd kìːpɪŋ] | 名 記録の保守 |
| | Accurate **record keeping** is essential in accounting. | 会計では正確な記録の保持が不可欠だ。 |

| 3296 | **upriver** [ʌ́prívɚ] | 副 上流に　形 上流の |
| | The canoe paddled **upriver** against the current. | カヌーは流れに逆らって川上に向かった。 |

3297	**choreograph** [kɔ́ːriəgræf]	他 振り付けをする
	She will **choreograph** the opening ceremony performance.	彼女は開会式のパフォーマンスの振り付けをする。
		名 choreography（舞踊術、振り付け）

LEVEL 1
LEVEL 2
LEVEL 3
分野別単語

289

| 3298 | **perpetrator** [pə́ːrpətrèɪtər] | 名 犯人、加害者 |
| | ☐ ☐ The **perpetrator** continued to harass others until he was caught on video. | ビデオに映るまで、<u>犯人</u>は他の人に嫌がらせをし続けた。
同 culprit, criminal |

| 3299 | **variant** [vé(ə)riənt] | 名 変異体、別形　形 異なる |
| | ☐ ☐ The new **variant** of the virus is more transmissible than the previous one. | ウイルスの新しい<u>変異体</u>は、以前のものより感染力が強い。 |

| 3300 | **reassert** [rìːəsə́ːt] | 他 再主張する |
| | ☐ ☐ The president **reasserted** his commitment to change. | 大統領は変化への取り組みを<u>再主張した</u>。 |

| 3301 | **reduce** [rɪd(j)úːs] | 他 〈好ましくない状態に〉させる、減らす |
| | ☐ ☐ The typhoon has **reduced** the town to rubble. | 台風で町は瓦礫<u>と化した</u>。 |

| 3302 | **malady** [mǽlədi] | 名 病気、病弊 |
| | ☐ ☐ The **malady** was caused by a viral infection. | その<u>病気</u>はウイルス感染によって引き起こされた。
同 ailment |

| 3303 | **converge** [kənvə́ːdʒ] | 自 収束する、収斂する |
| | ☐ ☐ The two roads **converge** at the intersection. | 二つの道路は交差点で<u>合流する</u>。
反 diverge |

| 3304 | **rampant** [rǽmp(ə)nt] | 形 蔓延している、〈言動が〉激しい |
| | ☐ ☐ **Rampant** deforestation threatens biodiversity. | <u>横行する</u>森林伐採が、生物多様性を脅かしている。 |

| 3305 | **torpid** [tɔ́ːpɪd] | 形 不活発な、鈍い |
| | ☐ ☐ The **torpid** economy requires stimulus measures. | <u>低迷する</u>経済には景気対策が必要だ。
同 lethargic |

| 3306 | **beetle** [bíːtl] | 名 甲虫（カブトムシなど） |
| | ☐ ☐ The **beetle** crawled along the ground in search of food. | <u>カブトムシ</u>は餌を求め地面を這っていた。 |

| 3307 | **repercussion** [rìːpərkʌ́ʃən] | 名 影響、反響 |
| | ☐ ☐ The new law had huge **repercussions** on the economy. | 新法は経済に多大な<u>影響</u>を与えた。 |

| 3308 | **absent-minded** [ǽbs(ə)ntmáɪndɪd] | 形 忘れっぽい、うわの空の |
| | ☐ ☐ **Absent-minded** individuals struggle with memory retention. | <u>忘れっぽい</u>人は記憶の保持に苦労するものだ。 |

| 3309 | **commission** [kəmíʃən] | 名 委員会、委任、手数料
他 委託する |
| | ☐ ☐ The **commission** has yet to make a decision on the matter. | <u>委員会</u>はまだ決定を下していない。 |

3310	**dung** [dʌ́ŋ] Horse **dung** can be a profitable commodity.	名 糞 馬糞は利益性のある商品になりえる。
3311	**enclosure** [ɪnklóʊʒɚ, en-] Use an **enclosure** to keep your animals from wandering away.	名 囲い、囲い込み 動物が迷子にならないよう、囲いを使ってください。
3312	**herbivore** [(h)ɚ́ːbəvɔ̀ɚ] Literally, **herbivores** are animals that feed on plants.	名 草食動物 草食動物とは、文字通り植物を食す動物のことだ。
3313	**spike** [spáɪk] The sudden **spike** in demand resulted in a shortage of the product.	名〈グラフでの〉急上昇部分 自 急に上昇する 突然の需要の急増で、製品が不足した。
3314	**novelty** [nɑ́(ː)v(ə)lti] The **novelty** of the idea intrigued them.	名 目新しさ、新しい物 その発想の目新しさは、彼らを引き付けた。
3315	**burrow** [bɚ́ːroʊ] Moles can dig **burrows** through the soil easily.	名 巣穴　自 他 巣穴を掘る モグラは土壌に簡単に巣穴を掘り進めることができる。
3316	**centrifugal** [sentrífjʊg(ə)l] The **centrifugal** force caused the particles to move outward.	形 遠心性の 遠心力によって粒子は外側に移動した。 反 centripetal（求心性の） 　　　　　　　　　　　　　　　　　　　　※
3317	**prevalence** [prév(ə)ləns] Statistically, the **prevalence** of diabetes is increasing.	名 普及、流行 統計上、糖尿病の有病率は増加している。
3318	**carbonate** [kɑ́ɚbənèɪt] The water in the cave was rich in calcium **carbonate**.	名 炭酸塩 他〈飲み物に〉炭酸ガスを加える 洞窟の水は炭酸カルシウムを豊富に含んでいた。 形 carbonated
3319	**archetypal** [ɑ̀ɚkɪtáɪp(ə)l] The hero's journey is an **archetypal** story.	形 原型のような その英雄の旅は、典型的な物語だった。
3320	**cellulose** [séljʊlòʊs, -lòʊz] **Cellulose** is a complex carbohydrate found in the cell walls of plants.	名 セルロース セルロースは、植物の細胞壁に含まれる複合炭水化物である。
3321	**foreseeable** [fɔɚsíːəbl] The project's completion is **foreseeable** with adequate extensions.	形 予見可能な 十分な期間延長があれば、事業の完了は予見可能だ。

※ **3316 centrifugal**「遠心分離機」は centrifuge。

3322	**bedrock** [bédrà(:)k]	名 岩盤
☐ ☐	Bedrock stability is vital for construction projects.	基盤岩の安定性は建設プロジェクトにとって重要だ。

3323	**recognizable** [rèkəgnáızəbl, rékəgnàızəbl, -kıg-]	形 認識可能な
☐ ☐	A more recognizable logo is important for branding.	より認知度の高いロゴが、ブランディングのために重要だ。

3324	**visitation** [vìzətéıʃən]	名 訪問
☐ ☐	The visitation of foreign dignitaries is a common diplomatic practice.	外国の要人の訪問は、一般的な外交慣行だ。

3325	**elapsed** [ılǽpst]	形〈時間が〉経過した
☐ ☐	Elapsed time can be estimated by analyzing isotopes.	同位体を分析することで経過時間を推定することができる。

3326	**deplete** [dıplíːt]	他 枯渇させる
☐ ☐	Overfishing can deplete marine resources.	乱獲は海洋資源を枯渇させる。 同 exhaust, expend

3327	**aloft** [əlɔ́ːft]	副 上に、高く
☐ ☐	The bird flew aloft, soaring high above the trees.	その鳥は上に飛び立ち、木々の上に高く舞い上がった。

3328	**omnivore** [ɑ(ː)mnıvɔ̀ər]	名 雑食動物
☐ ☐	Bears are considered omnivores because they eat both plants and animals.	クマは植物も動物も食べるため、雑食動物と考えられている。

3329	**misnomer** [mìsnóʊmər]	名 誤称
☐ ☐	The name of the disease was a misnomer and caused confusion.	病名は誤称であり、混乱を招いた。

3330	**snippet** [snípıt]	名 断片
☐ ☐	The article provided a snippet of information about AI.	その記事は、AIに関する情報の断片を伝えた。

3331	**stylize** [stáılaız]	他 様式化する、型にはめる
☐ ☐	The designer stylized the website's user interface.	デザイナーは、サイトのUIを様式化した。

3332	**metropolitan** [mètrəpá(ː)lətn]	形 大都市の、首都の　名 都会人
☐ ☐	Diverse communities thrive in metropolitan areas.	大都市圏には、多様なコミュニティが繁栄している。 名 metropolis（大都市）

3333	**obsidian** [əbsídiən]	名 黒曜石
☐ ☐	Ancient civilizations used obsidian to make sharp tools.	古代文明では黒曜石を使って鋭い道具を作っていた。

3334	**engraving** [ɪŋgréɪvɪŋ, en-] ☐ ☐ The **engraving** on the tombstone was difficult to decipher.	名 彫刻 墓石の<u>彫刻</u>は、判読が困難だった。
3335	**inhospitable** [ìnhɑ(:)spítəbl, -hɑ́(:)spɪ-] ☐ ☐ The **inhospitable** terrain is difficult to traverse.	形 荒れ果てた、不親切な この<u>過酷</u>な地形を横断するのは困難だ。 反 hospitable
3336	**kiln** [kíln, kíl] ☐ ☐ The clay was fired in the **kiln**.	名 窯（陶器などを焼くかま） その粘土は<u>窯</u>で熱せられた。
3337	**perforate** [pə́ːfərèɪt] ☐ ☐ The bullet **perforated** the victim's lung.	他 貫通する、穴をあける 弾丸は被害者の肺を<u>貫通していた</u>。
3338	**heatstroke** [híːtstròʊk] ☐ ☐ Precautions against **heatstroke** are recommended in the summer.	名 熱中症、日射病 夏場は<u>熱中症</u>への注意が推奨される。
3339	**introvert** [íntrəvə̀ːt] ☐ ☐ He is an **introvert** and does not come out in public.	名 内向的な人 形 内向的な 彼は<u>内向的</u>な性格で人前に出てこない。 反 extrovert
3340	**conviction** [kənvíkʃən] ☐ ☐ The **conviction** was based on forensic evidence.	名 有罪の判決、確信 <u>有罪判決</u>は法医学的証拠に基づくものだった。
3341	**convict** [kənvíkt] ☐ ☐ The **convicted** criminal faced legitimate punishments.	他 有罪判決を下す <u>有罪判決を受けた</u>犯人は、あるべき処罰を受けるに至った。 反 acquitted（無罪にする）
3342	**sepal** [síːp(ə)l, sép-] ☐ ☐ The **sepals** of a flower protect the developing bud.	名 〈植物の〉がく片 花の<u>がく片</u>は、発達中のつぼみを保護している。
3343	**axis** [ǽksɪs] ☐ ☐ The earth rotates on its **axis** once per day.	名 軸 地球は1日に1回、その<u>軸</u>を中心として回転する。
3344	**finite** [fáɪnaɪt] ☐ ☐ The resources of the planet are **finite**.	形 有限の 地球の資源は<u>有限である</u>。 反 infinite（無限の）
3345	**land bridge** [lǽnd brìdʒ] ☐ ☐ The Bering **land bridge** used to connect Asia and North America.	名 陸橋 ベーリング<u>陸橋</u>は、アジアと北米を結んでいた。

LEVEL 1
LEVEL 2
LEVEL 3
分野別単語

3346 □□	**martial** [mάəʃəl] **Martial** songs were often sung during the war.	形 軍事の、戦争の 戦時中は<u>軍歌</u>がよく歌われた。 同 military
3347 □□	**congenital** [kɑ(:)ndʒénɪtl] Some **congenital** disorders are caused by genetic faults.	形 先天的な 一部の<u>先天性</u>障害は、遺伝子の欠陥によって起こる。 同 inborn, innate
3348 □□	**ingest** [ɪndʒést] Animals often accidentally **ingest** plastic.	他 摂取する 動物は誤ってプラスチックを<u>飲み込んでしまう</u>。
3349 □□	**once safe** [wʌns séɪf] The **once safe** neighborhood became increasingly dangerous.	形 かつて安全だった <u>かつて安全だった</u>この地域も、年々危険度が増していた。
3350 □□	**speciation** [spìːʃiéɪʃən] Geographic isolation is a key **speciation** mechanism.	名 種分化 地理的隔離は、<u>種分化</u>の主要なメカニズムである。
3351 □□	**repent** [rɪpént] The sinner was urged to **repent** and seek forgiveness.	自 他 後悔する その罪人は<u>悔い改めて</u>許しを請うように促された。 同 deplore
3352 □□	**allegedly** [əlédʒɪdli] The suspect **allegedly** committed the crime but has not been convicted.	副 伝えられるところによると 容疑者は犯罪を犯した<u>と伝えられている</u>が、有罪にはなっていない。 他 allege (主張する) 名 allegation (申し立て) ※
3353 □□	**farmstead** [fάəmstèd] The **farmstead** was surrounded by pastures.	名 農場 <u>農場</u>は放牧地で囲まれていた。
3354 □□	**hydrologic** [hàɪdrɒʊlά(:)dʒɪk] **Hydrologic** research is essential for water resource management.	形 水文学の、水理学の <u>水文学の</u>研究は水資源管理に欠かせない。
3355 □□	**acquit** [əkwít] Their decision to **acquit** the juvenile suspect was controversial.	他 無罪にする 容疑者の少女を<u>無罪にした</u>彼らの判断は物議を醸した。 同 exonerate
3356 □□	**banal** [bənάːl, bæ-, -nǽl] The **banal** dialogue in the movie was predictable.	形 陳腐な 映画中の<u>陳腐な</u>会話は、予測可能なものだった。
3357 □□	**cavity** [kǽvəti] The nasal **cavity** is lined with mucous membranes.	名 空洞、虫歯 鼻<u>腔</u>は粘膜で覆われている。

※ **3352 allegedly** alleged murderer は「殺人容疑者」。

LEVEL 1
LEVEL 2
LEVEL 3
分野別単語

3358 **lush** [lʌʃ]

☐
☐ Lush vegetation thrives in tropical rainforest climates.

形 青々と茂った
熱帯雨林の気候の中で、<u>緑豊か</u>な植物が生い茂っている。

3359 **closed system** [klóʊzd sístəm]

☐
☐ The **closed system** was carefully controlled to eliminate external factors.

名 閉鎖系、閉じた系（物質やエネルギの出入りがない遮断された系）
その<u>閉鎖系</u>は外的要因を排除するために慎重に制御されていた。
反 open system

3360 **saw** [sɔ́:]

☐
☐ The **saw** was used to cut the wood into smaller pieces.

名 のこぎり　他 のこぎりで切る
<u>のこぎり</u>は木を小さく切るのに使われた。

3361 **transparency** [trænspǽrənsi, -pé(ə)r-]

☐
☐ We appreciate the government's **transparency** efforts.

名 透明性
政府の<u>透明性</u>への取り組みを賞賛する。

3362 **in vitro** [ɪn ví:troʊ]

☐
☐ The experiment was conducted **in vitro**.

副 試験管で、体外で
形 試験管での、体外の
実験は、<u>試験管内</u>で実施された。
反 in vivo（生体内で・の）

3363 **sedimentary rock** [sèdəméntəri rɑ́(:)k]

☐
☐ **Sedimentary rocks** can provide clues about past climates.

名 堆積岩
<u>堆積岩</u>は、過去の気候を知る手がかりになる。

3364 **waterlogged** [wɔ́:tərlɔ̀:gd]

☐
☐ **Waterlogged** soil impacts the grazing of livestock.

形 水浸しの
土壌が<u>水浸し</u>になると、家畜の放牧に影響が出る。

3365 **circulation** [sə̀:kjʊléɪʃən]

☐
☐ Exercising regularly improves your blood **circulation**.

名 循環
定期的に運動すると、血液<u>循環</u>が良くなる。

3366 **preface** [préfəs]

☐
☐ A **preface** gives an overview of the content.

名 前置き、序文　他 口火を切る
<u>前書き</u>は、コンテンツの概要を示してくれる。

3367 **anguish** [ǽŋgwɪʃ]

☐
☐ The victim's family experienced great **anguish**.

名 苦悩
被害者の家族は大きな<u>苦悩</u>を味わった。
同 suffering, agony

3368 **stargaze** [stáɚgèɪz]

☐
☐ Students gathered to **stargaze** and learn about astronomy.

自 星を眺める
学生たちは、<u>星を眺め</u>、天文学を学ぶために集まった。

3369 **dissuade** [dɪswéɪd]

☐
☐ We tried to **dissuade** him from dropping out of school.

他 思いとどまらせる
彼に退学を<u>思いとどまらせ</u>ようとした。
反 persuade

3370 reiteration [riːtəréɪʃən, rìː-]

Reiteration of key points ensures lucid understanding.

名 繰り返し、反復
重要ポイントの反復は、理解をより明快なものにする。
他 reiterate（繰り返し言う）

3371 infest [ɪnfést]

Pests began to **infest** the property after it was abandoned.

他 はびこる
廃墟になった後、害虫がはびこり始めた。
名 infestation（蔓延）

3372 degradation [dègrədéɪʃən]

Scientists pinpointed causes of environmental **degradation**.

名 劣化、低下、分解
科学者たちは環境悪化の原因を突き止めた。
他 degrade（劣化させる）

3373 reap [ríːp]

Farmers must **reap** their crops before the onset of winter.

他 収穫する、刈り取る
農民は、冬の前に作物を収穫しなければならない。
同 harvest

3374 civic [sívɪk]

The **civic** leaders worked to improve the infrastructure.

形 市民の
市民のリーダーたちは、インフラ向上に努めた。
同 municipal

3375 rigidly [rídʒɪdli]

The rules were **rigidly** enforced to maintain fairness and order.

副 厳格に、堅苦しく
ルールは公正さと秩序を保つために厳格に施行された。
同 sternly

3376 precinct [príːsɪŋ(k)t]

A ruined tower lay within the **precincts** of the grounds.

名〈行政上の〉区域、管区
敷地内には、廃墟と化した塔が建っていた。

3377 judicious [dʒʊdíʃəs]

His **judicious** choice of words prevented conflict.

形 思慮分別のある
彼の思慮分別のある言葉遣いが、争いを未然に防いだ。
同 prudent, discreet, sensible

3378 archipelago [ɑˑkəpéləgòʊ]

The **archipelago** has numerous uninhabitable islands.

名 群島
この列島には居住に適さない島が多い。

3379 asexual [eɪsékʃuəl]

The fern reproduces through **asexual** spores.

形 無性の
シダは無性胞子で繁殖する。
反 sexual（有性生殖の）

3380 resemblance [rɪzémbləns]

The **resemblance** between the two paintings was striking.

名 類似
二つの絵画の類似性は際立っていた。

3381 bewilder [bɪwíldər]

Constant changes in policy **bewilder** citizens.

他 当惑させる
政策の絶え間ない変化は市民を当惑させる。
同 baffle, confound, perplex

3382	**dwell** [dwél]	自 住む
	The animals in the rainforest **dwell** in a complex ecosystem.	熱帯雨林の動物たちは、複雑な生態系の中で生息している。
		同 reside, inhabit

| 3383 | **rib cage** [ríb kèidʒ] | 名 肋骨 |
| | The athlete felt a sharp pain in his **rib cage** after the collision. | 選手は衝突後、肋骨部位に鋭い痛みを感じた。 |

3384	**embryo** [émbriòʊ]	名 胚、胚子
	An **embryo** develops into a fetus during pregnancy.	胚は妊娠期間中に胎児に成長する。
		形 embryonic（胚の、未発達の）

| 3385 | **garb** [gáɚb] | 名〈職業・地位に特有の〉服装、身なり |
| | The actors were dressed in medieval **garb**. | 俳優たちは中世の衣装を着ていた。 |

3386	**outright** [形 áʊtràɪt 副 àʊtráɪt]	形 完全な
	Outright rejection made him dissatisfied and hurt.	副 率直に、徹底的に、すぐさま
		完全な拒絶により、彼は不満を抱き傷ついた。

3387	**speculation** [spèkjʊléɪʃən]	名 推測
	Speculation about the stock market is widespread.	株式市場に関するさまざまな推測が飛び交っている。
		S/W

3388	**map** [mǽp]	他 地図を作る、位置を特定する
	Emerging technologies will allow us to **map** the human genome.	名 地図
		新技術により、ヒトゲノムの地図を描けるようになる。 ※

3389	**sporadic** [spərǽdɪk]	形 散発的な
	Sporadic efforts are not enough for academic success.	散発的な努力では学業は成功しない。
		同 intermittent

3390	**suffocate** [sʌ́fəkèɪt]	他 窒息させる
	Carbon monoxide quickly **suffocates** an exposed individual.	一酸化炭素は、人を即座に窒息させる。
		同 stifle

3391	**duplicate** [他 d(j)úːplɪkèɪt 名 d(j)úːplɪkət]	他 複製する　名 複製
	The researcher meticulously **duplicated** the experiment's conditions.	研究者は、実験環境を入念に複製した。
		同 replicate

3392	**windward** [wíndwəd]	形 風上の　副 風上で　名 風上
	Windward islands have relatively higher precipitation levels.	風上の島々は、比較的降水量が多い。
		反 leeward（風下の・で）

| 3393 | **pencil-thin** [péns(ə)lθìn] | 形 鉛筆のように細い |
| | The **pencil-thin** skyscraper stood out in the skyline. | 鉛筆のような超高層ビルが、スカイラインを形作っている。 |

※ **3388 map**　map out ＝ 計画を立てる

297

3394	**bloc** [blá(ː)k] The alliance formed a **bloc** to counter the enemy's attacks.	名 連合体 同盟は敵の攻撃に対抗するために連合体を形成した。
3395	**placate** [pléɪkeɪt] The manager tried to **placate** the angry customer.	他 なだめる マネージャーは怒った客をなだめようとした。 同 appease
3396	**mitochondrion** [màɪtəká(ː)ndriən] **Mitochondria** are responsible for energy production in cells.	名 ミトコンドリア ミトコンドリアは、細胞内のエネルギー生産を担っている。 ※
3397	**clutch** [klʌtʃ] The parent bird was incubating a **clutch** of eggs.	名 一群 他 ぐいとつかむ 親鳥は何個かの卵を抱いていた。 ※
3398	**bolster** [bóʊlstəʴ] The eloquent rhetoric alone is not sufficient to **bolster** the groundless claim.	他 補強する、支持する 饒舌なレトリックだけでは、根拠のない主張を補うには不十分だ。 同 support S/W
3399	**capricious** [kəpríʃəs] The dictator's **capricious** behavior made the citizens uneasy.	形 気まぐれな 独裁者の気まぐれな行動は、市民を不安にさせた。
3400	**decompose** [dìːkəmpóʊz] Microorganisms **decompose** organic matter in soil.	他 自 分解する 微生物は土壌中の有機物を分解する。 同 dissolve
3401	**cardinal** [káəʴdən(ə)l] The **cardinal** rule emphasizes safety first.	形 主要な 主なルールとして、安全第一が強調されている。 同 main, principal
3402	**vertical axis** [vəʴːtɪk(ə)l ǽksɪs] The chart shows the wind speed on the **vertical axis**.	名 縦軸、Y 軸 グラフは縦軸に風速を示している。
3403	**vanish** [vǽnɪʃ] The evidence **vanished** from the crime scene without a trace.	自 消える 証拠は犯罪現場から跡形もなく消えてしまった。
3404	**graphically** [grǽfɪkəli] The data was presented **graphically** in the report.	副 図表で 報告書でデータは図表で示された。
3405	**commonplace** [ká(ː)mənplèɪs] **Commonplace** beliefs can often be challenged through scientific inquiry.	形 ありふれた 名 平凡なこと ありふれた知識は、科学的な探究によって覆されることがある。 同 mundane, trite, banal (陳腐な)

※ **3396 mitochondrion** 複数形は mitochondria [-driə]。 ／ **3397 clutch** a clutch of eggs で「巣にある何個かの卵」。

| 3406 | **gravel** [grǽv(ə)l] | 名 砂利 |
| | The driveway was covered in **gravel**, making it difficult to walk on. | 車道は砂利で覆われていて、歩きにくかった。 |

| 3407 | **salinity** [səlínəti] | 名 塩分濃度 |
| | The **salinity** of the ocean varies depending on location and depth. | 海の塩分濃度は、場所や深さによって異なる。 |

| 3408 | **Cro-Magnon** [kroʊmǽgnɑn] | 名 クロマニヨン人 |
| | **Cro-Magnon** remains provide insight into prehistoric life. | クロマニヨン人の遺跡は、先史時代の生活への手がかりをくれる。 |

| 3409 | **farfetched** [fáɚfétʃt] | 形 こじつけの、不自然な |
| | **Farfetched** assumptions can lead to flawed conclusions. | こじつけたような推論は、誤った結論につながる。 |

| 3410 | **overrun** [òʊvərʌ́n] | 他 超過する、走り越す |
| | The workshop **overran** the allotted time. | ワークショップは、規定時間を越えていた。 |

| 3411 | **spawn** [spɔ́:n] | 自 他 〈卵を〉産む 名 卵 |
| | Salmon swim upstream to **spawn** during the breeding season. | サケは繁殖期に産卵するために上流に向かって泳ぐ。 |

| 3412 | **patch** [pǽtʃ] | 名 当て布、まだら、小区画 |
| | He's wearing trousers with **patches** on the knees. | 他 当て布を当てる
彼は膝に当て布が貼ってあるズボンをはいている。 |

| 3413 | **momentum** [moʊméntəm] | 名 勢い、運動量、はずみ |
| | Our team lost **momentum** after a streak of losses. | われわれのチームは連敗の後、勢いを失った。 |

| 3414 | **resin** [réz(ə)n] | 名 樹脂 |
| | **Resin** played an important role in ancient crafts. | 樹脂は古代の工芸品において重要な役割を果たした。 |

| 3415 | **impartial** [ìmpáɚʃəl] | 形 公平な |
| | **Impartial** reasoning bolsters judicial integrity. | 公平な推論が司法の高潔さを高める。
同 fair, disinterested |

| 3416 | **swollen** [swóʊlən] | 形 腫れた、膨らんだ |
| | The **swollen** lymph nodes were a sign of infection. | 腫れたリンパ節は感染の兆候だった。 |

| 3417 | **coffin** [kɔ́:fɪn] | 名 棺 |
| | The ancient **coffin** showed signs of deterioration. | 古代の棺には劣化の兆候が見られた。 |

LEVEL 1
LEVEL 2
LEVEL 3
分野別単語

144

| 3418 | **diode** [dáɪoʊd] | 名 ダイオード |
| | Quality certifications ensure **diode** performance and reliability. | 品質認証は、ダイオードの性能と信頼性を保証している。 |

| 3419 | **dejected** [dɪdʒéktɪd] | 形 落胆した |
| | After failing the exam, the student felt **dejected**, but he started again. | その学生は試験に失敗し落胆したが、再出発した。
同 depressed |

| 3420 | **casualty** [kǽʒuəlti, -ʒʊl-] | 名 死傷者、不慮の災難 |
| | The army suffered many **casualties** as a result of the battle. | この戦いの結果、軍は多くの死傷者を出した。 |

| 3421 | **blue-collar** [blúːká(ː)lɚ] | 形 肉体労働（者）の |
| | The wage gap between white-collar and **blue-collar** workers is a concern. | ホワイトカラーとブルーカラーの賃金格差は懸念事項だ。 |

| 3422 | **doctrine** [dá(ː)ktrɪn] | 名 教義、教理 |
| | The religious **doctrine** outlines the fundamental principles of the faith. | 宗教の教義は、信仰の基本的な原理を概説するものだ。 |

| 3423 | **sewer** [súːɚ] | 名 下水道 |
| | The city's aging **sewer** system was in need of major repairs. | 老朽化した下水道は、大規模な修繕が必要だった。 |

| 3424 | **impetus** [ímpətəs] | 名 勢い、はずみ |
| | The new technology provided the **impetus** for the company's growth. | 新技術は会社の成長の原動力となった。 |

| 3425 | **deity** [díːəti, déɪə-] | 名 神 |
| | The **deity**'s shrine was shrouded in a mystical haze. | その神の社は神秘的なもやに包まれていた。
他 deify（神格化する） |

| 3426 | **trepidation** [trèpədéɪʃən] | 名 おびえ、ろうばい |
| | The team felt **trepidation** before the big game. | チームは大一番の前に恐怖を感じた。 |

| 3427 | **proximity** [prɑ(ː)ksíməti] | 名 近接 |
| | We were worried about the **proximity** of the curtains to the fireplace. | 暖炉にカーテンが近いことが気になった。 |

| 3428 | **ionize** [áɪənàɪz] | 他 自 電離する、イオン化する |
| | X-rays can **ionize** atoms and cause tissue damage. | エックス線は原子を電離させ、組織に損傷を与える。 |

| 3429 | **domain** [doʊméɪn, -də-] | 名 領域、分野 |
| | The **domain** of politics intersects with that of ethics. | 政治の領域は倫理と交差する部分がある。 |

3430 ☐ ☐	**marsh** [máɚʃ] **Marshes** provide a habitat for many species.	名 湿地、沼地 湿地帯は多くの種の生息地となっている。 同 swamp
3431 ☐ ☐	**fabricate** [fǽbrɪkèɪt] Discerning viewers easily recognize information that a speaker **fabricates**.	他 捏造する、作り上げる 鋭い視聴者は、話者が捏造した情報を簡単に見抜くものだ。
3432 ☐ ☐	**stylistic** [staɪlístɪk] The **stylistic** difference between the two artists was apparent.	形 文体の、様式の 2人のアーティストの文体の違いは、作品に表れていた。
3433 ☐ ☐	**bulb** [bʌ́lb] The **bulb** of the plant contains the necessary nutrients for growth.	名 球根、電球 植物の球根には成長に必要な栄養分が含まれている。
3434 ☐ ☐	**hominoid** [há(ː)mənɔ̀ɪd] The fossil was identified as a **hominoid**.	名 ヒト類 その化石はヒト類のものと特定された。
3435 ☐ ☐	**luxuriant** [lʌgʒó(ə)riənt, lʌkʃó(ə)r-] The **luxuriant** mane of the lion was striking.	形 豊かな、繁茂した ライオンの豊かなたてがみが印象的だった。 同 lush
3436 ☐ ☐	**glimpse** [glím(p)s] This research gives us a **glimpse** into cultural differences.	名 ひと目 他 ちらりと見る この調査で文化の違いを垣間見ることができる。
3437 ☐ ☐	**censorship** [sénsəˌʃɪp] Art **censorship** undermines creative expression.	名 検閲 芸術への検閲は創造的な表現を害する。 他 censor（検閲する）
3438 ☐ ☐	**irregularity** [ɪrègjʊlǽrəti] An **irregularity** of the patient's heartbeat was noticed during the EKG test.	名 不規則性 心電図検査で、患者の心拍が不規則だとわかった。
3439 ☐ ☐	**adjunct** [ǽdʒʌŋ(k)t] The **adjunct** professor taught a course on the history of science.	形 非常勤の、付属の 名 付加物、付属物 その非常勤教授は科学史の講義を担当した。 ※
3440 ☐ ☐	**amicable** [ǽmɪkəbl] The two countries reached an **amicable** agreement to end the conflict.	形 友好的な 両国は紛争を終結させるための友好的な合意に達した。
3441 ☐ ☐	**discrete** [dɪskríːt] Organisms used to be divided into **discrete** categories based on morphology.	形 別々の、不連続の 生物はかつて「形態」によって別々のカテゴリーに分けられていた。 ※

※ **3439 adjunct** adjunct professor は「助教授」や「非常勤講師」と訳される。／ **3441 discrete** discreet（分別がある）とは同語源だが意味合いは違うので注意。discrete の名詞は discreteness、discreet の名詞は discretion。

3442 utterly [ʌ́təli]

The students were **utterly** exhausted after the field trip.

副 まったく、完全に
生徒たちは実地調査の後、かなり疲れていた。
同 completely　S/W

3443 counterattack [káʊntəətæ̀k]

The army launched a **counterattack** to retake the territory.

名 反撃　他 反撃する
軍隊は領土を奪還するために反撃を開始した。

3444 buying power [báɪŋ pàʊəˈ]

The **buying power** of the middle class declined.

名 購買力
中間層の購買力が低下した。

3445 unappreciated [ʌ̀nəprí:ʃieɪtɪd]

The **unappreciated** artist gained recognition posthumously.

形 評価されていない
評価されていなかった芸術家は、死後に評価を得た。

3446 acquiesce [æ̀kwiés]

With no other options available, we had to **acquiesce** to the merger.

目 黙認する
他の選択肢はなく、私たちは合併を認めざるを得なかった。

3447 figurative [fígjʊrətɪv]

The poet used **figurative** language in her work.

形 比喩的な
その詩人は作品で比喩的な言葉を使った。

3448 lowland [lóʊlənd]

Flood-prone **lowland** areas require specific adaptation strategies.

名 低地
洪水が発生しやすい低地では、特有の適応戦略が必要だ。
反 highland （高地）

3449 propaganda [prà(ː)pəgǽndə]

Propaganda can be subtle or overt.

名 プロパガンダ（組織的に行われる競技などの宣伝）
プロパガンダには、微妙なものとあからさまなものがある。

3450 triumph [tráɪəmf]

The team's hard work led to their **triumph** over the opponent.

名 勝利
チームの努力が、対戦相手に対する勝利につながった。
形 triumphant （勝利を得た、勝ち誇った）

3451 deforest [dìːfɔ́ːrɪst]

Developers are planning to **deforest** the area for housing.

他 森林を伐採する
開発者は住宅地にこの地域の森林を伐採することを計画している。
反 afforest （森林化する）

3452 flint [flínt]

Flint was commonly used in ancient weapons and for igniting fires.

名 火打ち石
火打ち石は、古代の武器や着火に広く使われていた。

3453 unoccupied [ʌ̀ná(ː)kjʊpàɪd]

The **unoccupied** building was a potential site for redevelopment.

形 未占有の、空席の
使われていない建物は再開発の候補地であった。
反 occupied （占有された）

3454	**suppression** [səpréʃən]	名 抑圧
☐ ☐	**Suppression** of dissent undermines democracy.	反対意見の弾圧は、民主主義を弱体化させる。 他 suppress

3455	**accolade** [ækəlèɪd]	名 賞賛
☐ ☐	The scientist received an **accolade** for her groundbreaking research.	その科学者は画期的な研究への賞賛を浴びた。

3456	**augment** [ɔːgmént]	他 増加させる
☐ ☐	Exercise can **augment** your physical strength and endurance.	運動は体力と持久力を高めることができる。

3457	**animated** [ænəmèɪtɪd]	形 アニメーションの、生き生きした
☐ ☐	The **animated** character brought joy to the children's faces.	アニメーションのキャラクターは、子どもたちを喜ばせた。 同 lively

3458	**whereby** [(h)wèɚbáɪ]	副 それによって
☐ ☐	The researcher described the methodology **whereby** the data was collected.	このようにしてデータは収集された、という手法論を研究者は説明した。

3459	**recluse** [rékluːs, rɪklúːs]	名 隠遁者、世捨て人
☐ ☐	The **recluse** believed solitude was his destiny.	その隠遁者は、孤独が彼の運命だと信じていた。 同 hermit

3460	**ridge** [rídʒ]	名 山の背、尾根
☐ ☐	The mountain **ridge** offered stunning views of the surrounding landscape.	山の背からは、周囲の景色の見事な眺望が広がっていた。

3461	**pilot** [páɪlət]	他 成功に導く 形 実験的な 名 操縦士
☐ ☐	A skillful manager was hired to **pilot** the project.	事業を成功に導くため、腕利きのマネージャーが雇われた。

3462	**allegory** [æləgɔ̀ːri]	名 寓話
☐ ☐	The **allegory** used animals to convey a profound meaning.	その寓話は動物を使って、深い意味を伝えていた。

3463	**veto** [víːtoʊ]	他 拒否権を行使する 名 拒否権
☐	The president **vetoed** the bill.	大統領はその法案に拒否権を発動した。

3464	**fluorescence** [flɔ̀ːrés(ə)ns]	名 蛍光
☐ ☐	**Fluorescence** can be used for imaging techniques.	蛍光作用は画像化技術にも利用される。

3465	**counter** [káʊntɚ]	自 他 反論する、立ち向かう 名 カウンター
☐ ☐	He **countered** with a convincing argument of his own.	彼は自身の説得力ある主張で反論してきた。 S/W

LEVEL 1

LEVEL 2

LEVEL 3

分野別単語

303

| 3466 | **figurine** [fìgjʊríːn, -gər-] | 名 小さな像 |
| | The **figurine** symbolizes sacred ancient beliefs. | その彫像は神聖な古代の信仰を象徴している。 |

| 3467 | **thaw** [θɔ́ː] | 自 他 解凍する |
| | The snow began to **thaw** as the temperature rose. | 気温が上がるにつれ、雪は解け始めた。 |

| 3468 | **terse** [tə́ːs] | 形 簡潔な |
| | The **terse** response conveyed a sense of urgency. | 簡潔な応答に、事の緊急性が現れていた。
同 concise, succinct |

| 3469 | **tidal** [táɪdl] | 形 潮の |
| | **Tidal** waves are caused by the gravitational pull of the moon. | 潮の満ち引きは月の引力によって引き起こされる。 |

| 3470 | **supremacy** [sʊpréməsi, sə-] | 名 優位、至高、支配権 |
| | Our team's **supremacy** in the league was unquestionable. | リーグ戦でのわがチームの優勢は揺るぎないものだった。 |

| 3471 | **bequeath** [bɪkwíːθ, -kwíːð] | 他 遺贈する、遺言で譲る |
| | The wealthy **bequeathed** their affluence to their descendants. | その資産家は、富を子孫に遺贈した。 |

| 3472 | **startle** [stáɚtl] | 他 驚かす |
| | The abnormal salinity **startled** the fish, causing erratic behavior. | 異常な塩分濃度で魚は驚き、異常行動を示した。
同 surprise, astound |

| 3473 | **antibody** [ǽntɪbàdi] | 名 抗体 |
| | A specific **antibody** is needed to fight off the infection. | 感染症を撃退するためには、特定の抗体が必要だ。 |

| 3474 | **outsider** [àʊtsáɪdɚ] | 名 部外者、外部から来た人 |
| | She felt like an **outsider**, having no friends at the new college. | 新しい大学では友達もおらず、彼女は部外者じみた気分だった。 |

| 3475 | **ailing** [éɪlɪŋ] | 形 病んでいる |
| | The policy was implemented to revive the **ailing** economy. | 病める経済を再生させるためにその政策は実施された。
名 ailment（病気） |

| 3476 | **pluralistic** [plʊ̀(ə)rəlístɪk] | 形 多元的な |
| | The society has a **pluralistic** system of government. | 社会は多元的な政治体制をとっている。 |

| 3477 | **erroneous** [ɪróʊniəs, ər-] | 形 誤った |
| | The **erroneous** conclusion was due to a flawed methodology. | 誤った結論は、方法論の欠陥によるものだ。 |

3478	**ingenuity** [ìndʒən(j)úːəti] ☐ ☐ **Ingenuity** can turn challenges into opportunities.	名 独創性、工夫、巧妙さ <u>創意工夫</u>は、困難をチャンスに変える。 形 ingenuous（率直な、純真な）
3479	**prickly** [príkli] ☐ ☐ Cacti are covered in **prickly** surfaces.	形 とげのある サボテンは、<u>とげのある</u>表面で覆われている。 同 thorny, spiny
3480	**proponent** [prəpóʊnənt] ☐ ☐ My father was a strong **proponent** of utilitarianism.	名 支持者、提唱者 父は功利主義の強い<u>支持者</u>だった。
3481	**fumigate** [fjúːmɪgèɪt] ☐ ☐ They **fumigated** their house to get rid of the termites.	他 いぶす、燻蒸する シロアリを駆除するために、<u>家をいぶした</u>。
3482	**white blood cell** [(h)wáɪt blʌ́d sèl] ☐ ☐ **White blood cells** defend our body against pathogens.	名 白血球 <u>白血球</u>は、病原体から体を護る役割がある。
3483	**recapitulate** [rìːkəpítʃʊlèɪt] ☐ ☐ The lecturer **recapitulated** the main points of the chapter.	他 総括する、要約する 講師は、その章の要点を<u>総括した</u>。 同 recap
3484	**scarce** [skéɚs] ☐ ☐ Clean water is **scarce** in many parts of the world.	形 不足している、少ない 世界の多くの地域で、きれいな水が<u>不足している</u>。 同 deficient, scant, scanty S/W
3485	**scanty** [skǽnti] ☐ ☐ The available evidence was **scanty** and inconclusive.	形 乏しい 参考となる証拠は<u>乏しく</u>結論は出せないものだった。 同 scant
3486	**indulge** [ɪndʌ́ldʒ] ☐ ☐ The man **indulged** in a nostalgic recollection of his childhood.	自 ふける　他 甘やかす 彼は幼少期のノスタルジックな回想に<u>ふけった</u>。
3487	**aboriginal** [æ̀bərídʒ(ə)n(ə)l] ☐ ☐ **Aboriginal** art showcases a unique aesthetic.	形 先住民の <u>先住民の</u>芸術は独自の美的感を示している。 同 indigenous
3488	**fertility** [fɚːtíləti] ☐ ☐ The **fertility** rate in the country is declining sharply.	名 多産、肥沃 その国の<u>出生率</u>は急激に減少している。 ※
3489	**syllable** [síləbl] ☐ ☐ The word "coffee" has two **syllables**.	名 音節、シラブル 「コーヒー」という言葉には二つの<u>音節</u>がある。

※ **3488 fertility** fertility rate で「出生率」。

3490	**gnaw** [nɔ́ː] Rodents can **gnaw** through wires and cause electrical fires.	自他 かじる げっ歯類は電線を<u>かじり</u>、電気火災を引き起こすことがある。 同 chew
3491	**comparative** [kəmpǽrətɪv] **Comparative** studies analyze cultural differences between counterparts.	形 比較（上）の、相対的な <u>比較</u>研究は、対応する文化間の違いを分析する。 副 comparatively（比較的に、かなり）
3492	**time-consuming** [táɪmkənsùːmɪŋ] Chores are **time-consuming** but necessary for a clean lifestyle.	形 時間のかかる 家事は<u>時間がかかる</u>が、清潔な生活のために大切だ。 ※
3493	**aberration** [æ̀bəréɪʃən] An **aberration** in the data suggests an error in the measurement.	名 異常、脱線行為 データの<u>異常</u>は、測定に誤りがあることを示唆する。
3494	**colossal** [kəlɑ́(ː)s(ə)l] The construction of the **colossal** skyscraper took 12 years.	形 巨大な <u>巨大</u>な超高層ビルの建設に12年かかった。 同 enormous, massive
3495	**protrude** [proʊtrúːd, prə-] A metal spike **protruded** from the surface of the ground.	自 突き出す 大きな金属のくぎが地表から<u>突き出ていた</u>。 名 protrusion（突起）
3496	**jargon** [dʒɑ́ɚg(ə)n] Scientific **jargon** can be difficult for laymen to understand.	名 専門用語 科学的な<u>専門用語</u>は、素人には難しいものだ。
3497	**privatization** [pràɪvətɪzéɪʃən] **Privatization** of public companies is a controversial economic policy.	名 民営化 公開企業の<u>民営化</u>は、論議を呼んでいる経済政策だ。 他 privatize（民営化する）
3498	**leeward** [líːwɚd] The vegetation on the **leeward** side differs from the windward side.	形 風下の　副 風下に　名 風下 <u>風下</u>側と風上側では、植生が異なる。 反 windward
3499	**mobile** [móʊb(ə)l, -biːl] Five doctors are providing treatment in the **mobile** clinic.	形 可動性の 5人の医師が<u>可動式</u>診療所で治療を行っている。
3500	**blindfold** [bláɪndfòʊld] Bias was eliminated in the taste-test by **blindfolding** the testers.	他 目隠しをする <u>目隠しをする</u>ことで、味覚テスト時のバイアスを排除した。
3501	**topography** [təpɑ́(ː)grəfi] The **topography** affects the climate and weather.	名 地勢、地形 <u>地形</u>は気候や天候に影響を与える。

3502	**relic** [rélɪk] The artifact was considered to be a **relic** of an ancient civilization.	名 遺物、名残 その人工物は、古代文明の<u>遺物</u>とされていた。
3503	**squeak** [skwíːk] The rusty gate produced a loud **squeak** when opened.	名 キーキーいう音　自 きしむ さびたゲートが開くと、大きな<u>きしむ音</u>がした。
3504	**chronicle** [krá(ː)nɪkl] Many historians study the **chronicles** of Ancient Greece.	名 年代記 多くの歴史家が古代ギリシャの<u>年代記</u>を研究している。
3505	**raze** [réɪz] The old building was **razed** to make way for a new development.	他 〈家などを〉倒壊させる その古い建物は、新しい開発のために<u>取り壊</u>された。 同 demolish
3506	**militia** [mɪlíʃə] Unregulated **militias** can pose potential threats to society.	名 市民軍、民兵 無秩序な<u>民兵</u>は社会的脅威となりうる。
3507	**swamp** [swá(ː)mp] **Swamps** support high biodiversity because of complex ecosystems.	名 沼地　他 水浸しにする <u>沼地</u>は複雑な生態系で高い生物多様性を支えている。 同 marsh
3508	**congenial** [kəndʒíːnjəl] A **congenial** work environment boosts productivity.	形 気性の合った、適した <u>性分に合った</u>職場であれば生産性が上がる。
3509	**igneous** [ígniəs] **Igneous** rocks are formed by the solidification of molten magma.	形 火成の <u>火成岩</u>は、溶けたマグマが固まることで形成される。 ※
3510	**autobiography** [ɔ̀ːtəbaɪá(ː)grəfi] The **autobiography** provided a firsthand account of the author's life.	名 自叙伝 その<u>自叙伝</u>は、著者の人生を直接的に伝えていた。
3511	**voluntarily** [và(ː)ləntérəli] Many people **voluntarily** donate their time to charitable causes.	副 自発的に 多くの人が<u>自発的に</u>慈善事業に時間を使っている。
3512	**unparalleled** [ʌ̀npǽrəlèld] The new technology showed **unparalleled** performance.	形 比類のない 新しい技術は<u>比類のない</u>性能を示した。 同 unmatched
3513	**disintegrate** [dɪsíntəgrèɪt] Parts **disintegrated** from satellites have become space debris.	自 他 分解する 衛星から<u>分解した</u>パーツが宇宙ごみとなっている。

※ **3509 igneous**　igneous rocks で「火成岩」。

3514 ☐ ☐	**woodblock** [wúdblà(:)k] The print of the artwork was created using a **woodblock**.	名 木製のれんが・板 作品の版画を作るのに、<u>木版</u>が使われた。
3515 ☐ ☐	**canopy** [kǽnəpi] The **canopy** of the rainforest provides shelter for creatures.	名 天蓋 熱帯雨林の<u>天蓋</u>は、生き物に隠れ家を提供している。
3516 ☐ ☐	**hollow** [há(:)loʊ] The bird's nest was made of **hollow** twigs.	形 中空の、へこんだ　名 へこみ 鳥の巣は、<u>中空</u>の小枝でできていた。 反 solid（中身のある）
3517 ☐ ☐	**incessant** [ɪnsés(ə)nt] **Incessant** noise from next door irritated the entire household.	形 絶え間ない 隣家からの<u>絶え間ない</u>騒音が、家族全員をいら立たせた。
3518 ☐ ☐	**respectively** [rɪspéktɪvli] The candidates received 60% and 40% of the vote, **respectively**.	副 それぞれ 候補者らは<u>それぞれ</u>60パーセント、40パーセントの票を獲得した。
3519 ☐ ☐	**additive** [ǽdətɪv] The **additive** was included in the food to enhance its flavor.	名 添加物　形 付加的な 風味を良くするために、食品に<u>添加物</u>が入れられた。
3520 ☐ ☐	**incipient** [ìnsípiəmt] The scientist's **incipient** research showed promising results.	形 初期の 科学者の<u>初期の</u>研究は、有望な結果をもたらした。
3521 ☐ ☐	**porous** [pɔ́ːrəs] Hardwood is **porous** and must be treated with a sealant before painting.	形 多孔性の 堅木は<u>多孔性</u>なので、塗装前にシーリング剤処理が必要だ。
3522 ☐ ☐	**repel** [rɪpél] The negative charges on atoms **repel** each other.	他 はじく、追い払う 原子の負の電荷は互いに<u>反発し</u>合う。
3523 ☐ ☐	**equilibrium** [ì:kwəlíbriəm, èk-] The system reached a state of **equilibrium**.	名 均衡 そのシステムは<u>平衡</u>状態に達した。
3524 ☐ ☐	**reiterate** [ríːtərèɪt, rì:-] He **reiterated** that if elected, he wouldn't raise taxes.	他 反復して言う 彼は、当選しても増税はしないと<u>反復して言った</u>。
3525 ☐ ☐	**subsequent** [sʌ́bsɪkwənt] **Subsequent** studies confirmed the initial research findings.	形 その後の <u>その後の</u>研究は、初期の研究結果を立証した。 副 subsequently（その後）

308

3526	**mortality** [mɔɚtǽləti]	名 死亡率
	The **mortality** rate of Ebola hemorrhagic fever was alarmingly high.	エボラ出血熱の死亡率は驚くほど高かった。

3527	**ameliorate** [əmíːljərèɪt, -liə-]	他 改善する
	This reform aims to **ameliorate** educational disparities.	この改革は、教育格差の是正を目的としている。 同 improve

3528	**procrastinate** [proʊkrǽstənèɪt, prə-]	自 先延ばしにする
	People **procrastinate** when they lack motivation.	人々はモチベーションに欠けると物事を先延ばしにする。

3529	**resentment** [rɪzéntmənt]	名 憤り
	The employees expressed **resentment** toward their boss.	従業員は上司に憤りの意を示した。

3530	**transposition** [trænspəzíʃən]	名 置き換え、転置
	The **transposition** of the gene induced mutation.	遺伝子の置き換えにより突然変異が誘発された。

3531	**parcel** [páɚs(ə)l]	名 一区画の土地、小包
	An unmarked land **parcel** is the best investment opportunity.	注目されていない土地の区画こそ最高の投資対象だ。

3532	**predominant** [prɪdá(ː)mənənt]	形 優勢な、支配的な
	The **predominant** concept of evolution is natural selection.	進化論の優勢なコンセプトは「自然淘汰」である。 同 dominant

3533	**apex** [éɪpeks]	名 頂上
	The mountain climber reached the **apex** of the mountain.	登山家は山の頂上に到達した。 同 summit

3534	**instantaneously** [ìnstəntéɪniəsli]	副 瞬時に、即座に
	The material broke **instantaneously** under intense stress.	その素材は、強い圧力にさらされ瞬時に崩れた。

3535	**precipitation** [prɪsìpətéɪʃən]	名 降水量、沈殿物、大急ぎ
	Precipitation patterns are changing because of climate change.	降水パターンが気候変動により変化している。

3536	**devoid** [dɪvɔ́ɪd]	形 欠如している
	Devoid of any organic matter, the barren soil is not tillable.	有機物を含まない不毛の土地は、耕作に向かない。

3537	**whence** [(h)wéns]	副 その場所から
	No one knows **whence** the new species originated.	その新種はこの場所から来た、という場所は誰も知らない。

LEVEL 1 LEVEL 2 LEVEL 3 分野別単語

3538 ☐ ☐	**dilation** [daɪléɪʃən, dɪ-] Blood vessel **dilation** affects stroke incidence.	名 膨張 血管の拡張は、脳卒中の発生率に影響する。
3539 ☐ ☐	**manned** [mǽnd] A **manned** mission to Mars is a major goal for space exploration.	形 有人の 火星への有人ミッションは、宇宙開発の大きな目標だ。
3540 ☐ ☐	**vanquish** [vǽŋkwɪʃ] A knight had a duty to **vanquish** all those considered a threat.	他 征服する 騎士は、脅威と見なされるすべてのものを征服する責務があった。 同 conquer
3541 ☐ ☐	**retract** [rɪtrǽkt] The cat quickly **retracted** its claws when it saw its owner.	他 引っ込ませる、取り消す 猫は飼い主の姿を見ると、すぐに爪を引っ込めた。
3542 ☐ ☐	**heir** [éə] Finally, the **heir** inherited a vast fortune.	名 相続人 最終的に相続人は莫大な財産を受け継いだ。
3543 ☐ ☐	**judicial** [dʒuːdíʃəl] The **judicial** system plays a crucial role in democracy.	形 司法の 民主主義において、司法制度は重要な役割を担っている。
3544 ☐ ☐	**delta** [déltə] A river **delta** forms through sedimentation.	名 三角州、デルタ 三角州は堆積作用によって形成される。
3545 ☐ ☐	**multilayered** [mʌltɪléɪəd] The novel had a **multilayered** plot.	形 多層の その小説には多層のプロットがあった。
3546 ☐ ☐	**visionary** [víʒənèri] The **visionary** leader had a clear plan for success.	形 ビジョンのある 名 先見の明のある人 先見の明のあるリーダーは、成功への明確な計画を持っていた。 ※
3547 ☐ ☐	**dynamism** [dáɪnəmìzm] The city's **dynamism** can distract visitors from their everyday problems.	名 活動的なこと、ダイナミックさ 都市の活気は、訪問者を日々の悩みから解放する。
3548 ☐ ☐	**comingle** [kəmíŋgl] The two cultures **comingled**.	自 混じり合う 二つの文化が混じり合った。
3549 ☐ ☐	**usher** [ʌ́ʃə] The **usher** directed us to our seats in the theater.	名 案内係 他 案内する 案内係は私たちを劇場の座席に案内した。 同 guide ※

※ **3546 visionary** 「非現実的なことや幻想を追い求める（人）」というニュアンスで使われることもある。／ **3549 usher** usher in 〜で「〜の到来を告げる」の熟語も出ている。

3550 sweltering [swéltərɪŋ, -trɪŋ]
The **sweltering** heat forced people indoors.

形 うだるように暑い
うだるような暑さは、人々を屋内に押し込めた。

3551 concerted [kənsə́ːtɪd]
The team made a **concerted** effort to improve their performance.

形 協調的な、協同の
チームはパフォーマンスを向上させるために一丸となって努力した。

3552 modernize [má(ː)dənàɪz]
As the world becomes more **modernized**, old rituals fade away.

他 近代化する
世界が近代化するにつれて、古い儀式は衰退していく。

3553 creep [kríːp]
I saw the thief **creeping** around at night.

自 はう、忍び寄る
夜中に泥棒が忍び込んでくるのを目撃した。
同 crawl

3554 contraption [kəntrǽpʃən]
The inventor showed off his new **contraption**.

名 奇妙な仕掛け
発明家は自分の新しい奇妙な装置を自慢した。

3555 resulting [rɪzʌ́ltɪŋ]
The **resulting** increase in temperature led to changes in the ecosystem.

形 結果として起こる
結果として起こった気温の上昇は、生態系に変化を与えた。

3556 riverbank [rívəbæ̀ŋk]
The **riverbank** was eroded because of heavy rainfall and flooding.

名 川岸、土手　他 堤防で囲む
大雨と洪水で川岸が浸食された。

3557 stratum [stréɪtəm, strǽt-]
The geologist studied different types of **strata** of rock layers.

名 地層
地質学者は、岩盤層の異なる地層を研究した。
※

3558 snail [snéɪl]
The **snail** left a trail of slime as it moved across the surface.

名 カタツムリ、巻き貝
カタツムリは表面を移動するとき、ぬめった跡を残した。

3559 tablet [tǽblət]
The stone **tablet** was a common writing medium.

名〈石や木の〉平板、タブレット
石板は一般的な筆記のための媒体だった。

3560 juvenile [dʒúːvənàɪl]
Moreover, the **juvenile** delinquency rate is a concern.

形 少年少女の　名 少年、少女
さらに、少年少女の非行率も気になる懸念事項だ。
同 adolescent（青年期の）

3561 fallow [fǽloʊ]
The farmer left the field **fallow** for a year to allow the soil to rest.

形 休閑中の　名 休耕、休耕地
他 休めておく
農民は、土を休ませるため、畑を1年休耕とした。

※ 3557 stratum　複数形は strata [-tə]。

311

3562	**steer** [stíɚ]	他 操縦する
☐ ☐	He **steered** the ship and navigated the vast ocean.	彼は船を<u>操縦し</u>、大海原を航海した。

3563	**sideways** [sáɪdwèɪz]	副 横に
☐ ☐	The car was hit and went **sideways** off the road.	車は衝突され、道の<u>横に</u>それた。

3564	**stagnate** [stǽgneɪt]	自 停滞する、よどむ
☐ ☐	The economy has been **stagnating** for several years.	景気はここ数年<u>停滞して</u>いる。

3565	**deformed** [dɪfɔ́ɚmd]	形 変形した
☐ ☐	**Deformed** parts were replaced to ensure safety.	<u>変形した</u>部品は安全性確保のため交換された。

3566	**liable** [láɪəbl]	形 法的責任がある、〜しがちである
☐ ☐	The company is **liable** for any damages caused by its products.	製品に起因する損害は、同社が<u>責任を負う</u>ものである。 名 liability（責任、債務）　※

3567	**solemn** [sá(ː)ləm]	形 厳粛な
☐ ☐	A **solemn** ceremony was held to honor the new ruler.	新しい統治者を称える<u>厳粛な</u>式典が行われた。

3568	**realm** [rélm]	名 領域
☐ ☐	Their study focuses on the **realm** of social psychology.	彼女らの研究は社会心理学の<u>領域</u>に焦点を当てている。 同 domain

3569	**redistribute** [rìːdɪstríbjʊt]	他 再分配する
☐ ☐	Social movements aim to **redistribute** power and resources.	社会運動は、権力や資源の<u>再分配</u>を目的とする。

3570	**patronage** [péɪtrənɪdʒ, pǽtrə-]	名 愛顧、後援
☐ ☐	Thank you very much for your **patronage**.	ご<u>愛顧</u>感謝いたします。 同 sponsorship

※ **3566 liable**　be liable to occur は「起こりがちである」。

分野別単語

この「分野別単語」にはスコア100までを目標とする人が身につけておくべき単語が掲載されています。105点、110点とさらに上のスコアをめざす人や、既習の語を分野別に整理した上でより多くの語を学習したい人には、以下の特設ウェブサイトがご利用いただけます。

https://3500plus.com

元素

hydrogen	H	水素
helium	He	ヘリウム
lithium	Li	リチウム
carbon	C	炭素
nitrogen	N	窒素
oxygen	O	酸素
fluorine	F	フッ素
neon	Ne	ネオン
sodium	Na	ナトリウム
magnesium	Mg	マグネシウム
aluminum	Al	アルミニウム
silicon	Si	ケイ素
phosphorus	P	リン
sulfur	S	硫黄
chlorine	Cl	塩素
argon	Ar	アルゴン
potassium	K	カリウム
calcium	Ca	カルシウム
iron	Fe	鉄

nickel	Ni	ニッケル
copper	Cu	銅
zinc	Zn	亜鉛
silver	Ag	銀
tin	Sn	スズ
iodine	I	ヨウ素
tungsten	W	タングステン
platinum	Pt	白金
gold	Au	金
mercury	Hg	水銀
lead	Pb	鉛
radium	Ra	ラジウム
uranium	U	ウラン
plutonium	Pu	プルトニウム

宇宙

solar wind	太陽風：太陽コロナから外側に向かって太陽系に向かい流れてくる、陽子と電子からなる帯電粒子の流れ。
pulsar	パルサー：極めて強力な磁場を持ち回転する中性子星で、磁気極から電磁放射を放出し、その放出パターンはパルス状で規則的である。
habitable zone	居住可能領域：恒星の周りの領域で、液体の水が存在し、生命維持の誕生と維持が可能となりえる領域。
quasar	クエーサー：全宇宙で最も明るい天体の一つで、銀河の中心の非常に狭い領域が明るく輝いている天体。
Milky Way	天の川：地球の太陽系が存在する銀河で、数十億の星を含む棒渦巻き銀河。
cosmic ray	宇宙線：光の速度に近い速度で宇宙を移動する太陽系外から発生した高エネルギーの粒子。
terrestrial planet	地球型惑星：地球と同様に岩石でできた固体の表面を持つ惑星。
gas giant	ガス惑星：水素とヘリウムで主に構成され、固体の表面がなく、厚い大気を持つ惑星。
dwarf planet	準惑星：惑星の定義を満たさないが、太陽を周回する球状の天体（冥王星、エリス、ケレス、マケマケ、ハウメア）。
white dwarf	白色矮星：恒星の残骸で、燃料を使い果たした低質量星のコアを持ち、非常に小さくて密度が高い。
neutron star	中性子星：原子から構成される通常の恒星と異なり、中性子を主成分とする天体。恒星の超新星爆発によって形成される。
dark matter	暗黒物質：光と相互作用しないため、直接観測することができない、宇宙の物質の約85パーセントを占めると考えられている仮想的な物質。
dark energy	暗黒エネルギー：宇宙の加速膨張を駆動すると考えられている仮想的なエネルギー。

LEVEL 1

LEVEL 2

LEVEL 3

分野別単語

人体

esophagus	食道	gallbladder	胆嚢
lung	肺	pancreas	膵臓
heart	心臓	kidney	腎臓
liver	肝臓	small intestine	小腸
stomach	胃	large intestine	大腸

Column コラム 質か量か　広く浅くの戦術

　単語を覚えるときに、まずは、知っている単語を増やしましょう。細かいことにはこだわりすぎず、とにかく単語数を増やしていくことです。最初は「質より量」です。1000単語の意味を正確に深い部分まで理解しているが2500単語については知らない、という状態よりは、浅い理解なのだけれど3500単語全部知っている、という方が、TOEFLにおいては点数が出せます。特に短期間で点数を上げたい場合はこの通りです。

　特に最初のころは、このように「広く浅く」という戦法で、面を取りにいってください。この単語帳について、LEVEL 1を徹底してそこの理解度は極めたけれど、LEVEL 2からは手付かず、という状況にならないようにしましょう。

　いったん広く浅く覚えたならば、次は理解を強くしていくフェーズです。ざっくりと大まかに覚えている単語は、発音や使い方なども含め、より確固たる理解を求めていきます。このフェーズでは、例文をより注視したり、リスニング音源をより多用したりして、知っている単語から反応できる単語へ、最終的には使える単語へ移行していく、これが理想の進行です。

○　広く浅く　→　その浅さを深めていく
×　深く狭く　→　その狭さを広くしていく

病気・症状

influenza	インフルエンザ	paralysis	まひ
measles	麻疹	allergy	アレルギー
chicken pox	水疱瘡	leukemia	白血病
pneumonia	肺炎	dementia	認知症
ulcer	潰瘍	high blood pressure	高血圧
tumor	腫瘍	low blood pressure	低血圧
cancer	がん	fracture	骨折
tuberculosis	肺結核	blister	水ぶくれ
asthma	ぜんそく	bruise	打撲
cerebral infarction	脳梗塞	sprain	捻挫
stroke	脳卒中	dislocation	脱臼
heart/cardiac disease	心臓病	scratch	かすり傷
amnesia	記憶喪失	diabetes	糖尿病
neurosis	神経症	anemia	貧血
food poisoning	食中毒	depression	うつ病
cavity	虫歯	Alzheimer's Disease	アルツハイマー病

学問の分野と専門家

geology	geologist	地質学
mineralogy	mineralogist	鉱物学
seismology	seismologist	地震学
geophysics	geophysicist	地球物理学
petrology	petrologist	岩石学
oceanography	oceanographer	海洋学
astrology	astrologer	占星学
astronomy	astronomer	天文学
cosmology	cosmologist	宇宙学
astrophysics	astrophysicist	宇宙物理学
mathematics	mathematician	数学
applied mathematics	applied mathematician	応用数学
physics	physicist （physician は医師）	物理学
chemistry	chemist	化学
biochemistry	biochemist	生物化学
materials science	materials scientist	物質科学
computer science	computer scientist	コンピューターサイエンス
data science	data scientist	データサイエンス
engineering	engineer	工学

ergonomics	ergonomist	人間工学
robotics	robotics engineer/roboticist	ロボット工学
cybernetics	cyberneticist	人工頭脳学
thermodynamics	thermodynamicist	熱力学
genetics	geneticist	遺伝学
biology	biologist	生物学
bioinformatics	bioinformatician	生物情報学
biotechnology	biotechnologist	バイオテクノロジー
paleontology	paleontologist	古生物学
zoology	zoologist	動物学
marine biology	marine biologist	海洋生物学
botany	botanist	植物学
ornithology	ornithologist	鳥類学
entomology	entomologist	昆虫学
microbiology	microbiologist	微生物学
molecular biology	molecular biologist	分子生物学
ecology	ecologist	生態学
medicine	physician/nurse/health care provider	医学
anatomy	anatomist	解剖学

physiology	physiologist	生理学
pathology	pathologist	病理学
epidemiology	epidemiologist	疫学
nursing	nurse	看護学
gynecology	gynecologist	婦人科学
dermatology	dermatologist	皮膚科学
neuroscience	neuroscientist	神経科学
anesthesiology	anesthesiologist	麻酔学
radiology	radiologist	放射線学
roentgenology	roentgenologist	エックス線学
emergency medicine		救急医学
forensics	forensic scientist	法医学
pharmacology	pharmacologist	薬理学
immunology	immunologist	免疫学
hygiene	hygienist	衛生学
public health		公衆衛生学
preventive medicine		予防医学
health sciences	health scientist	健康科学
kinesiology	kinesiologist	身体運動学

veterinary medicine	veterinarian/vet	獣医学
psychiatry	psychiatrist	精神医学
psychology	psychologist	心理学
philosophy	philosopher	哲学
epistemology	epistemologist	認識論
ethics	ethicist	倫理学
theology	theologian	神学
logic	logician	論理学
linguistics	linguist	言語学
literature	literary scholar	文学
aesthetics	aesthetician	美学
art history	art historian	美術史
musicology	musicologist	音楽学
history	historian	歴史学
archaeology	archaeologist	考古学
anthropology	anthropologist	人類学
ethnology	ethnologist	民族学
ethnomusicology	ethnomusicologist	音楽民族学
law	lawyer/attorney	法学

LEVEL 1
LEVEL 2
LEVEL 3

分野別単語

political science	political scientist	政治学
public administration	public administrator	行政学
public policy		公共政策
economics	economist	経済学
econometrics	econometrician	計量経済学
finance	financial analyst	金融学
accounting	accountant/CPA	会計学
statistics	statistician	統計学
sociology	sociologist	社会学
geography	geographer	地理学
demography	demographer	人口学
criminology	criminologist	犯罪学
architecture	architect	建築学
urban design	urban designer	都市デザイン
agricultural science	agronomist	農学
environmental science	environmental scientist	環境科学
hydrology	hydrologist	水文学
education	educator	教育学
journalism	journalist	ジャーナリズム

gerontology	gerontologist	老年学
ethology	ethologist	動物行動学
film studies	film historian	映画学
food science	food scientist	食品科学
cognitive science	cognitive scientist	認知科学

LEVEL 1

LEVEL 2

LEVEL 3

分野別単語

Column コラム　同義語注意報！

　この単語帳もそうですが、ほとんどの単語帳に「同義語」なるものが載っています。効率よく語彙を増やしていく上では、同義語はセットで覚えていきましょう。特に時間がない人や短期決戦を想定している人は、量を重視して覚えていきましょう。

　　important, significant, essential, vital, pivotal, crucial, imperative

「大事である」という単語の同義語にはざっとこうした単語が並びます。どんどん覚えていく段階で、特に学習時間が限られる場合は、細かなニュアンスの差は気にせず、量を入れていきましょう。

　ただし、これはReadingとListeningを想定した話です。細かな差はわからなくても、意味がわかれば読む・聞くことはできますし、点数も出せるようになります。

　SpeakingとWritingセクションでは話は違います。

　It is important to make an effort.（努力することは大事だ）という文で、It is important ...という表現を使いすぎているな、何か別の単語に変えたいな、という発想が生まれることがあります。その発想自体は良いものですが、だからと言ってやみくもに同義語を入れればいいというものではありません。

　importantの代わりに、他の単語を入れてもうまくいかないことが多いためです。例えば、essentialは「本質的に欠くことができない」という意味で「大事」なのです。pivotalは「ピボット（軸）として、起点として大事」という意味で「重要」なのです。vitalは「生命（バイタリティー）の維持に大事」という意味で「大事」なのです。同じように同じ場所で使えるということではありません。

　同義語注意報を発令します。SpeakingとWritingセクションでは、意味の違いがまったくわかっていない同義語を安易に使ったりせず、使い方がわかっている単語だけで話す・書くという方針で進めましょう。

政治・社会制度や主義

absolutism	絶対主義：支配者が国家と市民に対して完全で無制限の権力を持つ政治体制。
despotism	専制君主制：支配者が絶対的な権力を持ち、いかなる制限もなく市民の生活を支配する政治体制。
feudalism	封建制度：中世ヨーロッパに存在した社会・経済制度で、土地を貴族が所有し、その土地で働く農民は領主に忠誠心と義務感で縛られていた体制。
democratism	民主主義：国民が直接、または選挙で選ばれた代表者を通じて権力を持つ政治体制。
communism	共産主義：私有財産を廃止し、すべての財産と資源を共同体全体が所有する無階級社会の実現を主張する政治・経済理論。
capitalism	資本主義：生産・流通手段を私有し、価格や賃金が自由市場によって決定される経済体制。
socialism	社会主義：社会的・経済的平等の拡大をめざし、生産手段の集団所有と管理を提唱する政治・経済理論。
liberalism	自由主義：個人の自由、平等、市民の権利と自由の保護を重視する政治思想。
conservatism	保守主義：伝統的な社会制度や政治制度の維持を重視し、急激な変化や急進的な変化に反対する政治思想。
fascism	ファシズム：極端な民族主義、権威主義を強調し、政治的な反対や個人の自由を抑圧する政治的なイデオロギー。
totalitarianism	全体主義：国家が監視、抑圧によって社会と個人の生活のあらゆる側面を完全に統制する政治体制。
theocracy	神権政治：宗教指導者または宗教団体が権力を持ち、国家に代わって意思決定を行う政治体制。
anarchism	無政府主義（アナーキズム）：あらゆる形態の政府を廃止し、自発的な協力と相互扶助に基づく社会の確立を主張する政治思想。
Marxism	マルクス主義：労働者階級と資本家階級の闘争を重視し、資本主義の打倒による無階級社会の実現をめざす社会・政治・経済理論。
neoconservatism	新保守主義：保守的な価値観と介入主義的な外交政策を組み合わせた政治思想で、国家の安全保障目標を達成するために民主主義の推進と軍事力の行使を強調する体制。

neoliberalism	新自由主義：自由市場資本主義、規制緩和、経済への政府介入の削減を重視する政治・経済イデオロギー。
utilitarianism	功利主義：最大多数の人々の幸福または福利の最大化を重視する道徳的・政治的哲学。
nationalism	ナショナリズム：国家のアイデンティティと国民国家の主権を重要視する政治思想。
populism	ポピュリズム：エリートに対して、反体制的なレトリックを用い、一般人の利益を強調する政治思想。
libertarianism	リバタリアニズム：個人の自由を重視し、経済や個人生活への政府の介入を最小限に抑える政治的イデオロギー。
anarcho-syndicalism	無政府組合主義：社会主義の一派であり、労働組合運動を重視する無政府主義。
distributism	分配主義：広範な財産所有と富と権力の分配の重要性を強調し、資本主義と社会主義の双方に挑戦しようとする政治・経済思想。
neo-Marxism	ネオ・マルクス主義：古典的なマルクス主義を修正・発展させた理論的アプローチで、文化、アイデンティティ、抑圧の交錯の問題を強調する。
bureaucracy	官僚制：意思決定権が役人や管理者の階層に委譲されている行政システムで、複雑な規則、形式的な手続き、専門的な知識によって特徴づけられる政治経済体系。
technocracy	テクノクラシー：意思決定における技術的専門知識の重要性を強調し、社会的・経済的問題を解決するために技術の利用を促進しようとする政治・社会哲学。

Column コラム　散漫なランダム情報は忘れやすい
意味を成すコンテンツは覚えやすい

　人間、意味を成さないデータの羅列は効果的に記憶できないようになっています。逆に、意味を成す情報は頭にとどめておきやすいものです。単語を覚えるときは、データの羅列ではなく、「こういうふうに使うのか」という、実用性を持った情報として頭に入れておきましょう。その方が圧倒的に頭に定着します。

　例文は実用的な情報の宝庫です。例文を覚えるのではなく、例文でその単語の使い方を理解する。これが肝心です。例文を最大限活用してください。

芸術スタイル

Classicism	古典主義：古代ギリシャやローマで生まれた芸術スタイルで、明快さ、バランス、秩序を重視する。神話や歴史上の人物や場面を理想化したものが多い。ルネッサンス期の芸術家は特に古典的な形態に触発され、古典主義はその後何世紀にもわたって芸術に影響を与え続けた。
Gothic	ゴシック：12世紀にヨーロッパで生まれた芸術様式で、華麗で高度な装飾性を特徴とする。とがったアーチや、はりのある丸天井、精巧な石彫などを特徴とし、教会などの宗教建築に多く用いられた。
Renaissance	ルネサンス：14世紀にイタリアで起こった芸術運動で、古典古代への新たな関心、ヒューマニズムと個人主義の重視、リアリズムと遠近法の強調を特徴とする。ルネサンス芸術は、細部、バランス、調和へのこだわりを特徴としていることが多い。
Mannerism	マニエリスム：16世紀にイタリアで生まれた様式で、誇張されたポーズ、人工的な色彩、複雑な細部が特徴である。劇的な効果を狙って形をゆがめることが多く、作品はやや不穏な雰囲気や不自然さを漂わせる。エル・グレコやヤコポ・ダ・ポントルモなどがこれに当たる。
Baroque	バロック：17世紀にヨーロッパで生まれた美術様式で、華麗でダイナミックな構図と光と影をドラマチックに表現することを特徴とする。宗教的、神話的な題材が多く、壮大さや演劇的な感覚を特徴とする。
Rococo	ロココ：18世紀にフランスで生まれた芸術様式で、遊び心と装飾性に富むのが特徴。パステルカラーや曲線、華麗な装飾を特徴とし、宮殿などの豪華な装飾に用いられることが多い。
Neo-Classicism	ネオクラシシズム：18世紀、古代ギリシャやローマの古典美術の理想を復活させようとした運動。明快さ、簡潔さ、バランスを重視し、英雄的、歴史的な主題を描くことが多い。ジャック＝ルイ・ダヴィッドやアントニオ・カノーヴァなどがいる。
Romanticism	ロマン主義：18世紀後半、啓蒙主義や産業革命への反動から生まれた芸術運動。ロマン主義では感情、想像力、個人の力が強調され、ドラマチックで幻想的な題材が多く用いられた。
Realism	リアリズム：19世紀半ばにロマン主義への反発から生まれた芸術運動で、理想化や誇張を排し、ありのままの世界を描こうとした。現実主義の画家は日常的な題材や風景を描くことが多く、多くは社会的、政治的改革に取り組んでいた。
Impressionism	印象派：19世紀後半、自然界に存在する光と色のはかない印象を捉えることに焦点を当てた運動。印象派の画家たちは、しばしば野外で制作し、緩やかで目に見える筆致を用いた。印象派の画家には、クロード・モネやピエール＝オーギュスト・ルノワールなどがいる。
Symbolism	象徴主義：19世紀後半にフランスで生まれた芸術運動で、象徴的なイメージを用いて感情や精神性、潜在意識を表現することを特徴としている。象徴主義美術は、夢のような、あるいは別世界のイメージを特徴とすることが多く、精神性、神話、オカルトなどのテーマを探求するために用いられることが多かった。
Post-Impressionism	ポスト印象派：印象派の影響を受けつつも、視覚的な感覚を捉えることに重点を置いた印象派の枠を超えようとした、19世紀後半のフランスの芸術家グループを指す言葉。ポール・セザンヌ、フィンセント・ファン・ゴッホ、ジョルジュ・スーラなどが、色、線、形を非常に表現豊かで個人的な方法で用いている。

Neo-Impressionism	新印象派：19 世紀後半にフランスで生まれた運動で、キャンバスに小さな色の点描でまとまったイメージを描く点描画と呼ばれる技法が特徴。新印象派の画家たちは、躍動感や明るさを追求し、都市風景やレジャーなど現代的な題材を多く描いた。新印象派の画家には、ジョルジュ・スーラ、ポール・シニャックなどがいる。
Art Nouveau	アールヌーボー：19 世紀後半に起こった芸術運動で、装飾的で有機的なフォルムを重視し、芸術とデザインの融合を特徴とする。建築や家具などの装飾美術に多く用いられた。
Fauvism	フォーヴィスム：20 世紀初頭にフランスで発展したもので、鮮やかな色彩と大胆な筆致で、対象の感情を表現することを重視した。アンリ・マティスやアンドレ・ドランなど。
Expressionism	表現主義：20 世紀初頭にドイツで生まれた表現主義は、芸術家の感情や心理的な経験を強調する芸術運動。歪んだ形や誇張された形、鮮やかで激しい色彩を特徴とする。
Cubism	キュビズム：20 世紀初頭にパブロ・ピカソとジョルジュ・ブラックが展開した美術運動。幾何学的な図形を用いて対象を断片化し、抽象化して描くことが特徴である。
Art Deco	アールデコ：1920 年代から 1930 年代にかけて起こった芸術運動で、流線型の幾何学的なフォルムに焦点を当て、クロムやガラスなどの高級素材を使用したことが特徴。建築、インテリアデザイン、装飾美術に多く用いられた。
Suprematism	シュプレマティズム：20 世紀初頭にロシアで生まれた芸術運動で、純粋な抽象表現と幾何学的形態、特に正方形の使用に重点を置いているのが特徴。シュプレマティズムの芸術家たちは、外界への言及から解放された芸術を創造しようとし、色と形の純粋性を強調した。
Dadaism	ダダイズム：第 1 次世界大戦の残虐行為への反動から 20 世紀初頭に起こった芸術運動。ダダの芸術家は、不条理、ナンセンス、風刺的な作品を多く制作した。
Constructivism	構成主義：20 世紀初頭にロシアで生まれた芸術運動で、幾何学、抽象、工業素材の使用に重点が置かれているのが特徴。構成主義の芸術家は、実用的で有用な芸術を創造しようとし、しばしば政治的または社会的な目的のために使用された。
Surrealism	シュルレアリスム：1920 年代にアンドレ・ブルトンによって創設された芸術運動で、潜在意識や非合理的なものを強調する。夢や幻覚のようなイメージや、予想外の組み合わせの作品が多い。
Abstract Art	抽象芸術：認識可能な主題よりも、抽象的な形、色、質感の使用に重点を置いた芸術のスタイル。20 世紀初頭までさかのぼることができ、現在もさまざまな方向に進化・発展している。
Muralism	メキシコ壁画運動：メキシコ革命後の 1920 年代にメキシコで生まれた芸術運動。社会的、政治的、歴史的なテーマを描いた大規模な公共壁画を制作する。
Minimalism	ミニマリズム：1960 年代にアメリカで起こった芸術運動で、シンプルさ、緊縮財政、工業用材料の使用に重点を置いているのが特徴。幾何学的で大規模な彫刻や絵画を制作し、作品の存在感を際立たせた。

LEVEL 1

LEVEL 2

LEVEL 3

分野別単語

Conceptual Art	コンセプチュアルアート：作品の外見よりも、その背後にあるアイデアやコンセプトを重視する芸術スタイル。1960年代から1970年代に登場し、テキスト、パフォーマンス、その他の非伝統的なメディアを使用することが多い。
Hyperrealism	ハイパーリアリズム：1960年代にアメリカで起こった芸術運動で、非常に写実的で細密な絵画や彫刻を使用することが特徴。日常的な物や風景を写真のように正確に表現した作品が多く、消費文化やマスメディアをテーマにしたものが多い。
Neo-Expressionism	新表現主義：1960〜70年代のクールでコンセプチュアルな芸術に対する反動として、1980年代に起こった芸術運動。新表現主義のアーティストは、感情的、個人的、表現的な作品を作ろうとし、しばしば大胆な色彩と荒々しい筆致を用いた。
Digital Art	デジタルアート：20世紀後半に生まれたアートのスタイルで、デジタル技術を使用して画像、ビデオ、インスタレーション、その他の作品を作成することを特徴とする。デジタルアートは、コンピューターで生成された画像から、鑑賞者の動きや動作に反応するインタラクティブなインスタレーションまで、さまざまな形態を取ることができる。

Column コラム 英語のつづりはなぜここまででたらめなのか

　英語のつづりは規則性があるようでないようで、覚えるのに苦労するものです。なぜここまで不規則性が大きいのかということについて、理由はあります。もともと、複数の言語が合体してできたのが英語です。言語の混合物は、必然的につづりの一貫性が薄れてきます。また、世界規模で広範囲で使われてきた言語ですから、地域によるバリエーションも生まれました。

　それでも、英語の発音とつづりをできる限り一致させようという動きがなかったわけではありません。15世紀から16世紀、印刷技術の発展により、この単語のつづりはこう決め打ちしよう、と統一作業が行われ始めました。しかし、このときに即席で作られたつづりの統一ルールというのは、発音する側の視点からすると、完成度が十分とは到底言えないものでした。結局、文字と発音が一致を見ないものが多く残されたまま、一件落着となったのです。

　こうした背景があり、英語のつづりには不規則性が多く見受けられます。残念ながら規則性があるものもないものも、覚えるしかありません。

文明

Sumerian civilization	4000 BC-2000 BC	シュメール文明
Ancient Egyptian civilization	3100 BC-30 BC	古代エジプト文明
Indus Valley civilization	2600 BC-1900 BC	インダス文明
Minoan civilization	2700 BC-1420 BC	ミノス文明
Babylonian civilization	1894 BC-539 BC	バビロニア文明
Assyrian civilization	2500 BC-612 BC	アッシリア文明
Maya civilization	2000 BC-1697 AD	マヤ文明
Inca civilization	1438 AD-1532 AD	インカ文明
Olmec civilization	1200 BC-400 BC	オルメカ文明
Carthaginian civilization	814 BC-146 BC	古代カルタゴ文明
Hittite civilization	1600 BC-1180 BC	ヒッタイト文明
Phoenician civilization	1500 BC-300 BC	フェニキア文明
Celtic civilization	800 BC-400 AD	ケルト文明
Puebloan civilization	900 AD-1500 AD	プエブロ文明
Nazca civilization	100 BC-800 AD	ナスカ文明
Bantu civilization	1000 BC-1500 AD	バンツー文明

心理学の効果

halo effect	ハロー効果	endowment effect	授かり効果
confirmation bias	確証バイアス	bystander effect	傍観者効果
primacy effect	優位効果	anchoring effect	アンカリング効果
recency effect	新鮮効果	Hawthorne effect	ホーソーン効果
self-fulfilling prophecy	自己成就予言	overjustification effect	過剰正当化効果
placebo effect	プラシーボ効果	mere-exposure effect	単純接触効果
bandwagon effect	バンドワゴン効果	Barnum effect	バーナム効果
social loafing	社会的手抜き	Golem effect	ゴーレム効果
cognitive dissonance	認知的不協和	Pygmalion effect	ピグマリオン効果
group polarization	グループ極化	false consensus effect	偽の合意効果

Column コラム 単語の過剰反応について

　覚えた単語を増やしていく、というのは当然すべての受験者がすべきことですが、中途半端に単語を覚えるというのは、逆効果を生んでしまうことがあります。リスニングで、覚えたての単語が流れると、「あ、あのとき覚えたあれだ！　意味は確か、うーんあれ、あれだ！」という過剰反応をしてしまうことがあります。単語の意味を思い出せるには思い出せるのですが、過剰にその単語に反応してしまって、その後に続く単語が聞き取れなくなるという現象が起きます。ぎりぎり覚えている、という状態だと、過剰反応が起こるリスクが高いので、何回か巡回して、安定した理解にまで落とし込みましょう。

この単語帳で S/W のマークがついているものは、TOEFL の Speaking や Writing の「アウトプット」のセクションで活用できる単語です。

以下に、これらの単語の一部を使った解答例を示します。赤色の下線部分が、S/W のマークがついている単語です。表現をまねて、自信を持って、さっと使える単語を増やしていきましょう。

解答例 1 （Writing Based on Reading and Listening）

Both the passage and the lecturer discuss the extinction of Neanderthals. The passage offers three possible reasons why this hominid's existence came to an end. However, the lecturer casts doubt on all the explanations proposed by the author.

To begin with, the passage claims that a climate change caused the fall of Neanderthals. Prolonged cold and dry conditions were too harsh for them to endure. Food became scarce and this change ultimately triggered extinction. The lecturer, however, rejects this theory and asserts that the climate change only had a limited impact. Neanderthals could tolerate severe climate. Indeed, they had survived previous periods of extremely frigid conditions. The time when Neanderthals disappeared was no colder than previous ice ages. These facts make the author's claim unpersuasive.

Next, the passage speculates that Neanderthals could not outcompete modern humans, homo sapiens. Modern humans with more sophisticated social skills allowed them to thrive and succeed in effective hunting and gathering. Neanderthals, meanwhile, could not perform as well. In contrast, the lecturer argues that those two species coexisted rather than competed against each other. Genetic evidence indicates that they interbred for a certain duration of time, thereby creating harmonious rather than hostile atmosphere. She acknowledges that homo sapiens had greater social skills, but lacking further evidence, the author's claim remains inconclusive.

Finally, the passage hypothesizes that genetic incompatibility might have been the cause of their extinction. As interbreeding with modern humans continued, the genetic makeups of Neanderthals began to change. This resulted in genetic disorders and reduced fertility rates. Once again, the lecturer opposes the author's speculation. She contends that modern humans, who also experienced a genetic shift, experienced no conspicuous damage from interbreeding. Additionally, she revealed the fact that the population of Neanderthals had been already declining dramatically before they came into contact with modern humans.

All in all, the lecturer counters all the three explanations given in the article, and she bolsters her views with concrete examples and reasonings.

パッセージと講師の両方ともネアンデルタール人の絶滅について論じている。パッセージでは、このヒト科動物の存在が終わった理由として三つの可能性を示している。しかし、講師は著者が提案したすべての説明に疑問を投げかけている。

　まず、気候変動がネアンデルタール人の滅亡を招いたというのが、このパッセージの主張だ。長引く寒さと乾燥した状態は、ネアンデルタール人が耐えるにはあまりにも過酷だった。食料が不足し、この変化が最終的に絶滅の引き金となった。しかし、講師はこの説を否定し、気候変動単体での影響は限定的であったと主張する。ネアンデルタール人は厳しい気候に耐えることができた。実際、彼らは以前の極寒の時代を生き延びてきた。ネアンデルタール人が姿を消した時期は、以前の氷河期よりも寒くはなかった。これらの事実は、著者の主張を説得力のないものにしている。

　次に、このパッセージは、ネアンデルタール人が現代人であるホモサピエンスに対抗できなかったと推測している。現代人は、より洗練された社会的スキルを持っているため、彼らは繁栄し、効果的な狩猟と採集に成功することができた。一方、ネアンデルタール人は、そうしたパフォーマンスを発揮できなかった。対照的に、講師は、この二つの種は互いに競合するのではなく、共存していたと主張する。遺伝学的な証拠は、彼らがある一定の期間、異種交配したことを示しており、それによって敵対的な雰囲気ではなく、調和的な雰囲気をつくり出した。ホモサピエンスがより優れた社会的スキルを持っていたことは認めるが、さらなる証拠がないため、著者の主張は結論が出ていない。

　最後に、このパッセージでは、遺伝的な不一致が絶滅の原因である可能性があるという仮説を立てている。現生人類との交雑が進むにつれて、ネアンデルタール人の遺伝的構成が変化し始めた。その結果、遺伝性疾患が発生し、出生率が低下した。再び、講師は著者の推測に反対する。彼女は、同じく遺伝子変化を経験した現生人類が交配による目立った損傷を経験しなかったと主張する。さらに、ネアンデルタール人が現生人類と接触する前に、すでに人口が激減していた事実も彼女は明らかにした。

　このように、講師は記事で与えられた三つの説明すべてに反論し、具体的な例と理由付けで自分の意見を主張している。

注意：使い方や意味がつかみ切れていないものを無理して使うのではなく、理解したものを適切なレベルで使用していきましょう。

問題

Your professor is teaching a class on technology. Write a post responding to the professor's question.

In your response you should:
• express and support your opinion
• make a contribution to the discussion

An effective response will contain at least 100 words.

Professor Penn

In the coming weeks, we're going to delve into the realm of artificial intelligence and its societal implications. Before we dive into the case studies, I'd like to get your preliminary thoughts. Here's a prompt for our class discussion board: What do you view as the most substantial effect of AI on society? Why do you think AI has this impact?

Bonnie

This kind of technology can cause great confusion in society. One concern I have about AI is the potential for job displacement. Various sectors, from manufacturing to customer service, have started using AI, leading to fears of mass unemployment. Many experts have noted that while AI creates jobs in certain areas, it may eliminate others, especially those involving routine tasks.

Clyde

I believe the principal impact of AI is its ability to revolutionize industries and enhance productivity. AI systems can process vast amounts of data and perform complex tasks much more efficiently than humans. For instance, in healthcare, AI can analyze patient data and help doctors make more accurate diagnoses. This capability, I believe, can significantly improve our quality of life.

回答例

In my view, Bonnie is right in that people who are doing simple, repetitive jobs might be made redundant. With AI being cost-effective, non-demanding, and super-fast, employers are relying more on the technology than on humans. Meanwhile, an even more concerning problem is that many individuals may stop maximizing their own skills, gradually making themselves incompetent. Since AI has become able to perform sophisticated tasks, people are becoming dependent on it. Data analysis is a good example. Indeed, now people are asking AI what to analyze and how to analyze it, not tackling or overcoming anything by themselves. As Clyde says, the calculation can become more accurate. Nevertheless, over-reliance on these technologies hinders their personal growth, which eventually renders them even more unable to compete with AI and increases the risk of losing their jobs. Can we imagine a brighter future?

問題
教授がテクノロジーに関する授業をしています。教授の質問に対する回答を投稿してください。

回答では、以下の要素を含めてください：
- 自分の意見を述べ、サポートする
- 議論に貢献する

効果的な回答には、少なくとも100単語が必要です。

ペン教授

人工知能（AI）の領域とその社会的な影響について、数週間かけて深く学んでいきます。ケース・スタディに入る前に、皆の前もった考えを聞かせてください。以下が、授業で議論されることになるお題です：AI が社会に与える最も大きな影響とは何だと思いますか。また、AI はなぜこのような影響を与えるのでしょうか。

ボニー

このような技術は、社会に大きな混乱をもたらす可能性があります。AI について私が懸念しているのは、雇用の喪失の可能性です。製造業からサービス業に至るまで、さまざまな領域で AI の利用が開始されるなか、大規模な失業が懸念されます。多くの専門家は、AI は特定の分野で雇用創出に寄与するものの、多くの分野で、特にルーティンワークを伴う多くの仕事を人から奪っていく可能性があると指摘しています。

クライド

産業に革命を起こし、生産性を上げること、これらが AI がもたらす主な影響だと私は思います。人工知能によるシステムは、膨大な量のデータを処理することもできますし、人間よりもはるかに効率的に、複雑なタスクを実行することもできるのです。例えば、医療分野では、AI が患者の情報を分析し、医師がより正確な診断を下せるようになります。これにより、人々の生活の質は大きく改善されると私は思います。

回答例

私の意見では、単純で繰り返しの多い仕事をしている人は失業する可能性があるという点で、ボニーは正しいと思います。雇用主は、人間より費用対効果が高く、口うるさくなく、超高速である AI 技術を頼るようになってきました。一方で、それ以上に深刻な問題は、多くの人が自分のスキルを最大化することをやめてしまい、次第に自らの競争力を落としてしまう可能性があることです。AI が高度な仕事をこなせるようになったため、AI への依存が生まれています。データ分析がいい例です。実際、今人々は何を分析すればいいか、どう分析すればいいかまで、すべてを AI に求め、自分では何にも挑まず、何も克服していません。クライドが言うように、計算がより正確になることは事実でしょう。しかし、技術への過度の依存は、個人の成長の可能性を損なうことにつながり、なおさら AI に対抗できなくなり、職を失うリスクもさらに高まると思います。私たちに明るい明日はあるでしょうか。

irregular な複数形

　名詞を複数形にするときに、s をつけるという規則的なパターンとは異なる、不規則な複数形をまとめました。単数形で覚えていても、複数形で Reading と Listening で出たときに反応できないということがないように、また Speaking と Writing で正しく使用できるように、参考にしてください。TOEFL でよく出るものを集めました。

単数 -f, -fe 複数 -ves

life	lives	生活
wife	wives	妻
knife	knives	ナイフ
wolf	wolves	オオカミ
leaf	leaves	葉
calf	calves	子牛
yourself	yourselves	あなた自身
shelf	shelves	棚
half	halves	半分

以下はsがつく

staffs, roofs, proofs, beliefs, reliefs, giraffes, motifs

単数・複数で母音が変わる

foot	feet	足
tooth	teeth	歯
goose	geese	ガチョウ
mouse	mice	ネズミ
louse	lice	シラミ
man	men	男
woman	women	女

-us で終わる単数は -i で複数に

fungus	fungi	真菌類
radius	radii	半径
nucleus	nuclei	核
alumnus	alumni	（男子の）卒業生
locus	loci	場所
stimulus	stimuli	刺激
cactus	cacti	サボテン

以下はsがつく

apparatuses, bonuses, choruses, circuses, minuses

-is で終わる単数は -es で複数に

analysis	analyses	分析
crisis	crises	危機
thesis	theses	学位論文
axis	axes	軸
oasis	oases	オアシス
synthesis	syntheses	統合、合成
basis	bases	基礎
parenthesis	parentheses	丸かっこ
hypothesis	hypotheses	仮説
diagnosis	diagnoses	診断
prognosis	prognoses	予後
symbiosis	symbioses	共生
metamorphosis	metamorphoses	変容
ellipsis	ellipses	省略

-um で終わる単数は -a で複数に

curriculum	curricula	カリキュラム
bacterium	bacteria	バクテリア
stratum	strata	層
datum	data	データ
medium	media	媒体、Mサイズの
memorandum	memoranda	覚え書き
addendum	addenda	追加、付録
ovum	ova	卵子

単複同形

fish	fish	魚
sheep	sheep	羊
swine	swine	豚
deer	deer	鹿
offspring	offspring	子孫
bison	bison	野牛
series	series	シリーズ
species	species	種
aircraft	aircraft	航空機
spacecraft	spacecraft	宇宙船
moose	moose	アメリカヘラジカ
shrimp	shrimp	小エビ
headquarters	headquarters	本部

-ex/ix で終わる単数は -ces/xes で複数に

index	indices/indexes	索引、指標
appendix	appendices/appendixes	付加物
vortex	vortices/vortexes	渦
matrix	matrices/matrixes	母体、鋳型

根本的に形が異なるもの

person	people	人
child	children	子ども
die	dice	さいころ
ox	oxen	雄牛

その他

alga	algae	藻類
larva	larvae	幼虫
formula	formulae	定式、調理法
criterion	criteria	基準
phenomenon	phenomena	現象
viscus	viscera	内臓

例えば formula は formulae も formulas も両方使われるなど、不規則な複数名詞だが規則的に s をつけるバージョンもある、というのは結構あります。地域、分野、時代によりどちらが優勢というのにはバリエーションがありますので、上記が絶対的なルールというよりは、TOEFL で見られる、押さえておきたい不規則性がある名詞と捉えてください。

数えられるようで実は不可算の名詞

以下は、数えられそうで数えられない名詞です。TOEFL の Writing でよくエラーが見られるものを集めましたので、書くときに気をつけ、減点を回避してください。

advice	アドバイス
evidence	証拠
feedback	フィードバック
vocabulary	語彙
art	芸術
information	情報
clothing	衣類
equipment	道具
news	ニュース
baggage	かばん
luggage	かばん
food	食べ物
sheep	羊　＊cattle, deer, fish も同様
fruit	果物　＊vegetable は可算
work	仕事　＊「芸術作品」という意味で使う場合のみ可算
software	ソフトウエア　＊「アプリ」app は可算

これらの単語は、不定冠詞 a をつけたり、複数形の s をつけたりすることができませんので、注意してください。food, vocabulary のように、細かい種類を言う場合には複数形 s をつけられる、というケースもありますが、完全な理解がない限り、不可算の形で統一して使用することを推奨します。＊より詳細は特設ウェブサイト参照

Speaking と Writing で明確に使い分けたい単語集

形や意味が似ているため、英文作成の際に間違えてしまう英単語の中から、特に頻度が多いものを集めました。ここで違いを学び、減点を防ぐことでスコアを上げましょう。

through vs. throughout

through は「〜を通して」、throughout は「〜中（じゅう）」という意味で、時間や場所のいずれにも使う。前者はサッカーの through pass（スルーパス）で覚えよう。

- You can learn programming through this course.　このコースでプログラミングを学ぶことができる。
- I searched for my key throughout the room.　部屋中鍵を探し回った。
- Cherry blossoms can be seen throughout Japan.　桜は日本中で見ることができる。

affect vs. effect

affect は動詞で「影響を与える」、effect は名詞で「効果」という意味。後者は、sound effects（音響効果）で覚えよう。

- Your mind affects your body.　心は体に影響を与える。
- Vitamins have various effects on your body.　ビタミンは身体にでさまざまな効果を発揮する。

　affectは他動詞なので前置詞は不要。これは同義語influenceも同様。affect N = influence N = have an effect on N（Nは名詞）

success vs. succeed

success は名詞で「成功」、succeed は動詞で「成功する、継承する」。

- The project ended up a great success.　プロジェクトは大成功に終わった。
- The team will succeed in the project.　チームはプロジェクトで成功するだろう。
- The team will succeed the project.　チームはプロジェクトを継承するだろう。

　The team will success the project.は誤り。He succeeded in the negotiation. = He was successful in the negotiation.

adapt vs. adopt

adapt は「適応する」、adopt は「採用する」という意味。

- Adapt yourself to the new environment.　新しい環境に適応しなさい。
- We will adopt a new policy about healthcare.　医療に関する新しい方針を採用する。

advice vs. advise

advice は名詞で意味・発音ともに「アドバイス」、advise は動詞で意味は「アドバイスする」で発音は「アドバイズ」。

- My mentor gave me some advice.　恩師からのアドバイスをもらった。
- The doctor advised that I take a rest.　医師は私に休みを取るようアドバイスした。

他の-ce vs. -seのパターン：device/devise

try vs. challenge

try は「挑戦する、チャレンジする」、challenge は「あらがうという含意を持って挑む」。何かに挑戦するという意味で「チャレンジする」という場合は try を使う。

- We tried to climb this steep cliff.　この急な崖を登ろうとした。
- He challenged his boss for his small salary markup.　給与増が少ないと彼は上司にあらがった。

electric vs. electronic

electric は「電気の」、electronic は「電気によって情報処理をする」という意味。

- The particle bears an electric charge.　その粒子は電荷を帯びている。
- Turn off your electronic devices.　電子機器の電源を切りなさい。

beside vs. besides

beside は前置詞で「～の横に」、besides は副詞で「他に、さらに」という意味。

- There is a vase beside the wall.　壁際に花瓶がある。
- Besides, the lecturer talked about his own experience.　他にも、講師は自身の体験を語った。

change vs. be changed

change は「変わる」で、単純に何かが変わったときはこちらを使う。be changed は「変えられる」という意味で、外部からの力で何かが変わってしまったときに使う。

- The conference time has changed.　会議時間が変更になった。
- The manufacturing steps were changed in accordance with the new law.　新法に伴い、製造工程が変更になった。

flash vs. flush

flash は「閃光、光る」という意味、flush は「赤面、赤面する」。

- I just saw a flash of lightening.　私は今、閃光を見た。
- He smiled with a flush on his face.　彼は顔を赤くしながらほほ笑んだ。

他に、aとuで意味が違う例：

rash/rush	無謀な/急ぐ	master/muster	習得する/招集する
fan/fun	扇風機、ファン/楽しい	hat/hut	帽子/掘っ建て小屋
mad/mud	狂った/泥	clamp/clump	留め金（で留める）/群れ
rabble/rubble	群衆/瓦礫	rapture/rupture	有頂天/破裂

fresh vs. flesh

fresh は「新鮮な」、flesh は「肉」。

＊I want to breathe in the *flesh* air. はひどい誤り！

・The market sells varieties of <u>fresh</u> vegetables.　市場には新鮮な野菜が並んでいる。

・After all, we are all made of <u>flesh</u> and bone.　結局、私たちは皆、肉と骨でできている。

他に、rとlで意味が違う例：

brink/blink	縁（ふち）/まばたきする
crash/clash	〈物・乗り物が〉衝突する/〈意見・軍隊が〉衝突する
raw/law	生の/法律
row/low	列/低い
rush/lush	急ぐ/青々と茂った
free/flee	自由/逃げる
ramp/lamp	〈高速道路などの〉傾斜路/明かり
breach/bleach	違反/漂白
rend/lend	引き裂く/貸す
rent/lent	家賃、rendの過去形/lendの過去形
rug/lug	じゅうたん/引きずる
crap/clap	糞/拍手
rip/lip	はぎ取る/唇
groom/gloom	毛づくろいをする/暗がり、陰うつ
cram/clam	詰め込む/貝

＊Writingで、I went to a *clam* school... などと書かないように注意。よく見られるエラーです。

Speaking で流暢さを磨くために必須の初級動詞

TOEFL の Speaking で、より流暢に話していくために、瞬時に使えるようになりたい動詞の一覧です。決して難易度は高くなく、単体で 3500 語のリストには入っていないものばかりですが、以下は「知っている単語」のレベルにとどめず、「瞬時に使える単語」にすべきものです。でなければ、言いたいことを英語にするときに詰まってしまい、Ah, Hmm などの空白が多くなってしまいます。各動詞を見ては、瞬時にその単語を使った英文が頭で作れるか、試してみてください。できないものは練習してできるようになりましょう。

go, come, wake up, get up, sleep, eat, drink, sing, speak, tell, talk about, work, walk, clean, wash, wipe, mention, listen to, hear, read, see, watch, look at, look for, search, remember, forget, think about, visit, swim, sell, buy, throw, drive, open, close, lock, borrow, lend, show, show up, fly, take, make, create, discover, hide, run, choose, select, vote, paint, draw, put, put on, turn on, turn off, push, pull, tear, stand, sit, get on, explain, arrive, reach, email, write, call, leave, travel, move, stop, send, receive, break, destroy, touch, find, meet, happen, miss, catch, enter, jump, hit, kick, start, begin, finish, kill, die, live, survive, discuss, bring, pass, play, say, believe, think, guess, prove, test, examine, mix, ride, use, give, give up, dream, erase, rub, bend, study, learn, memorize, cut, connect, contact, communicate, build, taste, smell, feel, notice, realize, stay, save, keep, check, stare, imagine, suppose, mean, cook, have, teach, cry, shout, judge, agree, disagree, correct, collect, gather, try, practice, solve, continue, last, drop, grow, develop, prepare, produce, increase, decrease, protect, ...

Speaking と Writing で使える文頭の副詞

　文がいつも主語で始まるのは、パターンが統一されすぎです。文の形や意味を適切に調整する上で、効果的に、特に文頭で使える副詞の一覧です。Reading と Listening にも出てきますが、Speaking と Writing で自分が使える単語としても習得しましょう。

Basically　基本的に

Honestly　正直に

Hopefully　願わくは

Admittedly　確かに

Preferably　願わくは

Fortunately　幸運にも

Theoretically　理論上は

Initially　最初は

Literally　文字通り

Arguably　議論の余地はあるが間違いなく

Personally　個人的に

Simply　単純に

Technically　厳密には

Eventually　いずれ

Obviously　明らかに

Unfortunately　不運にも

Presumably　おそらくは

Actually　実際に

Currently　現在のところ

Broadly speaking　大まかに言えば

Roughly speaking　大ざっぱに言えば

Generally speaking　一般的に言えば ＝ In general

Strictly speaking　厳密に言えば

Frankly speaking　率直に言えば

Metaphorically speaking　隠喩的な表現をすれば

Figuratively speaking　比喩的に言うならば

Statistically speaking　統計学的見地から言えば

Historically speaking　歴史的に言えば

Intuitively speaking　直感的に言えば

Practically speaking　現実的に言えば

More fundamentally　より根本的には

More specifically　より具体的には

More precisely　より正確には

More concretely　より具体的には

More importantly　より重要なことだが

動名詞のみ、不定詞のみを目的語に取る動詞

　以下は、目的語として、動名詞のみ、不定詞のみを取る動詞です。TOEFL の Speaking と Writing でよく見られるエラーの中でも頻度が高いものです。

動名詞のみを取るパターン

admit *doing*　〜するのを認める

avoid *doing*　〜するのを避ける

can't stand *doing*　〜を我慢できない

consider *doing*　〜するのを考慮する

delay *doing*　〜するのを遅らせる

deny *doing*　〜するのを否定する

discuss *doing*　〜することを協議する

enjoy *doing*　〜するのを楽しむ

escape *doing*　〜するのを免れる

evade *doing*　〜するのを回避する

feel like *doing*　〜のように感じる

finish *doing*　〜し終える

give up *doing*　〜するのを諦める

keep (on) *doing*　〜し続ける

mind *doing*　〜することを気にする

miss *doing*　〜し損なう

postpone *doing*　〜するのを延期する

practice *doing*　〜を練習する

put off *doing*　〜するのを延期する

quit *doing*　〜するのをやめる

recall *doing*　〜したのを思い出す

recollect *doing*　〜したのを思い出す

resist *doing*　〜することに抵抗する

不定詞のみを取るパターン

aim to *do*　〜することをめざす

afford to *do*　〜する余裕がある

agree to *do*　〜することに賛成する

ask to *do*　〜するよう頼む

choose to *do*　〜することを選ぶ

claim to *do*　〜と主張する

come to *do*　〜するようになる

consent to *do*　〜することに同意する

decide to *do*　〜と決める

decline to *do*　〜するのを断る

demand to *do*　〜するように要求する

desire to *do*　〜することを望む

expect to *do*　〜することを期待する

fail to *do*　〜するのに失敗する

feign to *do*　〜するふりをする

guarantee to *do*　〜することを保証する

happen to *do*　たまたま〜する

hesitate to *do*　〜するのをためらう

hope to *do*　〜することを望む

intend to *do*　〜するつもりである

learn to *do*　〜できるようになる

manage to *do*　どうにか〜する

mean to *do*　〜するつもりである

offer to *do*　〜しようと申し出る

plan to *do*　〜する計画をする

pledge to *do*　〜すると誓う

prepare to *do*　〜する準備をする

pretend to *do*　〜のふりをする

promise to *do*　〜する約束をする

refuse to *do*　〜するのを断る

seek to *do*　〜しようとする

swear to *do*　〜することを誓う

tend to *do*　〜しがちである

venture to *do*　思い切って〜する

volunteer to *do*　進んで〜する

want to *do*　〜したい

wish to *do*　〜することを願っている

動名詞の形で名詞として確立している単語

　以下は、動名詞としてではなく、名詞として確立されている単語です。可算のみのもの、不可算のみのもの、可算と不可算の両方があるものがあります。ここでは可算を C 不可算を U で表します。可算の中で、通常単数形で使うものは (a -) のみで表記、通常複数形で使うものは (-s) のみで表記、単数・複数で使えるものは (a -) (-s) で記載しています。U の後は不可算としての意味です。不可算名詞に the はつけられますが、a をつけることはできません。*具体的な場合は不可算名詞が可算化されるなどの例外はあります。

billing	U 請求
housing	U 住宅
grouping	U グループ分け
hoarding	U 蓄え
ranking	U ランキング
packaging	U 包装
poisoning	U 中毒
planning	U 計画
mapping	U 地図作成
distancing	U 距離を置くこと
spacing	U 間隔
loafing	U 怠惰
earnings	C (-s) 収入
greetings	C (-s) あいさつ
proceedings	C (-s) 手続き
heading(s)	C (a -) (-s) 見出し
setting(s)	C (a -) (-s) 背景
meeting(s)	C (a -) (-s) 会議
rating(s)	C (a -) (-s) 評価
serving(s)	C (a -) (-s) 1人分
craving(s)	C (a -) (-s) 渇望
railing(s)	C (a -) (-s) 手すり
calling	C (a -) 衝動、U 招集
living	C (a -) 生計、U 生活
suffering(s)	C (-s) 災害、U 苦しみ
writing(s)	C (-s) 著作、U 書くこと
saving(s)	C (-s) 貯金、U 節約
finding(s)	C (a -) (-s) 研究結果、U 発見
painting(s)	C (a -) (-s) 絵、U 作画

drawing(s)	C (a -) (-s) 図、U 製図
meaning(s)	C (a -) (-s) 意味、U 意味
offering(s)	C (a -) (-s) 提供物、U 提供
saying(s)	C (a -) (-s) ことわざ、U 発言
recording(s)	C (a -) (-s) 記録、U 記録
warning(s)	C (a -) (-s) 警告、U 警告
training(s)	C (a -) (-s) 訓練、U 訓練
carving(s)	C (a -) (-s) 彫り物、U 彫刻
covering(s)	C (a -) (-s) 覆い、U 覆うこと
printing(s)	C (a -) (-s) 印刷物、U 印刷
feeling(s)	C (a -) 印象、(-s) 感情、U 感覚

ハイフンでつながった単語

複合語で頻出するパターンを取り上げました。このような複合語のパターンが頭に入っていると、1を見て10を学ぶ、という語彙習得が可能になります。

-rich　〜が豊富な
oxygen-rich
nutrient-rich
protein-rich
vitamin-rich
energy-rich

-sensitive　〜に弱い
light-sensitive
temperature-sensitive
noise-sensitive
pressure-sensitive
chemical-sensitive

-resistant　〜耐久性の
heat-resistant
stain-resistant
corrosion-resistant
shock-resistant
rust-resistant

-oriented　〜重視の
goal-oriented
profit-oriented
results-oriented
mission-oriented
community-oriented

-free　〜がない
sugar-free
gluten-free
fat-free
preservative-free
lactose-free

-dependent　〜に依存した
temperature-dependent
age-dependent
dose-dependent
voltage-dependent
frequency-dependent

-derived　～由来の
plant-derived
coal-derived
petroleum-derived
animal-derived
corn-derived

-like　～のような
stone-like
glass-like
wood-like
water-like
silk-like

-friendly　～に優しい
eco-friendly
kid-friendly
user-friendly
budget-friendly
reader-friendly

-intensive　～を必要とする
labor-intensive
capital-intensive
energy-intensive
research-intensive
data-intensive

non-　～ではない
non-toxic
non-flammable
non-renewable
non-profit
non-perishable

high-　高～の
high-performance
high-quality
high-resolution
high-efficiency
high-voltage

low-　低～の
low-cost
low-fat
low-carbon
low-risk
low-energy

well-　よく～された
well-organized
well-educated
well-rounded
well-versed
well-documented

semi-　半～
semi-circular
semi-transparent
semi-arid
semi-nomadic
semiconductor

far-　遠い、越えた、極
far-reaching
far-flung
far-fetched
far-sighted
far-east

pre-　前もって～

pre-existing
pre-approval
pre-assembled
pre-determined
predisposed

post-　～後

post-apocalyptic
post-war
post-traumatic
post-graduate
post-colonial

multi-　複～、複合～

multi-functional
multi-cultural
multi-vitamin
multi-layered
multi-disciplinary

long-　長い～

long-term
long-lasting
long-distance
long-sleeved
long-lost

short-　短い～

short-term
short-lived
short-distance
short-sighted
short-tempered

sub-　亜～、副～、～以下の

sub-atomic
sub-unit
sub-zero
sub-Saharan
subconscious

anti-　反～

anti-inflammatory
anti-bacterial
anti-virus
anti-fungal
anti-social

self-　自己～

self-awareness
self-employed
self-esteem
self-sufficient
self-centered

mid-　～中の、～の中間

mid-size
mid-career
mid-Atlantic
mid-week
mid-winter

その他：

computer-based　パソコンベースの
tech-savvy　技術に精通した
data-driven　データに基づく
time-efficient　時間効率のよい
quasi-scientific　疑似科学的な　など

＊ハイフンのある・なしは、地域、時代、分野、その他の理由で統一されていない場合があります。
辞書によっても、例えばanti-social, antisocialとバリエーションが見られます。TOEFLの
Writingでは、いずれを使用しても減点にはなりません。

索引

赤色の数字は単語番号

refusal	185	2058	repercussion	290	3307	revel	261	2958
refutable	159	1741	repetitive	122	1295	revelation	263	2979
regain	237	2670	replace	62	0610	revenue	31	0237
regarding	32	0246	replenish	147	1596	revere	281	3198
regime	222	2497	replica	179	1985	reverse	180	1991
regional	95	1008	replicate	182	2023	revise	213	2390
register	39	0327	represent	196	2183	revive	281	3201
regrettably	158	1728	representation	110	1160	revolt	224	2529
regularity	260	2942	reprimand	258	2916	revolution	32	0247
regulate	83	0855	reprint	176	1954	revolutionary	51	0473
rehabilitate	280	3179	reproduce	197	2197	revolve	114	1206
rehearsal	82	0844	reproduction	150	1637	reward	138	1497
reimburse	153	1668	reptile	83	0862	rewarding	133	1427
reinforce	141	1527	republic	133	1437	rewrite	53	0502
reiterate	308	3524	repulsive	163	1794	rhetoric	178	1971
reiteration	296	3370	reputation	44	0395	rib cage	297	3383
reject	49	0456	resemblance	296	3380	riddle	22	0129
rekindle	255	2886	resentment	309	3529	ridership	242	2724
relatively	109	1144	reserve	184	2045	ridge	303	3460
release	71	0717	reservoir	203	2268	right person	23	0141
relentless	271	3074	residential	191	2126	rigid	123	1312
reliance	200	2232	resilient	175	1931	rigidly	296	3375
relic	307	3502	resin	299	3414	rigorously	147	1597
relinquish	111	1167	resistance	116	1225	rinse	168	1854
relocate	208	2327	resource	50	0457	ripple	236	2653
reluctant	133	1431	respectively	308	3518	rise	88	0924
remain	34	0272	respiration	219	2468	ritual	125	1342
remainder	150	1631	response	179	1979	rival	273	3102
remarkable	42	0366	rest	199	2229	riverbank	311	3556
remedy	145	1574	restless	249	2809	roadblock	255	2881
reminder	58	0560	restoration	129	1386	roam	284	3236
remnant	130	1393	restore	195	2180	rob	27	0190
remote	48	0434	restrain	176	1949	robber	17	0071
Renaissance	326		restricted	122	1297	robotics	319	
rename	222	2506	restriction	174	1929	robust	153	1678
render	285	3239	resulting	311	3555	rock	28	0193
renew	85	0882	retail	171	1884	Rococo	326	
renewal	17	0064	retain	45	0405	rodent	202	2262
renounce	257	2912	retina	252	2848	roentgenology	320	
reparation	135	1460	retract	310	3541	Romanticism	326	
repeal	267	3025	retreat	143	1552	root	209	2348
repel	308	3522	retrieve	289	3289	rotate	44	0387
repent	294	3351	reveal	158	1737	rotor	248	2805

shrink	99	1049
shroud	104	1082
shrub	250	2823
sibling	21	0115
sickle	264	2991
sidewalk	27	0184
sideways	312	3563
sign language	179	1986
signal	34	0270
signature	60	0585
significance	30	0219
signify	125	1338
silent	73	0736
silicon	314	
silk	84	0875
silly	46	0416
silt	247	2787
silver	314	
similarity	53	0504
similarly	70	0702
simplify	153	1670
simplistic	251	2840
simulation	110	1161
simultaneously	141	1533
single	98	1035
sink	60	0581
site	92	0971
sizable	255	2885
skeleton	26	0178
skeptic	217	2437
skeptical	225	2531
skim	105	1095
skin	13	0024
skip	76	0771
skull	50	0465
skyline	30	0226
skyscraper	28	0199
slab	229	2577
slash-and-burn	283	3215
slaughter	132	1424
slavery	16	0056
slightly	54	0515
slogan	275	3124

slope	76	0773
slot	204	2288
sluggish	240	2704
small intestine	316	
snack	107	1122
snail	311	3558
snatch	136	1464
sneeze	58	0553
snippet	292	3330
soak	150	1634
soap	66	0658
soar	265	3007
social loafing	244, 330	2756
socialism	324	
socioeconomic	231	2595
sociology	322	
socket	185	2054
sodium	314	
soil	28	0204
solar system	20	0105
solar wind	315	
solely	145	1578
solemn	312	3567
solicit	142	1539
solid	14	0030
solidify	276	3130
solitary	243	2738
solo	51	0476
solution	64	0625
somewhat	32	0243
sophisticated	138	1496
sophomore	31	0235
sorghum	121	1289
sort	215	2417
source	13	0014
South Pole	96	1009
sovereign	147	1600
space	65	0644
spare	190	2113
spark	253	2861
sparsely	263	2978
spatial	194	2166
spawn	299	3411

spear	153	1677
specialized	105	1097
speciation	294	3350
species	87	0901
specifically	30	0221
specify	72	0732
specimen	181	2012
spectacular	159	1746
spectator	257	2910
spectrum	146	1583
speculate	112	1184
speculation	297	3387
spell	89	0928
spending	142	1538
spew	284	3235
spherical	194	2165
spice	40	0340
spike	291	3313
spin	50	0466
spiral	71	0712
spirit	188	2096
splendid	153	1672
split	171	1885
spoil	221	2489
sponsor	64	0636
spontaneous	177	1963
sporadic	297	3389
sprain	317	
sprawl	279	3173
spray	57	0551
spread	43	0384
spring	63	0620
spring break	62	0611
sprout	164	1801
spur	279	3177
squall	173	1917
square	81	0830
squeak	307	3503
squeeze	140	1516
stable	91	0958
stack	214	2406
stage	76	0777
stagnant	136	1470

upriver	289	3296
upset	67	0666
upstairs	18	0081
upstream	269	3049
upward	210	2360
uranium	314	
urban design	322	
urbanization	146	1589
urge	143	1557
urine	283	3225
usage	113	1196
usher	310	3549
utensil	38	0320
utilitarian	277	3146
utilitarianism	325	
utilize	99	1053
utmost	220	2476
utterly	302	3442

V

vacant	188	2098
vaccine	70	0704
vacuum	116	1224
validate	156	1706
validity	184	2043
valley	124	1327
valuable	92	0965
vandalism	279	3169
vanish	298	3403
vanquish	310	3540
vapor	123	1307
vaporize	247	2789
variable	207	2316
variant	290	3299
variation	77	0786
vary	125	1340
vast	31	0229
vegetation	40	0342
vehicle	36	0294
vein	163	1797
velocity	112	1179
vendor	46	0412
vengeful	233	2618

venture	61	0590
verbal	140	1515
verdict	242	2727
verification	75	0762
verify	47	0430
veritable	232	2602
versatile	117	1242
vertical axis	298	3402
vertically	140	1519
vessel	220	2471
veteran	99	1046
veterinary medicine		
	321	
veto	303	3463
via	19	0088
viable	161	1767
vibrant	116	1234
vicious	210	2361
victim	57	0542
view	38	0322
viewer	75	0764
village	66	0656
violate	139	1510
violent	59	0567
viral	80	0819
virtual	196	2185
virtually	175	1940
virtue	230	2583
viscous	251	2831
visible	99	1055
vision	72	0727
visionary	310	3546
visitation	292	3324
vital	33	0263
vitality	210	2352
vivid	62	0609
vocal	174	1920
vocal cords	233	2615
vocalize	274	3110
volatile	162	1779
volcanic	83	0861
volume	21	0113
voluntarily	307	3511

voluntary	127	1366
voyage	141	1526
vulnerable	149	1621

W

wage	89	0930
waist	65	0645
waive	151	1650
walking distance	157	1725
wander	182	2024
wane	289	3292
warehouse	24	0146
warfare	190	2120
warm-blooded	279	3174
warmth	15	0041
warning	69	0693
wartime	129	1384
wasp	278	3162
waste	16	0052
water mill	180	1997
water table	258	2918
waterfall	139	1500
waterlogged	295	3364
waterpower	282	3211
waterproof	175	1934
watershed	268	3042
waterwheel	212	2383
wavelength	223	2515
wealth	58	0554
weapon	75	0758
wear	199	2220
weary	259	2930
weathering	81	0834
weaving	244	2757
weigh	167	1838
weird	28	0200
welfare	218	2458
well	235	2646
well-being	113	1191
well-off	27	0185
western	26	0179
wetland	140	1521
whatsoever	248	2804

──── **著者紹介** ────

山内勇樹　Yamauchi Yuuki

1980年、長崎県生まれ広島育ち。UCLA（カリフォルニア大学ロサンゼルス校）卒、脳神経科学専攻。TOEFL iBTテスト120点満点、TOEICテスト LR 990点満点、TOEICテスト SW 400点満点。英検1級、ビジネス英検1級。プロの通訳翻訳資格。ケンブリッジ英語教授知識認定 YL 保有。

独自の TOEFL 指導法には定評があり、多くの受講生のスコアを3カ月の指導で100点超えを含め、生徒のスコアを短期間で大幅にアップさせている。

留学の専門家でもあり、海外の大学、大学院、ビジネススクールに毎年多くの合格を出している。GRE、GMAT 等の対策から出願エッセイ、推薦状、resume、インタビューまで総合的に対応し、世界のトップ校への合格実績多数。

著書に『TOEIC® L&R TEST 990点徹底スピードマスター』（Jリサーチ出版）、『極めろ！TOEFL iBT® テスト スピーキング・ライティング解答』（スリーエーネットワーク）、『世界のトップ大学に編入する方法』（ダイヤモンド社）など多数。

山内勇樹公式パーソナルページ：https://yamauchi-yuuki.com

カバーデザイン	花本浩一
本文デザイン／DTP	アレビエ
編集協力	巣之内史規
校正協力	木村沙夜香
英文校正	コーディ・カーペンター
ダウンロード音声制作	一般財団法人　英語教育協議会（ELEC）
ナレーター	Howard Colefield ／ Jennifer Okano ／ Jack Merluzzi Karen Haedrich ／都さゆり

本書へのご意見・ご感想は下記URLまでお寄せください。
https://www.jresearch.co.jp/contact/

はじめて受ける人から高得点をめざす人のための
TOEFL®テスト英単語超必須3500

令和5年（2023年）7月10日　初版第1刷発行
令和6年（2024年）2月10日　　　第2刷発行

著　者	山内勇樹
発行人	福田富与
発行所	有限会社Jリサーチ出版
	〒166-0002　東京都杉並区高円寺北2-29-14-705
	電　話 03(6808)8801(代)　FAX 03(5364)5310
	編集部 03(6808)8806
	https://www.jresearch.co.jp
	X（旧Twitter）公式アカウント @Jresearch_　https://twitter.com/Jresearch
印刷所	株式会社シナノ パブリッシング プレス

本書と連動した
TOEFL® 英単語学習アプリが登場！

書籍連動型英語学習アプリ
『TOEFL® テスト英単語 超必須 3500』

5つの特徴

1　10 年以上の問題分析から選んだ最新の 3500 語を
　　書籍と連動した 2way 学習で身につけられる

2　自分だけの弱点克服単語帳が作成可能

3　4 段階から選べる音声速度調節機能搭載

4　単純暗記を許さない豊富な表示設定

5　基本無料（Level1 のみ）だから安心してアプリを試せる

効果的な使い方

1. 書籍で英単語を学習！

2. アプリで理解度を確認！

3. 苦手な部分を把握し、復習！

※画像は開発中のものです。変更される場合があります。

そのほか追加要素も続々準備中！
詳しくは公式商品サイトへ！
https://www.jresearch.site/app/toefl3500/

書籍購入者だけの特典は次のページに！

書籍購入者特典
アクティベーションコードの使い方

以下のアクティベーションコードを使うと、書籍連動型英語学習アプリ『TOEFL® テスト英単語 超必須 3500』の Level 1 〜 3、分野別単語までの機能が無料で利用できます。

アクティベーションコード

←左側からゆっくりはがしてください

※ シールは 2 枚重ねになっています。上の 1 枚をはがすと 12 ケタのアクティベーションコードを確認することができます。
※ シールは一度はがすと元に戻せません。アクティベーションコードは 1 回のみ利用可能です。
アクティベーションコードに関するお問い合わせは公式商品ページからお願いします。
※ 内容改善などの理由によりアプリのリリースが遅れる場合があります。
最新情報は公式商品ページにてご確認をお願いいたします。
※ このサービスは予告なく終了する場合があります。

アクティベーションコードの使い方

STEP 1　アプリをダウンロードする

① 右記 QR コードまたは
以下の URL より公式商品ページにアクセス
https://www.jresearch.site/app/toefl3500/
② App Store または Google Play を選び購入ページへ
③ 「入手」→「インストール」→「開く」の順でタップ
④ アプリ起動

STEP 2　アクティベーションコードを入力する

① メニュー画面に進み、「設定」をタップ
② 設定項目の「アクティベーションコード」をタップ
③ アクティベーションコードのシールを
左からゆっくりはがしコードを確認
④ アクティベーションコードを入力すると、ロックが解除

STEP 3　基本機能が使い放題！ 自由に学習できる